DIE SCHEMATA – Band III

Juristische Studienhilfen

Juristische Studienhilfen

DIE SCHEMATA

2. Auflage

Band III
Prüfungsschemata und
klausurrelevantes Wissen

Zivilprozeßrecht
Strafprozeßrecht
Verwaltungsprozeßrecht

zusammengestellt von

Reinhard Nemitz

Rechtsanwalt, Gießen

CIP - Titelaufnahme der Deutschen Bibliothek

Nemitz, Reinhard:
Die Schemata / zsgest.von Reinhard Nemitz. – Giessen: Jur. Studienhilfen.
NE: HST
Bd. III. Prüfungsschemata und klausurrelevantes Wissen – Zivilprozessrecht, Strafprozessrecht, Verwaltungsprozessrecht. – 2. Aufl. – 1995

ISBN 3–930805–03–0

ISBN 3–930805–03–0 2. Auflage
(ISBN 3–9801630–3–2 1. Auflage)

Druck: Fuldaer Verlagsanstalt GmbH, Fulda
Vertrieb: Verlag Juristische Studienhilfen, Oertzestr. 32, 29303 Bergen

Zur Konzeption der Reihe

Band I

Technik der Fallbearbeitung

Bürgerliches Recht
Strafrecht
Öffentliches Recht

richtet sich an Studienanfänger und Fortgeschrittene und gibt eine vertiefende Einführung in die Technik der Fallbearbeitung.

Der Ansatz ist problembezogen: die Darstellung knüpft an die Schwierigkeiten an, die Studenten erfahrungsgemäß mit den Anforderungen haben, welche Dozenten und Korrektoren in den Übungen und im Examen stellen. Demgemäß werden nicht nur die Regeln der Fallbearbeitung erläutert, sondern zugleich praktische Hinweise gegeben, wie sich die Klippen, die bei der Lösung konkreter Fälle auftreten, umschiffen lassen.

Ergänzend beinhaltet der Band für die drei großen Rechtsgebiete eine Reihe grundlegender Prüfungsschemata, die bei der Einübung der Fallbearbeitungstechnik eine Hilfe sein können.

Band II

Prüfungsschemata und klausurrelevantes Wissen

Bürgerliches Recht
Strafrecht
Öffentliches Recht

richtet sich an fortgeschrittene Studenten und Examenskandidaten. Er stellt ausschließlich Prüfungsschemata der wichtigen examensrelevanten Rechtsgebiete zusammen.

Das Besondere seiner Konzeption ist, daß systematisch und übersichtlich Definitionen, Auslegungsmöglichkeiten, Fallgruppen, Normzusammenhänge und anderes wichtiges klausurrelevantes Wissen in die Schemata eingearbeitet sind.

Die entsprechend erforderliche komprimierte Darstellungsweise hat zur Folge, daß die Arbeit mit Band II eine einigermaßen sichere Beherrschung der grundlegenden Regeln der Fallbearbeitung – die Gegenstand von Band I sind – voraussetzt. Auch Band II ist fallösungsorientiert aufgebaut, ohne daß die hinter dem Aufbau stehenden Regeln aber noch expliziert werden können.

Die Schemata lassen sich bei der Lösung von Fällen verwenden – als Checklisten für den Prüfungsaufbau, für die Prüfung weniger problematischer Tatbestandsmerkmale, und zum Herauskristallisieren der spezifischen Probleme des Falles. Darüber hinaus eignet sich das zusammengestellte Wissen für das wiederholende Lernen bei der Vorbereitung auf Fortgeschrittenenübungen und Staatsexamen.

Band III

Prüfungsschemata und klausurrelevantes Wissen

Zivilprozeßrecht
Strafprozeßrecht
Verwaltungsprozeßrecht

richtet sich vornehmlich an Rechtsreferendare. Er enthält eine Zusammenstellung aller wichtigen prozessualen Prüfungsschemata, in die wie in Band II Definitionen, Auslegungsmöglichkeiten, besondere Konstellationen, Normzusammenhänge und anderes wichtiges Wissen eingearbeitet sind.

Ergänzend werden systematisch Entscheidungshilfen angeboten: die jeweils bestehenden Entscheidungsmöglichkeiten aufgelistet, dazu gehörige Tenorierungsbeispiele gegeben und die Grundlagen für die zu treffenden Nebenentscheidungen – über Kosten, vorläufige Vollstreckbarkeit oder sonstige Anordnungen – benannt. Im übrigen entspricht die Konzeption der von Band II.

Vorwort zur 2. Auflage

Die Konzeption des vorliegenden Bandes hat sich bewährt. Das zeigt die Aufnahme, wie sie die 1. Auflage erfahren hat. Seit ihrem Erscheinen sind eine Vielzahl prozeßrechtlicher Gesetzesänderungen in Kraft getreten (Rechtspflegevereinfachungsgesetz, Gesetz zur Neuregelung des verwaltungsgerichtlichen Verfahrens, Rechtspflegeentlastungsgesetz etc). Nach einer Reihe unveränderter Nachdrucke habe ich entsprechend die Gelegenheit zu einer Überarbeitung genutzt. Erfahrungsgemäß eröffnet eine gewisse zeitliche Distanz auch neue Blickwinkel auf einen einmal geschriebenen Text.

Abgesehen von vielen Verbesserungen im Detail und der Einarbeitung der Gesetzesänderungen hat der Band mit dieser Auflage ein ausführliches Stichwortverzeichnis erhalten, das den schnellen Zugriff auf seinen Inhalt erleichtern wird.

Ein Buch der vorliegenden Art lebt in ganz besonderem Maße von dem Feedback durch seine Leser. Ich lade daher ein, zu seiner Fortentwicklung und Verbesserung weiterhin durch Kritik und Anregungen beizutragen. Am Schluß des Bandes findet sich ein Formblatt, mit dem sich Wünsche, Vorschläge und Stellungnahmen jeglicher Art auf einfache Weise äußern lassen.

Gießen, September 1994

Reinhard Nemitz

Inhaltsverzeichnis

Vollstreckungsrecht

Arbeitsgerichtliches Verfahren

Besonderheiten gegenüber dem Zivilverfahren

Strafprozeßrecht

Verwaltungsprozeßrecht

Seite

Abkürzungen

1. Fachausdrücke und allgemeine Wortabkürzungen

A

–	die Endsilben -aft, -am, -ar und -art können entfallen
aA	abweichende Auffassung
AG	Amtsgericht, Aktiengesellschaft
AGB	Allgemeine Geschäftsbedingungen
allg, Allgheit	allgemein, Allgemeinheit
Alt	Alternative
aM	abweichende Meinung
and	anders, andere,r,s
Angehör	Angehöriger
Angekl	Angeklagter
Angest	Angestellter
Anspr, anspr-	Anspruch, anspruchs-
Anwartsch	Anwartschaft
ao	außerordentlich
AR	Aufsichtsrat
Arb	Arbeit, Arbeiter
ArbG	Arbeitgeber
ArbGt	Arbeitsgericht
ArbN	Arbeitnehmer
ArbR	Arbeitsrecht
ArbV	Arbeitsvertrag, Arbeitsverhältnis
arbv	arbeitsvertraglich
Art	Artikel
AT	Allgemeiner Teil des StGB
aufgrd	aufgrund
Ausn	Ausnahme
ausnahmsw	ausnahmsweise
ausreich	ausreichend
ausschl	ausschließlich
Az	Aktenzeichen

B

-b	-bar
B-	Bundes-
BAG	Bundesarbeitsgericht
Bay	Bayern
BaWü	Baden–Württemberg
Bd	Band
Begünst	Begünstigter
Bekl	Beklagter
Belast	Belasteter
Berecht	Berechtigter
berecht	berechtigt
Berl	Berlin
Bes	Besitz, Besitzer
bes	besonders
Beschuld	Beschuldigter
beschr	beschränkt
best	bestimmt
Betr	Betrieb
betr	betreffend
Betroff	Betroffener
BetrR	Betriebsrat
Bevollmächt	Bevollmächtigter
Bew, bew-	Beweis, beweis-
BGH	Bundesgerichtshof
Bl. ... d.A.	Blatt ... der Akten
BMin	Bundesminister,ium
BO	Bauordnung
bösgl	bösgläubig
Bösglkt	Bösgläubigkeit
B–Plan	Bebauungsplan
BPräs	Bundespräsident
BRat	Bundesrat
Bre	Bremen
brechtl	bundesrechtlich
BReg	Bundesregierung
BT	Besonderer Teil des StGB
BTag	Bundestag
Bürgerm	Bürgermeister
BV	Betriebsvereinbarung
BVerfG	Bundesverfassungsgericht
BVerwG	Bundesverwaltungsgericht
bzgl	bezüglich
bzw	beziehungsweise

C

ca	circa
cic	culpa in contrahendo

D

d	der, die, das
Def	Definition
ders	derselbe
dh	das heißt
dir	direkt
Dr	Dritter
DrSch	Drittschuldner
dtsch	deutsch

E

–	die Endsilben -en,-end und -et können entfallen
e	ein
E–B–V	Eigentümer–Besitzer–Verhältnis
eGen	eingetragene Genossenschaft
eig	eigener
Eigt	Eigentum, Eigentümer
einf	einfach
Eink	Einkommen
einschl	einschließlich
Einspr	Einspruch
einstw Vfg	einstweilige Verfügung
einz	einzeln
Empf	Empfänger
entspr	entsprechend
Ers	Ersatz
eV	eingetragener Verein
evtll	eventuell

F

-f	-fach, -falls
fahrl	fahrlässig
Fahrlässkt	Fahrlässigkeit
Fam	Familie
f,ff	folgender,folgende
Fordg	Forderung
freiw	freiwillig

G

-g	-ung
G	Gesetz, Gericht
GbR	Gesellschaft bürgerlichen Rechts
GBuch	Grundbuch
Gde	Gemeinde
geg	gegeben
gerechtf	gerechtfertigt
ges	gesetzlich
Gesellscher	Gesellschafter
GesR	Gesellschaftsrecht
Gewerksch	Gewerkschaft
gewerksch	gewerkschaftlich
GewohnhR	Gewohnheitsrecht
GFührer	Geschäftsführer
gg	gegen
ggf	gegebenenfalls
ggüber	gegenüber
GKonk	Gesetzeskonkurrenz
Gl	Glaube, Gläubiger
GmbH	Gesellschaft mit beschränkter Haftung
GoA	Geschäftsführung ohne Auftrag
GR	Grundrecht
Grdl	Grundlage
Grds,grds	Grundsatz, grundsätzlich
Grdst	Grundstück
GSchuld	Grundschuld
gutgl	gutgläubig
Gutglkt	Gutgläubigkeit
GVollz	Gerichtsvollzieher

H

-h	-haft
Hamb	Hamburg
Hand-	Handels-
Handlg	Handlung
Hess	Hessen
hLit	herrschende Meinung in der Fachliteratur

hM	herrschende Meinung
HReg	Handelsregister
Hrsg	Herausgabe
hRspr	herrschende Meinung in der Rechtsprechung
Hs	Halbsatz
HV	Hauptversammlung
HVhdlg	Hauptverhandlung
Hyp,hyp	Hypothek, hypothekarisch

I

–	die Endsilben -iell, -iert, -ig, -igt, -ich, -is, -isch u -iv können entfallen
idR	in der Regel
ieS	im engeren Sinne
iFd,iFe,iFv	in Form des, eines, von
iHv	in Höhe von
individ	individuell
Info	Information
Inh	Inhaber
innerh	innerhalb
insbes	insbesondere
insges	insgesamt
iRd,iRe	im Rahmen des, eines
iSd,iSe,iSv	im Sinne des, eines von
iü	im übrigen
iVm	in Verbindung mit
iw	im wesentlichen
iwS	im weiteren Sinne
iZw	im Zweifel

J

jd	jeder
jew	jeweils, jeweilig
jur	juristisch
JVA	Justizvollzugsanstalt

K

Kfm,kfm	Kaufmann, kaufmännisch
Kfz	Kraftfahrzeug
KG	Kommanditgesellschaft
Kl	Klage
KlArt	Klageart
klart-	klageart-
Konk	Konkurrenz, Konkurs
konkurr	konkurrieren
Kons	Konsumption
Kr	Kreis
Krit	Kriterium
Kündigg	Kündigung
KündiggsSch	Kündigungsschutz
KVS	Kommunalverfassungsstreit

L

-l	-lich, -los
L-	Landes-
LBO	Landesbauordnung
lfd	laufend
LG	Landgericht
lrechtl	landesrechtlich
lt	laut
ltd	leitend

M

mat	materiell
MB	Mahnbescheid
mdl	mündlich
mind	mindestens
Minderj	Minderjähriger
minderj	minderjährig
Mitbest	Mitbestimmung
Mitgl	Mitglied
Möglkt	Möglichkeit
mtl	monatlich

N

NBest	Nebenbestimmung
Nds	Niedersachsen
negat	negativ
NrW	Nordrhein–Westfalen
notar	notariell
notw	notwendig
nrf	nicht rechtsfähig

O

–	die Endsilbe -os kann entfallen
o.	oben
oä	oder ähnlich
OBürgerm	Oberbürgermeister
Obj,obj	Objekt, objektiv
od	oder
öff	öffentlich
öffrechtl	öffentlich–rechtlich
ÖffR	Öffentliches Recht
o.g.	oben genannt
OHG	Offene Handelsgesellschaft
OLG	Oberlandesgericht
ord	ordentlich
OVG	Oberverwaltungsgericht
o.w.	ohne weiteres

P

Pfändg	Pfändung
PfandR	Pfandrecht
Pfl	Pflicht
PKH	Prozeßkostenhilfe
prozess	prozessual
P–Ü–B	Pfändungs- und Überweisungsbeschluß
PVV	Positive Vertragsverletzung

Q

Qualifik	Qualifikation
qualifiz	qualifiziert, qualifizierend

R

R-, -R	Rechts-, -recht
r-	rechts-
RA	Rechtsanwalt
Rechtf	Rechtfertigung
rechtf	rechtfertigen
Reg	Regierung, Register
regelm	regelmäßig
RF	Rechtsfolge
RG,rg	Rechtsgeschäft, rechtsgeschäftlich
RhPf	Rheinland–Pfalz
Rm,rm	Rechtmäßigkeit, rechtmäßig
RSchBed	Rechtsschutzbedürfnis
Rspr	Rechtsprechung
RV	Rechtsverhältnis
Rw,rw	Rechtswidrigkeit, rechtswidrig

S

S	Satz
s.	siehe
-s	-sam
Saarl	Saarland
Sch	Schuld, Schuldner
Schd	Schaden
SchdErs	Schadensersatz
SchlH	Schleswig–Holstein
Schwerbeh	Schwerbehinderter
selbständ	selbständig
Sich-	Sicherungs-
sog	sogenannt
sond	sondern
Spez, Spez-	Spezialität, Spezial-
spez,spez-	speziell, spezial-
-spr	-spruch
StA, sta	Staatsanwalt,-schaft, staatsanwaltschaftlich
str	strittig
subj	subjektiv
Subsid,subsid	Subsidiarität, subsidiär
SV	Sachverhalt
SVerständ	Sachverständiger

T

Tats,tats	Tatsache, tatsächlich
Tb,tb	Tatbestand, tatbestandlich
Teiln	Teilnahme, Teilnehmer
Test	Testament
Th,-th	Theorie
TV,tv	Tarifvertrag, tarifvertraglich

U

–	die Endsilben -ual und -uell können entfallen
u	und
u.	unten
ua	unter anderem
u.a.	und andere
uä	und ähnliches
üb	über
u.m.A.	urschriftlich mit Akten
unerl	unerlaubt
ungerechtf	ungerechtfertigt
Unmöglkt	Unmöglichkeit
Untern	Unternehmen, Unternehmer
unwirks	unwirksam
Urk	Urkunde
uU	unter Umständen

V

V	Verhältnis (als Vor- oder Nachsilbe)
v	von, vom, vor
VA	Verwaltungsakt
va	vor allem
vAw	von Amts wegen
VB	Vollstreckungsbescheid
verdr	verdrängt, verdrängen
vereinb	vereinbart
Verpfl	Verpflichtung
versch	verschieden
Versich	Versicherung, Versicherer
Verw	Verwaltung,Verwalter
Vfg	Verfügung
VG	Verwaltungsgericht
VGH	Verwaltungsgerichtshof
vgl	vergleiche
Vhdlg	Verhandlung
Vhm,vhm	Verhältnismäßigkeit, verhältnismäßig
VO	Verordnung
Vollstr	Vollstreckung, Vollstrecker
vollstrb	vollstreckbar
Vollstrbkt	Vollstreckbarkeit
VollstrG	Vollstreckungsgericht
Vollz	Vollziehung, Vollzieher
Vorauss	Voraussetzung
VU	Versäumnisurteil
v.u.g.	vorgelesen und genehmigt
VV	Verwaltungsvorschrift

W

-w	-weise
w.	wie
WE	Willenserklärung
weit	weitere,r,s
wg	wegen
WGG	Wegfall der Geschäftsgrundlage
Widerspr	Widerspruch
wirks	wirksam
WP	Wertpapier

Z

Z-	Zwangs-
z	zu, zum, zur
zB	zum Beispiel
ZG	Zivilgericht
zT	zum Teil
zug	zugunsten
Zulässkt	Zulässigkeit
ZurückbehR	Zurückbehaltungsrecht
Zushg, zus	Zusammenhang, zusammen
Zuständkt	Zuständigkeit
zw	zwischen
zZt	zur Zeit

2. Die Abkürzungen der **Gesetze** entsprechen den üblichen.

Zivilprozeßrecht

[[1]] Übersicht Relationstechnik

A Vorarbeiten

zB geordneter Aktenauszug

B Gutachten – Regelfall

I Feststellung des zur Entscheidung stehenden Begehrens

(Wer verlangt was von wem?)

1 Parteien u sonst Verfahrensbeteiligte
- a ein Kläger, ein Bekl
- b subj KlHäufung (Streitgenossenschaft), 59ff
  - aa einfache Streitgenossenschaft
  - bb notwendige Streitgenossenschaft
- c Streitverkündung u Streithilfe
- d Parteiwechsel u Parteibeitritt

2 KlZiel
- a Antrag d Klägers (ggf auszulegen entspr 133,157 BGB)
- b obj KlHäufung, 260
  - aa kumulative KlHäufung
  - bb alternative KlHäufung
  - cc eventuelle KlHäufung (Haupt- u Hilfsantrag)
- c KlÄnderung, 263ff
- d Nichtstellen e Teils d ursprüngl Antrags durch d Kläger; kann darstellen (durch Ausle gung zu ermitteln):
  - aa KlRücknahme, 269
  - bb Verzicht, 306
  - cc Erledigungserklärung
  - dd tats Nichtbetreiben (VU mögl)

II Prozeßstation (Zulässigkeit der Klage)

(sind zulässktsbegründ Tats streitig, so ist auch in d Prozeßstation nach Kläger-, Bekl- u BewStation aufzubauen; s.u. III)

1 Allgemeine Sachentscheidungsvoraussetzungen

(auch Sachurteils- od Prozeßvoraussetzungen genannt)

(Gericht:)
- a deutsche Gerichtsbarkeit, 18–20 GVG
- b Zulässigkeit des Zivilrechtsweg, 13 GVG
- c Zuständigkeit
  - aa sachlich, 23ff,71 GVG

bb funktionell (insbes instanziell)
cc örtlich, 12ff
dd international
(Parteien:)

d Existenz d Partei u Parteifähigkeit, 50
e Prozeßfähigkeit, 52ff
f ges Vertretung Prozeßunfähiger, 51I
g Prozeßführungsbefugnis, 51I
h Postulationsfähigkeit, 78
i Legitimation des gewillkürten Prozeßvertreters, 80ff
(Streitgegenstand:)
j ordnungsgemäße KlErhebung, 253
k Klagbarkeit d Anspr
l keine entgegenstehende RKraft, 322
m keine anderweit RHängigkeit, 261IIINr1,17I2 GVG
n RSchBed

2 Besondere Sachentscheidungsvoraussetzungen

insbes:
a Mahnverfahren
b Arrestverfahren u Verfahren d einstw Vfg
c Feststellungskl
d Kl im UrkProzeß
e Kl auf künft Leistung
f KlÄnderung
g Widerkl
h Abänderungskl
i VollstrAbwehrkl
j DrittwidersprKl
k Einspr u Rechtsmittel
l Wiederaufnahmeverfahren

3 Sachentscheidungshindernde Einreden (Prozeßeinreden oder -hindernisse)

a Einrede d fehl Ausländersicherheit, 110ff
b Einrede d fehl Kostenerstattung nach KlRücknahme u erneuter KlErhebung, 269IV
c Einrede d Schiedsgerichtsabrede, 1027a

III Begründetheit der Klage

1 Darlegungsstation (Prüfung der Schlüssigkeit des Vorbringens der Parteien)

a Klägerstation (Schlüssigkeit der Klage nach dem Vorbringen des Klägers)

aa Hauptanspruch
(1) normaler EntstehungsTb d in Betracht kommenden AnsprGrdl
(2) ansprhindernde Einwendungen
(3) ansprvernichtende Einwendungen
(4) ansprhemmende Einreden
(5) ansprerhaltende Gegeneinwendungen od -einreden
bb Nebenansprüche (zB Zinsen)

b Beklagtenstation (Erheblichkeit des abweichenden Vorbringens des Beklagten)

aa Bestreiten d Tb d in Betracht kommenden AnsprGrdl
bb ansprhindernde Einwendungen
cc ansprvernichtende Einwendungen
dd ansprhemmende Einreden
ee Bestreiten ansprerhaltender Gegeneinwendungen od -einreden
ff hilfsweise Aufrechnung

c Replik des Klägers/Duplik des Beklagten (2. Klägerstation/2.Beklagtenstation)

2 Beweisstation (Feststellung der der Entscheidung zugrundezulegenden Tatsachen)

a Feststellung d beweiserhebl Tats
b Feststellung d beweisbedürft Tats
c Feststellung d BewLast u d BewAngebots
d Würdigung d Ergebnisses d BewAufn
e ggf Feststellung d BewFälligkeit

IV ggf Begründetheit der Widerklage

V Nebenentscheidungen

1 Kosten d RStreits
2 vorläuf Vollstrbkt

VI Entscheidungsvorschlag

1 Urteilstenor
2 Aufklärungs- od BewBeschluß

C Gutachten – Vorabprüfung eines Rechtsbehelfs

I Feststellung d zur Entscheidung stehenden Begehrens
II Zulässkt d RBehelfs (Einspruch gg e VU/Einspruch gg e VB/Berufung/Revision)
III Zulässkt d Kl
IV Begründetheit d Kl
V Nebenentscheidungen
VI Entscheidungsvorschlag

D Urteil

1 Urteilskopf (Rubrum)
a Gericht, Az
b Überschrift
c Bezeichnung von Parteien, ges Vertretern u Prozeßbevollmächt
d Bezeichnung d Gerichts, der bei der Entscheidung mitwirk Richter u d Tags d letzten mdl Vhdlg

2 Tenor
   a Entscheidung in d Hauptsache
   b Kosten d RStreits
   c vorläuf Vollstrbkt
3 Tatbestand
   a einleitende Kennzeichnung d Streitgegenstands
   b unstreit SV
   c streit Vorbringen d Klägers
   d Anträge
      aa KlAntrag
      bb KlAbweisungsantrag
   e streit Vorbringen d Bekl
   f Replik/Duplik
   g Ergebnis d BewAufnahme
4 Entscheidungsgründe
5 Unterschriften

E Beschluß

1 Rubrum
2 Tenor
3 Gründe
4 Unterschriften

[[2]] Gutachten und Entscheidung im erstinstanzlichen Verfahren

A Vorarbeiten

1 Stoffsammlung
Fundstellen: Vorbringen d Parteien findet sich in Schriftsätzen, Urk, Beiakten, Sitzungsprotokollen, Protokollen üb BewAufnahmen, schriftl SVerständGutachten (s.u. C I 3 a)

2 geordneter Aktenauszug

a Zusammenstellung d entscheidungsrelevanten Parteivorbringens, die folgende Abgrenzungen berücksichtigt:

aa Gegenüberstellung v Kläger- u BeklVorbringen

bb Abgrenzung d TatsBehauptungen v d geäußerten Rechtsansichten

cc Abgrenzung d (noch) aktuellen v d überholten Tats (maßgebl: d Vorbringen in d letzten mdl Vhdlg

dd Abgrenzung d unstreitigen Tats v d streitigen TatsBehauptungen

b Zusammenstellung d Prozeßgeschichte, soweit sie Besonderheiten aufweist

B Gutachten

I Feststellung des zur Entscheidung stehenden Begehrens

(Wer verlangt was von wem?)

1 Parteien und sonstige Verfahrensbeteiligte

a ein Kläger, ein Bekl

b Streitgenossenschaft, 59ff

aa einf Streitgenossenschaft

bb notw Streitgenossenschaft

c Streitverkündung u Streithilfe

d Parteiwechsel u Parteibeitritt

2 Klageziel

a Antrag d Klägers (ggf Auslegung entspr 133,157 BGB)

b obj KlHäufung, 260

aa kumulativ

bb alternativ

cc eventuell (Haupt- u Hilfsantrag)

c KlÄnderung, 263ff

d Nichtstellen e Teils d ursprüngl Antrags durch d Kl (durch Auslegung zu ermitteln:)

aa KlRücknahme

bb Verzicht

cc Erledigungserklärung

dd tats Nichtbetreiben (dann VU mögl)

II Zulässigkeit der Klage (Prozeßstation)

0 Prüfung und Aufbau

a Prüfung
- erfolgt vAw, 56I
- Sachentscheidungsvoraussetzungen müssen bewiesen sein (138III,288 gelten für sie nicht; Ausn: sachl u örtl Zuständkt, wg 38,39)
- maßgebl Zeitpunkt: letzte mdl Vhdlg
- zulässig sind nur BewMittel u Verfahren d Strengbew (355ff; str, aA: Freibeweis)
- Darlegungs- u BewLast liegt bei d Parteien (regelm beim Kläger; beim Bekl insbes bzgl negat Prozeßvorauss (261IIINr1,322) u Prozeßeinreden (110,269IV,1027a))
- Erwähnung im Gutachten nur, soweit Sachentscheidungsvorauss zw d Parteien streitig sind od konkreter Anlaß für richterl Zweifel besteht

b Aufbau (soweit zulässktsbegründ Tats streitig sind)
aa Vorliegen/Nichtvorliegen nach d Vorbringen d Klägers
bb Vorliegen/Nichtvorliegen nach d Vorbringen d Bekl
cc Sind d streit od zweifelh ZulässktsTats bewiesen?

1 Allgemeine Sachentscheidungsvoraussetzungen

(Vorauss, d für jd Sachentscheidung in e streit Verfahren vorliegen müssen; auch Sachurteils- od Prozeßvorauss genannt)

a deutsche Gerichtsbarkeit, 18–20 GVG

aa grds geg bei Aufenthalt auf deutschem Hoheitsgebiet
bb ausnahmsw nicht geg bei exterritorialen Personen u Einrichtungen:
(1) Mitgl diplomat Missionen einschl Gefolge gemäß 18 GVG
(2) Mitgl konsular Vertretungen einschl Gefolge gemäß 19 GVG
(3) ausländ Staaten, Staatsoberhäupter u Truppen für ihre hoheitl Tätigkeit
(4) internat Organisationen (UNO, EG)

b Zulässigkeit des Zivilrechtswegs

(spätestens in d letzten mdl Vhdlg, od irgendwann nach KlErhebung, 261IIINr2, 17I1 GVG)
aa im Verhältnis zur Arbeitsgerichtsbarkeit:
- 2,3,48I ArbGG, 529II (Entscheidungsgrdl: Schlüssigkeit, bei Bestreiten Bew d zuständktsbegründ Tats)
- ggf Verweisung nach 281 bzw 17aII GVG

bb im Verhältnis zur VerwGerichtsbarkeit
(1) Zivilprozeßsachen kraft Zuweisung, zB:
- SchdErsAnspr aus Verletzung öffrechtl Pfl, Aufopferungsanspr, 40II VwGO
- Enteignungsentschädigung, 14III4 GG
- Amtshaftungsanspr, 34S3 GG iVm 839 BGB

(2) bürgerlichrechtl Streitigkeit, 13 GVG, 40I VwGO
(maßgebl: ob d Streitgegenstand zivil- od öffrechtl Normen unterliegt, nach begehrter RF und tats KlBegründung; Abgrenzungskrit: Subordinationstheorie, modifiz Subjekttheorie, Interessentheorie; Einzelheiten s.u. VerwProzeßrecht [[1]] A I 2 c bb)

cc im Verhältnis zur Sozialgerichtsbarkeit: 51 SGG
dd im Verhältnis zur Finanzgerichtsbarkeit: 33 FGO

ee Bindungskraft e RWegentscheidung, 17aI,II GVG

c Zuständigkeit des Gerichts

aa sachliche Zuständkt, 23–23b,71 GVG

(Verteilung d erstinstanzl Zivilrechtsstreitigkeiten auf die verschied Gerichte)

(0) Entscheidungsgrdl:
- KlAntrag u -behauptungen
- Darlegungs- u BewLast für zuständktsbegründ Tats liegen idR beim Kläger
- Anforderungen, wenn d Bekl d schlüss zuständktsbegründ Behauptungen d Kl bestreitet:
  - sind zuständkts- u ansprbegründ Tats identisch, genügt d schlüss Behauptung d Kl (denn d G ist schon für e angebl, nicht erst für e begründ Anspr dieser Art zuständ)
  - decken sich zuständkts- u ansprbegründ Tats nicht, muß d Kläger d bestritt zuständktsbegründ Behauptungen beweisen
- maßgebl Zeitpunkt: d letzte mdl Vhdlg od irgendwann nach KlErhebung, 261IIINr2

(1) nichtvermögensrechtl Streitigkeiten

(a) grds LG

(b) Ausn: Kindschaftssachen (640II), Ehesachen (606I) u FamSachen, 23aNr1, 4,23bNr2–4 GVG

(2) vermögensrechtl Streitigkeiten

(a) AG:
- speziell: Fälle d 23Nr2, 23aNr2,3,5 GVG, 29a ZPO
- alle weiteren bis zu e Streitwert v 10000 DM, 23Nr1 GVG, ausgenommen d Fälle d 71II,III GVG

(b) LG:
- speziell: 246III1,249I,275IV AktG/61III,75II GmbHG/51III3,96 GenG/51I PatG/87,88 GWB/19III BNotO/3III2 HinterlO/13I3 StRegG/217ff BauGB
- alle weiteren mit e Streitwert v mehr als 10000 DM, 71I GVG, ausgenommen d Fälle d 23Nr2 GVG

(c) Bestimmung d ZuständktsStreitwerts vermögensrechtl Streitigkeiten

(aa) lt 4–9:
- maßgebl Zeitpunkt: KlEinreichung, 4I
- Berücksichtigung nur d Hauptfordg, 4I
- mehrere prozess Anspr werden addiert,
  bei Haupt- u Hilfsantrag d höhere Wert, ebenso bei Widerkl, 5
- obj Verkehrswert d Sache bei Hrsg-, Auflassungs- u GBuchberichtigungskl in Bezug auf Eigt, 6 (aber: bei Kl auf Beseitigung od Unterlassung v Eigt- od Besitzstörungen Anwendung v 3)
- bei Kl üb Miet- od Pachtverhältnis: auf d streit Vertragszeit entfallende, max 25fache Jahresmiete/-pacht zusätzl aller Nebenkosten (in d vom Kläger bezifferten Höhe), 8
- bei Kl auf wiederkehrende Leistungen (Rente, Lohn, Gehalt, Unterhalt, SchdsRente, Reallasten, Miet- u Pachtzinsen): 9

(bb) bei allen übr Kl: Schätzung d Interesses d Klägers am Erfolg d Kl, gemessen am obj Verkehrswert d KlBegehrens, 3
Bsp lt Rspr:

– posit Feststellungskl: 80 % d vergleichb Leistungskl
– negat Feststellungskl: voller Wert d vergleichb Leistungskl
– Auskunftsanspr: 1/10 – 1/4 d Hauptanspr
– Bewilligung d Löschung e Grundpfandrechts: Nennbetrag
– Arrest u einstw Vfg: 1/4 – 1/2 d Werts d Hauptfordg
– Unterlassungskl im gewerbl Rechtsschutz: Jahresumsatz d Verletzers aus d Wettbewerbsverstoß

bb funktionelle Zuständkt

(Verteilung d verschiedenartigen RPflegeaufgaben auf d verschiedenartigen Organe e G od Instanzenzugs; ua:)
(1) instanzielle Zuständkt
(a) 1. Instanz: 23–23b,71 GVG
(b) 2. Instanz: 72,119I GVG
(c) 3. Instanz: 133Nr1,2 GVG
(2) Kammer für Handelssachen: 95,96,98,101 GVG
(3) Kammer bzw Einzelrichter, 348

cc örtliche Zuständkt

(Verteilung d erstinstanzl Zivilrechtsstreitigkeiten auf d Bezirke der AG, LG u OLG)
(0) Entscheidungsgrdl: wie bei sachl Zuständkt
(1) Grds: d G darf nur gg e Person verhandeln u entscheiden,
– für die e GStand bei ihm geg ist, u
– in dem Rahmen, den d GStand eröffnet (dh nur üb d AnsprGrdl, für die d GStand geg ist, nicht üb andere in Betracht kommende; relevant zB bei 29,32)
(2) ausschließl Gerichtsstand
(a) schuldrechtl Klagen
– 29a, aus Miet- und Pachtverhältnissen
– 48 VVG, Kl gg d Versicherer aus e Versicherungsverhältnis, d e Versicherungsagent vermittelt u abgeschlossen hat
(b) gesellschaftsrechtl Klagen
– 132I AktG (Auskunftskl d Aktionärs gg d Vorstand),
– 246III1 AktG (Anfechtung e HV–Beschlusses),
– 61III GmbHG (Auflösung d GmbH),
– 51III3 GenG (Anfechtung e Generalversammlungsbeschlusses),
(c) dingl Klagen, 24
– wg Anspr aus Eigt od e beschr dingl Recht an e unbewegl Sache gemäß 985,1004,894,1147 BGB
– dagegen: für schuldrechtl Anspr auf Auflassung, Bestellung e beschr dingl Rechts od Übertragung e Grundschuld ist 29 gegeben
(d) famrechtl Klagen
– 606, Ehesachen
– 641a, Kindschaftssachen
(3) bes nichtausschließl Gerichtsstand
(a) schuldrechtl Klagen
(aa) aus Vertrag (einschl PVV, cic), 29: Erfüllungsort nach 269,270 BGB
(bb) aus unerl Handlg, 32:
– Anspr aus 823–840 BGB (auch nach ges FordgsÜbergang gemäß 116 SGB X, 67 VVG, u für d Direktanspr gg d HaftpflVersicherer nach 3Nr1 PflVG)

– ges Gefährdungshaftung, zB 1ff HaftpflG, 20 StVG, 56 LuftVG
– Unterlassungskl aus 12,1004,1065,1227 BGB od aus Eingriff in e Urheber- od Warenzeichenrecht, wenn d Kl auch aus unerl Handlg begründb ist

(cc) schuldrechtl Kl im dingl Gerichtsstand, 25,26
(dd) Kl aus Mitgliedschaft, 22
(ee) Kl aus Vermögensverw, 31

(b) Klage e Dr gg Mitgl e Wohnungseigentümergemeinschaft, 29b
(c) famrechtl Unterhaltskl d Kindes, 35a
(d) erbrechtl Kl, 27,28
(e) prozessuale Anknüpfung
(aa) Widerkl, 33
(bb) Gebührenkl d RA, 34

(4) allg Gerichtsstand
(a) natürl Person
(aa) Wohnsitz, 13 (iVm 7ff BGB)
(bb) Aufenthaltsort, 20
(cc) hilfsw letzter inländ Wohnsitz, 16
(b) jurist Person, nrf Verein u Handelsfirmen
(aa) Sitz, 17,18
(bb) Niederlassung, 21
(cc) Heimathafen od -ort, 488 HGB, 6 BinnenSchG

(5) Kl gg e Person, d keinen inländ Gerichtsstand nach d obigen Vorschriften hat: grds im Ausland; Ausn:
(a) Gerichtsstand d Vermögens, 23
(b) Unterhaltskl, 23a
(c) Kindschaftssachen, 640a

dd internationale Zuständkt

(Zuständkt deutscher Gerichte für Rechtsstreitigkeiten mit Auslandsberührung)
(1) 2ff EuGÜbk
(2) 38II,606a,640a,641a
(3) iü liegt internat Zuständkt grds bei örtl Zuständkt vor

ee vereinbarte sachliche und/oder örtliche Zuständkt, 38,40

Vorauss:
(1) vermögensrechtl Streitigkeit, 40II
(2) keine ausschließl Zuständkt (zB nach 24,29a,802 ZPO) geg, 40II
(3) Vereinbarg d sachl u/od örtl Zuständkt (Wirksamkt nach allg Regeln d BGB), d
(a) sich auf e best konkretes RV bezieht, 40I
(b) u e nach d Gesetz unzuständ od nicht allein zuständ Gericht bestimmt, 38I (den Parteien aber auch e Wahlmöglkt lassen darf)
(4) beide Parteien sind bei Vertragsschluß Vollkaufleute od jur Personen d ÖffR, 38I (od Fälle d 38II,III)

ff Zuständkt durch rügeloses Verhandeln vor einem unzuständigen Gericht, 39

Vorauss:
(1) RHängigkeit
(2) sachl u/od örtl Unzuständkt d angerufenen G
(3) vermögensrechtl Streitigkeit, für d keine ausschließl Zuständkt besteht, 40II2
(4) Bekl verhandelt mdl zur Hauptsache (dh zur Begründetheit d prozess Anspr),

ohne d Unzuständkt zu rügen, 39S1
(5) Belehrung nach 504 im AG–Prozeß, 39S2

gg gerichtlich bestimmte Zuständkt, 36,37

insbes:
- Kl gg mehrere Bekl, d keinen gemeins ges od vereinb Gerichtsstand haben, 36Nr3
- negat Kompetenzkonflikt, 36Nr6

hh Verweisung, 281

(1) Anwendbarkeit d 281
- im normalen KlVerfahren vor AG, LG
- ergänzt durch 621III (Ehesachen), 506 (nachträgl Streitwerterhöhung), 696V,700III (streit Verfahren nach Abgabe im Mahnverfahren)
- entspr anwendb bei: Mahnverfahren vor Erlaß d Mahnbescheids, PKH–Verfahren, Arrest u einstw Vfg
- auch im Verhältnis ord G/ArbGt (iVm 48 ArbGG)
- nicht anwendb (in Klammern: stattdessen) bei:
  - Zivilkammer/Kammer für Handelssachen (97ff GVG)
  - Prozeßabteilung d AG/FamG (23bII2 GVG)
  - Zivilkammer/G d Freiw Gerichtsbarkeit (18I HausratsVO, 46 WEG, iü entspr 17aII GVG)

(2) Vorauss
(a) RHängigkeit
(b) sachl od örtl Unzuständkt d angerufenen G
(c) Antrag d Klägers, auch hilfsweise
(d) mdl Vhdlg, d nach 128II,III (Zustimmung beider Parteien zur Verweisung ist zugleich Zustimmung zum schriftl Verfahren) entbehrl ist; dann aber jedenfalls: Anhörung d Bekl

(3) Entscheidung in 1. Instanz durch Beschluß
"D AG/LG ... erklärt sich für örtl/sachl unzuständig u verweist d RStreit an d zuständ AG/LG ..."

(4) RF
(a) d RStreit wird mit Verkündung bzw Mitteilung d Beschlusses bei d G rhängig, an das verwiesen wurde
(b) d Verfahren vor beiden Gerichten bildet e einheitl Instanz (bzgl RHängigkeit, Kosten, RMittelzuständigkeit etc; Prozeßhandlgen wirken fort; KlFristen u Unterbrechung d Verjährung bleiben gewahrt)
(c) Bindungswirkung, 281II5,506II
- soweit d Bindungswille d verweisenden Gerichts reicht
- keine Zurückverweisung, 281II2
- anders bei KlÄnderung od Widerkl nach Verweisung, wenn sich mit d Streitgegenstand zugleich d Zuständkt ändert (506)
- es bindet grds auch d falsche Verweisungsbeschluß; Ausn nur bei offensichtl schwersten Fehlern (zB Versagung d rechtl Gehörs, Willkür wg Fehlen jegl Rechtsgrdl od unzuläss Rückverweisung)

(d) Kostenfolgen:
- 281III1 iVm 9 GKG, 14 BRAGO
- Mehrkosten trägt d Kläger, 281III2
  zB *"D Kläger trägt d durch Kl vor d unzuständ AG/LG ... entstand Mehrkosten, d Bekl d übr Kosten d RStreits"*

d Parteifähigkeit, 50

(Fähigkeit, im Prozeß Kläger od Bekl zu sein; prozess Gegenstück zur mat–rechtl Rechtsfähigkeit)

aa natürl Person, 50I
- ungeborenes Leben nach 1912,1913 BGB
- stirbt d Partei nach RHängigkeit, wird d Erbe Partei, 239,246,325,727

bb jur Person, 50I
- Vorgesellschaften nur passiv, 50II analog
- bei Auflösung bleibt d jur Person bis zum Ende der Liquidation parteifähig, 264II AktG, 69 GmbHG, 87 GenG

cc OHG, KG, 124I,161II HGB (bei Auflösung: 156 HGB)

dd Vollkaufleute unter ihrer Firma, 17II HGB

ee nrf Verein (54 BGB) nur passiv, 50II (umfaßt aber: Widerkl, Klägerrolle in Folge- und Widerspruchsprozessen nach 578ff,767,768,927)

ff Parteien (3 ParteiG), Gewerkschaft (GewohnhR), Post (5 PostverfG), Bundesbahn (2 BundesbahnG)

gg nicht parteifähig sind: GbR, Bruchteilsgemeinschaft (klagen müssen entsprechend jeweils alle Gesellscher bzw Teilhaber d Gemeinschaft)

hh bei nachträgl Erwerb d Parteifähigkeit: rückwirkende Heilung d Mangels durch Genehmigung d bisherigen Prozeßführung, 551Nr5,579INr4

ii bei Streit um d Parteifähigkeit wird d betroff Partei vorläufig als parteifähig behandelt

e Prozeßfähigkeit, 52,79

(Fähigkeit, Prozeßhandlgen selbst od durch selbstgewählte Vertreter (Prozeßbevollmächt) wirksam vor- od entgegennehmen zu können; prozessuales Gegenstück zur mat–rechtl Geschäftsfähigkeit)

aa prozeßfähig sind:
- unbeschränkt geschäftsfähige natürl Personen (Volljährigkeit od Fälle d 112,113 BGB, 51I/607,640b), 52I, als Partei od als Bevollmächt (79)
- Ausländer gemäß 55

bb nicht prozeßfähig sind:
- jur Personen sowie OHG, KG
- Betreute od Pfleglinge nach 1896ff,1909ff BGB, für d e Betreuer bzw Pfleger d Prozeß führt, 53
- bei Zweifeln üb d Prozeßfähigkeit: auf Antrag Bestellung e Prozeßpflegers, 57

cc bei nachträgl Erwerb d Prozeßfähigkeit: rückwirkende Heilung d Mangels durch Genehmigung d bisherigen Prozeßführung, 551Nr5,579INr4

dd bei Streit um d Prozeßfähigkeit wird d betroff Partei vorläufig als prozeßfähig behandelt

f gesetzliche Vertretung prozeßunfähiger Parteien, 51I

aa Eltern, 1629I BGB/Vormund, 1773,1791a–c,1793 BGB/Ergänzungspfleger, 1909, 1629II,1795 BGB/Betreuer, 1902 BGB

bb Vorstand bzw GFührer jur Personen d PrivatR (26II,86 BGB, 78I AktG, 35I GmbHG, 24I GenG)

cc persönl haftender Gesellscher d OHG, KG (125,161II HGB)

dd bei jur Personen d ÖffR gemäß deren OrganisationsR

ee rückwirkende Genehmigung d bisherigen Prozeßführung mögl, 551Nr5,579INr4

ff bei Streit um d gesetzl Vertretung gilt d betroff Partei vorläuf als richtig gesetzl vertreten

g Prozeßführungsbefugnis, 51I

(Befugnis, im eig Namen üb e eig od e fremdes Recht zu prozessieren; zu prüfen nur auf d Grdl d KlVorbringens)

aa bezogen auf e eig Recht: selbstverständl zuläss (u nicht zu prüfen)

bb bezogen auf e fremdes Recht

(1) ges Prozeßstandschaft d Partei kraft Amtes (hRspr); grds ausschließl Prozeßführungsbefugnis bei:

- KonkursVerw, 6,7 KO
- Zwangsverw, 152 ZVG
- Nachlaßverw, 1984 BGB
- TestVollstr, 2212,2213 BGB

(2) Prozeßführungsbefugnis bei Veräußerung od Abtretung e streitbefangenen Sache, 265II1

(a) streitbefangene Sache

- Gegenstand, Anspr, aber auch: beschr dingl Recht, ImmaterialgüterR, Gesellschaftsbeteiligung, Unternehmen als Ganzes
- streitbefangen: wenn d Aktiv- od Passivlegitimation v Kläger bzw Bekl auf d rechtl Beziehung zu d Gegenstand etc beruht u durch ihre Veräußerung verloren gehen würde

(b) Rechtsnachfolge

- Verlust d Aktiv- bzw Passivlegitimation e Partei durch Einzelrechtsübergang unter Lebenden an e Dr
- ganz od teilw
- kraft G, Hoheitsakt od RG

(c) nach RHängigkeit

RF:

- Fortführung d Prozesses durch d RVorgänger, II1
- Pfl zur Anpassung d KlAntrags für d veräußernden Kläger (auf Leistung an d RNachfolger; sonst: KlAbweisung als unbegründet mangels Aktivlegitimation)
- Rechtskrafterstreckung auf d RNachfolger, 325I, mit Gutglaubensschutz d 325II (der auch e Einwendung nach 265III begründet)

(3) gewillkürte Prozeßstandschaft

(a) Zustimmung od Ermächtigung (entspr 185 BGB) d RTrägers zur Prozeßführung durch d Prozeßstandschafter in dessen eig Namen

- bei Leistungskl: Kl auf Leistung an d RInhaber od an d Prozeßstandschafter (gemäß 362II,185 BGB) ist mögl
- wirks Erteilung vor Schluß d mdl Vhdlg

(b) mat–rechtl Übertragbarkeit d R od d Verfügungsberechtigung üb d geltend gemachte R (ansonsten ist d Ermächtigung unwirks)

(c) eig rschutzbedürft Interesse d Prozeßstandschafters (geg, wenn d Entscheidung d eig RLage d Prozeßstandschafters beeinflußt u e evtll Kostenerstattungsanspr d Gegners nicht gefährdet ist)

h Postulationsfähigkeit, 78

(Fähigkeit d Partei, d Prozeß selbst zu führen; bezieht sich auf alle Prozeßhandlgen)

aa bei Anwaltszwang: nur der beim G zugelassene RA, 78

(1) Sache d 78I,II
   (a) Prozeß vor d LG od d G e höheren Rechtszugs
   (b) Ehe- u Familiensachen d 78II
(2) keine Ausnahme d 78III,IV
   (a) Verfahren vor d beauftragten od ersuchten Richter (einschl Protokollierung e Prozeßvergleichs)
   (b) Prozeßhandlgen, d vor d UrkBeamten d Geschäftsstelle od d RPfleger (13 RPflG) vorgenommen werden können
      – zB Richterablehnung, 44/übereinstimm Erledigungserklärung, 91aI1/ PKH–Antrag, 117I,118I/Verweisungsantrag, 281II1/Arrestantrag, 920III, Antrag auf einstw Vfg, 936/Beschwerde, 569II2
      – jeweils beschränkt auf: Antrag u Rücknahme d Antrags; dh d Ausnahme v Anwaltszwang gilt nicht für d dazwischenlieg Verfahren
   (c) RA in eig Sachen

bb außerhalb d Anwaltszwangs:
(1) grds geg für d prozeßfähige Partei, d ges Vertreter e prozeßunfähigen Partei od d prozeßfähige and Person als Bevollmächt
(2) Ausn: 157, 185 GVG (Dolmetscher)

i Legitimation des gewillkürten Prozeßvertreters, 80ff

aa wirks Erteilung e Prozeßvollmacht nach 164ff BGB (bei Minderj durch d ges Vertreter)
bb Prozeßfähigkeit d Bevollmächt
cc Nachweis d Vollmacht, 80,88II
dd rückwirk Genehmigung d bisherigen Prozeßführung ist mögl (89II,551INr5,579Nr4)
RF:
– Umfang:
  – 81–84
  – nach d Rspr weiter: alle RHandlgen, welche d Parteien selbst zur Begründung od Abwehr d Kl vornehmen können, auch privatrechtl WE wie Anfechtung, Kündigg, Rücktritt, Wandlung, Minderung, Aufrechnung, Beauftragung e SVerständ oä
– Wirkung d Handlgen d Bevollmächt: Zurechnung, auch des Verschuldens d Bevollmächt, 85
– Beendigung:
  – nicht durch Tod od Prozeßunfähigkeit d Mandanten (86), aber durch Tod od Prozeßunfähigkeit d RA (168S1,673S1 BGB/244I)
  – bei Niederlegung d Mandats (627 BGB) erst mit deren Anzeige, beim Anwaltsprozeß erst mit Anzeige d Bestellung e and RA, 87
– bei Fehlen d Prozeßvollmacht sind Prozeßhandlgen d als Prozeßbevollmächt auftretenden Person unwirks, Kl bzw RMittel unzuläss

j ordnungsgemäße Klageerhebung, 253

aa Einreichung d KlSchrift

(1) Einreichung e Schriftsatzes mit d erforderl Zahl v Abschriften bei G, 253V (Bew d Einreichung: durch d Eingangsstempel)
(2) **notwend Inhalt**, II
   (a) Bezeichnung d Gerichts, Nr1
   (b) Bezeichnung d Parteien, ggf ihrer ges Vertreter,
   so genau, daß ihre Identität individuell bestimmt ist u d Kl dem richtigen

Adressaten zugestellt werden kann, IINr1, IV iVm 130Nr1:
- Namen (idR, zulässig aber auch zB: Wohnungseigentümergemeinschaft, ggf Firma)
- Anschriften

(c) bestimmter KlAntrag, Nr2

Art u Umfang d RSchutzbegehrens muß (zumind nach Auslegung anhand d KlBegründung) bestimmt sein:

(aa) d Antrag muß grds so genau sein, daß d Richter ihn als Urteilstenor übernehmen u (bei Leistungsklagen) d VollstrOrgan daraus ohne Schwierigkeiten vollstrecken kann (Formulierungsbeispiele: s.u. C I 2 a bb)
- Zahlungskl: Bezifferung e Betrages, bei Renten zusätzl Anfangs- u Endtermin
- HrsgKl: Individualisierung d herauszugebenden Sache
- Unterlassungskl: Unterscheidbarkeit e Verstoßes
- Kl auf Vornahme e sachenrechtl Übertragung: Feststellungskl ist besser, da e entspr Leistungskl alle zu übertragenden Sachen einzeln bezeichnen muß
- Teilkl auf mehrere selbständ prozess Anspr (zB: Heilungskosten, Schmerzensgeld u Verdienstausfall als selbständ SchdErsAnspr; anders bei unselbständ SchdsPosten): d Kl muß
  - entweder d Teilbetrag auf d einz Anspr verteilen
  - od d Reihenfolge durch Haupt- u Hilfsanträge festlegen

(bb) unbestimmte KlAnträge sind nur ausnahmsw zulässig:
- Stufenklage (bzgl d Leistungsantrags), 254
- Kl auf Regelunterhalt, 1615f BGB, 642
- wenn dem Kläger d Ermittlung der Höhe seines Anspr unmögl od unzumutb ist:
  - 315III2,2048S2 BGB
  - Schmerzensgeldkl (hier muß aber d KlSchrift statt e Summe d SchdsFolgen, dh d für d AnsprHöhe maßgebl Tats, so konkret darlegen, daß d Richter d Ermessen nach 847 BGB ausüben kann; zB: *"D Bekl wird verurteilt, an d Kläger e Schmerzensgeld zu zahlen, dessen Höhe in d Ermessen d G gestellt wird"*)
  - wenn d SchdsHöhe noch nicht feststeht, sond nach 287 zu schätzen ist u dem Kläger e Bezifferung nicht zumutb ist (auch hier müssen dann ausreich Tats für d richterl Schätzung dargelegt werden)

(cc) Anträge zu Kosten u vorläuf Vollstrbkt sind nicht erforderl, da vAw zu entscheiden (308II,708,709,711; Ausn: Anträge nach 710,711S2,714)

(dd) empfehlenswert: Anträge für d Fall d Säumnis bzw d Anerkenntnisses durch d Bekl (331III,307II)

(Formulierungsbeispiele: s.u. C I 2 a bb, Urteilstenor)

(d) bestimmter KlGrund, Nr2
- KlGrund: d tats Lebenssachverhalt, auf den d KlAntrag gestützt wird, u der bei natürl Auffassung nach d Verkehrsanschauung e Einheit bildet
- so konkret, daß er individ abgrenzb von anderen ist (Ort, Zeit, beteiligte Personen u Objekte, Geschehen); aber nicht notw vollständig iSd Schlüssigkeit
- gebräuchl Rechtsbegriffe (Kauf, Darlehen, Eigt etc) können verwendet werden, solange d Bekl nicht widerspricht; tut er das, müssen auch deren

TbMerkmale bestimmt sein
– Angabe v AnsprGrdl u Rechtsausführungen sind nicht erforderl
(e) eigenhänd Unterschrift, 253IV,130Nr6
– bei Fehlen: prozessual unbeachtl KlEntwurf (aber: 295I)
– aber: Einreichung durch Telefax, Telegramm od vergleichb Telekommunikationsmittel ist mögl
– bei Einreichung e Antrags auf PKH mit Einreichung e KlSchriftentwurfs u Erklärung in mdl Vhdlg, daß d Entwurf jetzt als Kl behandelt werden soll, gilt d KlSchrift mit dieser Erklärung als eingereicht
(3) **weitere Erfordernisse (instruktionell)**
(a) Beweisangebote, 253IV,130Nr5 (vorsorglich, soweit d BewLast reicht)
(b) Streitwertangabe, 253III, 23I GKG
– Bezifferung od Angabe d zur Bezifferung durch d G erforderl Tats
– notw für: Bestimmung d sachl Zuständkt (2ff) u d Höhe d GKostenvorschusses (65I GKG)
(c) Äußerung zur Übertragung auf d Einzelrichter, 253III
(d) Vorlage v Urk, auf d d KlSchrift Bezug nimmt, als Anlagen, 253IV,131 (urschriftl od in, möglichst beglaub, Abschrift)
(4) **Mängel d KlSchrift u ihre RF**
(a) unvollständ Parteibezeichnungen können jederzeit ergänzt, falsche berichtigt werden, solange d Identität d Parteien unberührt bleibt (ist letzteres d Fall: KlRücknahme od Parteiänderung)
(b) e Kl ohne best Antrag od KlGrund ist unwirks (kann RHängigkeit nicht begründen); d Mangel kann für d Zukunft aber durch Nachholen geheilt werden
(c) e fehlende Unterschrift kann mit Wirkung für d Zukunft nachgeholt werden
RF d Einreichung e ordnungsgemäßen KlSchrift: Anhängigkeit
– d Gericht ist mit d Kl befaßt
– Rückwirkung d Wahrung e KlFrist od Unterbrechung e Verjährung auf d Zeitpunkt d Anhängigkeit gemäß 270III (bei demnächstiger Zustellung: wenn d Kläger alles für d umgehende (ca 2–3 Wochen) Zustellung d Kl seinerseits Erforderliche (zB GKostenvorschuß, Abschriften) getan hat)

bb Zustellung, 253I (s.u. [[3]] B I)

RF d Zustellung: RHängigkeit, 261 (auch bei Kl vor d unzuständ G, wg Verweisungsmöglkt)
(1) Gegenstand d RHängigkeit
– nur d KlAnspr (nicht d Einwendungen u Einreden, auch nicht d aufgerechnete Gegenfordg d Bekl; diese kann zwar mat Rechtskraft erlangen, wird aber nicht rechthängig)
– bei Teilkl nur d Teilbetrag
– bei unbeziffertem Zahlungsantrag d gesamte Anspr
– d Hilfsantrag wird auflösend bedingt rechtshängig (dh d RHängigkeit erlischt bei Erfolg d Hauptantrags rückwirkend)
– bei Arrest u einstw Vfg nur d SichBegehren, nicht d Hauptanspr
(2) Beginn
– grds mit Zustellungszeitpunkt
– ausnahmsw Rückdatierung (207,270III,302IV4,600II,693II,696III,700II, 717II,III4)

(3) Wirkungen

(a) prozessual:

- Ausschluß anderweit Kl üb ident Streitgegenstand (Parteien, Anträge, KlGrund), 17I2 GVG, 261IIINr1
- d einmal zuständ G bleibt zuständ (Ausn: 506), 17I1 GVG, 261IIINr2
- KlÄnderung nur begrenzt mögl, 263ff
- RNachfolge nach RHängigkeit grds unerhebl, 265

(b) materiell:

- Wahrung e Ausschluß- od KlFrist (zB 864,977S2,1002,1594I BGB, 12III VVG) u Unterbrechung d Verjährung (209 BGB), rückdatiert auf d Zeitpunkt d Anhängigkeit, gemäß 270III,693II (bei demnächstiger Zustellung; Vorauss: s.o. aa nach (4))
- Anspr auf Prozeßzinsen, 291 BGB
- verschärfte Haftung d Bekl nach 292,347S1,818IV,987ff,2023 BGB

(c) aber: KlRücknahme u -abweisung als unzuläss beseitigen rückwirkend alle Folgen d RHängigkeit

k Klagbarkeit des geltend gemachten Anspruchs

- liegt regelmäßig vor
- kann aber durch Vertrag (mat–rechtl zu beurteilender sog Prozeßvertrag) beschränkt (zB Schlichtungsklausel) od ausgeschlossen werden, soweit d beabsicht prozess Wirkungen der VfgsMacht d Parteien unterliegen u 134,138 BGB nicht entgegenstehen; Wirkung: Kl wird wg unzuläss RAusübung infolge Vertragsbruchs (242 BGB) unzulässig

l keine entgegenstehende Rechtskraft (322)

keine rechtskräftige Entscheidung e Streitsache zw d gleichen Parteien üb d gleichen Streitgegenstand (Einzelheiten s. u. C III)

m keine anderweitige Rechtshängigkeit, 261IIINr1, 17I2 GVG

keine anderweit Kl zw d gleichen Parteien üb d gleichen Streitgegenstand

n Rechtsschutzbedürfnis

(Vorauss, d für e stattgebendes Urteil auf jd Fall vorliegen muß; nach hM ist e abweisendes Urteil bei Zweifeln am RSchBed auch als unbegründet mögl)

- RSchBed: berecht Interesse d Klägers, zur Erreichung d begehrten RSchutzes e Zivilgericht in Anspr zu nehmen; liegt (ausnahmsw) nicht vor bei e Verhalten, das dem Verbot institutionellen Mißbrauchs prozessualer Rechte (242 BGB) zuzurechnen ist
- Vorliegen:
  - bei Gestaltungsklagen: immer, da nur e Urteil d begehrte RF herbeiführen kann
  - bei Leistungsklagen: RSchBed regelmäßig geg; ausnahmsw fehlt es, wenn e einfacheres u billigeres Verfahren zum gleichen Erfolg führt (zB bei: Vorliegen e unangreifb vollstreckb Titels (Prozeßvergleich, vollstreckb notar Urk; Ausn: wenn mit e VollstrGegenkl zu rechnen ist); Möglkt d Kostenfestsetzung gemäß 19 BRAGO; Möglkt d Umschreibung e Titels d RVorgängers, 727)
  - bei Feststellungsklagen: muß d RSchBed positiv festgestellt werden, 256I (s.u. 2)

2 Besondere Sachentscheidungsvoraussetzungen

(werden, soweit hier nicht behandelt, bei d bes Verfahrensarten u Prozeßkonstellationen dargestellt und gelten für:)

a Mahnverfahren, 688ff
b Arrestverfahren u Verfahren d einstw Vfg, 916ff
c Feststellungskl u Zwischenfeststellungskl, 256
  aa **Feststellungskl**, 256I; bes Sachentscheidungsvorauss sind:
    (1) Streitgegenstand ist
      (a) Bestehen od Nichtbestehen e RV (rechtl geregelte, sich aus e konkreten SV ergebende od ges bestimmte Beziehung zw Personen od e Person zu e Sache), das gegenwärtig (aber auch bedingt) ist
      (b) Echtheit/Unechtheit e Urk
    (2) rechtl Interesse d Klägers an baldiger Feststellung
      (a) Bestehen e Rechtsunsicherheit zw d Parteien
      (b) Besorgnis d Rechtsgefährdung
      (c) Eignung e Feststellung zur Beseitigung d Rechtsunsicherheit
      (d) d rechtl Interesse fehlt grds, wenn d Kläger Leistungskl erheben kann (Ausn: wenn im Einzelfall durch richterl Feststellung e sinnvolle u sachgerechte Streitbeilegung mögl ist; zB: bei Kl gg d Staat, wg dessen Bindung gemäß 20III GG)
  bb **Zwischenfeststellungskl**, 256II
    (1) allg Sachentscheidungsvorauss, insbes:
      – Zuständkt: d LG ist grds zuständig, es sei denn für e selbständ Kl auf Feststellung bestünde e ausschließl GStand/AG: 506
      – RSchBed: liegt regelmäßig in d präjudiziellen Wirkung d RV für d HauptRStreit; es fehlt, wenn d RV keine anderweit Folgen als d im HauptRStreit zur Entscheidung gestellten haben kann
    (2) bes Sachentscheidungsvorauss:
      (a) Streitgegenstand: Feststellung üb d Bestehen/Nichtbestehen e RV
      (b) Abhängigkeit d HauptRStreits von d beantragten Feststellung
      (c) KlErweiterung bzw Widerkl vor Schluß d mdl Vhdlg
d Kl im Urkundenprozeß, 592ff
e Kl auf künftige Leistung, 257ff
f KlÄnderung, 263ff
g Widerkl,33
h Abänderungskl, 323
i VollstrAbwehrkl, 767
j Drittwiderspruchskl, 771
k Einspruch gg VU u RMittel
l Wiederaufnahmeverfahren, 578ff

3 Sachentscheidungshindernde Einreden

a Einrede d fehl Ausländersicherheit, 110ff
b Einrede d fehl Kostenerstattung nach KlRücknahme bei erneuter KlErhebung, 269IV
c Einrede d Schiedsgerichtsvereinbarung, 1027a

4 Rechtsfolge des Fehlens einer Sachentscheidungsvoraussetzung:

e Entscheidung in d Sache darf nicht ergehen; d Kl wird durch Prozeßurteil abgewiesen

III Begründetheit der Klage

1 Klägerstation: Schlüssigkeit der Klage nach dem Vorbringen des Klägers

a Grds

- Grdl d Prüfung ist d Vorbringen d Klägers: unstreit Tats u bestritt Behauptungen d Klägers (mit Ausn d zur Replik gehörenden Tats)
- Ausgangs- u Bezugspunkt d Prüfung ist nur d KlAntrag (dieser ist ggf auszulegen, soweit er nur falsch formuliert u eindeutig erkennb ist, was d Kläger will)
- zu prüfen sind alle KlAnträge, dh
  - mehrere beantragte Leistungen, Feststellungen od RGestaltungen sowie Kl u Widerkl selbständ nacheinander
  - Haupt- u Hilfsantrag (Prüfung d Hilfsantrags nur, wenn feststeht, daß d Hauptantrag unzulässig od unbegründet ist)
  - Alternativanträge (Antrag auf mehrere Leistungen nach Wahl d Richters od Bekl; zulässig nur bei Wahlschuld iSd 262ff BGB)

b Prüfung d in Betracht kommenden AnsprGrdl (bei Leistungskl; sonst: RGrdl)

aa Feststellung d in Betracht kommenden AnsprGrdl/RGrdl für alle Anträge

bb Feststellung d Prüfungsreihenfolge bei mehreren AnsprGrdl; zB:

(1) vertragl Anspr
(2) vertragsähnl Anspr (cic, GoA)
(3) dingl Anspr
(4) Anspr aus 823ff BGB
(5) Anspr aus 812ff BGB

cc Prüfung für jd AnsprGrdl

(1) EntstehungsTb d AnsprGrdl

(a) Feststellung d TbMerkmale, d d Kläger nach d Darlegungslast (die grds der BewLast entspricht, s.u. 4 c) ausfüllen muß

(b) TatsVortrag d Klägers zu diesen Merkmalen

- bei gängigen RBegriffen d tägl Lebens (Kauf, Darlehen, Eigt etc) ist e Ausfüllung d erforderl TbMerkmale entbehrl, solange d Prozeßgegner insoweit nicht bestreitet u beide Seiten d RBegriff ersichtlich richtig verstehen
- bestreitet d Gegner, muß d Begriff durch Vortrag konkreter Tats ausgefüllt werden

(2) Tb ansprhindernder Einwendungen
(zB 105,117,134,138,142,932II,935I,986,1953I BGB, 7II StVG)

(3) Tb ansprvernichtender Einwendungen
(zB 362,364,389,397,875,876 BGB)

(4) Tb ansprhemmender Einreden

- Verjährung, 222 (aber: 478I1,639I BGB)
- Stundung (Folge: KlAbweisung als *"zur Zeit unbegründet"*)
- ZurückbehaltungsR nach 273,1000 BGB; Einrede d nicht erfüllten Vertrags, 320 BGB (Folge: Verurteilung Zug um Zug, 274I,322I BGB)

(5) Tb ansprerhaltender Gegeneinwendungen od -einreden

dd Exkurs zu häufigen Nebenforderungen

(1) wichtige AnsprGrdl für Zinsansprüche

(a) vertragl Vereinbarung (aber: 138,248 BGB)

(b) gesetzl (AnsprGrdl u -höhe, Einwendungen)
  (aa) Verzinsung d Kaufpreisfordg ab Nutzungsmöglkt, 452 BGB
  (bb) Verzinsung d Werkvergütung, 641II BGB
  (cc) Verzinsung eingenommenen u verwendeten Geldes beim Auftrag, 668,675 BGB
  (dd) Zinsen bei Verwahrung, 698 BGB
  (ee) Zinsen für Aufwendungen u Verwendungen, 256 BGB
  (ff) Zinsen auf Fordgen aus beiderseit Handelsgeschäften, 353,352I HGB
  (gg) Verzugszinsen, 288–290 BGB (352 HGB/28,48,49 WG/45,46 ScheckG)
    – Schuldnerverzug:
      – 288I1 BGB
      – 288I2 BGB iVm insbes 286I BGB, 352 HGB etc
    – Gläubigerverzug: 301 BGB
  (hh) Zinsen bei Rücktritt v Vertrag, 347
  (ii) Zinsen bei unerl Handlg, 849 BGB
  (jj) Zinsen bei ungerechtf Bereicherung, 819,820II BGB
  (kk) Prozeßzinsen, 291
(c) ges Auffangzinssatz ist 4 %, 246 BGB

(2) sonstige Nebenforderungen:
  (a) vorgerichtl Mahnkosten (AnsprGrdl: 286I BGB): Kosten d Erstmahnung sind mangels Vorliegen d Verzugs bei SchdsEintritt nicht schderspflichtig
  (b) Kosten d Beauftragung e Inkassobüros (AnsprGrdl: 286I BGB): e SchdErsPflicht ist an 254 BGB zu messen u liegt insbes dann nicht vor, wenn d Sch erkennb zahlungsunfähig od -unwillig war, da in diesem Fall d Notwendigkeit d Beauftragung e RA zur Prozeßführung vorhersehb war

c Zwischenergebnis: Zusammenfassung ob, in welchem Umfang u aus welchen AnsprGrdl d Kl schlüssig ist

– falls nein: Abweisung d Kl als unbegründet (nach erfolglosem Hinweis gemäß 139,278III), weil schon nach d Vorbringen d Klägers nicht schlüssig
– falls ja: Erheblichkeitsprüfung, die auf den Umfang u die AnsprGrdl, die Ergebnis der Schlüssigkeitsprüfung sind, begrenzt ist

2 Beklagtenstation: Erheblichkeit des abweichenden Vorbringens des Beklagten

a Grds

– Ausgangsfrage: Ist d Kl, soweit sie nach d Vorbringen d Klägers schlüssig ist, auch nach d abweichenden Vorbringen d Bekl schlüssig (maW: ist das abweichende Vorbringen d Bekl für d Entscheidung d RStreits erheblich)?
– Grdl d Prüfung ist d Vorbringen d Bekl: unstreit Tats u bestritt Vorbringen d Bekl
– zu prüfen sind alle Verteidigungsmittel d Bekl; dabei ist zu unterscheiden:
  – Bestreiten: bezieht sich auf Tats, für die d Gegner d Darlegungs- u BewLast hat
  – Einwendung/Einrede: beziehen sich auf bestritt ansprfeindl Tats, für die die Darlegungs- u BewLast derjenige hat, der sich auf sie beruft
– erheblich: jd Behauptung d Bekl, d
  – e TbMerkmal e AnsprGrdl/RGrdl (soweit erforderl: substantiiert, s.u. b) bestreitet (138II)
  – od e TbMerkmal e Einwendung od Einrede ausfüllt

b Prüfung d v Kläger schlüssig dargelegten AnsprGrdl

(dabei Prüfung für jd AnsprGrdl:)

aa Bestreiten d Erfüllung d Tb d AnsprGrdl
- (1) Liegt Bestreiten vor? (Abgrenzung nach d Darlegungslast)
- (2) Ist d Bestreiten prozessual wirks?
  - (a) konkreter Bezug auf e best Tats?
  - (b) Erforderlichkeit substantiierten Bestreitens (konkrete Gegendarstellung)?
    - nicht erforderl bei pauschalen KlBehauptungen iF gebräuchl RBegriffe
    - erforderl bei substantiiertem Vorbringen d Klägers, 138II
    - erforderl auch bzgl negat Tats od nach Treu u Glauben bei größerer Sachnähe (Insiderwissen)
  - (c) Bestreiten mit Nichtwissen zulässig, 138IV?
  - (d) Bindungswirkung e Geständnis, 290?
  - (e) Verspätung, 296,296a,283?
- (3) Erheblichkeit d Bestreitens
  - (a) Räumt d Bestreiten d schlüssig dargelegten Anspr aus?
  - (b) Reicht d Bestreiten d klägerischen Vorbringens aus? (nur soweit d Kläger d Darlegungslast hat; andernfalls muß d Bekl d entspr Tats vorbringen)

bb Tb ansprhindernder Einwendungen

cc Tb ansprvernichtender Einwendungen

zB: unbedingte Aufrechnung; dabei ist zu unterscheiden
- d mat–rechtl Aufrechnungserklärung als rg WE; diese kann auch im Prozeß abgegeben werden
- d prozessuale Behauptung, daß mat–rechtl aufgerechnet wurde, als Prozeßhandlg (Einwendung u TatsBehauptung); diese kann mit d WE zusammenfallen, falls d Aufrechnung erst im Prozeß erklärt wird

dd Tb ansprhemmender Einreden

ee Bestreiten ansprerhaltender Gegeneinwendungen u -einreden

ff Prüfung e Hilfsaufrechnung (Aufrechnung als hilfweises Vorbringen)

c Zwischenergebnis: Zusammenfassung d Erheblichkeit

aa
- welchen Vorbringens d Bekl
- ggüber welchen AnsprGrdl
- aus welchen Gründen u
- mit welcher Wirkung

(von d Darlegungs- u BewLast (Bestreiten/Behaupten) her zu formulieren)

bb soweit insgesamt
- keine Erheblichkeit vorliegt: klstattgebendes Urteil im Umfang d Schlüssigkeit (nach erfolgl Hinweis gemäß 139,278III)
- (zumindest teilw) Erheblichkeit vorliegt: Prüfung von Replik/Duplik od BewAufnahme

3 Replik des Klägers/Duplik des Beklagten

(2. Kläger–/2. BeklStation; selten, deshalb sorgfältig d Notwendigkeit prüfen)

a Replik (Prüfung ansprerhaltender Gegeneinwendungen d Klägers): wird d Kl
- aa aufgrund neuer ansprerhaltender TatsBehauptungen
- bb gg v Kläger bestritt Einwendungen bzw Einreden d Bekl wieder schlüssig?

(sind hingegen d ansprfeindl Behauptungen d Bekl unstreitig, erfolgt d Prüfung schon in d Klägerstation)

b Duplik: Prüfung

aa einwendungs- od einredeerhaltender TatsBehauptungen d Bekl

bb gg v Bekl bestritt ansprerhaltende TatsBehauptungen d Klägers (Replik)

4 Beweisstation: Feststellung der Tatsachen, die der Entscheidung zugrundezulegen sind

a Feststellung d beweiserhebl Behauptungen:

(ergeben sich im Regelfall aus d Ergebnis d BeklStation)

aa streit Behauptungen

bb d entscheidungserhebl sind

b Feststellung d beweisbedürft Behauptungen

(Ausgliederung d Behauptungen, d keine BewErhebung erfordern; d ist d Fall insbes bei:)

aa offenkund Tats, 291

- allgkundig: Tats, d e beliebig großen Personenzahl bekannt od aus allgzugängl InfoQuellen verfügb sind (zB histor u polit Ereignisse, Straßenverlauf, GrdstsLage, Entfernung, Börsenkurse)
- gerichtskundig: Tats, d d erkennende Richter in amtl Funktion, zB in e früheren Prozeß, wahrgenommen hat od aus gerichtseig Akten u Unterlagen feststellen kann

bb ges vermutete Tats, deren Vermutungsgrdl (Tats, d d ges Vermutung begründen) unstreitig od bewiesen sind; s.u. c cc (3)

cc Tats d Anscheinsbeweises (aufgrd v Erfahrungssätzen d allg Lebenserfahrung vorläufig als erwiesen geltende Tats)

- liegen vor bei typ, häufig wiederkehr, mechanisch ablauf (dh insbes v menschl Willen unabhäng) Geschehensabläufen, d d vorläuf Schluß auf e best Ursache od Wirkung zulassen, wenn d typ Geschehensablauf unstreit od bewiesen ist
- Folge: vorläuf BewFührung, d aber v Gegner durch Behauptung u Bew konkreter ernsthafter and Möglkten entkräftet werden kann

dd Tats, d e Schätzung gemäß 287 zugängl sind

ee Tats, deren Beweis v Gegner vereitelt wurde (427,441III3,444,446,453II,454I ZPO, 162,242 BGB)

- BewVereitelung liegt vor, wenn bezogen auf bestritt Behauptungen dem Gegner d Bew schuldhaft unmögl gemacht wird (zB indem der d Kläger behandelnde Arzt nicht v seiner Schweigepflicht entbunden wird)
- Folge: bei vorsätzl BewVereitelung ist d Schluß auf d Wahrheit d bestritt Tats zulässig; bei fahrläss Vereitelung: Reduzierung d BewAnforderungen bis hin zur BewLastumkehr

ff Wahlfeststellung: wenn d Kl mit Sicherheit aus einer v mehreren AnsprGrdl begründet od nach einer v mehreren Gegennormen unbegründet ist u andere Möglkten ausgeschlossen sind

gg gleichwertiges Parteivorbringen

(1) liegt vor, wenn

(a) d Kl schlüssig ist

(b) d Verteidigung d Bekl erhebl ist

(c) d Bekl zugleich aber Behauptungen aufstellt, die den Tb e and AnsprGrdl ausfüllen

(d) die der Kläger aber bestreitet

- wenn statt dessen d Kläger sich diesen abweichenden Vortrag d Bekl (auch hilfsw u konkludent) zu eigen macht, ist der Kl mit alternativer Begründung stattzugeben (Wahlfeststellung), solange für d G d obj Unrichtigkeit d Hilfsvorbringens nicht feststeht; e Verstoß gg 138I liegt insoweit nicht vor

- vor e weiteren Entscheidung (s.u. (2)) muß gemäß 139 e Hinweis auf d gegebene Situation erfolgen

(2) Folge str; Auffassungen:

- Lehre v gleichwert Parteivorbringen: stattgebendes Urteil ohne BewAufnahme, soweit den beiden AnsprGrdl d gleiche LebensSV zugrundeliegt (Begründung: nur d Kläger bestimmt d Streitgegenstand)
- Rspr: Entscheidung nach BewAufnahme üb d KlVorbringen (Begründung: e Erfolg d Kl kann sich aufgrd d Rollenverteilung d Zivilprozesses nur aus d Vorbringen d Klägers ergeben); wird d KlVorbringen nicht bewiesen: Abweisung d Kl

hh Überzeugung des Gerichts hinsichtl d Vorliegens bzw Nichtvorliegens e streit, unbewiesenen Parteibehauptung gemäß 286 (nur in Ausnahmefällen)

c Feststellung d Beweislast

(mat–rechtl, nicht prozeßrechtl Frage)

aa Grundregel:

jd Partei muß d tats Vorauss d für sie günst mat–rechtl Rechtsnormen beweisen, dh

- d Kläger: ansprbegründ u -erhalt Tats
- d Bekl: ansprhind, -vernicht u -hemm Tats

bb es sei denn es besteht e abweichende ges Regelung:

- ausdrückl: zB 179I,282,345,358,363,442,542III,636II BGB, 1IV ProdHaftG
- konkludent: erkennbar durch entspr Formulierungen, zB "... es sei denn ..."

cc bes Fallgruppen

(1) negat Feststellungskl

d Bekl steht nur prozessual in d Verteidigungsrolle; mat greift er an, u entspr ist d BewLast verteilt

(2) negat Tats (zB: keine Preisabsprache beim übl Werklohn (631I,632II BGB)/mangelnder Rechtsgrund bei ungerechtf Bereicherung/Nichtausübung d Rechts bei d Verwirkung)

- d Kl ist schlüssig bei allg Beschreibung d negat TbMerkmals u schlichtem Bestreiten d Preisabprache, d Rechtsgrunds etc
- d Bekl darf d negat Tats nicht pauschal bestreiten; er verteidigt sich erhebl nur, wenn er substantiierte positive Gegenbehauptungen aufstellt (Darlegungslast), 138II
- tut er das, hat d Kläger d BewLast, er muß aber nur d positiven Gegenbehauptungen d Bekl widerlegen (nicht alle denkb Möglkten ausschließen)

(3) ges Vermutung üb Tats od Rechte

- bedeutet, daß d Darlegungs- u BewLast erleichtert wird: d Partei muß nur d tats Vorauss d Vermutungsgrdl darlegen u beweisen
- ges TatsVermutung zB: 484,938,1117III,1253II,1377I,III,1591II,2009, 2255S2 BGB, 437I,440II ZPO
- ges Rechtsvermutung zB: 891(1138,1155),921,1006(1065,1227),1248,1362, 1964II,2365,2368III BGB
- auch bei Bew d tats Vorauss d Vermutungsgrdl ist für d Gegner d Bew d Gegenteils (als Hauptbew) mögl, soweit nicht ausdrückl ges ausgeschlossen

(4) Anscheinsbeweis

- bei Vorliegen e Anscheinsbeweises (s.o. b cc) hat d Gegner d Darlegungs- u

BewLast für d ernsthafte Möglkt e and Geschehensablaufes
– gelingt dieser Bew, gilt wieder d regelm BewLastverteilung

(5) v d Rspr aufgestellte abweichende BewLastverteilungen
   (a) Anspr aus PVV
      – d Gl hat d BewLast für: obj Verletzg e Leistungs- od Nebenpfl durch d Sch, kausale Schädigg d Gl u SchdsVerursachung im Gefahrenbereich d Sch
      – d Sch hat d BewLast für fehlendes Verschulden
   (b) außervertragl, insbes delikt SchdErsAnspr
      (aa) allg Regel:
         – bei Schädigung e and an Leib od Leben durch grobe Verletzung e bes Berufspfl, d allg geeignet ist, e Schd dieser Art herbeizuführen (BewLast hierfür liegt beim Geschädigten)
         – muß d Schädiger behaupten u beweisen, daß d Schd ohnehin eingetreten wäre
      (bb) Arzthaftung
         – d BewLast für Schd, Verstoß gg d Regeln d ärztl Kunst u allg Eignung d Verstoßes zur SchdsVerursachung hat d Geschädigte
         – d BewLast betr d Fehlen d Kausalität hat d Arzt
      (cc) Produzentenhaftung
         – d BewLast für Schd, Produktfehler, Entstehung d Fehlers im Gefahrenbereich d Produzenten u Kausalität für d Schd hat d Geschädigte
         – d BewLast für fehlendes Verschulden hat d Produzent

d Würdigung d Ergebnisses d Beweisaufnahme

(Sind d bewbedürft Behauptungen bewiesen?)

aa Welche Beweismittel/Beweise stehen zur Verfügung?

(1) vor BewAufnahme: Prüfung d BewAnträge u vAw mögl BewMittel sowie Formulierung d BewBeschlusses (ggf Aufforderung zum BewAntritt nach 139,273IINr1)

(2) nach BewAufnahme: Prüfung d Zulässkt u d BewWertes d BewMittel

bb Zulässkt d BewMittel u Verwertbarkeit d Beweise

(1) BewAntrag od Zulässkt d BewAufnahme vAw

(a) Antrag mit
   – best BewThema (streit entscheidungserhebl Behauptung)
   – best BewMittel, d sich auf d BewThema bezieht
   (hinsichtl d Bestimmtheit ist ggf vor Ablehnung e Hinweis nach 139 erforderl)

(b) durch
   – d bewbelast Partei (Hauptbew) od
   – durch d nicht bewbelast Partei (Gegenbew), soweit d bewbelast Partei Hauptbew angetreten hat (ggf: 139)

(c) d zulässig ist; Gründe d Zurückweisung e BewAntrags können sein:
   – d BewThema ist nicht bewerhebl (s.o.)
   – d Bew ist nicht notwendig, weil d Richter schon von d Wahrheit überzeugt ist, od aus and o. unter b genannten Gründen
   – d Behauptung kann als wahr unterstellt werden (zulässig nur, wenn es nicht zum Nachteil d Gegners gereicht)
   – d BewMittel ist unerreichb od völlig ungeeignet für d BewThema (aber:

Verbot vorweggenommener BewWürdigung)
- BewErmittlungsantrag (Antrag, d keine best substantiierte Behauptung od kein best BewMittel enthält; d Antrag soll neue Informationen erst erbringen)

(244 StPO analog)
- BewErhebung od BewMittel sind unzulässig (s.u. (3); zB berecht Zeugnisverweigerung, Zeugenvernehmung im UrkProzeß) od ins Ermessen d G gestellt (zB 287)
- Verspätung (296)

(d) od Zulässkt d BewAufnahme vAw (142–144,273IINr2,287I3,448)

(2) BewBeschluß, 358–360,

od formlose BewAnordnung im Termin, wenn Zeugen od e SVerständ vorsorgl nach 273IINr4 geladen od v e Partei präsent gestellt wurden

(3) zuläss BewMittel u Verfahren

(a) Strengbeweis, 355ff

(aa) **Augenschein**, 371ff,144

(jd unmittelb sinnl Wahrnehmung d Richters zu BewZwecken; optisch/akkustisch/Geruch/Geschmack/Tastsinn)

(bb) **Urkunde**, 415ff,142
- als Urk gelten nur schriftl Gedankenäußerungen
- zulässig als UrkBeweis sind auch Zeugenaussagen od SVerständGutachten in beigezogenen Akten (auch gg d Widerspr d Gegners; aber: wenn d Gegner gegenbeweisl Zeugenvernehmung od e SVerständ-Gutachten beantragt, geht dieser Antrag d UrkBeweis vor)
- Verfahren:
  - d Urk befindet sich in Händen d BewFührers: durch Vorlage d Urk (private Urk in Urschrift, öff Urk nach 435), 420
  - d Urk befindet sich in Händen d Gegners:
    - regelmäßig Antrag gemäß 421,424
    - Vorlegungspfl d Gegners: 423 (Bezugnahme im Prozeß)/422 iVm 371,402,985,1144 BGB, 50 WG, 836III ZPO (Herausgabe); 716, 809,810 BGB, 118,157III,166 HGB, 111II AktG (Vorlegung); 259I BGB (Rechnungslegung)
    - Entscheidung nach 425,426
  - d Urk befindet sich in Händen e Dr:
    - Antrag gemäß 428,430
    - Vorlegungspfl d Dr, 429,422
    - Fristsetzung, 431 (u selbständ HrsgKl gg d Dr sowie ggf Vollstr nach 883)
  - d Urk befindet sich bei e Behörde:
    - Antrag gemäß 432I,II iVm 35I GG, 168 GVG
    - ggf 432III
- RF echter Urk: BewRegeln d 415–418
  - öff Urk
    - Echtheit: 437I,419
    - BewKraft bei 415: Abgabe d beurkund Erklärung zur angegeb Zeit am angegeb Ort (nicht: inhaltl Richtigkeit d Erklärung, für diese gilt 286); d Gegenbew ist mögl gemäß II

– BewKraft bei 417: Erlaß d Entscheidung bzw Anordnung zur angegeb Zeit am angegeb Ort (nicht: sachl Richtigkeit d Entscheidung); d Gegenbew ist nicht mögl
– BewKraft bei 418: voller Bew d bezeugten Tats; d Gegenbew ist mögl gemäß II
– private Urk
– Echtheit: 439,440,419
– BewKraft, 416: nur Abgabe d Erklärung

(cc) **Zeugenbeweis**, 373ff
(Aussage üb eig Wahrnehmung einmaliger, unwiederholb, vergang Ereignisse; ggf auch d SVerständ als sverständ Zeuge, 414)
– Zeugnisfähigkeit: jd Person, die d Gesetz nicht zur Parteivernehmung zuläßt (dh auch: nach 455 ausgeschloss prozeßunfähige Partei/nicht vertretungsberecht Gesellscher e OHG,KG/ausgeschied Partei)
– Verfahren: 373ff

(dd) **SVerständGutachten**, 402ff,144
– Begriff (u zuläss Gegenstand): Gutachten, das
– Erfahrungssätze u Spezialkenntnisse v Wissenschaft, Technik od Berufen erfordert
– u einzelfallbezogen entscheidungserhebl Schlußfolgerungen aus den v Gericht ermittelten Tats (Anschlußtats) zieht od (ausnahmsw) auch selbst Tats ermittelt, zu deren Feststellung d Richter als Laie nicht in d Lage ist (Befundtats)
– Verfahren: 402ff,144I,273IINr4,287I2

(ee) **Parteivernehmung**, 445ff
– unzulässig zum Gegenbew, 445II, sowie gemäß 592,595II,581II
– zulässig:
– Parteivernehmung d Gegners auf Antrag, sofern kein weiteres BewMittel benannt wird od d benannten nicht ausreichen, 445
– Parteivernehmung auf eig Antrag mit Zustimmung d Gegners, 447
– Parteivernehmung vAw, wenn d bestritt Behauptung mit einiger Wahrscheinlichkeit zutrifft u d Vernehmung nur letzte Zweifel ausräumen soll, 448
– Schätzungsvernehmung d geschäd Partei, 287I3
– Verfahren:
– förml BewBeschluß, 450I
– Ausführung: 451ff

(b) Freibeweis
and BewMittel u BewVerfahren als die d Strengbeweises sind bzgl d Tats, d Begründetheit u Zulässkt (hM) d Kl betreffen, unzulässig (Ausn: Feststellung ausländ Rechts sowie v inländ Statuten, 293)

(4) Verwertbarkeit unzulässig erhobenen Beweises

(a) absolutes Verwertungsverbot: bei GR–Verletzungen, soweit keine Wahrnehmung berecht Interessen (193 StGB) vorliegt, 295II
(b) ansonsten: grds Unverwertbarkeit bei Widerspr d Gegners d BewFührers
(c) Ausn: Rügeverzicht, 295I
(aa) Mangel d BewErhebung (Unzulässkt d BewErhebung, e BewMittels od d Verfahrens), dessen Geltendmachung verzichtb ist
(bb) in d nächsten mdl Vhdlg, d aufgrd d mangelhaften Verfahrens stattfin-

det od in d darauf Bezug genommen wird
(cc) erscheint u verhandelt d betroff Partei
(dd) ohne d Mangel bis zum Schluß d Vhdlg zu rügen
(ee) obwohl sie d Mangel kennt od fahrlässig nicht kennt

cc Beweiswürdigung

(1) Grds
- erforderl ist d richterl Überzeugung: e persönl Gewißheit, d vernünft Zweifel, nicht aber d rein gedankl Möglkt d Unwahrheit ausschließt
- d Würdigung d Beweise ist grds frei, 286I
- ges BewRegeln gelten nur ausnahmsw, 286II: Sitzungsprotokoll, 165/Tb, 314/ echte Urk, 415–418/Zustellungsurk, 198II,202II,212a/Personenstandsbücher u -urk, 60,66 PStG
- weitere Grenzen d richterl Freiheit:
  - gesicherte naturwissenschaftl Erkenntnisse (zB medizin Erkenntnisse zur alkoholbedingten Fahruntüchtigkeit/physikal Gesetze d Bewegungsenergie, Beschleunigung u Verzögerung/physikal Gesetze d Statik)
  - Denkgesetze (log Schlüsse/log BewWert e Indizienkette)
  - Regeln d allg Lebenserfahrung (Anscheinsbeweis/Vermutung d Vollständigkeit u Richtigkeit e echten Vertragsurk)
  - Bindung an unstreit Tats

(2) Prüfung d BewWertes u d Überzeugungskraft d BewMittel
(Ausgangspunkt u Maßstab: BewThemen d BewBeschlusses; getrennt für jd BewMittel, ggf Gesamtwürdigung)
(a) Auslegung d Inhalts d BewMittels
(b) Ergiebigkeit d BewMittels (bezogen auf d BewThema)
(c) Überzeugungskraft d ergiebigen BewMittels
(aa) bei Zeugen- u Parteivernehmung ist zu unterscheiden:
- Glaubhaftigkeit d Bekundungen
(ua: Wahrnehmungsmöglkt, -fähigkeit, -bereitschaft; Erinnerungsmöglkt, -fähigkeit; Wiedergabefähigkeit, -bereitschaft; eig Interesse d Zeugen am Ausgang d RStreits)
- Glaubwürdigkeit d aussagenden Person

(bb) bei SVerständGutachten ist ua zu prüfen:
- geht d SVerständ von e zutreffenden SV aus?
- ist d SV–Würdigung vollständig?
- sind d Schlußfolgerungen d SVerständ in sich schlüssig u widerspruchsfrei?

(3) Zwischenergebnis:
(a) d beweisbedürft Behauptungen sind bewiesen
(b) d beweisbedürft Behauptungen sind nicht bewiesen; dann: BewLastentscheidung

e Sind alle zuläss BewAngebote zu beweisbedürft Behauptungen erledigt?

IV Begründetheit der Widerklage

V Nebenentscheidungen

1 Kosten des Rechtsstreits

a Grds

- d Entscheidung üb d Kosten d RStreits ergeht vAw, 308II
- sie regelt (nur) d Kostenerstattungspfl im Verhältnis d Parteien zueinander
- sie ist nur e Kostengrundentscheidung (d Höhe berechnet d RPfleger im anschl Kostenfestsetzungsverfahren nach 103ff ZPO, 21INr1 RPflG)
- sie ergeht grds einheitl üb d gesamten Kosten d RStreits (dh erst nach Beendigung d Verfahrens)
  - Folge: keine Kostenentscheidung enthalten: Zwischenurteile einschl Grundurteile (280,303,304; Ausn: Zwischenurteile nach 71,135II,387,402) und Teilurteile (301; Ausn: Teilurteil, das d Kl gg e v mehreren Streitgenossen abweist)
  - nur ausnahmsw erfolgt e Kostentrennung in d Fällen d 94–96, 238IV,281III2,344)

b Inhalt d Kostenlastentscheidung

aa voller Prozeßerfolg einer Partei (91)

(1) Regel

(a) *"D Bekl/Kläger trägt d Kosten d RStreits"* od
"D Bekl/Kläger hat d Kosten d RStreits zu tragen", 91I1

(b) bei mehreren unterlieg Klägern, 100:
- 100I: *"D Kläger tragen d Kosten d RStreits zu je ...(Bruchteil)..."*
- 100II: *"Von d Kosten d RStreits tragen d Kläger zu 1) ...(Bruchteil)..., d Kläger zu 2) ...(Bruchteil)..."*
- 100III: *"Von d Kosten d RStreits trägt d Kläger zu ...) d durch d BewAufnahme gemäß Beschluß v ... entstand Kosten vorab; von d übr Kosten d RStreits tragen d Kläger zu 1) ..., d Kläger zu 2) ..."*

(c) bei mehreren unterlieg Bekl:
- 100I–III (s.o.): *"D Bekl tragen ihre eig außergerichtl Kosten selbst. Von d übr Kosten d RStreits tragen d Bekl zu 1) ..., d Bekl zu 2) ..."*
- 100IV: *"D Bekl tragen d Kosten d RStreits als Gesamtschuldner"*

(2) Ausn: Obsiegen bei sofort Anerkenntnis, 93; Vorauss:

(a) d Bekl hat keinen Anlaß zur Kl gegeben
(Regel: Nichtleisten ist grds Anlaß zur KlErhebung; bloßes Überschreiten d Fälligkeitstermins, ohne daß zugleich Verzug, Bestreiten d Anspr, Leistungsverweigerung oä vorliegt, begründet aber noch keinen KlAnlaß)

(b) Anerkenntnis (307)

(c) sofort
- grds in erster mdl Vhdlg
- ohne daß vorher im Prozeß bestritten wurde (unschädl: Widerspr im Mahnverfahren, Einspruch gg VU)

bb Teilerfolg beider Parteien

(1) Regel: Kostenverteilung, 92I

(a) Kostenaufhebung: jd Partei trägt ihre außergerichtl Kosten selbst, Teilung d Gerichtskosten, 92I2
"D Kosten d RStreits werden gegeneinander aufgehoben"

(b) Kostenquotelung: Verteilung nach Bruchteilen (Regel, 92I); Bemessung d

Kostenquote nach d Maß v Obsiegen u Unterliegen, bezogen auf d Streitwert
- *"D Kosten d RStreits tragen d Parteien je zur Hälfte"*
- *"D Kläger trägt ...(Bruchteil)..., d Bekl ...(Bruchteil)... d Kosten d RStreits"* od *"V d Kosten d RStreits trägt d Kläger ..., d Bekl ..."*
- *"D Kläger/Bekl trägt d Kosten d RStreits mit Ausnahme e Betrags von ... DM, die d Bekl/Kläger v d eig außergerichtl Kosten selbst zu tragen hat"*

(2) volle Kostenbelastung einer Partei, 92II
  (a) geringfügiges Unterliegen (max 1/10), ohne daß d Zuvielfordg in e höhere Gebührenstufe v GKG u BRAGO führte
  (b) od d Höhe d Urteilssumme wird durch richterl Ermessen (287/315,847 BGB), e SVerständ od e erforderl gegenseit Abrechnung bestimmt

(3) bei nur teilw Obsiegen ggüber Streitgenossen: Verteilung d Kosten nach d Baumbachschen Formel
  (a) Vorgehen
    (aa) Feststellung d versch beteiligten ProzeßRV
    (bb) Verteilung d Kosten nach d einz ProzeßRV:
      - Kostenpositionen, d nur in je einem ProzeßRV entstanden sind (außergerichtl Kosten d Streitgenossen/im Wege d Kostentrennung für ein ProzeßRV gesondert zu berücksichtig Positionen) werden nach 91,92 in dem jeweil ProzeßRV verteilt
      - Kostenpositionen, d sich auf mehrere ProzeßRV beziehen (GKosten u außergerichtl Kosten d Gegners d Streitgenossen), werden zunächst (analog 100III) auf d ProzeßRV verteilt, u in diesen dann gemäß 91,92 verteilt
  (b) Bsp:
    - volles Obsiegen eines Streitgenossen (1), volles Unterliegen d and (2): *"D GKosten tragen d Kläger u d Bekl zu 2) je zur Hälfte. V d außergerichtl Kosten tragen d Kläger die des Bekl zu 1) voll u d Hälfte d eigenen, d Bekl zu 2) d eig voll u die des Klägers zur Hälfte"*
    - volles Obsiegen e Streitgenossen (1), teilw Unterliegen d anderen (2): *"V d GKosten trägt d Kläger ...(Bruchteil)..., d Bekl zu 2) ...(Bruchteil)... . V d außergerichtl Kosten tragen d Kläger d außergerichtl Kosten d Bekl zu 1) voll, ...(Bruchteil)... d außergerichtl Kosten d Bekl zu 2) sowie ...(Bruchteil)... seiner eigenen; d Bekl zu 2) ...(Bruchteil)... seiner eigenen sowie ...(Bruchteil)... d außergerichtl Kosten d Klägers"*

(4) bei teilw sofort Anerkenntnis: 93

cc Sonderfälle

(1) Kostentrennung
  (a) Fälle:
    - 94–96,100III
    - 238IV (Wiedereinsetzung)
    - 281III2 (Anrufung unzuständ G)
    - 344 (VU)
  (b) Verfahren: getrennt zu verteilende Kosten werden vorab ausgegliedert u der zu benachteiligenden Partei auferlegt, dann Verteilung nach allg Regeln
  (c) Formulierung:
    "V d Kosten d RStreits trägt d ... vorab d durch d Anrufung d unzuständ G/d durch d Säumnis im Termin v .../d durch d Verlegung d Termins v .../d durch d BewAufnahme gemäß Beschluß v ... entstand Kosten; d übr Kosten d

RStreits trägt/tragen ...”

(2) Nebenintervention, 101

(a) erfolgreiche Nebenintervention (auf seiten d Klägers)
”D Bekl trägt d Kosten d RStreits u d durch d Nebenintervention entstand Kosten”

(b) erfolglose Nebenintervention (auf seiten d Klägers)
”D Kläger trägt d Kosten d RStreits; d durch d Nebenintervention entstand Kosten trägt d Nebenintervenient”

(c) teilw erfolgreiche Nebenintervention (auf seiten d Klägers)
”V d Kosten d RStreits tragen d Kläger ...(zB: 1/4)..., d Bekl ...(3/4)... V d Kosten d Nebenintervention tragen d Bekl ...(3/4)..., d Nebenintervenient ...(1/4)...”

c Exkurs: erstattungsfähige Kosten

aa **Kosten d RStreits** sind d unmittelb Aufwendungen d Parteien für ihren Prozeß

(1) Gerichtskosten (nach GKG)

(a) Gebühren (Regelfall:)
– 1 Prozeßgebühr (KV Nr 1010)
– 2 Urteilsgebühren (KV Nr 1016)
– Vergleichsgebühr (KV Nr 1170)

(b) Auslagen (Regelfall:)
– Schreibauslagen u Postgebühren (KV Nr 1900,1902)
– ggf Auslagen für Zeugen- u SVerständGebühren etc (KV Nr 1903–1920)

(2) außergerichtl Kosten v Kläger u Bekl

(a) Anwaltskosten (nach BRAGO)

(aa) Gebühren, insbes:
– Prozeßgebühr (31INr1)
– Verhandlungsgebühr (31INr2,33,35)
– Beweisgebühr (31INr3,34)
– Erörterungsgebühr (31INr4,II)
– Vergleichsgebühr (23)

(bb) Auslagen, insbes:
– Postgebühren (meist) pauschal: 15 % d Gebühren, max 40 DM (26)
– ggf Schreibauslagen (27)
– ggf Reisekosten (28)

(cc) MWSt (25II)

(b) sonst Kosten (and Prozeßbevollmächt, Reisen zu GTerminen, Kosten e Privatgutachtens etc)

bb **Notwendigkeit** d Kosten
notwendig sind d Kosten für d Handlgen, d zur Zeit ihrer Vornahme obj erforderl u geeignet erscheinen, d in Streit stehende Recht zu verfolgen od zu verteidigen

d Exkurs: Kostenstreitwert

(als Bemessungsgrdl für d Gebühren (11II GKG, 9I BRAGO)

aa Streitwertbestimmung bei nichtvermögensrechtl Streitigkeit: 12II GKG

bb Streitwertbestimmung bei vermögensrechtl Streitigkeiten (jd prozess Anspr, d auf Geld od Geldwert gerichtet ist od aus e Vermögensrecht abgeleitet wird)

(1) Sonderregeln d GKG

(a) Miet-, Pacht- u and Nutzungsverhältnisse, 16 GKG

(b) ges Unterhalts- od SchdsRenten, 17 GKG
(c) Stufenkl, 18 GKG
(d) Kl u Widerkl, 19I GKG
(e) Aufrechnung, 19III GKG
(f) Haupt- u Hilfsantrag, 19IV GKG
(g) Zinsen, Kosten u Nebenforderungen, 22I GKG
(2) Streitwert nach ZPO
(a) Streitwert nach 12I GKG, 4–9 ZPO
(b) Streitwert nach richterl Ermessen, 12I GKG, 3 ZPO (maßgebl: obj Verkehrswert d Streitgegenstands für d Kläger)
cc Festsetzung durch Beschluß, soweit erforderl, 25I1 GKG

2 Vorläufige Vollstreckbarkeit

a vAw zu entscheiden
aa **Ausschluß od Begrenzung vorläuf Vollstrbkt**
(1) Ausschluß:
(a) schon mit Verkündung rechtskräft u endgült vollstreckb Urteile (Revisionsurteil d BGH, Arrest- u einstw VfgsUrteil d OLG, Berufungsurteil d LG)
(b) Urteile in Ehe- u Kindschaftssachen (704II,606I,640II)
(c) auf Antrag gemäß 712I2,II,714
"D Urteil ist nicht vorläufig vollstrb"
(2) Begrenzung:
(a) Feststellungs-, Gestaltungs- u Leistungsurteile auf Abgabe e WE sind vollstreckb nur hinsichtl d Kostenentscheidung (Ausn: Urteile gemäß 767,768, 771 wg 775Nr1,776/Fälle d 895)
(b) auf Antrag d Sch gemäß 712I2,714,720a
"D Urteil ist gg Sicherheitsleistung iHv ... DM vorläufig vollstrb; d ZVollstr ist aber nach § 720a ZPO beschränkt"
bb **vorläuf Vollstrbkt ohne Sicherheitsleistung**, 708
(1) ohne Abwendungsmöglkt d Sch (VollstrSchutz), 711,708Nr1–3
"D Urteil ist vorläuf vollstreckb"
(2) mit Abwendungsmöglkt d Sch, 711,708Nr4–11,713
"D Urteil ist vorläuf vollstreckb. D Bekl kann d Vollstr durch Sicherheitsleistung iHv ... DM abwenden, wenn nicht d Kläger vor d Vollstr Sicherheit in gleicher Höhe leistet"
cc **vorläuf Vollstrbkt gg Sicherheitsleistung**, 709
(1) Art d Sicherheit
– 108
– mögl auf Antrag auch in Form e unbefrist, unbedingten, selbstschuldnerischen Bürgschaft e deutschen Großbank od öff Sparkasse
(2) Höhe d Sicherheitsleistung
(zu bemessen nach d Zweck d Sicherheitsleistung; diese soll d mögl SchdErs-Anspr d Sch aus 717II1 infolge verfrühter Vollstr abdecken)
(a) Hauptfordg
(b) Zinsen (bis zum voraussichtl VollstrZeitpunkt; iZw bis zu 6 Monaten nach Urteilsverkündung) ua Nebenfordgen
(c) Kosten, d d Sch d Gl lt Urteil erstatten muß (s.o. 1 b,c), insbes:
– GKostenvorschuß (nur wenn d (obsiegende) Kläger d Gl ist)
– Anwaltsgebühren, Auslagenpauschale u MWSt
– Auslagenvorschüsse d Gl für Zeugen u SVerständ

– d Summe ist ggf gemäß d Kostenquotelung zu bestimmen

(d) etwaiger weiterer VollstrSchd

(3) Formulierung

"D Urteil ist gg Sicherheitsleistung iHv ... DM vorläuf vollstreckb. (auf entspr Antrag:) D Sicherheit kann auch durch selbstschuldnerische, unbedingte, unbefristete Bürgschaft e deutschen Großbank od öff Sparkasse geleistet werden"

b Modifikation auf Antrag

aa Vollstr ohne Sicherheit in d Fällen d 709, gemäß 710,714

bb Vollstr ohne VollstrSchutz in d Fällen d 708Nr4–11, gemäß 711S2,714

cc Abwendung d Vollstr durch Sicherheitsleistung, 712I1,II,713,714

"D Urteil ist vorläufig vollstrb. D Bekl kann d Vollstr durch Sicherheitsleistung iHv ... DM abwenden"

VI Entscheidungsvorschlag

1 Urteilstenor (s.u. C I 2)

2 Aufklärungsbeschluß (Hinweise od Auflagen gemäß 139,278III) od BewBeschluß (358–359)

C Urteil

I Aufbau und Inhalt

1 Urteilskopf (Rubrum), 311,313INr1–3

a Angabe d G u d Az (4 AktO), üblicherweise oben links; Verkündungsvermerk (v UrkBeamten d Geschäftsstelle vorzunehmen, 315III), oben rechts

b Überschrift, 311I

– *"Im Namen d Volkes"*

– *"Urteil"* (ggf Angabe d bes Urteilsart; zwingend in d Fällen d 313b)

c Bezeichnung v Parteien, ges Vertretern u Prozeßbevollmächt (ggf auch d Nebenintervenienten) einschl ihrer Partei- bzw Verfahrensstellung (maßgebl Zeitpunkt: Schluß d letzten mdl Vhdlg)

aa Parteienbezeichnung

– Name, Vorname, Anschrift

– Geburtsdatum d minderj Partei

– Firma u Inhaber beim Einzelkfm (17II HGB)

– vollständ Firma mit RForm u Sitz bei OHG, KG, GmbH, AG, eGen, eV od Bezeichnung d jur Person d ÖffR

– ggf ges Prozeßstandschaft (Konk-, Zwangs-, Nachlaßverw, TestVollstrecker als Parteien kraft Amtes)

bb Parteienstellung je nach Verfahrensart:

– Kläger/Bekl, Arrestkläger/Arrestbekl, Vfgskläger/Vfgsbekl, Kläger u Widerbekl/Bekl u Widerkläger

– Parteien kraft Amtes: Kennzeichnung zB durch *"... als Konkursverwalter üb d Vermögen v ..., ..."*

– Nebenintervenienten: unmittelb nach d unterstützten Partei

cc ges Vertreter (bei mehreren: alle) mit Name, Anschrift u Kennzeichnung d Vertreterstellung (bei jur Personen d ÖffR nur mit Angabe d Funktion); zB

"..., ges vertreten durch seine Eltern ..."
"..., ges vertreten durch d Gesellscher/GFührer/Vorstand ..."
dd Prozeßbevollmächtigter: Name u Kanzleianschrift
d Bezeichnung d G, d bei d Entscheidung mitwirk Richter u d Tags d letzten mdl Vhdlg
aa Gericht, beim LG auch d entscheidende Kammer
bb mitwirkende Richter, mit genauer Dienstbezeichnung (maßgebl: letzte mdl Vhdlg)
cc Datum d letzten mdl Vhdlg (bei Entscheidung im schriftl Verfahren: Datum gemäß 128II2Hs1,III2Hs1)
e Formulierungsmuster

"...(Gericht)... *Verkündet am ...*
– ...(Az)... –

Im Namen des Volkes

Urteil

In d Rechtsstreit
des ... ,
Kläger,
– Prozeßbevollmächtigter: ... –

gegen
1. ... ,
Beklagter zu 1),
– Prozeßbevollmächtigter: ... –
2. ... ,
Beklagter zu 2),
– Prozeßbevollmächtigter: ... –

hat d ... durch/unter Mitwirkung v ... aufgrd d mdl Vhdlg v .../im schriftl Verfahren nach d Sachlage am ... für Recht erkannt:

...(Tenor)..."

2 Entscheidungsformel (Tenor), 313INr4

a Ausspruch zur Hauptsache (einschl Nebenfordgen)

aa Grds

– muß beim Endurteil d KlAntrag voll erledigen (durch Abweisung od Stattgabe)
– darf nicht mehr u nichts anderes zusprechen als v Kläger beantragt, 308I
– darf aber nach Menge, Zeit od Art d Leistung weniger zusprechen u iü abweisen
– muß beim Leistungsurteil nach seiner Formulierung o.w. vollstreckb sein:
  – Leistung, d auf Zahlung, Hrsg, vertretb od unvertretb Handlg, Duldung od Unterlassung, Abgabe e WE gerichtet (803,883,885,887,888,890,894) sowie
  – bestimmt u widerspruchsfrei ist

bb Formulierungsbeispiele

(1) **Abweisung**
"D Kl wird abgewiesen"

(2) **Teilstattgabe** (hier: bei Leistungskl)
"D Bekl wird verurteilt, ... Im übrigen wird d Kl abgewiesen"

(3) **Leistungsklagen**

(a) Grundformel
"D Bekl wird verurteilt, ..."
"D Bekl werden (ggf: als Gesamtschuldner) verurteilt, ..."

(b) Zahlungsklage

– Grundformel
"D Bekl wird verurteilt, ... DM nebst ... % Zinsen seit d ... an d Kläger zu zahlen"

– Wandlungsklage, Verurteilung Zug um Zug
"D Bekl wird verurteilt, ... DM an d Kläger zu zahlen, Zug um Zug gg Übereignung u Hrsg d ...(genau zu bezeichnenden Gegenstands, zB beim PKW mit Angabe v Marke, Typenbezeichnung, amtl Kennzeichen u Fahrgestellnr)..."

– Unterhaltskl d ehel Kindes
"D Bekl wird verurteilt, an d Kläger zu Händen seines ges Vertreters e Unterhaltsrückstand v ... DM nebst ... % Zinsen seit d ... sowie ab ... e monatl Unterhaltsrente v ..., fällig jeweils zu Beginn d Monats, zu zahlen"

– Feststellungs- u Unterhaltskl d unehel Kindes
"Es wird festgestellt, daß d Bekl d Vater d am ... geboren Klägers ist.
D Bekl wird verurteilt, d Kläger ab ... bis zur Vollendung dessen 18. Lebensjahres zu Händen d ges Vertreters monatl jeweils im voraus d Regelunterhalt zu zahlen"

(c) Klage auf Duldung d ZVollstr
"D Bekl wird verurteilt, d ZVollstr d Klägers in d Grdst ...(genau nach Lage u GBucheintragung zu kennzeichnen)... wg d im ...(genaue Bezeichnung d GBucheintragung)... eingetragenen Hypothek/Grundschuld iHv ... DM nebst ... % Zinsen seit d ... zu dulden"

(d) HrsgKlage

– Herausgabe e bewegl Gegenstandes
"D Bekl wird verurteilt, d/e ...(genau zu bezeichnenden Gegenstand)... an d Kläger herauszugeben"

– Herausgabe u Räumung v Wohnung, gewerbl Räumen od Grdst
"D Bekl wird verurteilt, d ...(genau zu bezeichnenden Gegenstand, zB Wohnung nach Adresse, Lage im Haus, Zahl u Art d Räume)... zu räumen u an d Kläger herauszugeben. D Bekl wird e Räumungsfrist bis zum ... gewährt"

(e) Klage auf Vornahme e Handlg

– Schuldfreistellung
"D Bekl wird verurteilt, d Kläger v dessen Verpflichtung ggüber ... aus d Darlehensvertrag v ... iHv ... DM nebst ... % Zinsen seit ... freizustellen"

– Auskunft
"D Bekl wird verurteilt, üb d Bestand d Nachlasses d am ... in ... verstorbenen ... sowie üb etwaige Schenkungen d Erblassers an d Bekl innerhalb d letzten 10 Jahre vor d Erbfall Auskunft zu erteilen"

– eidesstattl Versicherung
"D Bekl wird verurteilt, an Eides Statt zu versichern, daß er nach bestem Wissen d Bestand d Nachlasses d ... so vollständig angegeben habe wie er dazu imstande gewesen sei"

– Widerruf

"D Bekl wird verurteilt, seine Behauptung ...(genaue Kennzeichnung d Inhalts, ggf auch Adressat u Datum)... (ggf: durch ...) zu widerrufen"

(f) Kl auf Unterlassen e Handlg (mit Androhung gemäß 890II)

"D Bekl wird verurteilt, d Betreten u Befahren d Grdst ...(genau zu kennzeichnen)... zu unterlassen. Für jeden Fall d Zuwiderhandlg wird ihm Ordnungsgeld bis zu ... DM, ersatzweise für d Fall, daß dieses nicht beigetrieben werden kann, Ordnungshaft bis zu ... Tagen/Monaten angedroht"

(g) Klage auf Abgabe e Willenserklärung

– Übereignung

"D Bekl wird verurteilt, d ...(genau zu bezeichnenden Gegenstand)... an d Kläger zu übereignen u zu übergeben"

– Auflassung

"D Bekl wird verurteilt, d Grdst ...(genaue Lage)..., eingetragen im GBuch v ...(mit genauer Kennzeichnung d Eintragung)... an d Kläger aufzulassen u seine Eintragung im GBuch zu bewilligen"

– GBuchberichtigung

"D Bekl wird verurteilt, zu bewilligen, daß d Kläger als Eigentümer d Grdst ...(genaue Kennzeichnung nach Lage u GBucheintragung)... eingetragen wird"

– Auflassungsvormerkung

"D Bekl wird verurteilt, zur Sicherung d Anspr d Klägers auf Übereignung d Grdst ...(genaue Kennzeichnung nach Lage u GBucheintragung)... d Eintragung e Auflassungsvormerkung zu bewilligen"

– Mieterhöhung (2ff MHRG)

"D Bekl wird verurteilt, einer Erhöhung d Miete für d von ihm gemietete Wohnung ... (genaue Bezeichnung)... auf monatl ... DM mit Wirkung v ... zuzustimmen"

– Einwilligung in Auszahlung e hinterlegten Summe

"D Bekl wird verurteilt einzuwilligen, daß d beim AG ... – Az. ... – hinterlegte Summe v ... DM nebst Hinterlegungszinsen an d Kläger ausgezahlt wird"

(h) Verurteilung mit Fristsetzung

– 255 ZPO iVm 283,325II,326,634I1,651 BGB

"D Bekl wird verurteilt, d ...(genau zu bezeichnenden Gegenstand)... innerh v ... Wochen ab RKraft d Urteils an d Kläger herauszugeben"

– Verurteilung zu e Handlg mit bedingter Entschädigungsverpflichtung (510b ZPO)

"D Bekl wird verurteilt, bis spätestens ... d/e ...(genau zu bezeichnenden Gegenstand)... an d Kläger herauszugeben/zu liefern. Für d Fall d nicht fristgerechten Herausgabe/Lieferung wird d Bekl verurteilt, an d Kläger ... DM nebst ... % Zinsen seit d ... zu zahlen"

(i) Verurteilung unter d Vorbehalt beschränkter Haftung (305I)

"D Bekl wird verurteilt, ... zu zahlen. D Bekl bleibt vorbehalten, seine Haftung auf d Nachlaß d am ... in ... verstorbenen ... zu beschränken"

(4) **Feststellungsklagen**

(a) Grundformel

"Es wird festgestellt, daß ..."

(b) positive Feststellungsklage

"Es wird festgestellt, daß d Kläger Miterbe zu ...(Bruchteil)... am Nachlaß

d am ... in ... verstorbenen ... ist"
"Es wird festgestellt, daß d Bekl verpflichtet ist, d Kläger auch ...(Bruchteil)... d weiteren aus d Unfall v ... in ... künftig entstehenden mat u immateriellen Schd zu ersetzen, soweit d Anspr nicht kraft Gesetzes auf Sozialversicherungsträger übergegangen sind"

(c) negative Feststellungsklage
"Es wird festgestellt, daß d Bekl aus d Unfall v ... in ... v Kläger keinen SchdErs verlangen kann"
"Es wird festgestellt, daß d Kläger nicht berechtigt ist, v Bekl Hrsg d ...(genau zu bezeichnenden Gegenstandes)... zu verlangen"
"Es wird festgestellt, daß d Bekl aus d Mietverhältnis v ... betreffend d ...(genaue Bezeichnung d Mietgegenstands)... keine Fordgen mehr zustehen"

(d) Zwischenfeststellungsklage
"Es wird festgestellt, daß d Bekl prozeßfähig ist"
"Es wird festgestellt, daß d Prozeßvergleich d Parteien v ... d RStreit nicht beendet hat"

(5) **vermögensrechtl Gestaltungsklagen**

– Aufhebung d Gütergemeinschaft
"D durch Ehevertrag v ... vor d ... – Az. ... – vereinbarte Gütergemeinschaft d Parteien wird aufgehoben"

– Entziehung v GFührungsbefugnis u Vertretungsmacht
"D Bekl werden GFührungsbefugnis u Vertretungsmacht für d ...(genaue Firma)... in ... entzogen"

– Ausschluß aus e HandelsG
"D Bekl wird aus d zw d Parteien bestehenden, unter d gemeins Firma ... betriebenen ...gesellschaft, eingetragen im HReg d AG ... Nr ..., ausgeschlossen"

– Auflösung e HandelsG
"D zw d Parteien bestehende, unter d gemeins Firma ... betriebene ...gesellschaft, eingetragen im HReg d AG ... Nr ..., wird aufgelöst"

(6) **Gestaltungsurteile in Ehesachen**

– Scheidung im Verbund mit Folgesachen
"D am ... vor d Standesbeamten in ... geschlossene Ehe d Parteien wird geschieden.
Vom Konto Nr. ... d Antragstellers(in)/Antragsgegners(in) bei d Landesversicherungsanstalt ... in ... werden auf d Konto Nr ... d Antragsgegners(in)/Antragstellers(in) bei d Landesversicherungsanstalt ... in ... Rentenanwartschaften iHv monatl ... DM bezogen auf d ... übertragen.
D elterl Sorge üb d am ... geborene Kind ... wird auf d Antragsteller(in)/Antragsgegner(in) übertragen.
D Antragsteller(in)/Antragsgegner(in) wird verurteilt, an d gemeinsame Kind ..., geboren am ..., zu Händen d Antragsgegners(in)/Antragstellers(in) monatl im voraus ... DM Unterhalt zu zahlen.
D Antragsteller(in)/Antragsgegner(in) wird verurteilt, an d Antragsgegner(in)/Antragsteller(in) monatl im voraus ... DM Unterhalt zu zahlen."

– Eheaufhebung/Ehenichtigkeit
"D am ... vor d Standesbeamten in ... geschlossene Ehe d Parteien wird aufgehoben/für nichtig erklärt"

(7) **prozessuale Gestaltungsklagen**

– Abänderungsklage

"D Urteil d ... v ... – Az. ... – wird wie folgt abgeändert: D Bekl wird verurteilt, ab ... monatl jeweils im voraus ... DM Unterhalt an d Kläger zu Händen dessen ges Vertreter zu zahlen"

– Klage auf Erteilung d VollstrKlausel

"D Kläger ist gg d Bekl für d Urteil d ... v ... – Az. ... – d VollstrKlausel zu erteilen"

– Klage gg e VollstrKlausel

"D ZVollstr aus d VollstrKlausel d UrkBeamten d GStelle für d Urteil d ... v ... – Az. ... – wird für unzulässig erklärt"

b Kostenentscheidung

(Tenorierungsbsp s.o. B V 1 b)

c Ausspruch zur vorläufigen Vollstreckbarkeit

(Tenorierungsbsp s.o. B V 2)

d ggf weitere Entscheidungen

(zB: Vorbehalte nach 302,599/Fristsetzungen nach 255,510b/Räumungsfrist nach 721)

3 Tatbestand, 313INr5,II,314

(entbehrl in d Fällen d 313a,313b,495aII)

a Grds

- beurkundet d Parteivorbringen d letzten mdl Vhdlg (TatsBehauptungen als Angriffs- od Verteidigungsmittel, Anträge, BewAngebote)
  - grds vollständig (wg 314)
  - dabei kann d Darstellung aber auf d für d Entscheidung Wesentliche beschränkt u iü auf d Akten Bezug genommen werden (s.u. c cc)
- Fundstellen d Parteivorbringens:
  - vorbereitende Schriftsätze, vorgelegte Urk, Beiakten, auf d d Parteien verweisen
  - Anhörung in d mdl Vhdlg
  - Fragen u Verhalten d Parteien anläßlich d Zeugenvernehmung od Gutachtenerstattung e SVerständ
  - Aussagen in e Zeugen- od Parteivernehmung od in e SVerständGutachten, d d Parteien od ihre Prozeßbevollmächt ausdrückl od konkludent aufgreifen u sich zu eigen machen
  - Schriftsätze nach Schluß d mdl Vhdlg nur iRe Schriftsatznachlasses gemäß 283 (sonst: 296a)

b Aufbau u Inhalt

aa einleitende kurze Kennzeichnung d Streitgegenstands (soweit zur Erleichterung d Verständnisses d Folgenden erforderl, zB bei umfangreichem od komplexem Tb)

bb unstreit SV

- alle Behauptungen d Klägers od Bekl, d d Gegner zugesteht (288) od nicht bestreitet (138II,III); auch ansprfeindl u ansprerhalt Tats, soweit sie unstreitig sind
- regelmäßig in zeitl Reihenfolge

- Sprachform: Indikativ, (idR) Imperfekt

cc streit Klägervorbringen

- alle bestritt ansprbegründ TatsBehauptungen d Klägers zu Haupt- u Nebenfordgen
- auch hilfsweises Zueigenmachen d abweich BeklVorbringens
- nicht erledigte BewAngebote
- Aufbau: nach d vorgebrachten Angriffsmitteln in logisch–juristisch geordneter Reihenfolge
- Sprachform: Konjunktiv, (idR) Perfekt

dd Anträge d Parteien zur Hauptsache,

(1) KlAntrag/-anträge

(2) KlAbweisungsantrag,

- d in d letzten mdl Vhdlg gestellt wurden; überholte Anträge werden nur erwähnt (zum Ort d Erwähnung s.u. c dd), wenn
  - d aktuellen sonst nicht verständl wären (zB nach VU, VB)
  - d Zulässkt d Antragsänderung im Streit ist (KlÄnderung, Parteiwechsel)
  - d überholte Antrag d Kostenentscheidung beeinflussen kann (zB höherer Streitwert d alten Antrags)
- nicht d Anträge zu Kosten u vorläuf Vollstrbkt, mit Ausnahme d Anträge nach 710,712
- optische Hervorhebung durch Einrücken, 313II1
- Sprachform: Präsens

ee streit BeklVorbringen

- Prozeßrügen vorweg, aber nur soweit relevant (dh bei Streit üb: ZulässktsTats/ohne Rüge nach 39,267,295 heilb Mängel/prozeßhind Einreden d Bekl nach 110,269IV, 1027a)
- alle bestritt ansprhind, -vernicht u -hemm TatsBehauptungen d Bekl
  - in dieser Reihenfolge; danach ggf Tats zur Widerkl
  - ohne rechtl Qualifizierung als Einwendung/Einrede
  - bei Gestaltungsrechten (Anfechtung, Kündigg, Rücktritt etc) u Einreden auch d Tats, daß d Recht ausgeübt bzw d Leistung verweigert wurde
  - schlichtes Bestreiten d KlVorbringens zu erwähnen ist überflüssig, da es schon durch d Konjunktiv d streit KlVorbringens gekennzeichnet ist
- nicht erled BewAngebote
- Sprachform: Konjunktiv, (idR) Perfekt

ff Replik d Klägers/Duplik d Bekl

selten; nur wenn:

- (Replik:) d Kläger sich gg bestritt ansprfeindl Tats mit neuen bestritt ansprerhalt Tats verteidigt
  - neue Tats: schlichtes Bestreiten ansprfeindl Tats erfordert keine Replik, da es schon aus d Verwendung d Konjunktivs hervorgeht
  - bestritt Tats: e Replik ist auch überflüssig, wenn d Tats schon d unstreit SV zugehören
- (Duplik:) d Bekl sich gg d bestritt ansprerhalt Tats wiederum mit neuen bestritt einwendungserhalt Tats verteidigt

gg Ergebnis d BewAufnahme

- soweit vorhanden Verweis auf BewBeschluß; sonst kurze Kennzeichnung v Bew-Themen u -mitteln (nur bei Parteivernehmung ist d Antrag zu erwähnen)
- Ergebnis d BewAufnahme:
  - hinsichtl d Ergebnisses v Zeugenvernehmung u SVerständGutachten Bezugnahme auf Vernehmungsprotokolle u Gutachten

- bei Urk, deren Echtheit streitig ist, Vermerk von Vorlage, Form, Unterschrift, etwaigen äußeren Mängeln
- BewEinreden: TatsBehauptungen zur Zulässkt od BewKraft gegnerischer BewMittel od zur Beanstandung d gerichtl Verfahrens ggüber eig BewMitteln

hh beigezogene Akten u d Tats, daß sie Gegenstand d mdl Vhdlg waren

c Einzelfragen

aa Tatsachenbehauptungen/Rechtsauffassungen

- idR werden nur TatsBehauptungen dargestellt (Tats: alle gegenwärt u vergang, äußeren u inneren, posit u negat Daten aus d realen Welt d Seins, d d Beweis zugängl, dh sinnl wahrnehmb sind)
- Ausn:
  - gängige RBegriffe d tägl Lebens (Kauf, Darlehen, Eigt etc), soweit d Gegner ihnen nicht widerspricht, u die beide Seiten ersichtl richtig verstehen; bestreitet d Gegner insoweit, muß d RBegriff durch Vortrag konkreter Tats ausgefüllt werden
  - wenn d gesamte SV unstreitig ist u d Parteien nur um RAuffassungen streiten, werden diese kurz skizziert
  - ebenso, wenn TatsBehauptungen ohne d dahinterstehende RAuffassung nicht verständl sind
- zu beachten ist, daß sich hinter e RAuffassung e TatsBehauptung od WE verbergen kann (zB d Meinung e Partei, e best Verhalten enthalte e Anfechtung, kann als hilfsw Erklärung d Anfechtung im Prozeß, für d Fall, daß d geäußerte RAuffassung falsch sein sollte, auszulegen sein)
- ggf müssen d TatsBehauptungen sprachlich eindeutig v d RAuffassungen abgehoben werden: streit Tats werden "behauptet", bzgl rechtl Schlußfolgerungen sind d Parteien "d Auffassung", "d Meinung" oä

bb Abweichungen vom regelmäßigen Aufbauschema

- e Verkürzung auf Sachstand, Anträge, RAnsichten ist mögl, wenn alle Tats unstreitig sind
- Abweichungen empfehlen sich ansonsten nur, wenn sie für e bessere Verständlichkeit d Darstellung erforderl sind:
  - wenn nahezu alle Behauptungen streitig sind, werden d wenigen unstreit Tats im streit Vorbringen untergebracht, müssen aber als unstreitig bes kenntlich gemacht werden
  - auch wenn sonst zB d zeitl Zusammenhang zerrissen u schwer verständl wird, können unstreit Tats im streit SV eingebaut werden (u umgekehrt)
  - d hilfsw Prozeßaufrechnung steht immer am Schluß d Verteidigungsmittel (Aufbau: hilfsw Aufrechnung, dazugehörige Behauptungen d Bekl, entspr Behauptungen d Klägers)

cc Bezugnahme, 313II iVm 314

- wg Einzelheiten d Sach- u Streitstandes (Geschehensablauf, Vertragsregelungen, Schds- od Rechnungspositionen u -beträge etc) kann auf d Akten (dh auf Schriftsätze, Urk, Protokolle, Gutachten, Beiakten etc) Bezug genommen werden, soweit gewährleistet ist, daß d Tb d für d Entscheidung wesentl Tats u Behauptungen wiedergibt u aus sich selbst heraus verständl ist
- die Bezugnahme muß aber unter konkreter Angabe d Bezugsobjekts geschehen

dd Prozeßgeschichte

- wird grds nicht dargestellt
- Ausn: Prozeßvorgänge, d d Entscheidung (u wenn auch nur hinsichtl d Kosten od

d Ausspruchs üb d vorläuf Vollstrbkt) beeinflussen können; zB
- bei Relevanz e Verjährungsfrist: Angabe d KlErhebungsdaten (Schriftsatz, Eingang, Zustellung)
- bei Abgabe befrist WE im Prozeß: Angabe v deren Daten (Schriftsatz, Zugang bei Gegner)
- VU u VB nebst Zustellungs- u Einspruchdaten (sowie d früheren Anträge)
- KlÄnderung bei Streit um deren Zulässkt od Kostenrelevanz
- Verweisung an d zuständ G (281)
- Streithilfe
- Zwischen-, Grund-, Vorbehalts- u Teilurteile
- ergebnislose Fragen u Hinweise nach 139
- Unterbrechung d Verfahrens u Aufnahme durch d RNachfolger (239ff)
- verspätetes Vorbringen (296,296a)
- Schriftsatznachlaß (283)
- Zugestehen v Tats (wg Bindungswirkung nach 290)

- Ort d Darstellung: dort, wo sie zum Verständnis erforderl sind (meist: entweder vor d Anträgen od am Ende)
- Sprachform: Perfekt

4 Entscheidungsgründe, 313INr6,III

(entbehrl in d Fällen d 313a,313b,495aII)

a Inhalt

aa Prozeßurteil: nur Begründung d Fehlens von Zulässktsvorauss

bb Sachurteil

(1) Begründung d Vorliegens d Zulässktsvorauss, nur bei
- Vorliegen ernsthafter Zweifel im Zeitpunkt d letzten mdl Vhdlg
- od ZulässktsRügen d Parteien

(2) Begründung d Vorliegens bzw Fehlens d tats Vorauss für eine bzw alle in Betracht kommenden, d KlAntrag rechtfert RGrdl

b Aufbau d Begründung

(Grds: v der im Tenor niedergelegten Entscheidung ausgehend werden die diese tragenden rechtl u tats Gesichtspunkte dargestellt)

aa zusammenfassende Gesamtentscheidung am Anfang

"D Klage ist ...
- *... unzulässig"*
- *... (zulässig aber) unbegründet"*
- *... nur zum Teil/im zugesprochenen Umfang/überwiegend begründet"*
- *... hinsichtl d Klageantrags zu ...) begründet, iü unbegründet"*
- *... (zulässig u) begründet"*

bb Ausführungen zur Zulässkt

cc Gesamtentscheidung üb d konkrete KlBegehren in d Hauptsache unter Angabe d RNormen, aus denen sie sich ergibt

dd Begründung d Entscheidung in d Hauptsache durch Subsumtionsergebnisse

(1) Begründung d Entscheidung bzgl aller KlAnträge
- Hauptantrag vor Hilfsantrag
- Hauptfordg vor Nebenfordg

(2) Begründung d Entscheidung zu jd Antrag auf d Grdl d anzuwendenden RNormen

(a) erforderl Umfang d rechtl Begründung
- bezügl d obsiegenden Partei reicht für e stattgebendes Urteil d Begründung mit e v mehreren AnsprGrdl, für e abweisendes Urteil mit e v mehreren Einwendungen bzw Einreden aus (sofern diese nur in gleichem Maße durchgreifend sind)
- bzgl d unterliegenden Partei müssen d Angriffs- bzw Verteidigungsmittel vollzählig verneint werden

(b) Reihenfolge d Behandlung v AnsprGrdl, Einwendungen u Einreden:
- normaler EntstehungsTb (AnsprGrdl)
- ansprhind Einwendungen
- ansprvernicht Einwendungen
- ansprhemm Einreden
- ansprerhalt Einwendungen
- ggf: Höhe d Anspr
- ggf: Hilfsaufrechnung

(c) Begründung d Vorliegens/Nichtvorliegens d tats Vorauss jd AnsprGrdl, Einwendung od Einrede
(aa) Ergebnis unter Benennung d angewend Norm
(bb) (soweit erforderl) RAusführungen:
Benennung u Definition v TbMerkmalen, Darstellung relevanter divergierender Auffassungen bzgl d Interpretation ges Vorschriften, etc
(cc) Teilergebnisse d Subsumtion d Tats unter einz TbMerkmale
- nur bzgl d konkret problematischen TbMerkmale (keine umfassende u systemat Subsumtion)
- auch hier:
  - erst d Ergebnis
  - dann d Begründung im einzelnen (durch Feststellung, ob u ggf durch welche Tats d TbMerkmal erfüllt ist; dabei ist d Grdl d Feststellung anzugeben: unstreitig, gestanden, bewiesen (unter Angabe d BewMittels u BewWürdigung nach 286I2))

(dd) ggf Feststellung d Eingreifens d Darlegungs- od BewLast

ee Begründung d Kostenentscheidung u d Ausspruchs üb d vorläuf Vollstrbkt (ausreich ist im Regelfall e knappe Begründung durch Angabe d maßgebl RNormen)

5 Unterschriften der Richter, 315

II Wirksamkeit des Urteils

1 Beratung u Abstimmung (192ff GVG) durch d an d letzten mdl Vhdlg teilnehmenden Richter
2 Verkündung (Regel; ersatzw Zustellung) 310–312,136IV ZPO, 173 GVG
3 RF v Mängeln d Urteils
a grds ist auch d mangelhafte Urteil wirks, aber anfechtb mit RMitteln
b ausnahmsw Nichtigkeit bei bes schwerwiegenden Mängeln
zB: Fehlen dtsch Gerichtsbarkeit/Fehlen e Kl/d ausgesprochene RF ist ihrer Art nach unmögl od verboten/d Urteil richtet sich gg e nicht existente Person/d Urteil ist schon im Tenor unbestimmb, unverständl od widersprüchl u insofern auch aus Tb u Gründen nicht auslegungsfähig/d Urteil wird üb d Grenzen d 319,321 hinaus verändert

III Rechtsfolgen des Urteils

1 Bindung d Gerichts, 318
– keine Änderung d Urteils nach Verkündung bzw Zustellung (310III)
– Ausn: Berichtigung od Ergänzung in d Fällen d 319–321
– d Bindungswirkung reicht so weit wie d mat RKraft d Urteils (s.u. 6)

2 Tatbestandswirkung
soweit e Urteil TbMerkmal e mat–rechtl Norm ist (zB 218I,775INr4 BGB, 302IV3, 600II,717II,III ZPO)

3 Gestaltungswirkung
unmittelb Veränderung d mat Rechtslage durch e Gestaltungsurteil (zB Auflösung d OHG/KG, Ausschluß e Gesellschers, Auflösung e Ehe)

4 Vollstrbkt
a Leistungsurteile in d Hauptsache u im Kostenpunkt
b and Urteile nur im Kostenpunkt

5 formelle RKraft (Unanfechtbarkeit mit Rechtsmitteln, 705S1)
a Verkündung (bzw Zustellung, 310III) bei d Art nach nicht anfechtb Urteilen (Revisionsurteil d BGH/Arrest- u einstw Vfgs–Urteil d OLG, 545II/Berufungsurteil d LG/Zwischenurteile üb KlÄnderung od örtl Zuständkt wg 268,512a,549II)
b beiderseit RMittelverzicht ggüber d G
c Ablauf d RMittelfrist, 705S1
d RKraft d RMittelentscheidung
e bei VU: Verzicht d säumigen Partei auf Einspruch, Ablauf d Einspruchsfrist od RKraft d Entscheidung, d d VU bestätigt (bei 2. VU, 345: Ablauf d Berufungsfrist (513II) od RKraft d bestätigenden RMittelentscheidung)

6 mat RKraft, 322
d Parteien u ihre RNachfolger nach RHängigkeit dürfen im Verhältnis zueinander d gerichtl Entscheidung üb d prozessualen Anspr (Streitgegenstand) nicht mehr in Frage stellen; jd erneute Vhdlg, BewAufnahme u Entscheidung üb d rkräftig festgestellte RF wäre unzulässig

a RKraftfähigkeit
besitzen nur Urteile, d endgültig üb d Streitgegenstand entscheiden (das können sein: Vollendurteil, Teilurteil, Prozeßurteil (nur hinsichtl fehlender Prozeßvorauss), Sachurteil einschl Anerkenntnis-, Verzichts-, Versäumnis- u Arresturteil; nicht aber: Zwischenurteil unter d Parteien, Grund-, Vorbehaltsurteil)

b RKraft erlangt grds **nur d Entscheidung** (dh d Subsumtionsschluß) **üb d prozessual geltend gemachten Anspr** (Streitgegenstand, bestehend aus KlAntrag u KlGrund einschl d kontradiktor Gegenteils); dh:

aa nur d Entscheidung
(1) bei Leistungskl: RKraft erlangt
– bei stattgebendem Urteil nur d Feststellung, daß d Bekl aus dem vorgebrachten SV zu der vom Kläger mit dem KlAntrag geltend gemachten Leistung verpflichtet ist; nicht eingeschlossen ist hingegen d Feststellung d Tats u d rechtl Qualifikation d festgestellten Verpflichtung
– bei abweisendem Urteil nur d Feststellung, daß d Bekl aus d vorgetragenen SV d geforderte Leistung nicht schuldet
(2) bei Feststellungskl:
– d Feststellung d Urteils bezieht d rechtl Qualifikation d RV mit ein, wenn sie im KlAntrag entsprechend näher gekennzeichnet ist (als Miet-, Arbeits- od Gesellschaftsverhältnis, SchdErsPfl oä)
– aus diesem Grund ist bei Leistungskl häufig d Zwischenfeststellungskl emp-

fehlenswert

bb nur üb d prozessualen Anspr (wenn d Tenor d prozessualen Anspr unvollständ beschreibt, muß d Tb (bzw beim Anerkenntnis- u VU d KlSchrift) zur Auslegung mit herangezogen werden)

(1) d RKraft d Urteils erledigt alle AnsprGrdl, d für d prozess Anspr in Frage kommen, auch übersehene

(2) Einwendungen u Einreden erhalten grds keine RKraft

(3) Ausn: d Entscheidung üb e Prozeßaufrechnung, 322II; RKraft erlangt

(a) d Entscheidung üb d Aufrechnung in d geltend gemachten Höhe, bis zur Höhe d KlFordg

(b) soweit

– d stattgebende Urteil d Aufrechnung für unbegründet erklärt

– d Urteil d Kl wg d begründeten Aufrechnung abweist u somit feststeht, daß d Aufrechnungsfordg, soweit sie verbraucht ist, nicht mehr besteht

c **d Urteil wirkt nur im Verhältnis Kläger – Bekl** einschl deren RNachfolger nach RHängigkeit, nicht zwischen Streitgenossen auf d gleichen Seite, 325I

aa gg d RNachfolger wirkt d mat RKraft nur, wenn dieser nicht gutgl od d gute Glaube nicht geschützt war, 325II

Vorauss d Gutglaubensschutzes:

(1) gutgl Erwerb v Nichtberecht ist nach BGB mögl (135II,892f,932,936,1138,1153,1207,1244 BGB, 366 HGB)

(2) guter Glaube d RNachfolgers

– beim Erwerb v Berecht hinsichtl d RHängigkeit

– beim Erwerb v Nichtberecht hinsichtl fehlender Berechtigung u RHängigkeit

(3) kein Fall d 325III

bb gg e prozeßfremden Dr wirkt sie ausnahmsw nach 326,327,76IV2 ZPO, 407II,408 BGB, 372II HGB

d **Präklusionswirkung:** innerhalb d o.g. Rahmens werden d Parteien in zukünft RStreitigkeiten mit allen Tats ausgeschlossen, d in Widerspr zu d Feststellungen d Urteils stehen u vor Schluß d mdl Vhdlg entstanden aber nicht vorgebracht worden sind

aa Verbot and rechtl Beurteilung u abweich Feststellung vorgebrachter Tats

bb Ausschluß v Tats, d vor Abschluß d mdl Vhdlg entstanden sind, aber nicht vorgebracht wurden

– später entstandene Tats werden v d RKraft nicht berührt u können gemäß 767 od mit erneuter Leistungskl geltend gemacht werden

– str ist, ob bei Gestaltungsrechten (Anfechtung, Kündigg, Aufrechnung etc) als Entstehungszeitpunkt d Tats d Zeitpunkt d tats Ausübung d GestaltungsR (dh d Erklärung) od d Zeitpunkt d Gestaltungsmöglkt (dh d Entstehung d Grundes d GestaltungsR, hM) maßgebl ist

7 **Durchbrechung mat RKraft**

a Wiedereinsetzung in d vorigen Stand, 233ff (s.u. [[3]] B IV)

b Wiederaufnahme d Verfahrens, 578ff (s.u. [[5]] B)

D Beschluß

I Fälle der Entscheidung durch Beschluß

0 Faustregel: Entscheidungen nach mdl Vhdlg in d Sache selbst sind Urteile, d Rest Beschlüsse

1 Beschlüsse, d zwingend e mdl Vhdlg erfordern
- BewBeschluß gemäß 358
- Vertagungsbeschluß, 227I,II
- Zurückweisungsbeschluß bei Säumnis e Partei im Termin, 335I,336

2 Beschlüsse, d ohne od nach freigestellter mdl Vhdlg ergehen können
- PKH–Beschluß, 127
- Bewilligung d öff Zustellung, 203,204
- Verweisungsbeschluß, 281
- BewBeschluß nach 358a
- Kostenbeschluß nach 91a
- Kostenfestsetzung, 104

3 Fälle, bei denen nach mdl Vhdlg e Urteil, ohne mdl Vhdlg e Beschluß ergeht
- Arrest u einstw Vfg, 922I,936
- Verwerfung v Einspruch, Berufung u Revision als unzulässig, 341II1,519bII1,554aII

II Aufbau und Inhalt

1 Rubrum

a Angabe d G u d Az, üblicherweise oben links

b Überschrift: *"Beschluß"*
(ggf genauere Kennzeichnung, zB: *"Aufklärungsbeschluß"*, *"Beweisbeschluß"*)

c Bezeichnung d Parteien bzw Verfahrensbeteiligten
- grds reicht d Angabe d Namen aus
- wenn d Beschluß d Grdl e VollstrTitels bildet od zugestellt wird (329III), muß er e volles Rubrum wie beim Urteil enthalten

d Bezeichnung d G, d bei d Entscheidung mitwirk Richter u d Tags d Entscheidung bzw d mdl Vhdlg

2 Tenor

a Hauptsache

aa Formulierungsbeispiele idR u. bei d jeweiligen Sachkomplexen

bb BewBeschluß

"I. Es soll Bew erhoben werden üb d Behauptungen

1. d Klägers,
a. ...(genau bezeichnetes BewThema)...,
b. ...(genau bezeichnetes BewThema)...,
c. ...(genau bezeichnetes BewThema)...,

2. d Bekl,
a. ...(genau bezeichnetes BewThema)...,
b. ...(genau bezeichnetes BewThema)...,
c. ...(genau bezeichnetes BewThema)...,

durch Vernehmung d Zeugen
a. ...(Name u ladungsfähige Anschrift)..., zu ...(Ziffer d BewThemas)..., v ... benannt;
b. ...(Name u ladungsfähige Anschrift)..., zu ...(Ziffer d BewThemas)..., v ... benannt;

II. durch Einholung e schriftl SVerständGutachtens zu ...(genau bezeichnetes BewThema)...; um d Benennung e geeigneten Sverständ soll ersucht werden ... .

III. Dem ... wird aufgegeben, bis zum ... d ladungsfähige Anschrift d Zeugen ... mitzuteilen.
Dem ... wird aufgegeben, bis zum ... folgende Urk vorzulegen: ...

IV. D Ladung d Zeugen wird davon abhängig gemacht, daß d Parteien für jd v ihnen benannten Zeugen ... DM als Auslagenvorschuß einzahlen od Gebührenverzichtserklärungen vorlegen; Frist: ... .
D Einholung d SVerständGutachtens wird davon abhängig gemacht, daß d ... bis zum ... ... DM Gebührenvorschuß einzahlt.
V. Termin zur BewAufnahme u mdl Vhdlg vor ... wird anberaumt auf ..., den ..., ... Uhr, Saal ... ."

b Kostenentscheidung: nur wenn d Beschluß d Instanz beendet, dh bei Verwerfung v Einspr od RMittel als unzulässig
c kein Ausspruch zur vorläuf Vollstrbkt

3 Gründe (bei allen Beschlüssen, d anfechtb sind od e Antrag ablehnen)
a SV–Darstellung
b rechtl Begründung, ggf einschl BewWürdigung

4 Unterschriften d mitwirkenden Richter

5 Formulierungsmuster

"...(Gericht)...
– ...(Az)... –

Beschluß

in d RStreit/...Verfahren
... gg ... .

...(Tenor)...

Gründe

...(SV, rechtl Begründung)...

...(Ort, Datum)...
...(Gericht, Kammer)...
...(Unterschriften)... "

od:

"...(Gericht)...
– ...(Az)... –

Beschluß

In d RStreit/...Verfahren
... gg ...
hat d ... durch ... am ... beschlossen:

...(Tenor)...

Gründe

...(SV, rechtl Begründung)...

...(Unterschriften)... "

III Wirksamkeit

1 Beratung u Abstimmung (192ff GVG)
2 Verkündung v Beschlüssen nach mdl Vhdlg, 329I
3 formlose Mitteilung bzw Zustellung v sonst Beschlüssen, 329II,III

IV Rechtsfolgen

1 Bindungswirkung
  a besteht grds nicht, da 318 nicht anwendb ist
  b Ausn:
    – bei Möglkt d sofort Beschwerde, 577III
    – wenn mit d Beschluß d gerichtl Zuständkt endet, 281,506,696V2
    – wenn e Änderung nur auf bes Antrag od RBehelf zulässig ist (Fälle d 694,700, 924,926, 927,936)
2 mat RKraft (nur soweit formelle RKraft u rechtskraftfähiger Inhalt geg sind ; zB Beschlüsse nach 91a, 888)

[[3]] Besondere Prozeßkonstellationen, besondere Prozeßhandlungen und besondere Formen der Beendigung des Verfahrens

A Besondere Klagekonstellationen

I Objektive Klagehäufung

0 Begriff, Arten, Entstehung

a Begriff: Geltendmachung mehrerer prozess Anspr (Begriff: s.u. C II 1 a; dh: mehrere KlAnträge od mehrere KlGründe) gg denselben Bekl in einem Prozeß

b Arten obj KlHäufung

aa kumulative KlHäufung: mehrere Leistungen, Feststellungen od RGestaltungen nebeneinander, 260,640c,643 (grds zulässig; auch iFd Verbindung v Anträgen auf Primär–Leistung, Fristsetzung u SchdErs gemäß 510b bzw 255,259)

bb alternative KlHäufung: e v mehreren Leistungen, Feststellungen od Gestaltungen nach Wahl d Richters od d Bekl (grds unzulässig, da unbestimmt u Verstoß gg 253IINr2; Ausn: Wahlschuld gemäß 262 BGB)

cc eventuelle KlHäufung: Haupt- u Hilfsantrag (grds zulässig; s.u. III)

c Entstehung

aa Verbindung mehrerer prozess Anspr in e Kl, 260

bb KlErweiterung, zB nach 256II,261II

cc Verbindung mehrerer Prozesse zu einem, 147

1 Zulässkt

a Identität d Parteien: alle Anspr werden vom selben Kläger gg d selben Bekl erhoben

b Zuständkt d ProzeßG für alle Anspr

c für alle Anspr ist d gleiche Prozeßart zulässig

d kein Verbindungsverbot, zB 610II,633,638,640c

2 prozessuale Behandlung

a einheitl Vhdlg, BewAufnahme u Entscheidung

b zu Haupt- u Hilfsantrag s.u. III

II Stufenklage, 254

0 Begriff: Verbindung e (meist zunächst) unbezifferten Leistungsklage mit e Klage auf vorrang Auskunftserteilung u/od Abgabe e eidesstattl Versicherung (Sonderform d obj KlHäufung)

1 Zulässkt gemäß 254

2 Anträge u mat–rechtl AnsprGrdl

a Anträge; zB:

"... d Bekl zu verurteilen,

1. üb d Bestand u Verbleib d Nachlasses d am ... in ... verstorb ... Auskunft zu erteilen;

2. an Eides Statt zu versichern, daß er d Bestand d Nachlasses nach bestem Wissen so vollständig angegeben habe, wie er dazu imstande sei;

3. an d Kl ...(Bruchteil)... d sich anhand d Auskunft nach Ziffer 1. ergebenden Betrages zu zahlen"

b AnsprGrdl

aa Auskunfterteilung bzw Rechnungslegung: zB 402,444,666,1379,1580,1605,2027ff, 2057,2127 BGB, 87c HGB; 242 BGB

bb eidesstattliche Versicherung: 259II,260II,2028II,2057 BGB
cc Leistungsanspr: je nach konkretem Begehren

3 prozessuale Behandlung und Entscheidung
a separate Vhdlg üb jd d 2 bzw 3 Stufen, nacheinander
b Entscheidung jeweils durch Teilurteil gemäß 301 (Ausn: Fehlen v Sachentscheidungsvorauss, od wenn feststeht, daß e Leistungsanspr nicht bestehen kann)
c Unterbrechung d Prozesses nach Erlaß jd Teilurteils bis zu e Antrag auf Fortsetzung

III Subjektive Klagehäufung (Streitgenossenschaft)

0 Begriff: in einem Verfahren treten auf einer od beiden Seiten mehrere Parteien auf

1 Einfache Streitgenossenschaft, 59ff

a Zulässkt (Grds: soweit gemeins Vhdlg u Entscheidung zweckmäßig sind)
aa gemeins Kl durch od gg mehrere Streitgenossen
bb Rechtsgemeinschaft (59Alt1; zB Miteigt; Gesamthänder, -gl, -sch; Bürge u Hauptschuldner; Fahrer, Halter u HaftpflVersicherer e PKW),
od gleichart bzw auf iw gleichart tats u rechtl Gründen beruhende Anspr od Verpflichtungen als Streitgegenstand (59Alt2,60)
cc Zuständkt d ProzeßG für alle Anspr
dd für alle Anspr ist d gleiche Prozeßart zulässig
ee kein Verbindungsverbot (zB 610II,640c)

b prozessuale Behandlung u RF
aa bei Nichtvorliegen d ges Vorauss: Prozeßtrennung, 145
bb bei Vorliegen:
(1) es liegt e Mehrheit v Prozessen vor, d Prozesse werden aber äußerl verbunden (gemeins Vhdlg, BewAufnahme u gemeins Entscheidung als Regel)
(2) jd Prozeß entwickelt sich (mit gewissen Einschränkungen) selbständ u unabhäng v d and, 61:
– selbständ Prüfung v Sachentscheidungs- u Begründetheitsvorauss
– TatsVorbringen (Behauptungen, Bestreiten) u BewAntritte wirken grds für od gg alle Streitgenossen, wenn sich nicht aus d Umständen anderes ergibt
– Prozeßhandlgen wirken nur in dem Prozeß, in dem sie erklärt wurden; Anerkenntnis, Geständnis, Nichtbestreiten haben in d and Prozessen allenfalls Indizwirkung nach 286
– jd Streitgenosse kann in d Prozeß e and Zeuge sein, soweit d zu beweisende Tats für seinen eig Prozeß ohne Bedeutung ist
– einheitl muß d BewWürdigung sein (willkürl wäre, e Zeugen in e Prozeß für glaubhaft, in e and für unglaubhaft zu erklären)
– Entscheidung:
  – kann ausnahmsw ggüber einz Streitgenossen durch Teilurteil ergehen, 301
  – Kostenentscheidung: 100 (Streitwert: 5)
  – vorläuf Vollstrbkt: für jd ProzeßRV gesondert zu beurteilen
– RKraft d Urteils gg e Streitgenossen erstreckt sich nicht auf d and

c Besonderheiten bei Gutachten u Urteil
aa keine, wenn alle Streitgenossen dieselben Angriffs- u Verteidigungsmittel verwenden
bb sonst:
– Gutachten: Differenzierung nach Personen, entweder insgesamt od jeweils innerh v Kläger- u BeklStation
– Tb: streit Vorbringen nach Personen getrennt

– Entscheidungsgründe: nach Personen getrennt

2 Notwendige Streitgenossenschaft, 62

liegt vor, wenn d G in d Sache selbst aus RGründen allen Streitgenossen ggüber einheitl entscheiden muß

a Vorauss

aa gemeins Kl durch od gg mehrere Streitgenossen

bb prozeßrechtl notwend Streitgenossenschaft: aufgrd ges Vorschrift erstreckt sich d RKraft d Urteils gg einen auch auf d and Streitgenossen

– Fälle:
  – 327 (Erbe u TestVollstr)
  – 2342,2344 BGB (Miterben)
  – 640h,640k (Kindschaftsache)
  – 856IV (mehrere Pfändungspfandgl)
  – 146,147 KO (KonkVerw/KonkGl)
  – 248,249,275 AktG (Aktionäre/Vorstands- u Aufsichtsratsmitgl)
  – 75 GmbHG (Gesellscher/GFührer)
– Abgrenzung: keine Fälle d 62 sind 425II BGB (Gesamtsch), Hauptschuldner u Bürge, VersichNehmer u HaftPflVersicherer, Akzeptant u Aussteller e Wechsels, OHG/KG u Gesellscher

cc mat–rechtl notwend Streitgenossenschaft: wenn d eingeklagte R mehreren Personen nur gemeins zusteht od sich gg mehrere Personen gemeins richtet, folglich nur von allen Berecht od gg alle Verpflichteten gemeinsam ausgeübt werden kann; Fallgruppen:

– Gestaltungskl d Handelsrechts nach 117,127,133,140, 161II HGB
– Aktivprozesse d Gesamthand, wenn alle Gesamthänder klagen (GbR, nrf Verein, gemeins verwaltete Gütergemeinschaft nach 1450I1 BGB, Miterbengemeinschaft; nicht aber: Gesamthandsgemeinschaft, bei der d Prozeßführungsbefugnis einem d Gesamthänder allein zusteht, zB 432,1422,2039 BGB)
– Passivprozesse d Gesamthand, wenn nicht d Gesamtschuldkl nach 1459II1,2058 BGB, sondern d Gesamthandskl nach 1459I,2059II BGB erhoben ist

b prozessuale Behandlung u Entscheidung:

– einheitl Vhdlg, BewAufnahme u Entscheidung d Mehrheit v Prozessen wie bei einf Streitgenossenschaft
– daher auch Abweisung d Kl einz od gg einz Streitgenossen als unzulässig durch Prozeßurteil (auch als Teilurteil) mögl
– aber: einheitl Entscheidung in d Sache gg alle Streitgenossen
  – Anerkenntnis e Streitgenossen ist wirks nur, wenn alle anerkennen (Teilanerkenntnisurteil würde gg 62 verstoßen); aber Indizwirkung e einz Anerkenntnisses iRd 286
  – d Geständnis e Streitgenossen bindet d anderen nur, wenn sie sich anschließen, ansonsten muß Beweis erhoben werden ; aber Indizwirkung e einz Geständnisses iRd 286
  – Termins- od Fristversäumnis e Streitgenossen schaden ihm u d and aktiven nicht, 62
  – d Gegner muß prozessual immer allen Streitgenossen ggüber handeln

IV Haupt- und Hilfsantrag

0 Begriff: Verbindung e unbedingten mit einem hilfsw gestellten Antrag (Fall d obj KlHäufung; s.o. I)

– 2 Formen:
  – hilfsweise Stellung e (od mehrerer) weiteren Antrags

– hilfsweise Begründung d Antrags mit e zweiten KlGrund (verdeckter Hilfsantrag)
– Abgrenzung z Hilfsvorbringen: beim Hilfsantrag werden 2 verschied prozess Anspr (Streitgegenstände) im Eventualverhältnis stehend verfolgt, beim Hilfsvorbringen nur einer (s.u. V 1)

1 Zulässkt d Hilfsantrags
a allg Prozeßvorauss
b Vorauss d 260 (s.o. I)
c mind e KlAntrag ist unbedingt gestellt
d eventuell gestellter Antrag, d nicht v e außerprozess Ereignis abhängig ist
aa Hilfsantrag für d Fall, daß d Hauptantrag Erfolg hat (aufschiebend bedingt)
bb (meist:) Hilfsantrag für d Fall, daß d Hauptantrag scheitert (auflösend bedingt)
e Einzelfragen:
– unzulässig bezogen auf subj KlHäufung
– zulässig ist auch d Hilfswiderkl

2 prozessuale Behandlung u Entscheidung
a prozess Behandlung
– prozess Vorrang d Hauptantrags
– d Richter darf üb d Hilfsantrag erst bei Eintritt d Bedingung (insbes bei Erfolglosigkeit d Hauptantrags) entscheiden
– d auflösend bedingte Hilfsantrag entfällt rückwirkend, wenn d Bedingung nicht eintritt, d Richter darf in diesem Fall nicht üb ihn entscheiden
b Entscheidung (beim auflösend bedingten Hilfsantrag)
– Erfolglosigkeit v Haupt- u Hilfsantrag:
"D Kl wird abgewiesen"
– Begründetheit d Hauptantrags:
"D Bekl wird verurteilt, ..."
– Begründetheit nur d Hilfsantrags:
"D Bekl wird verurteilt, ... Im übr wird d Kl abgewiesen"
(Kostenentscheidung hier: grds nach 91; nach 92 nur, wenn u soweit d abgewiesene Hauptantrag e höheren Wert als d erfolgreiche Hilfsantrag hat, hM)

V Haupt- und Hilfsvorbringen

1 Begriff: d gestellte Antrag wird mehrfach begründet, wobei eine d Begründungen nur hilfsweise gelten soll und alle z Begründung angeführten Tats demselben KlGrund (s.u. C II 1 a) zugehören
– Formen:
– zur Stützung ein u derselben AnsprGrdl wird hilfsw e zweite SV–Variante vorgetragen
– hilfsw werden Tats vorgetragen, d e and AnsprGrdl ausfüllen
– Abgrenzung z Hilfsantrag: s.o. IV 0

2 Besonderheiten in Gutachten u Urteil
a Gutachten: Schlüssigkeitsprüfung v Haupt- u Hilfsvorbringen in d Klägerstation nacheinander
b Urteil
– Tatbestand: grds Wiedergabe d Haupt- u Hilfsvorbringens beim Sachvortrag d Klägers; ausnahmsw kann es, bei hilfsw Übernahme e BeklVorbringens durch d Kläger, zur Erhöhung d Verständlichkeit sinnvoll sein, diesen Umstand iRd BeklVorbringens zu erwähnen
– für d Entscheidungsgründe ist d Eventualverhältnis v Haupt- u Hilfsvorbringen ohne Bedeutung; es gelten d allg Regeln

VI Widerklage, 33

0 Begriff u Abgrenzung

- Sachantrag (auf Leistung, Feststellung od RGestaltung), den d Bekl in e rhäng Prozeß gg d Kläger stellt, der Gegenstand e selbständ Kl sein kann u e and Streitgegenstand hat als d Kl
- keine Widerkl sind dementspr: KlAbweisungantrag (ist nur Prozeßantrag); inhaltl ident Antrag auf Feststellung d Nichtbestehens d KlAnspr; Antrag auf eig Verurteilung, aber Zug um Zug gg Erhalt e Gegenleistung (274I,322I BGB))

1 Zulässkt

a allg Prozeßvorauss, insbes:

aa sachl Zuständkt (nach allg Regeln; für d Verhältnis AG/LG gelten 506 u 10)

bb örtl Zuständkt
- nach 12–32,34
- nach 33: örtl Zuständkt für d Kl

cc ordnungsgemäße KlErhebung, 261II

b bes Prozeßvorauss

aa RHängigkeit d Kl
- schon: 253I,261I
- noch: ausgeschlossen folglich nach KlRücknahme, Prozeßvergleich, RKraft d Endurteils, übereinstimm Erledigungserklärung
- in d Berufungsinstanz: 530I; ausgeschlossen in d Revisionsinstanz (wg 561)

bb unzulässig in Sonderfällen:
- Urkundenprozeß, 595I
- Arrest- u einstw VfgsVerfahren
- beschränkt im Eheprozeß (610II,633II,638) u Kindschaftsprozeß (640cS2)

cc grds Parteienidentität (d Parteien d Kl müssen zumind auch Parteien d Widerkl sein)

dd Konnexität: (mind) wirtschaftl Zusammenhang d prozess Anspr d Widerkl mit dem der Kl od mit den Verteidigungsmitteln (nur Einwendungen, Einreden, Repliken), d gegen sie vorgebracht werden
- als bes Prozeßvorauss (Rspr)
- als zusätzl Gerichtsstand (hLit; Folge: bei fehlender Konnexität kann d örtl Zuständkt sich auch aus 12–32,34 ergeben)
- Relevanz:: gering, da e Mangel gemäß 295I (Rspr) bzw 39 (hLit) geheilt werden kann

2 prozessuale Behandlung

- Erleichterung hinsichtl Gerichtsstand (33), KlErhebung (261II) u Prozeßkostenvorschuß (65 GKG gilt nicht für d Widerkl)
- iü unterliegt d Widerkl allen normalen Vorschriften üb d Behandlung d Kl
- Abtrennungsmöglkt, 145II
- einheitl Vhdlg, BewAufnahme u Entscheidung

3 Entscheidung (auch durch Teilurteil mögl, 301)

a Hauptsache: getrennte Entscheidung v Kl u Widerkl, zB

"D Kl wird abgewiesen. Auf d Widerkl wird d Kläger verurteilt, ..."

" D Bekl wird verurteilt, ... D Widerkl wird abgewiesen"

"Kl u Widerkl werden abgewiesen"

b Kosten: einheitl nach 91ff (Streitwert: 19 GKG, 8I1 BRAGO), zB
(bei Abweisung v Kl u Widerkl:)

"D Kläger trägt ...(Bruchteil)..., d Bekl ...(Bruchteil)... d Kosten d RStreits"

c vorläuf Vollstrbkt: 708ff

4 Besonderheiten in Gutachten u Urteil

a Gutachten

Kl u Widerkl werden getrennt nacheinander begutachtet (im Einzelfall kann es dabei auch sinnvoll sein, mit d Widerkl zu beginnen)

b Tatbestand

– wenn Kl u Widerkl d gleichen KlGrund haben: Unstreitiges beider Kl wird zus dargestellt; danach d streitige Vorbringen d Klägers zur Kl; KlAnträge; nach d KlAbweisungsantrag Anträge zur Widerkl (*"...beantragt, d Kl abzuweisen. Er erhebt Widerkl u beantragt, ..."*); streit BeklVorbringen zu Kl u Widerkl; streit Vorbringen d Klägers u Widerbekl zur Widerkl

– wenn Kl u Widerkl unterschiedl KlGründe betreffen, werden Kl u Widerkl getrennt dargestellt: nach d streit BeklVorbringen zur Kl wird zur Widerkl übergeleitet u deren Tb nach d gleichen Aufbauregeln dargestellt

B Besondere Verfahrenshandlungen und Prozeßkonstellationen

I Zustellung

0 Begriff: beurkund Möglkt d Adressaten, v e Schriftstück Kenntnis zu nehmen

1 Notwendigkeit d förml Zustellung

(Alt, zB bei vorbereitenden Schriftsätzen: formlose Mitteilung durch Brief, 270II1)

a Klageschrift, 253I

b daneben bei:

– and bestimmenden Schriftsätzen (Schriftsätze, d Sachanträge od deren Rücknahme enthalten, zB KlErweiterung, -änderung, -rücknahme) nach 270II1,261II

– Urteilen, 317,310III

– verkünd Beschlüssen u Vfgen, wenn sie mit befrist RMittel anfechtb od VollstrTitel sind, 329III

– nicht verkünd Beschlüssen u Vfgen, wenn sie e Terminsbestimmung enthalten, e Frist in Gang setzen, e VollstrTitel bilden (zB VollstrBescheid, 699IV) od d befrist Erinnerung nach 577IV unterliegen, 329II,III

– Terminsladungen an d Parteien, 274II,329II2,491I

2 Verfahren, hier: Amtszustellung (270I,II1;208ff,166ff) als Regelform

a richtiger Adressat (Person, der zugestellt werden soll, 191Nr3; in d Rangfolge:)

aa Prozeßbevollmächt d Partei, 208,176,210a

– bei Anhängigkeit, mit gewissen Ausn (239III1,242,246II,450I2)

– Prozeßbevollmächt: ist, wer vor d Zustellung ggüber G od Gegner erkennb als Prozeßbevollmächt auftritt

– bleibt bei Niederlegung d Mandats im Anwaltsprozeß zuständiger Adressat, solange kein and RA d Bestellung angezeigt hat, 87

bb Partei selbst, ihr ges Vertreter (171) od ihr Bevollmächt (Prokurist, Zustellungsbevollmächt etc, 173)

b richtiger Empfänger (Person, der tats zugestellt wird, 191Nr4)

aa Adressat

bb Ersatzzustellung, wenn d Adressat nicht angetroffen wird, 181ff

(1) in d Wohnung an FamAngehör od Hausgehilfen, 181I

(2) im Haus an annahmebereiten Vermieter, Hausmeister, Portier, 181II

(3) Niederlegung bei Geschäftsstelle od (meist) Post, 182

(4) an Angest etc in Geschäftsräumen, 183,184

c Zustellungsobjekt: Ausfertigung od beglaub Abschrift, 170,210
d richtiger Ort, 180,212b, u richtige Zeit, 188
e Zustellungshandlg
aa Übergabe als Regel
bb Zurücklassen am Ort d Zustellung bei unberecht Annahmeverweigerung, 208,186
cc Ausstellung e Zustellungsurk, 212I,195II

3 bes Zustellungsarten

a vereinfachte Zustellung von G zu RA (od RA zu RA) mit schriftl Empfangsbekenntnis, 212a (198)
b Zustellung durch Aufgabe zur Post, 174,175,213
c öffentl Zustellung, 203,208
aa Vorauss
(1) Grund:
(a) unbekannter Aufenthalt e Partei, 203I (nachzuweisen durch ergebnislose Parteiermittlung bei in Betracht kommenden Stellen od Personen, insbes: Einwohnermeldeamt, Post, ArbG, Vermieter, Verwandten u Bekannten)
(b) od Auslandszustellung ist unmögl od aussichtslos, 203II
(c) od exterritoriale Wohnung, 203III
(2) Antrag, 204I (erforderl nur bei Parteizustellung)
(3) RSchutzbed
(4) Auslagenvorschuß, 68I GKG
bb Entscheidung: durch Beschluß
"D Antrag d Klägers v ... auf Bewilligung d öff Zustellung d Kl wird zurückgewiesen"
"D öff Zustellung v KlSchrift u Vfg v ... an d Bekl wird bewilligt"
cc RBehelfe:
– grds ist d Bewilligung öff Zustellung unanfechtb
– bei Erschleichen durch e Partei kann sie aber als unzuläss RAusübung (242 BGB) angegriffen werden
dd Vollzug: 204–206

4 RF v Zustellungsmängeln

a grds macht jd Gesetzesverstoß d Zustellung unwirks
b Mängel können aber geheilt werden:
– für d Zukunft durch Nachholen
– rückwirkend nur bei:
– tats Zugang nach Ermessen d G, 187,208
– Genehmigung durch d Adressaten bei unwirks Ersatzzustellung
– Verzicht od rügelose Vhdlg, 295I

II Säumnis einer Partei im Termin

1 Säumnis des Beklagten

a Vorauss e VU, 331

aa Termin zur (streit) mdl Vhdlg vor d erkennenden G
– VU ist unzulässig im Gütetermin (279), Verkündungstermin (283,310) u im reinen BewTermin
– VU ist unzulässig vor d beauftragten od ersuchten Richter
bb ordnungsgemäße Terminsbestimmung u Ladung d Bekl
– wirks Zustellung d Kl
– Verkündung d Termins (218) od ordnungsgemäße Ladung durch Zustellung

(335INr2,274II,329II/195II,191,176,212a)
– Wahrung d Einlassungs- od Ladungsfrist (335INr2,274III,217)

cc Säumnis d Bekl
– Nichterscheinen nach Aufruf d Sache zur festgesetzten Zeit am festgesetzten Ort (331I)
– Erscheinen, aber Nichtverhandeln (333; dazu zählt auch d Erscheinen d Bekl ohne RA bei Anwaltszwang nach 78I) od nur teilw Verhandeln (334)

dd Fehlen e Entschuldigung (Entlastungsmöglkt nach 337)

ee Antrag auf Erlaß e VU, 331I1,III

ff Zulässkt d Kl

gg Schlüssigkeit d Kl, 331I1,II

hh rechtl Gehör für d Bekl: d Schlüssigkeit darf nicht erst im versäumten Termin (durch Ergänzung d KlVorbringens) hergestellt werden, 335INr3,274III,132

b Entscheidungsmöglkten

aa d Bekl ist säumig, d Kl ist zulässig u schlüssig: VU gg d Bekl, 331,313bI
(1) Form u Inhalt
– in d Überschrift als VU zu bezeichnen, 313bI2
– nur Rubrum u Tenor erforderl, Tb u Entscheidungsgründe entbehrl, 313bI1
(2) Entscheidung
(a) Hauptsache nach allg Grds
(b) Kosten: 91
(c) vorläuf Vollstrbkt: 708Nr2
(3) RBehelf: Einspruch, 338,513I

bb d Bekl ist säumig, d Kl ist unzulässig: KlAbweisung als unzulässig (gewöhnl Prozeßurteil, angreifb mit Berufung/Revision)

cc Bekl ist säumig, d Kl ist zulässig aber unbegründet: KlAbweisung als unbegründet, 331IIHs2 (gewöhnl Sachurteil, angreifb mit Berufung/Revision)

dd Entscheidung (durch Urteil) nach Lage d Akten, 331a,251aII1
(nie im 1. Termin; gewöhnl Urteil: Bestreiten erfordert Bew; 335INr3 gilt auch hier)

ee Verweisungsbeschluß auf Antrag d Klägers, 281,506

ff Beschluß, d d Antrag auf VU zurückweist, 335,336
(Tenorierung: *"D Antrag d Klägers auf VU gg d Bekl wird zurückgewiesen"*)

gg Vertagung durch Beschluß auf Antrag d Klägers, 227, weil er nach Hinweis d unzuläss Kl erst noch zulässig, d unschlüssige schlüssig machen will

hh Vertagung vAw durch Beschluß nach 337

2 Säumnis des Klägers

a Vorauss e VU, 330

aa Termin zur (streit) mdl Vhdlg

bb ordnungsgemäße Terminsbestimmung u Ladung d Klägers

cc Säumnis d Klägers

dd Fehlen e Entschuldigung

aa Antrag auf Erlaß e VU

ff Zulässkt d Kl (BewLast für d Zulässkt: Bekl, da er Sachurteil beantragt; fehlt e Sachurteilsvorauss: Abweisung durch gewöhnl Prozeßurteil)

b Entscheidung

aa d Kläger ist säumig, d Kl ist unzulässig: KlAbweisung als unzulässig

bb d Kläger ist säumig, d Kl ist zulässig: VU gg d Kläger, 330
"D Kl wird abgewiesen" (Kosten: 91/vorläuf Vollstrbkt: 708Nr2)

3 Einspruch gegen ein Versäumnisurteil, 338

a Zulässkt, 341I

aa Statthaftigkeit: gerichtet gg e VU nach 330,331, 338

– keine VU sind: klabweisendes Prozeßurteil, das d Kl trotz Säumnis d Bekl als unzulässig abweist od e Einspruch bzw Rechtsmittel als unzulässig verwirft/ Sachurteil, das d Kl trotz Säumnis d Bekl als unbegründet abweist/Urteil nach Aktenlage, 331a

– unstatthaft gg 2. VU, 345 (stattdessen: Berufung gemäß 513II)

bb ordnungsgemäße Einlegung, 340I,II

cc fristgerechte Einlegung, 339

dd kein Verzicht auf d Einspruch, 346

RF: 342

b Zulässkt u Begründetheit d Kl

– nach jetzigem Sachstand

– bei Fehlen od Verspätung d EinsprBegründung (340III): aufrechterhaltende Entscheidung nach 343

c Entscheidung

aa unzuläss Einspr (Beschluß od Urteil), 341I2,II

(1) Hauptsache

"D Einspr d Bekl/Klägers gg d VU v ... wird als unzulässig verworfen"

(2) Kosten: 97I analog

"D Bekl/Kläger trägt auch d weiteren Kosten d Verfahrens"

(3) vorläuf Vollstrbkt (beim Urteil): 708Nr3

bb zuläss Einspr (Sachurteil), 343

(1) Hauptsache

"D VU v ... wird aufrechterhalten"

"D VU v ... wird aufgehoben u d Kl abgewiesen"

"D VU v ... wird aufrechterhalten, soweit .... Im übr wird es aufgehoben u d Kl abgewiesen"

(2) Kosten, 344

(a) aufrechterhaltendes Urteil: weitere Kosten nach 91

"D Bekl/Kläger trägt auch d weiteren Kosten d RStreits"

(b) aufhebendes Urteil

"D Bekl trägt d durch seine Säumnis im Termin v ... entstandenen Kosten, d Kläger d übr Kosten d RStreits"

(c) abänderndes Urteil, 344,91ff

"D Bekl trägt d Kosten seiner Säumnis im Termin v ... . V d übr Kosten d RStreits tragen d Kläger ..., d Bekl ..."

(3) vorläuf Vollstrbkt: 708ff

bei aufrechterhalt Urteil u Anwendbarkeit d 709 ist 709S2 zu beachten: *"D Urteil ist gg SichLeistung iHv ... vorläuf vollstreckb. D Vollstr aus d VU v ... darf nur gg Leistung d Sicherheit fortgesetzt werden"*

4 2. Versäumnisurteil, 345

a Vorauss

aa Säumnis derselben Partei in 2 aufeinanderfolg VhdlgsTerminen (s.o. 1 a aa–ee)

– VU, Einspr, 2. Säumnis, od gleichgestellt:

– Versäumnis d mdl EinsprTermins nach Versäumnis e Notfrist d 276

– Versäumnis d mdl EinsprTermins nach Erlaß e VB (700I)

bb Antrag auf Erlaß e VU
cc Zulässkt d Einspr
dd Zulässkt u Schlüssigkeit d Kl (letzteres nur bei 2. VU gg d Bekl)
b Entscheidung (Sachurteil, 345)
aa Hauptsache
"D Einspr d Bekl/Klägers gg d VU v ... wird verworfen"
bb Kosten: 97I analog
"D Bekl/Kläger trägt auch d weiteren Kosten d RStreits"
cc vorläuf Vollstrbkt: 708Nr2
c RBehelf: Berufung gemäß 513II

5 bei Säumnis beider Parteien (wahlweise):

a Vertagung, 251aIII,227
b Ruhen d Verfahrens, 251aIII,251
c Entscheidung nach Aktenlage, 251aI (Aufklärungs- od BewBeschluß/Verweisungsbeschluß/Urteil, wenn mind e streit Vhdlg vorausgegangen ist, 251aII1)

III Säumnis des Beklagten im schriftlichen Vorverfahren

1 Vorauss e VU, 331III
a Anordnung d schriftl Vorverfahrens, 272II,276
b ordnungsgemäße Setzung e Frist zur Verteidigungsanzeige gemäß 276I1,II,335INr4 (zuzustellen gemäß 329II2)
c Fristversäumung d Bekl, 331III1
d Antrag d Klägers
e Zulässkt d Kl
f Schlüssigkeit d Kl
2 Entscheidung
a VU gemäß 331III,313b (s.o. II 1 b aa)
b bei Unzulässkt od Unschlüssigkeit d Kl: Abweisung durch streit Urteil ohne mdl Vhdlg, hM
3 RBehelf: gg VU Einspruch, 338 (s.o. II 3)

IV Fristversäumnis und Wiedereinsetzung in den vorigen Stand, 233ff

(Wiedereinsetzung in d vorigen Stand: gerichtl Entscheidung, durch d e fristgerecht versäumte u nachgeholte Prozeßhandlg als rechtzeitig vorgenommen fingiert wird; e entgegenstehendes Urteil wird entspr unwirks)
1 Zulässkt d Antrags auf Wiedereinsetzung
a Statthaftigkeit: bei Versäumnis e Notfrist (223III) od nach 233 gleichgestellten Frist
aa relevante Fristen:
(1) Notfrist
– starre u zwingende, dh nicht gemäß 224I,II verlängerb od verkürzb Frist
– nur in d ges ausdrückl bezeichneten Fällen, 223III
(2) Berufungs-, Revisionsbegründungsfrist, Wiedereinsetzungsantragsfrist, Frist für d Beschwerde in Familiensachen nach 621e,629aII, 233
(3) Fristbeginn
– ges Frist: mit d ges bezeichneten Ereignis
– richterl Frist: mit d in d Fristsetzung bezeichneten Ereignis/Tag, ansonsten mit

Zustellung od Verkündung, 221

(4) Fristende: 222 iVm 187–189 BGB

bb Versäumung d Frist

b Zuständkt, 237

c Antragsberechtigung: Partei od Nebenintervenient

d Antrag in Form u Inhalt d 236I,II1 (entbehrl gemäß 236II2Hs2)

e Antragsfrist gemäß 234

f Nachholen d versäumten Prozeßhandlg innerhalb d Antragsfrist, 236II2Hs1 (kann mit d Antragstellung konkludent vorgenommen sein)

2 **Begründetheit**: Versäumnis erfolgte

a ohne Verschulden (276 BGB)

b d Partei; zugerechnet wird auch d Verhalten ihres ges Vertreters (51II) od ihres Prozeßbevollmächt (85II; zu unterscheiden ist hierbei insbes:

- Verschulden d RA (zB fehlende Kenntnis v G u Rspr, mangelh Büroorganisation, fehlerh Anleitung u Überwachung d Büropersonals) wird d Partei zugerechnet
- Verschulden d Büropersonals d RA hingegen ist kein für 233 erhebl Verschulden)

3 **Entscheidung**

erfolgt einheitl üb d Antrag auf Wiedereinsetzung u d nachgeholte Prozeßhandlg, 238I

a Sachentscheidung

aa unzuläss Antrag: zB

"D Wiedereinsetzungsantrag d Klägers/Bekl gg d Versäumung d Einspruchsfrist u d Einspruch d Klägers/Bekl gg d VU v ... werden als unzulässig verworfen"

bb unbegründ Antrag: zB

"D Wiedereinsetzungsantrag d Klägers gg d Versäumung d Berufungsfrist wird als unbegründet zurückgewiesen, seine Berufung gg ... als unzulässig verworfen"

cc begründ Antrag: Stattgabe erfolgt in d Entscheidungsgründen d Urteils od e Beschlusses

b Kosten

- Kosten (mögl: Parteiauslagen od BewAufnahme) trägt regelm d Antragsteller, 238IV
- Ausspruch nur erforderl, soweit d Antragsteller nicht ohnehin alle Verfahrenskosten trägt (91)

4 RF: Rechtzeitigkeitsfiktion

5 RBehelf

a bei Gewährung d Wiedereinsetzung: unanfechtb, 238III

b bei Verweigerung: je nach Form d Entscheidung d dafür mögl RBehelf (Besonderheit nur: kein Einspr bei VU gg d Antragsteller, 238II2)

V Zurückweisung verspäteten Vorbringens

1 Zurückweisung wegen Fristversäumnis, 296I

Vorauss:

a streit u erhebl Angriffs- od Verteidigungsmittel (Def in 282I: TatsBehauptungen, Bestreiten, BewAnträge; nicht: d Angriffe selbst, zB KlErweiterung, Widerkl)

b vorgebracht

c nach Ablauf d hierfür gesetzten Frist

aa Frist

- KlErwiderungsfrist (276I2,275I1,III; mit Belehrung, 277II)
- Frist zur Gegenerwiderung (276III,275IV; auch ohne Belehrung, 277IV)
- Frist zur Ergänzung d Parteivorbringens (273IINr1; auch ohne Belehrung)

– EinsprBegründungsfrist (340III3)
– Fristen d 527,697III3,700III2
(nicht: KlBegründungsfrist d 697I)

bb wirks gesetzt, insbes
– Unterschrift d zuständ Richters
– förml Zustellung e beglaub Abschrift, 329II2
– angemessene Länge d Frist
– ordnungsgemäße Belehrung, soweit erforderl

cc Ablauf

d Ausn

aa keine Verzögerung od Möglkt ihrer Verhinderung
(1) keine Verzögerung
– str ist ob e Verzögerung vorliegt,
– wenn d Prozeß bei Zulassung d Vorbringens länger dauern würde als bei Zurückweisung (sog realer Verzögerungsbegriff), hM
– wenn d Prozeß bei Zulassung länger dauern würde als bei rechtzeit Vorbringen (sog hypothet Verzögerungsbegriff), aM
– auf e frühen 1. Termin wird 296I nicht angewandt, wenn er im Einzelfall erkennb e Durchlauftermin ist
(2) Möglkt, e drohende Verzögerung durch Maßnahmen d Gerichts gemäß 273II od 358a zu verhindern

bb genügende Entschuldigung
– Gründe: solche, d e Wiedereinsetzung in d vorigen Stand (233) rechtfertigen
– Frist: sofort, spätestens im folg Termin
– auf Verlangen glaubhaft gemacht (296IV)

cc Ermessen d G bei d Feststellung d Verzögerung u d Entschuldigung

e rechtl Gehör für d säumige Partei

2 Zurückweisung wegen Verletzung einer Prozeßförderungspflicht, 296II

a Vorauss:
aa Angriffs- od Verteidigungsmittel
bb vorgebracht
cc Verletzung e Prozeßförderungspfl gemäß 282I,II
dd Verzögerung
ee grobe Nachlässigkeit (eklatanter Verstoß gg 282 durch Nichtbeachtung dessen, was jd einleuchten muß)
ff rechtl Gehör für d säumige Partei

b RF: Ermessen hinsichtl d Zurückweisung

3 Zurückweisung einer verspäteten Zulässigkeitsrüge, 296III

Vorauss:

a verzichtb ZulässktsRüge
– Einreden gemäß 110,269IV u 1027a
– Rüge nichtausschließl örtl od sachl Zuständkt (wg 39, str; aber: Vorrang d 504)

b verspätet gemäß 282III

c Fehlen e genügenden Entschuldigung (s.o. 1 d bb)

4 Zurückweisung von Parteivorbringen nach Schluß der mündlichen Verhandlung, 296a

(Ausn: Schriftsatznachlaß, 283/Wiedereröffnung d mdl Vhdlg, 156/Vortrag e Restitutionsgrundes nach 580)

5 Entscheidung: Darstellung in den Entscheidungsgründen des Urteils

6 Besonderheiten bei Gutachten und Urteil

a Gutachten

aa Schlüssigkeit, Erheblichkeit u Beweise werden auf d Grdl d Gesamtvorbringens (einschl verspätetem Vorbringen) geprüft

bb dabei ist unterschiedl zu verfahren:

(1) d RStreit ist trotz d verspäteten Vorbringens entscheidungsreif (weil es für d Entscheidung unerhebl ist): Zulassung d verspäteten Vorbringens mangels Verzögerung; dies wird am Ende d betreff Station (Kläger- bzw BeklStation) schlicht festgestellt

(2) d Prozeß ist noch nicht entscheidungsreif u

(a) dies liegt am G (das noch aufklären od Beweis erheben muß): Zulassung d Vorbringens, da d G ohnehin neu terminieren muß u keine Verzögerung vorliegt

(b) dies liegt am verspäteten Vorbringen (da es e neue BewErhebung erfordern würde): nach d Feststellung nicht erledigter BewAngebote in d BewStation werden in e gesond Verspätungsstation d Vorauss d 296 geprüft; Gliederung:

- Vorauss d 296I
- Vorauss d 296II
- Ergebnis kann sein:
  - Zulassung
  - Zurückweisung; in diesem Fall ist weiter zu prüfen:
- Wie ist d Prozeß ohne d verspätete Vorbringen zu entscheiden?

b Urteil

- d für d Zurückweisung bedeuts Tats werden in d Tb einbezogen (als Teil d Prozeßgeschichte)
- d rechtl Schlußfolgerung u ihre Begründung werden an passender Stelle in d Entscheidungsgründen dargestellt (idR bei d betroff TbMerkmal)

VI Prozeßstillstand

1 Formen, Vorauss u Beendigung

a Unterbrechung kraft Gesetzes, 239–245

aa Eintritt bei

(1) Tod e Partei, 239I (bei Partei kraft Amtes: 241)

- für d Erben bis zur Annahme d Erbschaft: 1922,1967 BGB, 239V
- für d Nacherben: 242
- nicht anwendb in Ehe- u Kindschaftsprozeß, 619,640
- nicht bei Vertretung durch Prozeßbevollmächt, 246 (wg 86)

(2) Anordnung d Nachlaßverw, 241III

(3) Eintritt d Prozeßunfähigkeit, 241I

(4) KonkEröffnung, 240

(5) Anwaltsverlust bei Anwaltszwang, 244

bb Beendigung in folg Fällen
(1) Bestellung e Nachlaßpflegers od TestVollstr nach Tod e Partei u Anzeige, 243, 241I,II
(2) entspr bei Nachlaßverw, 241III, 241I,II
(3) Anzeige d ges Vertreters, 241I,II
(4) Aufnahme d Prozesses bei Konkurs, 240
(5) Mandatsanzeige u deren Zustellung bei Anwaltsverlust, 244I
(6) iü durch Aufnahme d Prozesses
– durch d RNachfolger, 239I (in d Form d 250)
– auf Drängen d Prozeßgegners, 239II–IV

b Aussetzung d Verfahrens
– Fälle d 148–154,246,247,614,640f
– Entscheidung auf Antrag durch Beschluß, 248

c Ruhen d Verfahrens, 251,251aIII

2 RF v Unterbrechung u Aussetzung: 249

VII Entscheidung im schriftlichen Verfahren (ohne ges vorgesehene mdl Vhdlg), 128

1 bei Zustimmung d Parteien nach Ermessen d G gemäß 128II
2 bei vermögensrechtl Bagatellsachen auf Anordnung d G gemäß 128III
a Vorauss
aa vermögensrechtl Streitigkeit
bb Streitwert übersteigt 1500 DM nicht
cc kein Anwaltszwang
dd Unzumutbarkeit d Erscheinens für e Partei
b Anordnung gemäß 128III1,2
c keine Aufhebung d Anordnung gemäß 128III4

C Besondere Prozeßhandlungen der Parteien

I Prozeßhandlungsvoraussetzungen

0 Begriffe
– Prozeßhandlg: prozeßgestaltende Betätigung e Partei, e Nebenintervenienten od ihrer Vertreter, d in Vorauss u Wirkungen vom Prozeßrecht geregelt ist (zB: Kl, Nebenintervention, Anerkenntnis, Behaupten, Bestreiten, BewAntritt, Anträge an d G, Widerruf u Rücknahme v Prozeßhandlgen, Empfangsbekenntnis; zu unterscheiden von mat–rechtl geregelter Handlg)
– ProzeßhandlgsVorauss: Umstände, v deren Vorhandensein od Fehlen es abhängt, ob e Prozeßhandlg zulässig ist (maßgebl Zeitpunkt: Vornahme d Prozeßhandlg)

1 Vorauss d Wirksamkeit e Prozeßhandlg
a Parteifähigkeit
b Prozeßfähigkeit od ges Vertretung Prozeßunfähiger
c Postulationsfähigkeit
d Legitimation d gewillkürten Vertreters
e ggf Form
– lt spez Vorschrift

- ansonsten grds formfrei, auch konkludent mögl

f Zugang, ggf Zustellung

g ggf Frist

h Bedingungslosigkeit
   - an Bedingungen iSv ungewissen künft Ereignissen dürfen Prozeßhandlgen grds nicht geknüpft werden
   - Ausn: rein innerprozess Vorgänge als Bedingungen (zB: Hilfsantrag für d Fall d Erfolglosigkeit d Hauptantrags, Hilfsaufrechnung)

i richtiger Adressat (idR: Gericht)

j vorgeschriebener Inhalt

2 RF fehlender ProzeßhandlgsVorauss:
- keine Anfechtbarkeit, dh Willensmängel iSd 119ff BGB sind unerhebl, hM
- bei Fehlen e d o.g. Vorauss: grds Unwirksamkeit d jeweil Prozeßhandlg
- Heilung ist mögl durch
   - Genehmigung d Betroffenen
   - Rügeverzicht iRd 295
   - tats Zugang bei Zustellungsmangel (187)
   - fehlerfreie Wiederholung (mit Wirkung für d Zukunft)

3 Entscheidung bei Fehlen e ProzeßhandlgsVorauss: Zurückweisung d Handlg als unzulässig

II Klageänderung, 263ff

0 Begriff: Änderung d prozess Anspr (Streitgegenstand) nach Rechtshängigkeit

1 Zulässkt (bes Sachentscheidungsvorauss, dh Prüfung vAw)

a Geltendmachung e geänderten prozessualen Anspr nach RHängigkeit
   - prozess Anspr od Streitgegenstand: d mit d Kl verfolgte Begehren, d aus KlAntrag u KlGrund besteht (zweigliedr Streitgegenstandsbegriff, hM), also nur v Kläger bestimmt wird
   - KlGrund: tats LebensSV, auf den d Kläger seinen KlAntrag stützt (Ort, Zeit, beteiligte Personen u Objekte, Geschehensablauf), u d bei natürl Betrachtung nach d Verkehrsanschauung e Einheit bildet
   - Änderung ggüber KlSchrift od früherer mdl Vhdlg:
      - Änderung v KlAntrag u/od KlGrund (auch e nachträgl obj KlHäufung durch Stellung e zusätzl weiteren KlAntrags ist nach hM KlÄnderung)
      - nicht: bloße Korrektur v offensichtl Schreib- od Rechenfehlern od Erweiterung d Abwehrkl aus 1004 BGB auf weitere gleichart Störungen seit RHängigkeit

b Vorliegen einer d folg Vorauss

aa Fälle schlechthin zuläss Änderung, 264 (werden nicht als KlÄnderung gewertet)

(1) Nr1: and od ergänzende Tats od RAusführungen, innerhalb d gleichen LebensSV

(2) Nr2: Erweiterung od Beschränkung d KlAntrags bei gleichem KlGrund
   - quantitativ mehr od weniger
   - qualitativ mehr od weniger im Verhältnis: Leistung/Feststellung/Rechnungslegung bzw Auskunft
   - SchdErs/Feststellung d SchdErsPfl bzgl zukünft Schd

(3) Nr3: Änderung d Antrags wg nach KlErhebung eingetretener (od bekanntgewordener) Veränderungen, zB:
   - SchdErs aus 987ff BGB statt Hrsg aus 985
   - SchdErs wg Nichterfüllung aus 325,326 BGB statt Erfüllung
   - Surrogat aus 281 BGB statt Erfüllung
   - Leistung an e RNachfolger nach 265 statt Leistung an d Kläger

(4) Abgrenzung: Fälle schlechthin unzuläss Änderung: Übergang v Arrest- zum Hauptsacheprozeß/KlÄnderung in d Revisionsinstanz

bb Einwilligung (auch konkludent), 263

cc rügelose Vhdlg d Bekl zur abgeänderten Kl, 267
(Verhandeln zur Zulässkt d abgeänderten Kl (nicht der KlÄnderung!) reicht aus)

dd Sachdienlichkeit d KlÄnderung, 263

(1) bisheriger Prozeßstoff bleibt verwertb Entscheidungsgrdl

(2) KlÄnderung führt zu sachgemäßer u endgült Prozeßerledigung (verhindert e zweiten Prozeß)

(3) d Zulassung d KlÄnderung verzögert nicht d Entscheidung üb d entscheidungsreife alte Kl (unzuläss Prozeßverschleppung, wenn neu Beweis erhoben werden muß, d alte Kl aber schon entscheidungsreif ist)

2 prozessuale Behandlung u Entscheidung

a zuläss KlÄnderung

- RHängigkeit tritt ein mit Zustellung d schriftl bzw Stellung d Antrags in d mdl Vhdlg, 261II
- Behandlung durch d G ggf erst nach ergänz Vorschußleistung, 65I3 GKG
- Entscheidung üb d KlÄnderung durch Zwischenurteil od in d Gründen d Endurteils

b unzuläss KlÄnderung

- Abweisung d neuen Kl durch Prozeßurteil als unzulässig
- Behandlung d ursprüngl Antrags:
  - Entscheidung durch Sachurteil, falls er hilfsw aufrechterhalten wurde
  - erübrigt sich bei: KlRücknahme, KlVerzicht, einseit Erledigungserklärung
  - soweit Unklarheiten bestehen: Aufklärung nach 139
  - VU nach 330,333, wenn d alte Antrag ohne Rücknahme, Verzicht od Erledigungserklärung in d mdl Vhdlg nicht mehr gestellt wird

III Einseitige Erledigungserklärung des Klägers

0 Vorliegen: d Kläger geht v d Leistungs- zur Feststellungskl über u beantragt d Feststellung d Erledigung, dh daß d bei KlErhebung noch zuläss u begründ Kl nachträgl unzuläss od unbegründ geworden sei (Sonderform d KlÄnderung; Sinn u Ziel: Kostenfolge d 91 statt d 91a)

1 Vorauss

a Zulässkt d Umstellung d Antrags auf Feststellungskl (264Nr2)

aa RHängigkeit

bb d Kläger macht e Erledigung d Hauptsache geltend

- Erledigung: Ereignis, das d Kläger daran hindert, d zunächst begründete KlFordg weiter geltend zu machen, weil es sie ohne sein Zutun unzulässig od unbegründet macht (zB Erlöschen d Fordg durch Zahlung d Bekl nach RHängigkeit (aber nicht bei Leistung nur zur Abwendung d Vollstr), Erlaß, Aufrechnung, Anfechtung, außergerichtl Vergleich, Hrsg od Vernichtung e herauszugebenden Sache)
- Hauptsache: die von der den Prozeß einleitenden Partei begehrte RF (Haupt- u Nebenfordg; nicht: Kosten d RStreits)
- ganz od teilweise
- Erledigung kann nach hM nur bzgl e Ereignisses nach RHängigkeit (Klageerhebung, 261I,253I) eintreten

cc einseit Erklärung d Erledigung ggüber d G, unter Angabe d Erledigungsgrundes

(1) diese Erklärung ist nach hM als Feststellungsantrag auszulegen; e solche Änderung ist nach 264Nr2 zulässig

(2) einseitig: unter Widerspr d Bekl, zB indem dieser auf KlAbweisung besteht (weil er festgestellt haben will, daß d KlAnspr von Anfang an nicht bestanden hat)
(3) Wirksamkeit d Erklärung
(a) bei notwend mdl Vhdlg grds in mdl Vhdlg zu erklären
(b) ausdrückl od konkludent mögl
(c) als Erledigungserklärung erst nach RHängigkeit mögl
(d) ProzeßhandlgsVorauss
(4) e teilw Erledigungserklärung liegt zB vor, wenn im Antrag e Teilsumme ausdrückl v d KlSumme abgezogen wird
b Zulässkt d Feststellungsklage
c Begründetheit d Feststellungsklage
aa Zulässkt u Begründetheit d Kl bei KlErhebung (253I), hM
bb tats Eintritt d erledigenden Ereignisses nach RHängigkeit
2 Entscheidung durch feststellendes Sachurteil
a bei Nichtvorliegen d Vorauss einseit Erledigungserklärung: KlAbweisung (mit d Kostenfolge d 91,92ff u vorläuf Vollstrbkt gemäß 708ff)
– bei Eintritt e erledig Ereignisses nach Eingang d KlSchrift bei G u vor Zustellung trägt nach hM d Kläger d Prozeß- u Kostenrisiko; er kann bei Zahlung d in Verzug befindl Bekl aber d Kosten d RStreits als Verzugsschd gemäß 286 BGB v Bekl fordern; Wege: durch gesonderte Kl od iWd KlUmstellung auf Feststellungskl betr d Kosten d RStreits (nach aM ist bei dieser Konstellation 93 analog anwendb, dh KlAbweisung u Kostenentscheidung zu Lasten d Bekl)
– Hinweispfl für d G insoweit betr e sachdienl Antragstellung, 139
b bei Vorliegen d Vorauss einseit Erledigungserklärung
aa vollständ Erledigung
(1) Hauptsache
"D RStreit ist in d Hauptsache erledigt"
"Es wird festgestellt, daß d RStreit in d Hauptsache erledigt ist"
(2) Kosten: nach allg Regeln, insbes 91
(3) vorläuf Vollstrbkt: 708ff
bb teilw Erledigung
(1) Hauptsache: Entscheidung üb d streitig geblieb Teil nach allg Regeln u Feststellung d Erledigung im übr; zB
"D Bekl wird verurteilt, ... DM abzügl am ... bezahlter ... DM an d Kläger zu zahlen" od
"D Bekl wird verurteilt, ... DM an d Kläger zu zahlen. Im übrigen ist d d RStreit in d Hauptsache erledigt"
(2) Kosten: 91,92ff
(3) vorläuf Vollstrbkt: 708ff
3 Besonderheiten d Gliederung im Gutachten
a Auslegung d Erledigungserklärung als Antrag auf Feststellung, daß d RStreit erledigt sei
b Zulässkt d Antragsänderung (267,264,263)
c Zulässkt d (Feststellungs–)Kl
d Begründetheit d Kl
aa Schlüssigkeit
(1) war d alte Kl bis Zustellung zulässig u begründet?
(2) ist sie danach unzulässig od unbegründet geworden?
bb Erheblichkeit d Verteidigung d Bekl
cc TatsFeststellung
dd Ergebnis

IV Parteiwechsel

0 Begriff: anstelle d bisherigen tritt e neuer Kläger od Bekl in d Prozeß ein

1 Zulässkt

a ges Parteiwechsel
- Tod, 239
- Nacherbfolge, 242
- KonkEröffnung, 240

b gewillkürter Parteiwechsel (263ff bzw 265II2,267,269 entspr)

aa Klägerwechsel

(1) Parteiwechselerklärungen d alten u d neuen Klägers mit Zustellung an d Bekl (Rügeverzicht nach 295 mögl)

(2) Zustimmung d Bekl
- Rspr: Zustimmung d Bekl od Zulassung d Wechsels als sachdienl entspr 263
- hLit: Zustimmung d Bekl, wenn bereits zur Hauptsache verhandelt wurde, 269I entspr

bb BeklWechsel

(1) Parteiwechselerklärung d Klägers

(2) wirks Einbeziehung d neuen Bekl

(a) Zustellung d Parteiwechselerklärung an d neuen Bekl (Rügeverzicht nach 295 mögl)

(b) Zustimmung d neuen Bekl (str):
- Rspr: Zustimmung d neuen Bekl od Zulassung d Wechsels als sachdienl (Ausn: Berufungsinstanz, hier ist e Wechsel ohne Zustimmung nicht mögl), 263 entspr
- aA: Zustimmung d neuen Bekl ist grds entbehrl, nur bei BeklWechsel in d Berufungsinstanz erforderl

(3) wirks Ausscheiden d alten Bekl: Zustimmung d alten Bekl, wenn schon zur Hauptsache verhandelt wurde, 269I entspr

2 Entscheidung

a zuläss Parteiwechsel

aa Zwischenurteil nach 280II mögl: *"D Parteiwechsel ist zulässig"*

bb Endurteil zw d neuen Parteien

cc bei gewillkürtem Wechsel: Kostenbeschluß nach 269III im Verhältnis zur ausgeschied Partei

b unzuläss Parteiwechsel

aa Zwischenurteil mögl, 280II: *"D erklärte Parteiwechsel ist unwirksam"*

bb grds Fortsetzung d Prozesses zw d alten Parteien; Prozeßurteil bzgl d neuen Partei

cc fehlt nur d erforderl Zustimmung d neuen Partei: abweisendes (Prozeß-) Endurteil zw d neuen Parteien u Kostenbeschluß nach 269III im Verhältnis zur ausgeschied Partei

3 RF: Bindung d neuen an d Prozeßführung d alten Partei nur bei Zustimmung od rügeloser Fortsetzung d lfd Prozesses, 267 analog (fehlt nur d Zustimmung d neuen Bekl, wird er auch Partei, es tritt aber keine Bindungswirkung ein)

V Parteibeitritt

nachträgl Kl e weiteren Klägers od KlErweiterung auf e weiteren Bekl, zulässig gemäß 59ff (s.o. A II: Streitgenossenschaft)

VI Streitverkündung und Streithilfe

1 Streitverkündung

(förml Mitteilung e Partei an e Dr, daß e Prozeß anhängig sei, vor allem um gg d Dr wg Regreßfordgen d Interventionswirkung d 74III,68 auszulösen)

a Zulässkt, 72

(zu prüfen erst im Folge(Regreß-)prozeß)

aa anhängiger RStreit, in dem d Streitverkünder Partei ist, d Streitverkündungsempf nicht (auch nicht ges Vertreter e Partei)

bb Streitverkündungsgrund: d Streitverkünder muß im Zeitpunkt d Streitverkündung für d Fall d Prozeßniederlage

(1) e Regreßanspr gg d Streitverkündungsempf (zB aus 440,459ff,481,633ff BGB, od SchdErsAnspr) zu haben glauben

(2) od e Regreßanspr d Streitverkündungsempf gg sich befürchten (zB Fälle d 75–77 od wenn d Streitverkünder üb e Recht d Streitverkündungsempf prozessiert)

cc ProzeßhandlgsVorauss (s.o. I)

dd ordnungsgemäße Verkündung, 73

b prozessuale Behandlung e ordnungsgemäßen Streitverkündung: Zustellung an d Dr, 73S2

c RF

aa mat–rechtl

- Unterbrechung d Verjährung, 209IINr4,215 BGB
- Erhaltung d Mängeleinrede, 478,639 BGB
- 414,423,439 HGB

bb prozessual: Interventionswirkung d 74III,68 (s.u.2 c bb; maßgebl Zeitpunkt: Streitverkündung, 73S3)

d Besonderheiten bei Gutachten u Urteil

aa Vorprozeß: Streitverkündung ist weder auf Zulässkt zu prüfen noch im Urteil zu erwähnen

bb Folgeprozeß

(1) Gutachten

- d Interventionswirkung d Urteils im Vorprozeß wird dort geprüft, wo sie für d Zulässkt e Angriffs- od Verteidigungsmittels relevant ist
- Aufbau: Zulässkt d Streitverkündung, dann d Interventionswirkung (s.u. 2 c bb)

(2) Tb: am Ende d unstreit SV wird dargestellt

- wer wem wann im Vorprozeß d Streit verkündete u ob d Dr beitrat od nicht
- welches Urteil erging
- aus d Urteilsgründen d rechtl u tats Feststellungen, d d Dr betreffen

2 Streithilfe (Nebenintervention), 66

(Beteiligung e Dr an d Führung e fremden RStreits, zur Unterstützung e Partei, aber im eig Namen u Interesse)

a Zulässkt

(im (Haupt-) Vorprozeß zu prüfen; d persönl ProzeßhandlgsVorauss vAw, d übr nur nach 71; aber insges nur nach 66–71, nicht nach 72ff; im Folgeprozeß nicht mehr zu prüfen, wenn im Vorprozeß durch Zwischenurteil (71II) entschieden od rügelos verhandelt wurde (295))

aa Anwendungsbereich: Urteilsverfahren, Arrest u einstw Vfg, Vollstreckbarerklärung v Schiedssprüchen u -vergleichen (nicht bei: Mahnverfahren, ZVollstr, hM)

bb anhängiger RStreit zw and Personen als Parteien, 66
(d Streithelfer darf auch nicht ges Vertreter e Partei sein; e Partei kann aber e Streitgenossen in dessen Prozeß beitreten)

cc rechtl Interesse am Prozeßsieg d zu unterstützenden Partei, 66I
(d Rechtsstellung zur Hauptpartei wird durch e dieser ungünst Urteil verschlechtert od durch e günst verbessert)
(1) e Regreßanspr wird behauptet od befürchtet
(2) and Fälle, zB
– RKrafterstreckung nach 325ff iVm 69
– Vollstrbkt d Urteils gg d Streithelfer nach 738,741
– präjudizielle Wirkung d Urteils für d RBeziehung Hauptpartei/Streithelfer (zB GesamtschAusgleich, 426 BGB/Haftung aus 440 BGB/HaftpflVersichVerhältnis/Direktanspr gg d HaftpflVersicherer d Gegners/Treuhandverhältnis)

dd ProzeßhandlgsVorauss für d Streithelfer (s.o. I)

ee Beitrittserklärung in d Form d 70,71I2

b Entscheidung

aa bei Streit üb Zulässkt d Streithilfe
– Zurückweisung vAw durch Beschluß bei Fehlen d ProzeßhandlgsVorauss
– sonst auf Antrag Zwischenurteil, das Feststellungsurteil ist u auf Zulassung od Zurückweisung d Streithilfe lautet, 71I,II (Kostenfolge nach 91)

bb üb Kosten d Streithilfe im Urteil, gemäß 101 (Streitwertbestimmung, 12I GKG, 3: nach d Interesse d Streithelfers am Prozeßsieg d unterstützten Partei)

c RF d Streithilfe

aa Rechtsstellung d Streithelfers im Vorprozeß, 67
(1) d Streithelfer kann grds alle Prozeßhandlgen vornehmen, d d unterstützte Partei vornehmen kann, mit d Wirkung, als hätte diese sie vorgenommen
(Antragstellung, Einlegung v RBehelfen u RMitteln,soweit d Partei beschwert ist/Behaupten, Bestreiten, Zugestehen, Beweis antreten, Beweiseinreden/Anwesenheit wendet Säumnis d Partei ab)
(2) Grenzen
(a) Bindung an d Lage d RStreits im Beitrittszeitpunkt sowie an bindende Prozeßhandlgen d Partei (zB Geständnis, 288/Rügeverzicht, 295/Fristablauf/Verspätungslage, 296)
(b) Verbot widersprech od d RVerfolgung d unterstützten Partei sonst zuwiderlauf Prozeßhandlgen (insbes: keine KlRücknahme, -änderung, Widerkl, gegensätzl Anträge, Erledigungserklärung, Prozeßvergleich, Anerkenntnis, Widerruf v Prozeßhandlgen d Partei, RMittelrücknahme od -verzicht)
(c) kein Eingriff in d mat RStellung d unterstützten Partei durch Abgabe v WE für diese (zB Aufrechnung; Einwendungen u Einreden dürfen nicht aus eig Recht, sond nur aus d Recht d Partei (iFd TatsVortrags) geltend gemacht werden)

bb Interventionswirkung für d Folgeprozeß, 68
(1) Vorauss
(a) RStreit zw Nebenintervenient u unterstützter Partei (regelm üb Regreßanspr)
(b) Nebenintervention (od wirks Streitverkündung, 74III) im Vorprozeß
(c) formell rechtskräft Entscheidung (ausreich: Grundurteil, 304/Teilurteil, 301/Prozeßurteil)

(2) Bindungswirkung
  - Bindung an die d Urteil im Vorprozeß tragenden tats u rechtl Feststellungen (insbes: präjudizielle RV), soweit sie im Folgeprozeß streitig sind u zugunsten d unterstützten Partei (dh gg d Nebenintervenienten) wirken
  - aber nicht, wenn d unterstützte Partei im Vorprozeß nur wg nicht erbrachten Beweises (BewLastentscheidung) unterlegen ist
  - iRd Bindungswirkung sind alle Angriffs- u Verteidigungsmittel, d schon im Vorprozeß hätten geltend gemacht werden können, unzulässig

(3) Einrede mangelhafter Prozeßführung, falls
  - d Streithelfer an d Geltendmachung best Angriffs- od Verteidigungsmittel durch d Lage d Prozesses od Erklärungen od Handlgen d Hauptpartei im Beitrittszeitpunkt gehindert war
  - d Hauptpartei erfolgversprechende Angriffs- od Verteidigungsmittel, d d Nebenintervenienten unbekannt waren, mind grob fahrlässig nicht vorgebracht hat

d Besonderheiten bei Gutachten u Urteil

aa Gutachten

(1) vorweg Prüfung, ob u wieweit d Vorbringen d Streithelfers d unterstützten Partei zuzurechnen ist
  (a) Zulässkt d Streithilfe
  (b) Zulässkt d Angriffs- u Verteidigungsmittel nach 67

(2) dann Prüfung d Gesamtvorbringens v Hauptpartei u Streithelfer auf Schlüssigkeit u Erheblichkeit

bb Urteil
  - Tb: Vorbringen, d nur d Gegner bestreitet, wird d unterstützten Partei zugerechnet; Vorbringen d Streithelfers, d auch v d unterstützten Partei bestritten wird, ist im Anschluß an deren streit Vorbringen darzustellen
  - Entscheidungsgründe: Streithilfe wird nur erwähnt, wenn ihre Zulässkt fragl ist

VII Prozeßaufrechnung

0 begriffl Abgrenzung
  - zu unterscheiden sind d Aufrechnungserklärung (als mat–rechtl WE) u d ansprvernicht Einwendung d Aufrechnung im Prozeß (Behauptung d Aufrechnung als Prozeßhandlg)
  - beide können zusammenfallen, wenn d Aufrechnung erst im Prozeß erklärt wird

1 Zulässkt d Aufrechnung als Prozeßhandlg

a Prozeßhandlgs Vorauss (s.o. I)

b uU: Verspätung

2 mat–rechtl Vorauss d Aufrechnung

a Aufrechnungsgrund, 387 BGB

b kein Ausschluß (387,390–395 BGB, vertragl Aufrechnungsverbot, 11Nr3 AGBG)

c Erklärung der Aufrechnung, 389 BGB

3 prozessuale Behandlung: 145III,302

4 Entscheidung

a bei hilfsw Prozeßaufrechnung (Regelfall)
  - üb d hilfsweisen Vortrag d Aufrechnung darf erst bei Nichtdurchgreifen des Hauptvortrags d Bekl entschieden werden
  - d prozessual vorrang Fragen müssen zuvor entschieden werden, e Alternativbegründung derart, d Kl sei jedenfalls wg d Aufrechnung unbegründet, ist nicht zulässig

b üb d Kosten bei KlAbweisung wg Aufrechnung: zuungunsten d Klägers nach 91, denn auch er hätte aufrechnen können

5 RF d Aufrechnung im Prozeß

a d Aufrechnungsfordg wird nicht rhängig, da d Aufrechnung nur Einwendung ist

b wenn d Urteil üb d Prozeßaufrechnung nicht entscheidet (zB: wg Rücknahme, Widerruf od Fallenlassen d Einwendung/wg Verspätung/wg Durchgreifens schon d Hauptvorbringens bei d Hilfsaufrechnung), verliert auch die erst im Prozeß gleichzeitig erklärte mat–rechtl WE ihre Wirksamkeit (entgegen d Bedingungsverbot in 388S2 BGB)

c wenn u soweit d Urteil auch üb d Gegenfordg entscheidet, erstreckt sich d RKraft auf d Aufrechnungsfordg, 322II

6 Besonderheiten d hilfsw Prozeßaufrechnung in Gutachten u Urteil

a Gutachten

– wenn d Hauptverteidigung d Bekl unerhebl ist, wird d Hilfsaufrechnung nach d Hauptverteidigung geprüft u anschließend ggf d BewStation durchgeführt

– wenn d Hauptverteidigung erhebl ist, muß diesbzgl zunächst e BewStation durchgeführt werden; anschließend wird ggf d Hilfsaufrechnung mit BeklStation, Klägerstation u BewStation geprüft

b Urteil

– Tb: d Aufrechnung wird grds am Schluß d streit BeklVorbringens dargestellt

– d Entscheidungsgründe müssen, weil d Aufrechnung nur hilfsw geltend gemacht wird, auf d Hauptverteidigung u d Hilfsaufrechnung eingehen, wenn d Entscheidung (auch) auf d Begründetheit bzw d Unbegründetheit d Aufrechnung beruht

VIII Verzicht oder rügeloses Verhandeln bei Verstoß gegen verzichtbare Verfahrensvorschriften, 295

1 Verstoß gg verzichtb Verfahrensvorschrift, 295II

– verzichtb zB: Unterschrift unter d Kl/Zustellung d Kl od d MB/Unmittelbarkeit d BewAufnahme

– unverzichtb zB: best KlAntrag u -grund/alle and Prozeßvorauss, ausgenommen örtl u sachl Zuständkt, soweit VfgsMöglkt nach 38ff besteht/308I/Wahrung d Notfristen/Vorrauss d Wiedereinsetzung

2 Verlust d Rügerechts, 295I

a Verzicht (ausdrückl od konkludent in mdl Vhdlg nach d Verfahrensverstoß erklärt)

b rügelose Vhdlg

aa in d nächsten mdl Vhdlg, d aufgrd d mangelhaften Verfahrens stattfindet od in der darauf Bezug genommen wird

bb erscheint u verhandelt d Partei

cc ohne d Mangel zu rügen (im Bereich d 139 Hinweis erforderl)

dd obwohl sie ihn kennt od fahrlässig nicht kennt

D Besondere Urteilsarten

I Teilurteil, 301

(endgült Entscheidung üb e abtrennb Teil d Streitgegenstands)

Vorauss:

1 selbständ Teil e od mehrerer Streitgegenstände (zB: e von mehreren prozess Anspr bei obj od subj KlHäufung/abtrennb Teil e einz prozess Anspr/Kl u Widerkl)

2 Entscheidungsreife
3 Unabhängigkeit v Ausgang d verbleibenden RStreits
4 Ermessen (Ausn: Stufenkl, 254/Teilanerkenntnis od Teilverzicht bei bes Antrag)

II Zwischenurteil

(Entscheidung üb e prozess od mat–rechtl Vorfrage od e Zwischenstreit mit e Dr)
1 üb d Zulässkt d Kl, 303,280
2 üb and prozess Vorfragen (Wirksamkeit e Prozeßvergleichs/Zulässkt e Kl- od Parteiänderung, e BewAufnahme etc), 303
3 üb e Zwischenstreit mit e Dritten (71,135,372a,387,402 iVm 387)
4 üb d AnsprGrund (Grundurteil), 304
  a Zulässkt
    aa Leistungskl auf Zahlung, Duldung d ZVollstr od e wirtschaftl gleichgerichtete Leistung (Unterscheidbarkeit zw Grund u Betrag)
    bb Grund u Höhe d KlFordg sind streitig
    cc d AnsprGrund ist zugunsten d Klägers entscheidungsreif, d AnsprHöhe noch nicht
      – zum AnsprGrund gehören:
        – Prozeßvorauss
        – alle ansprbegründ Tats, d nicht nur d Höhe od deren Berechtigung (Mitverschulden) betreffen (vor allem auch d Aktiv- u Passivlegitimation u d haftungsbegründ Kausalität)
        – alle ansprhind, -vernicht, -hemm Tats, d d Anspr in voller Höhe zu Fall bringen können
        – Mitverschulden u mitwirkende Betriebsgefahr, wenn sie d KlFordg in voller Höhe ausschließen können
      – zur AnsprHöhe gehören: haftungsausfüllende Kausalität, Minderung, Verjährung e Teilfordg, mitwirk Verschulden, Teilabtretung
    dd d KlFordg muß mit großer Wahrscheinlichkeit in irgend e Höhe bestehen
  b Begründetheit: Vorliegen d AnsprGrundes
  c Entscheidung
    "D Klage ist d Grunde nach (ggf: zu ...(Bruchteil)...) gerechtfertigt"
    "D Klage wird d Grunde nach für gerechtfertigt erklärt"

III Vorbehaltsurteil, 302

1 Vorauss
  a Zahlungsklage
  b d Bekl macht d Aufrechnung mit e Gegenfordg geltend, d mit d KlFordg nicht in rechtl Zushg steht
  c d Kl ist entscheidungsreif u (abgesehen v d Aufrechnung) begründet
  d d Aufrechnungsfordg ist nicht entscheidungsreif (sonst: Endurteil)
  e Ermessen
2 Entscheidung
  "D Bekl wird verurteilt, ...(Entscheidung üb Kosten u vorläuf Vollstrbkt)... . D Entscheidung üb d Aufrechnung d Bekl mit e Gegenfordg aus ...(genaue Bezeichnung d Fordg)... bleibt vorbehalten" od
  "... . Hinsichtl e Betrags v ... DM bleibt d Entscheidung üb d Aufrechnung d Bekl ... vorbehalten"

3 Entscheidung im Nachverfahren
  a unbegründete Aufrechnung
    "D Vorbehaltsurteil v ... wird für vorbehaltslos erklärt. D Bekl hat auch d weiteren Kosten d RStreits zu tragen" (vorläuf Vollstrbkt: 708ff)
  b begründete Aufrechnung
    "D Vorbehaltsurteil v ... wird aufgehoben u d Kl abgewiesen" (Kosten: 91/vorläuf Vollstrbkt: 708ff)
  c teilw begründete Aufrechnung
    "D Vorbehaltsurteil v ... wird iHv ... DM für vorbehaltlos erklärt. Im übrigen wird es aufgehoben u d Kl abgewiesen" (Kosten: 92)

E Besondere Formen der Beendigung des Verfahrens

I Klagerücknahme, 269

0 Begriff: Erklärung d Klägers ggüber d ProzeßG, mit der er d in diesem Prozeß betrieb klageweise Geltendmachung e Anspr widerruft

1 Vorauss
  a begriffl Vorliegen e KlRücknahme; Abgrenzung ggüber:
    aa Erledigungserklärung (wg unterschiedl Kostenfolge (269III2/91,91a) nach d Willen d Klägers:)
      – KlRücknahme bei Prozeßbeendigung wg v Anfang an unzuläss od unbegründ Kl (da billiger)
      – Erledigungserklärung bei Prozeßbeendigung wg e nachträgl Ereignis
    bb KlVerzicht, 306 (s.u. II):
      – KlRücknahme verzichtet prozessual nur auf d Geltendmachung e Anspr im lfd Prozeß
      – KlVerzicht beinhaltet e generellen Verzicht prozess Geltendmachung
    cc mat–rechtl Verzicht (zB nach 397,875 BGB)
    dd RMittelrücknahme:
      – KlRücknahme nach Einlegung e RMittels hebt auch d ergangene Urteil auf, 269III1
      – RMittelrücknahme läßt es rechtskräftig werden
    ee KlRücknahmeversprechen (obligator Verpflichtung zur KlRücknahme, die dem Bekl e entspr Einrede gibt; Folge, wenn d Kläger sie dennoch nicht zurücknimmt: Abweisung d Kl als unzulässig)
  b Erklärung d (gänzl od teilw, 264Nr2) Rücknahme durch d Kläger ggüber d ProzeßG, 269II
    – einseit unbedingte Erklärung in mdl Vhdlg od schriftl durch bestimmenden Schriftsatz (269II2,270I) an d G
    – auch konkludent mögl, wobei aber d Rücknahmewillen unmißverständl hervortreten muß (bloße Untätigkeit reicht nicht aus)
  c ProzeßhandlgsVorauss (s.o. C I)
  d Zulässkt
    aa erst nach Zustellung d Kl (RHängigkeit) u nur bis zur RKraft d Endurteils, 269III1
    bb vor Beginn d Vhdlg zur Hauptsache (Begründetheit d Kl) ohne Zustimmung d Bekl, 269I
    cc danach nur mit Einwilligung d Bekl
      – einseit unbedingte Erklärung ggüber d G
      – konkludentes Verhalten ausreichend

– gilt als verweigert, soweit nicht bis zum Schluß d mdl Vhdlg (bei mdl KlRücknahme) bzw bis zum Beginn d folg mdl Vhdlg (bei schriftl Erklärung d Rücknahme) Einwilligung erteilt ist

2 RF

a rückwirkende Beseitigg d RHängigkeit, 269III1 (einschl d privatrechtl Folgen, 212 BGB)

b bei erneuter KlErhebung ggf Einrede d fehlenden Kostenerstattung, 269IV

3 Entscheidung

a unwirks KlRücknahme: Sachurteil mit Begründung d Unwirksamkeit d Rücknahme in d Entscheidungsgründen

b vollständ KlRücknahme: auf Antrag Beschluß üb Kosten, 269III2,3

"D Kläger trägt, nachdem er d Kl zurückgenommen hat, gemäß § 269III2 ZPO d Kosten d RStreits"

c teilw KlRücknahme

aa keine Sachentscheidung im Umfang d Rücknahme

bb Kosten

– Entscheidung erfolgt grds erst im Endurteil; im Umfang d Rücknahme nach 269III2, iü nach 91ff

– Teilkostenbeschluß nur bei gänzl Rücknahme hinsichtl e v mehreren Bekl

"D Kläger trägt d außergerichtl Auslagen d Bekl zu ...)"

II Klageverzicht, 306

1 Vorauss d Verzichtsurteils

a wirks Verzicht

aa einseit, an d G adressierte prozess Erklärung d Klägers, daß d prozess Anspr nicht bestehe

bb in mdl Vhdlg wirks erklärt u protokolliert, 306I, 160IIINr1,162I1

cc ProzeßhandlgsVorauss (s.o. C I)

b Antrag d Bekl

2 Entscheidung

a Urteil ohne Tb u Gründe, 313b

b Kosten: 91

c vorläuf Vollstrbkt: 708Nr1

III Anerkenntnis, 307

1 Vorauss d Anerkenntnisurteils

a wirks Anerkenntnis

aa einseit, an d G adressierte prozess Erklärung d Bekl, daß d KlAnspr ganz od teilw bestehe

bb in mdl Vhdlg wirks abgegeben u protokolliert (307I,160IIINr1,162I1); Ausn: 307II,128II,III

cc VfgsBerechtigung d bekl Partei üb d Gegenstand d Anerkenntnis (617,640,670I)

dd ProzeßhandlgsVorauss (s.o. C I)

b Antrag d Klägers

c Zulässkt d Kl

2 Entscheidung

a Urteil ohne Tb u Gründe, 313b

b Kostenentscheidung: 93 od 91

c vorläuf Vollstrbkt: 708Nr1

IV Übereinstimmende Erledigungserklärung, 91a

0 **Begriff**: Erklärung beider Parteien ggüber d ProzeßG, daß d RStreit in d Hauptsache erledigt sei

1 **Vorauss wirks übereinstimmender Erledigung**
(zu weiteren Einzelheiten: s.o. einseit Erledigungserklärung)
a RHängigkeit
b Erklärung beider Parteien ggüber d ProzeßG, daß d RStreit in d Hauptsache ganz od teilw erledigt sei
– Hauptsache: die von der den Prozeß einleitenden Partei begehrte RF (Haupt- u Nebenfordgen; nicht: Kosten d RStreits)
– d tats Vorliegen e Erledigung ist (anders als bei einseit Erledigungserklärung) vom G nicht zu prüfen
– Form d Erklärung:
– durch Schriftsatz, zu Protokoll d GStelle od in mdl Vhdlg, 91aI
– ausdrückl od konkludent (ausreich ist, wenn kein Widerspr ggüber d Erledigungserklärung d Gegenpartei u keine Antragstellung betr d Hauptsache erfolgt)
– teilw Erledigungserklärung: liegt zB vor, wenn im Antrag e Teilsumme ausdrückl v d KlSumme abgezogen wird
c ProzeßhandlgsVorauss für beide Parteien (s.o. C I)

2 **RF**
a d RHängigkeit erlischt im Umfang d Erledigungserklärung unmittelb, ohne gerichtl Entscheidung
b e bereits erlass, noch nicht rkräft Urteil wird unwirks

3 **Entscheidung**
a volle Erledigungserklärung: Kostenentscheidung nach 91a durch zu begründ Beschluß
aa Kostenverteilung :
– nach hypothet Erfolgsaussichten (bei erforderl, noch nicht erfolgter BewAufnahme: nach richterl Ermessen, iZw Aufhebung d Kosten gegeneinander)
– nach sonst Billigkeitserwägungen (zB: mat–rechtl Kostenerstattungsanspr aus Verzug od PVV/Veranlassung d Kl/Inhalt d außergerichtl Vergleichs)
bb keine Kostenentscheidung bei außergerichtl Vergleich üb d Kostenverteilung
b Teilerledigungserklärung: keine gesonderte Kostenentscheidung, sondern Berücksichtigung d Kostenfolge d 91a im Endurteil
aa Entscheidung üb d Hauptsache: nur bzgl d streitig geblieb Teils d KlFordg
bb Kosten: einheitl Entscheidung unter Einbeziehung
(1) des streitig geblieb Teils: nach allg Regeln (91,92)
(2) des erledigten Teils: nach 91a
cc vorläuf Vollstrbkt
(1) Entscheidung üb d streitig geblieb Teil u darauf beruhende Kostenentscheidung: nach allg Regeln, 708ff
(2) Teil d Kostenentscheidung, der auf 91a beruht: Ausspruch ohne Sicherheitsleistung

4 **RBehelf**: sofort Beschwerde, 91aII

V Prozeßvergleich, 794INr1

0 **Begriff**: Vergleich (779 BGB), den d Parteien in e anhäng Verfahren vor e mit d Sache befaßten dtsch G zur Erledigung d RStreits abschließen

1 **Vorauss**

a anhäng Verfahren

- schon: Einreichung d KlSchrift bei G
- noch: keine RKraft d Vollendurteils

b Vertrag mit d Inhalt d 779 BGB, d d RStreit zumind teilw erledigt

c Abschluß

aa zw d Parteien d Prozesses

bb in mdl Vhdlg zu Protokoll d G

- Protokollierung gemäß 160IIINr1,162I,163 (volles Rubrum, v.u.g., Unterschriften)
- mdl Vhdlg vor e Richter, d mit d Sache irgendwie (auch als beauftragter od ersuchter Richter) befaßt ist

d ProzeßhandlgsVorauss bei beiden Parteien (s.o. C I; kein Anwaltszwang, 91aI1,78III)

e mat–rechtl Wirksamkeit d Vertrags

aa zB 104ff,117,134,138,142,155,177ff,306,779/127a für 313,518I,925 BGB

bb ggf Widerrufsvorbehalt (idR als aufschiebende Bedingung iSd 158I BGB vereinbart; bei Widerruf gilt iZw BGB)

cc Verfügungsberechtigung d Parteien üb d Vergleichsgegenstand (nicht geg zB in Ehesachen)

2 RF

a beendet RHängigkeit u Prozeß unmittelb (anders beim außergerichtl Vergleich: hier ist KlRücknahme, Erledigungserklärung od Urteil erforderl)

b ist VollstrTitel, 794INr1

c mat–rechtl: nach d Inhalt d Vergleichs

d bei Unwirksamkeit (Beurkundungsfehler/fehlende ProzeßhandlgsVorauss/Widerruf/mat–rechtl Unwirksamkeitsgründe):

- soweit sie festgestellt ist, bleibt d RHängigkeit bestehen
- d Streit üb d (ursprüngl) Unwirksamkeit ist im alten Prozeß zu führen (Stellung d alten Anträge od Zwischenfeststellungskl, 256II,280II; s. dazu auch VollstrR, A IV 0 b)

[[4]] Besondere Klage- und Verfahrensarten

A Mahnverfahren

I Mahnbescheid

1 **Zulässkt** d Mahnantrags, 688,690/703a
  a Geltendmachung e unbedingten, fälligen Geldfordg in DM, 688I
  b kein Ausschluß d Mahnverfahrens
    aa bei Anspr aus hochverzinsl Verbraucherkredit gemäß 688IINr1
    bb bei Abhängigkeit d Anspr v e noch nicht erbrachten Gegenleistung, 688IINr2, 690INr4
    cc bei Erfordernis öff od Zustellung im Ausland, 688IINr3,III
  c Zuständkt
    aa sachl u örtl: AG, bei dem d Gl nach 13,17 seinen allg GStand hat, 689II
    bb funktionell: RPfleger, 20Nr1 RPflG
  d Antrag
    aa Form d 702,703c (Vordruck)
    bb Inhalt nach 690INr1–5,II, insbes:
      – volle Postanschrift d Sch (Postfach reicht nicht, wg Zustellungsbedürftigkeit d MB)
      – Bezifferung d Geldfordg
      – Bezeichnung d Anspr, d so genau ist, daß d Umfang mat RKraft e VB bestimmb ist (idR einschl d RGrundes d Anspr; zB: *"Darlehensfordg gemäß Vertrag v .../Rechnung Nr ... für Warenlieferung v .../Ersatz d Sachschd am PKW ... aus Verkehrsunfall v ... in ..."*)
      – eigenhänd Unterschrift
  e (sonst) allg Prozeßhandlgs- u Sachentscheidungsvorauss (Nachweis d Vollmacht nicht erforderl, 703)
  f Nachweis d GKostenvorschusses (Nr 1000 KV) gemäß 65III1 GKG
  g (mögl u zweckmäßig:) Verbindung mit Antrag auf streit Verfahren für d Fall d Widerspr, 696I2

2 **Entscheidung**
  a Erlaß e MB bei Zulässkt d Antrags (Schlüssigkeit nicht erforderl; Inhalt: 692)
  b Zurückweisung durch Beschluß (RBehelf: 691III), wenn
    – d Antrag an e unheilb Mangel leidet, 691I
    – d Fordg offensichtl nicht bestehen kann
  c Hinweis nach 139 bei heilb Mangel (zB unvollständ od ungenauer Antrag/keine Vorschußzahlung)

3 **RF**
  a auflösend bedingter Beschluß nach 329
  b Wirksamkeit mit Zustellung, 693I,495,270I,208ff
  c KlFristwahrung od Unterbrechung e Verjährungsfrist (209IINr1,213 BGB) nicht erst ab Zustellung, sond schon ab d Zeitpunkt d Einreichung d Mahnantrags, wenn d Gl in angemess Frist (2–3 Wochen) alles für d Zustellung erforderl getan hat, 693II (aber noch keine RHängigkeit, 700II)
  d Unwirksamkeit, wenn nicht innerhalb 6 Monaten VB beantragt od dieser Antrag zurückgewiesen wird, 701

II Widerspruch, 694

1 schriftl beim G, d d MB erlassen hat (od gemäß 702I,129a)
2 rechtzeitig: innerhalb d 2–Wochen–Frist nach 692INr3 (aber auch noch mögl, bis e VB erlassen ist u d inneren GBetrieb verlassen hat, 694I; e verspäteter Widerspr gilt als Einspr gg d VB, 694II1)
3 Begründung nicht erforderl

III Übergang zum streitigen Verfahren, 696

1 Vorauss:
  a rechtzeit Widerspr
  b Antrag auf Durchführung d streit Verfahrens durch e Partei
2 RF
  a Abgabe an d im Mahnantrag bezeichnete Streitgericht bzw an d übereinstimmend gewählte G, 696I1,698
  b Zuständkt:
    – ist nach 696V zu prüfen, ggf Verweisung nach 281
    – Trennung d Verfahrens bei Streitgenossen auf d SchSeite; aber 36Nr3 mögl
  c Anhängigkeit d Streitsache mit Eingang d Akten, 696I4
  d RHängigkeit erst mit Zustellung d AnsprBegründung (697I), d d KlSchrift ersetzt; aber Rückwirkung gemäß 696III (s.o. I 3 c)

IV Vollstreckungsbescheid, 699I1,III

1 Zulässkt
  a Antrag d Gl, 699I1,2 (in d Form d 702)
  b Zulässkt d Mahnantrags u allg Prozeßvorauss
  c wirks Zustellung d MB
  d kein wirks Widerspr (Widerspr wurde nicht bzw nicht wirks eingelegt od wieder zurückgenommen)
  e Ablauf d WidersprFrist, 699I2
  f Einhaltung d 6–Monats–Frist, 701S1

2 Entscheidung
  a Erlaß e VB, 699I1,III
    – Grdl ist d MB
    – zwischenzeitl Teilzahlungen sind abzuziehen
    – beschränkt sich d Widerspr nur auf e Teilbetrag d MB, ergeht d VB üb d Restbetrag
    – weitere Kosten gemäß 699III
    – Zustellung erfolgt vAw nach 699IV1,208ff od nach 699IV2,3 (Parteizustellung)
  b Zurückweisung durch Beschluß d RPflegers bei Unzulässkt (dagegen Erinnerung nach 11RPflG)

3 RF d VB
  a VollstrTitel nach 794INr4
  b steht e vorläuf vollstrb VU gleich, 700I,338ff
  c RHängigkeit d Streitsache ab Erlaß, rückwirkend auf d Zeitpunkt d Zustellung d MB, 700II
  d formelle RKraft nach 705, mat RKraft u endgült Vollstrbkt nach 700I,322I,704I
  e Unterbrechung d Verjährung nach 209IINr1 BGB, 693II

V Einspruch, 700III

1 Zulässkt
  a Form: 700I,340I,II,702I,129a
  b Inhalt
    – muß d VB nach G, Datum u Az bezeichnen u anzeigen, daß d Sch mit ihm nicht einverstanden ist, 700I,340II
    – kann sich auf e Teil d Fordg beschränken, 700I,340II2
    – Begründung nicht erforderl, 700III3
  c Frist: 700I,339
2 RF:
  – versetzt d Prozeß in d Stadium vor Erlaß d VB zurück, 700I,342 (s.o [[3]] B II 3,4), u hemmt dessen RKraft
  – beseitigt nicht d Vollstrbkt; berechtigt aber zum Antrag auf einstw Einstellung d Vollstr, 719I,707
3 Entscheidung
  a nach streit Vhdlg: s.o. [[3]] B II 3 c
  b bei Säumnis: 700I,VI,345

B Arrest und einstweilige Verfügung

I Arrest, 916ff

1 Zulässkt
  a allg Sachentscheidungsvorauss (glaubh zu machen), insbes:
    aa Zuständkt: 919,943 (802)
    bb Antrag, 920I,III
  b statthaftes Antragsziel:
    – Ziel ist d Sicherung d Vollstr wg e (zumind bedingten od betagten) Zahlungsanspr od e Anspr, d in e Zahlungsanspr übergehen kann (zB Anspr aus Verzug, Unmöglkt od PVV), 916I
    – unzulässig ist d Vorwegnahme d Hauptsache (Befriedigung d Anspr) als Antragsziel
    – Umdeutung in e Antrag auf einstw Vfg ist nicht zulässig (aber KlÄnderung, ggf nach Hinweis (139), gemäß 263ff ist mögl)
2 Begründetheit
  a Arrestanspr, schlüssig vorgetragen (916I) u glaubh gemacht (920II,294)
  b Arrestgrund, schlüssig vorgetragen (917,918) u glaubh gemacht (920II,294)
  (str ist, ob d Arrestgrund Begründetheits- od ZulässktsVorauss ist; nach letzterer Auffassung wäre er vor d Arrestanspr zu prüfen)
    – Arrestgrund: unmittelb bevorstehende drohende Veränderung d Vermögensverhältnisse d Sch (entscheidend: konkreter Verdacht, d Sch wolle sein Vermögen d künft Zugriff d Gl durch Vereitelung od Erschwerung d ZVollstr entziehen)
    – nicht geg, wenn d Gl schon durch EigtVorbehalt, SichEigt, SichAbtretung od PfandR ausreichend gesichert ist
3 Entscheidung
  (durch Beschluß, d wg d Möglkt d 924 nicht begründet werden muß, od Urteil)
  a Hauptsache
    aa Abweisung
      "D Antrag v ... auf Erlaß d dingl Arrests wird zurückgewiesen/abgewiesen"

bb Stattgabe

Anordnung d Arrests wg e nach Grund u Betrag zu benennenden Geldfordg

"Wg e Werklohnfordg d Antragstellers gg d Antragsgegner aus Bauvertrag v ... iHv ... DM nebst ... % Zinsen seit d ... u e Kostenpauschale v ... DM wird d dingl Arrest in d Vermögen d Antragsgegners angeordnet"

b uU SichLeistung d Antragstellers

aa 921II1,751II:

"D dingl Arrest darf nur gg SichLeistung d Antragstellers iHv ... DM vollzogen werden"

bb 921II2,922III:

"D Anordnung d dingl Arrests in d Vermögen d Antragsgegners wg e Werklohnfordg v ... wird davon abhängig gemacht, daß d Antragsteller zuvor Sicherheit iHv ... DM leistet"

c Ausspruch üb d Abwendungsbefugnis, 923

"D Vollziehung d Arrests wird gehemmt u d Antragsgegner darf d Aufhebung d VollstrMaßnahmen beantragen, wenn er ... DM hinterlegt"

d Kosten: nach allg Regeln, insbes 91,92 (GKosten: 20 GKG, 3 ZPO (1/4 – 1/2 d Werts d Hauptsache)/Anwaltskosten: 40 BRAGO)

e vorläuf Vollstrbkt (nur bei abweis Urteil): 708ff, insbes 708Nr6

4 RF

a mat RKraft d Entscheidung üb d SichBegehren nach Unanfechtbarkeit

b o.w. vollstreckb (für d Vollstr gelten d VollstrRegeln, 928ff,704ff,803–882a; Pfändg erfolgt ohne Befriedigung d Gl)

5 RBehelfe

a gg e Urteil: für beide Parteien Berufung

b gg e Beschluß:

aa für d Antragsteller bei Ablehnung: Beschwerde, 567

bb für d Sch bei Erlaß

(1) **Widerspruch**, 924,925

(a) führt zu mdl Vhdlg

(b) Entscheidung durch Urteil

– Bestätigung d Arrests

"D Arrest v ... wird bestätigt. D Antragsgegner hat auch d weiteren Kosten d RStreits zu tragen"

– Aufhebung d Arrests

"D Arrest v ... wird aufgehoben. D Antrag v ... auf Anordnung d Arrests wird zurückgewiesen"

(Kosten: 91ff/vorläuf Vollstrbkt: 708Nr6,711)

– teilw Bestätigung/Aufhebung

"D Arrest v ... wird bestätigt, soweit ... . Im übr wird er aufgehoben u insoweit d Antrag auf Anordnung d Arrests zurückgewiesen"

(Kosten: 91ff/vorläuf Vollstrbkt: 708Nr6,711)

(2) **Antrag auf Aufhebung**, 926II,927

(a) Zulässkt

(aa) Antrag

(bb) Bestehen d Arrests (nicht mehr nach rkräft Aufhebung, übereinstimm Erledigungserklärung, Prozeßvergleich)

(b) Begründetheit

(aa) wenn d Sch glaubh macht, d Gl habe d (nach 926I angeordnete) KlFrist versäumt, 926II

– KlRücknahme, -abweisung als unzulässig u Verzicht d Gl auf Rechte aus d Arrest sind gleichgestellt
– Fristwahrung: bei Zustellung d Kl bis zum Schluß d mdl Vhdlg üb d Aufhebungsantrag, 231II
od
(bb) wenn d Sch veränderte Umstände glaubh macht, die nachträgl d Arrestanspr od -grund entfallen lassen, 927
(c) Entscheidung: Abweisung d Antrags od Aufhebung d Arrests
"D Antrag d Arrestbekl auf Aufhebung d dingl Arrests v ... wird abgewiesen. D Arrestbekl trägt auch d weiteren Kosten d RStreits"
"Auf Antrag d Arrestbekl wird d dingl Arrest v ... aufgehoben"

II Einstweilige Verfügung, 935ff

1 Zulässkt
a allg Sachentscheidungsvorauss, insbes:
aa Zuständkt: 937,942,943 (802)
bb Antrag, 936,920I,III
b statthaftes Antragsziel
aa SichVfg, 935: Sicherung d künft Verwirklichung e Anspr auf Hrsg, Vornahme, Duldung od Unterlassung e Handlg, od Abgabe e WE (dh: keine Geldfordg)
bb Regelungsvfg, 940: Regelung e einstw Zustands e RV
cc Leistungsvfg,935,940: einstw Befriedigung e Anspr nur ausnahmsw bei Unzumutbarkeit d Abwartens d Entscheidung in d Hauptsache (dh wenn d Bedürfnis nach einstw RSchutz anders nicht zu gewährleisten ist; zB wg dringender Notlage bei e Unterhaltsanspr, od wenn Grund eines HrsgAnspruchs d BesVerlust durch verbot Eigenmacht ist, zB 940a)

2 Begründetheit
a SichVfg
aa Individualanspr, d nicht auf Geld gerichtet ist, 935 (schlüssig vorgetragen u glaubh gemacht, 936,920II,294)
bb VfgsGrund: Gefährdung d Anspr durch e drohende Veränderung d bestehenden Zustands, 935 (schlüssig vorgetragen u glaubh gemacht, 936,920II,294)
cc keine Vorwegnahme d Entscheidung in d Hauptsache
b Regelungsvfg
aa streit RV, 940 (schlüssig vorgetragen u glaubh gemacht, 936,920II,294)
bb VfgsGrund: Erforderlichkeit e einstw Regelung, insbes zur Abwendung wesentl Nachteile, 940 (schlüssig vorgetragen u glaubh gemacht, 936,920II,294)
cc keine Vorwegnahme d Entscheidung in d Hauptsache
c Leistungsvfg
aa VfgsAnspr (schlüssig vorgetragen u glaubh gemacht, 936,920II,294)
bb VfgsGrund: Erforderlichkeit e einstw Befriedigung, insbes zur Abwendung wesentl Nachteile (s.o.; schlüssig vorgetragen u glaubh gemacht, 936,920II,294)

3 Entscheidung
a Hauptsache
aa Abweisung
"D Antrag v ...auf Erlaß e einstw Vfg wird zurückgewiesen/abgewiesen"
bb Anordnung d einstw Vfg wg e nach Grund u Höhe zu benennenden Anspr; zB
"D Antragsgegner wird aufgegeben, d ...(genau zu bezeichnenden Gegenstand)... an d zuständ GVollzieher als Sequester herauszugeben"

"D Antragsgegner wird verboten, zu behaupten u zu verbreiten, ..."
"Zu Lasten d MiteigtAnteils d Antragsgegners an d Hausgrdst ...(genau zu bezeichnen)... ist folgende Vormerkung einzutragen: Vormerkung zur Sicherung d Anspr d Antragstellers auf ...(nach Inhalt u Höhe genau zu bezeichnender Anspr)... "

b ggf Androhung gemäß 890II
c Kosten: nach allg Regeln, insbes 91,92
d vorläuf Vollstrbkt (nur bei abweis Urteil): 708ff, insbes 708Nr6

4 RF u RBehelfe: wie beim Arrest

III Besonderheiten bei Gutachten und Beschluß/Urteil

1 Gutachten beim Urteilsverfahren
a Zulässkt
- Prüfung d Zulässkt
- bei unzureich Vortrag d Vorauss od mangelh Glaubhaftmachung: Abweisung als unzulässig)

b Schlüssigkeit v VfgsAnspr u -grund (ggf Abweisung als unbegründet)
c Erheblichkeit (ggf: Stattgabe)
d Glaubhaftmachung
e Nebenentscheidungen

2 Darstellung d Sach- u Streitstandes (in d SVDarstellung d Beschlusses bzw im Tb d Urteils)
a im Beschluß: nur anhand d Angaben d Antragstellers
b im Urteil:
- unstreit SV
- ggf Hinweis auf bereits ergang Beschluß u Widerspr
- streit Vorbringen d Antragstellers
- Anträge
- streit Vorbringen d Antragsgegners
- Hinweis auf BewAufnahme bzw BewMittel d Glaubhaftmachung (soweit nicht bereits im Text enthalten)

C Selbständiges Beweisverfahren, 485ff

(vorsorgl, vorweggenomm BewAufnahme in e selbständ Verfahren)

1 Zulässkt
a Augenschein, Zeugen- od (auch schriftl) SVerständBeweis als Gegenstand, 485I
b Vorliegen e ges Grundes für d selbständ BewErhebung, 485I,II
aa Zustimmung d Gegners
bb drohender Verlust e BewMittels bzw drohende Erschwerung seiner Benutzbarkeit (zB schwere Krankheit, hohes Alter, beabsicht läng Auslandsaufenthalt e Zeugen)
cc od rechtl Interesse an e Feststellung gemäß II
c Zuständkt: 486
d Prozeßhandlgs Vorauss (kein Anwaltszwang, 486IV,78III)
e Antrag mit d Inhalt d 487

2 Entscheidung durch Beschluß, 490I
a Sachentscheidung: BewBeschluß gemäß 490II od Ablehnung d Antrags als unzulässig
b Kosten: gesonderte Entscheidung nur bei Unzulässkt (91); andernfalls zählen d Kosten d BewSicherung zu d Kosten d RStreits in d Hauptsache (91ff,493I)

3 RBehelf bei Ablehnung: Beschwerde, 567

4 RF:

a Unterbrechung d Verjährung in d Fällen d 477II,480I2,490,639 BGB

b jd Partei darf d gesicherten Bew im Hauptprozeß als BewMittel benutzen (493I, 285II,137III)

D Prozeßkostenhilfe, 114ff

1 Vorauss

a Erfolgsaussichten d beabsicht Kl od Verteidigung, 114S1

aa Zulässkt, Schlüssigkeit u BewAngebot hinsichtl d streit rechtsbegründ Tats bei d beabsicht Kl,
bzw Erheblichkeit d Bestreitens d ansprbegründ Behauptungen d Klägers, d behaupteten ansprfeindl Tats u entspr BewAngebot

bb auf Verlangen d G glaubh gemacht, 118II1,4 (294)

b d beabsicht Prozeßführung darf nicht mutwillig sein (e vernünft Partei würde ihr Recht auf eig Kosten in gleicher Weise verfolgen)

c d Partei ist nach ihren persönl u wirtschaftl Verhältnissen nicht, nur zum Teil od nur in Raten in d Lage, d ihr entstehenden Kosten d Prozeßführung aufzubringen, 114S1 iVm 115 u Anl 1 zu 114

aa Schätzung d voraussichtl Kosten d RStreits
- für d beantragte Instanz
- ohne d außergerichtl Kosten d Gegners

bb Feststellung d zumutb einsetzb Vermögens, 115II, 88 BSHG
- unzumutb zB: selbst bewohntes Eigenheim angemess Größe, Barvermögen od Sparguthaben bis zu 4500 DM
- zumutb zB: Anspr auf VersichSchutz aus RSchutzversich/durchsetzb famrechtl Anspr auf Prozeßkostenvorschuß

cc Feststellung d anrechenb Nettoeinkommens, 115I2,3

(1) alle lfd Einnahmen mit Geldwert (auch Erträge aus d Vermögen)

(2) abzügl (76II BSHG): Einkommens- bzw Lohnsteuer, PflBeiträge zur Sozial- u Arblosenversich, and ges vorgeschrieb od angemess VersichBeiträge, Werbungskosten, weitere angemess Belastungen

dd Feststellung d unterhaltsberecht Personen

ee PKH lt Tabelle (iVm 115III,IV):

(1) Nettoeink < Mindestbetrag: PKH ohne Ratenzahlung

(2) Nettoeink innerhalb d Tabellenwerte: PKH mit Ratenzahlung, wenn d voraussichtl Kosten d RStreits größer als 4 Monatsraten u aus d Vermögen aufzubring Teilbeträge (115VI) sind

(3) Nettoeink > Höchstbetrag: PKH nur unter d Vorauss d 115V (wenn d angemess Lebensunterhalt nach 1610 BGB nicht mehr gewährleistet ist)

d berecht Personenkreis

aa Ausländer wie Inländer

bb Partei kraft Amtes, jurist Person, parteifähige Vereinigung (OHG, KG) gemäß116

e Antrag gemäß 114S1,117 ZPO, 24IINr3 RPflG (ohne Anwaltszwang, 78II)

f rechtl Gehör d Gegners zu d Erfolgsaussichten, 118I1,2

2 Entscheidung durch Beschluß, 127I

a Inhalt u Tenor d Sachentscheidung

aa Ablehnung

"D Antrag d Klägers/Bekl auf Gewährung v PKH wird abgelehnt"

bb Stattgabe
- Ausspruch d Bewilligung (beschränkt auf Instanz, 119S1, u Streitgegenstand)
- Ausspruch d Zeitpunkts d Bewilligung: Erlaß d Beschlusses od Rückwirkung auf frühestmögl Zeitpunkt d Erlasses (Vorliegen d formgerechten Antrags samt aller erforderl Unterlagen)
- ggf Angabe d aus d Vermögen einzusetzenden Betrags u d Monatsraten, 120I
- Beiordnung e RA, 121
- zB: *"D Kläger/Bekl wird für d 1. Instanz ohne ZVollstr PKH bewilligt u RA ... beigeordnet. D Monatsraten werden auf ... DM festgesetzt"*

b keine Kostenentscheidung

c Begründung

3 RF

a vorläuf Befreiung v GKosten, 122INr1a (statt dessen ggf Ratenzahlungen u Vermögenseinsatz)

b Befreiung v d Pfl d 110ff zur Sicherheitsleistung, 122INr2

c Befreiung v d Vergütungspfl ggüber d beigeordn RA, 122INr3 (der vorläuf aus d Staatskasse bezahlt wird, 121; 130 BRAGO)

d d RA kann bis in Höhe d normalen Sätze d nicht erstatt Gebühren vom kostenerstattungspflicht Gegner verlangen, 126I

e bei PKH ohne Ratenzahlung wird auch d Gegner vorläuf v d GGebühren befreit, 122II

f im Urteil ausgesproch Kostenerstattungsansprüche (d obsieg Partei) bleiben durch PKH für d unterlieg Partei unberührt, 123
- vor Bewilligung d PKH nach 65 GKG,379,402 gezahlte Vorschüsse sind v Bekl zu erstatten
- nach Bewilligung gezahlte Vorschüsse sind v d Staatskasse zu erstatten

4 RBehelf: Beschwerde, 127II,III

5 Abänderung d PKH–Bewilligung nach 120IV,124

E Urkunden-, Wechsel- und Scheckprozeß

(Besonderheit: Beschränkung d BewMittel für d Kläger; nur Urk für d ansprbegründ Tats, zusätzl Parteivernehmung bzgl d Echtheit d Urk)

1 Urkundenprozeß

(Rangfolge d ges Vorschriften: 592ff, 253ff, 128ff)

a Zulässkt

aa allg Prozeßvorauss

bb bes Prozeßvorauss

(1) Erklärung d Klägers in d KlSchrift, daß im UrkProzeß geklagt wird, 593I

(2) Zahlungskl (einschl Fälle d 592S2)
od Kl auf Leistung e best Menge and vertretb Sachen als KlGegenstand, 592

(3) Möglkt d Bew sämtl (nach d allg Regeln beweisbedürft) ansprbegründ Tats durch Urk, 592
- nicht alle sond nur d bewbedürft (dh d streit u entscheidungserheblichen; Einzelheiten s.o. [[1]] B III 4 a,b) ansprbegründ Tats sind durch Urk zu beweisen
- der dem Kläger obliegende Beweis muß lückenlos durch Urk zu führen sein
- dies gilt auch für Zins- u sonst Nebenanspr

(4) Vorlage d Urk in KlSchrift od vorbereit Schriftsatz, 593II
- vorzulegen sind nur die für die dem Kläger obliegenden Beweise erforderl Urk
- zumind 1 Urk, 597II
- wenn d Bekl nicht widerspricht, können d Urk bis z Schluß d mdl Vhdlg nachgereicht werden (593II2,274III, 295)

b Begründetheit: vollständ Bew aller streit ansprbegründ Tats durch Urk

c Entscheidung

aa Hauptsache

(1) Unzulässkt wg Fehlens allg Prozeßvorauss: Abweisung durch Prozeßurteil

(2) Unzulässkt wg Fehlens e bes Vorauss (s.o. a bb (2)–(4)): Abweisung durch Prozeßurteil als im UrkProzeß unstatthaft, 597II
"D Kl wird als im UrkProzeß unstatthaft abgewiesen"

(3) Unschlüssigkeit d Kl: Abweisung durch Sachurteil

(4) Anspr ist (auf Grdl d vollständ vorgelegten Urk) nicht begründet: Abweisung durch Sachurteil als nicht begründet, 597I

(5) d oblieg Bew ist nicht vollständ durch Urk geführt: Abweisung als im UrkProzeß unstatth, 597II

(6) vollständ Bew d streit ansprbegründ Tats durch Urk, ohne daß d Bekl d ihm oblieg Bew v ansprfeindl Tats vollständ durch Urk od Parteivernehmung geführt (598, 595II) hat: Vorbehaltsurteil, 599I; zB:
"D Bekl wird verurteilt, ... DM nebst ... % Zinsen seit d ... an d Kläger zu zahlen.
...(Entscheidung üb Kosten u vorläuf Vollstrbkt)....
D Bekl bleibt d Ausführung seiner Rechte im Nachverfahren vorbehalten"

(7) Anerkenntnis unter Vorbehalt d Rechte im Nachverfahren: Anerkenntnisvorbehaltsurteil, 307,599I

(8) Anerkenntnis ohne Vorbehalt od Säumnis d Bekl: vorbehaltloses Urteil

bb Kosten: nach allg Regeln, insbes 91,92ff

cc vorläuf Vollstrbkt bei Vorbehaltsurteil: 708Nr4,711

d Besonderheiten d Gutachtenaufbaus

aa Zulässkt: uU ist d Feststellung, ob d erforderl Bew vollständig durch Urk mögl ist, erst nach d mat Prüfung zu treffen; dann ist d Entscheidung üb d Statthaftigkeit bis dahin zurückzustellen

bb Begründetheit

(1) Schlüssigkeit d Kl (Prüfung wie übl; falls unschlüssig: Abweisung als unbegründet)

(2) Erheblichkeit d Verteidigung d Bekl (Prüfung wie übl; falls unerhebl: Vorbehaltsurteil, 599I)

(3) BewStation (595II)

(a) Hat d Kläger d ihm oblieg Bew vollständ geführt?
- nein
  - weil d Anspr nicht begründet ist: Abweisung nach 597I als unbegründet
  - weil d Bew nicht vollständ durch Urk geführt ist: Abweisung nach 597II als im UrkProzeß unstatthaft
- ja: Vorbehaltsurteil nach 599I

(b) Hat d Bekl d ggf ihm oblieg Bew vollständig geführt?
- nein: Vorbehaltsurteil, 599I,598
- ja: KlAbweisung als unbegründet

e Nachverfahren, 600
(schließt sich unmittelb an d Vorbehaltsurteil an; Terminierung auf Antrag)

aa Bindungswirkung d Vorbehaltsurteils: Feststellungen im Vorbehaltsurteil sind nach

318 bindend, soweit sie nicht durch d Beschränkung d BewMittel nach 592,595II,III auflösend bedingt sind; dies bezieht ein:
- allg u bes Prozeßvorauss d UrkProzesses
- rechtl Beurteilung d Schlüssigkeit d Kl aufgrd d vorgelegten Urk
- Bindungswirkung besteht hinsichtl d Verteidigung d Bekl, soweit dieser sich im UrkProzeß sachl schon durch Bestreiten od Einwendungen eingelassen hat u d G (ohne BewErhebung wg Unerheblichkeit, od aufgrd d zuläss BewMittel) dazu sachl Feststellungen getroffen hat
- keine Bindungswirkung besteht folglich bzgl bestritt u wg d Beschränkung d BewMittel nicht nachgeprüfter Tats
- da d Bekl im UrkProzeß seinen Widerspruch gg d Kl nicht begründen muß, besteht auch keine Bindungswirkung, wenn er Tats im Nachverfahren neu bestreitet od neue Einwendungen erhebt (insoweit hat d G im Vorbehaltsurteil Feststellungen nicht getroffen)

bb Entscheidung

(1) Hauptsache

(a) Erklärung d Vorbehaltsurteils für vorbehaltlos
"D UrkVorbehaltsurteil v ... wird für vorbehaltlos erklärt"

(b) Aufhebung d Vorbehalturteils u KlAbweisung, 600II
"D UrkVorbehaltsurteil v ... wird aufgehoben u d Kl abgewiesen"

(c) teilw Vorbehaltloserklärung, iü Aufhebung u KlAbweisung
"D UrkVorbehaltsurteil v ... wird iHv ... DM für vorbehaltlos erklärt. Iü wird es aufgehoben u d Kl abgewiesen"

(2) Kosten
- bei Vorbehaltloserklärung nur Entscheidung üb d weit Kosten d Rstreits
"D Bekl trägt auch d weiteren Kosten d RStreits"
- ansonsten Entscheidung nach 91ff

(3) vorläuf Vollstrbkt
- bei Vorbehaltloserklärung: 708Nr5,711 (bzgl d Entscheidung üb d weit Kosten)
- ansonsten: bzgl d Aufhebung gilt 717I, bzgl d KlAbweisung gelten d allg Regeln d 708ff

2 Wechsel- u Scheckprozeß

- sind bes Formen d UrkProzesses; es gelten: 602–605a, 592ff, 253ff, 128ff
- Tenorierung e Wechselvorbehaltsurteils:
"D Bekl wird verurteilt, gg Aushändigung d quittierten Wechsels v ... an d Kläger ... DM nebst Zinsen iHv 2 % üb d jeweiligen Bundesbankdiskontsatz, mind aber 6 %, seit d ... sowie ... DM Wechselunkosten, ... DM Auslagen u ... DM Provision zu zahlen. ... (Entscheidung üb Kosten u vorläuf Vollstrbkt).... D Bekl bleibt d Ausführung seiner Rechte im Nachverfahren vorbehalten"

F Kostenfestsetzung, 103ff

0 Begriff u Abgrenzung

a Begriff: verbindl Festlegung d Höhe d erstattungsfähigen Kosten, auf d gemäß d Kostenentscheidung im Urteil bzw d Kostenvereinbarung im Prozeßvergleich dem Grunde nach e Anspr gg d Prozeßgegner besteht

b Abgrenzung: Kostenfestsetzung bzgl d Gebührenanspr d RA gg seinen zahlungsunwilligen Mandanten nach 19 BRAGO

1 Zulässkt
  a rkräft od vorläufig vollstrb Urteil, d e Kostengrundentscheidung enthält u dem Antragsteller e Kostenerstattungsanspr zuspricht,
    od e Prozeßvergleich mit Kostenvereinbarung zugunsten d Antragstellers
  b Zuständkt: G d 1. Instanz, 104I1
  c Antrag gemäß 103II (Ausn: 105II)
2 Begründetheit
  a d verlangten (103II) Kosten sind Kosten d RStreits (91) u tats entstanden (glaubhaft zu machen, 104II)
  b Notwendigkeit zur RVerfolgung bzw -verteidigung, 91
  c ggf Übereinstimmung mit d Kostenverteilung d Urteils
3 Entscheidung durch Beschluß (ggf mit Kostenausgleich gemäß 106I)
4 RBehelf: sofort Beschwerde, 104III
5 RF: VollstrTitel, 794INr2

G Abänderungsklage, 323

0 Grundlegendes
  a Ziel: VollstrTitel üb künftig fällige wiederkehr Leistungen iSd 258 (v.a. Unterhalts- u SchdsRenten) an veränd Umstände anzupassen; KlArt: prozess Gestaltungskl
  b Abgrenzung zu and RBehelfen
    – nicht neben d Einspr gg e VU mögl, 323II
    – Wahlrecht ggüber Berufung/Revision innerh d RMittelfrist (aber neben e Berufung ist Kl nach 323 mangels RSchBed nicht mögl)
    – Vorrang d vereinfachten Abänderungsverfahrens gemäß 641l (Anpassung v Unterhaltstiteln Minderj an d allg wirtschaftl Entwicklung); neben d vereinfachten Verfahren ist Kl nach 323 mögl bzgl Veränderungen in d individ Verhältnissen d Parteien gemäß 323V
    – Zusatzkl (Kl auf weiteren, höheren SchdErs od Unterhalt gemäß 258) ist ausgeschlossen, wenn nur e Änderung d variablen Bemessungsgrdl geltend gemacht wird, es sei denn d Vorprozeß war sichtl nur e Teilkl
    VollstrAbwehrkl u Abänderungskl schließen sich aus: VollstrAbwehrkl ist geg, wenn Umstände geltend gemacht werden, d nicht von vorneherein variabel sind u d im Urteil d Vorprozesses noch nicht verwertet werden konnten; d Abänderungskl ist zugeschnitten auf wirtschaftl Verhältnisse, d von vorneherein variabel u vorausschauend im Urteil d Vorprozesses bedacht worden sind

1 Zulässkt
  a allg Sachentscheidungsvorauss, insbes: kein RschBed bei Einlegen d Berufung
  b bes Sachentscheidungsvorauss
    aa KlGegenstand:
      (1) künftig fällig werdende wiederkehrende einseit Leistungen (iSd 258)
        – SchdsRenten nach 843–845 BGB, 13 StVG, 8 HaftPflG etc
        – Unterhaltsrenten nach 1360aII,1361IV,1612,1615f BGB
      (2) deren Bestand, Höhe od Dauer v d Entwicklung e variablen Bemessungsgrdl abhängt, also selbst variabel ist
    bb Verurteilung zur Zahlung e Geldrente (Leistungsurteil od gleichgestellter Titel, 323IV)
    cc Geltendmachung (schlüss Behauptung) e nachträgl wesentl Veränderung d Verhält-

nisse durch d Kläger, 323II

(1) Veränderung ansprbegründ Tats od d Gesetzes selbst

(2) nachträgl: nach Schluß d TatsVhdlg im Vorprozeß, bei VU nach Ablauf d EinsprFrist

(3) unvorhersehb

(4) wesentl: hätte bei Vorhersehbarkeit im Vorprozeß zu e and Urteil geführt

dd Vorrang d vereinfachten Abänderungsverfahrens, 323V

2 Begründetheit

a tats Vorliegen e nachträgl wesentl Veränderung d variablen ansprbegründ Verhältnisse

b Aktiv- u Passivlegitimation: Parteien d früheren Titels od diejenigen, auf d sich seine RKraftwirkung erstreckt bzw auf die der Zahlungsanspr übergegangen ist

3 Entscheidung

a Hauptsache

aa e Änderung darf nur ab KlErhebung ausgesprochen werden, 323III; (Ausn: Titel d 323IV, wg fehlender RKraftwirkung, hM)

bb Tenorierung zB:

"D (Versäumnis–)Urteil d ... v ... – Az. ... – wird wie folgt abgeändert: D Bekl wird verurteilt, ab ... monatl jeweils im voraus ... DM Unterhalt an d Kläger zu zahlen"

b Kosten: 91ff (Streitwert: 17 GKG)

c vorläuf Vollstrbkt: 708ff, insbes 708Nr8

4 RBehelfe: Berufung, Revision

[[5]] Rechtsmittel und andere Rechtsbehelfe gegen gerichtliche Entscheidungen

A Rechtsmittel

I Berufung, 511ff

(Ziel: Überprüfung d erstinstanzl Urteils in tats u rechtl Hinsicht)

1 Zulässkt

a Statthaftigkeit: gerichtet gg
  aa erstinstanzl Urteil v AG bzw LG, 511
  bb und zwar:
    – Endurteil
    – Zwischenurteil nach 280II, Grundurteil nach 304II, Vorbehaltsurteil nach 302III, 599III
    – 2. VU (345) gemäß 513II

b Beschwer d Berufungsführers: unmittelb rechtl Benachteiligung durch d angefocht Entscheidung
  – Kläger: bei nachteiliger Abweichung d Tenors v KlAntrag (formelle Beschwer)
  – Bekl: Belastung durch d mat RKraft d Urteils (mat Beschwer)
  – maßgebl Zeitpunkt: RMitteleinlegung

c Übersteigen d Beschwerdewerts v 1500 DM bei vermögensrechtl Streitigkeit, 511aI
  – Berechnung nach 2ff; maßgebl: obj Interesse d Berufungsführers am Erfolg d Berufung; zugrundezulegen: Berufungsantrag, Beschwer als Höchstgrenze)
  – Ausn gemäß 511aII bei Wohnraumstreitigkeit, sowie gemäß 513II2

d Zuständkt
  aa sachl: LG (72 GVG) od OLG (119 GVG)
  bb örtl: entspr d Einteilung d Gerichtsbezirke

e ProzeßhandlgsVorauss (insbes: Partei-, Prozeß- u Postulationsfähigkt; s.o. [[3]] C I)

f Identität d Parteien (ggf auch Streithelfer) ggüber d 1. Instanz

g form- u fristgerechte Einlegung u Begründung d Berufung
  aa Berufungsschrift in d Form d 518
    insbes:
    – Einreichung beim BerufungsG
    – genaue Bezeichnung d anzufecht Urteils nach Parteien, G, Verkündungsdatum, Az
    – Erklärung d Berufung u Klarstellung d Berufungsführers
    – eigenhänd Unterschrift d Prozeßbevollmächt (130Nr6)
  bb Frist: 1 Monat, 516 (maßgebl: Eingang d Berufungsschrift bei G; bei vorgeschaltetem Antrag auf PKH: Wiedereinsetzungsantrag nach 233ff mögl)
  cc Berufungsbegründung in Form, Inhalt u Frist d 519
    (1) mit d Berufungsschrift od in eig Schriftsatz, II1
    (2) Frist: 1 Monat nach Berufungseinlegung, II2 (Verlängerung auf Antrag mögl, II3)
    (3) notwend Inhalt, III
      (a) Berufungsanträge (Ziel u Umfang d Berufung müssen bestimmt sein)
      (b) Berufungsgründe: substantiierte Darlegung, welche TatsFeststellungen, BewWürdigungen u rechtl Feststellungen d Erstrichters beanstandet werden
      (c) neue Tats od BewMittel u BewEinreden

h kein wirks RMittelverzicht, 514
  aa formfreie Erklärung ggüber d G nach Erlaß d Urteils
    – durch d Prozeßbevollmächt bei Anwaltszwang
    – erst nach Urteilserlaß zulässig
    – einseit Verzichtserklärung, 514 (Ausn: wenn schon üb d RMittel verhandelt wurde od bei unselbständ Anschlußberufung, 515I analog)
    (Prozeßhandlg; vAw zu berücksichtigen)
    od
  bb formfreie Erklärung ggüber d Prozeßgegner
    – vor Erlaß d Urteils durch Vertrag
    – nach Urteilserlaß durch einseit Verzichtserklärung
    – kein Anwaltszwang
    (nur auf Einrede d Gegners zu berücksichtigen)
i Zulässkt d Anschlußberufung, 521
  aa Statthaftigkeit, wirks Einlegung u andauernde Anhängigkeit d Hauptberufung, 522I (Ausn: selbständ Anschlußberufung, 522II)
  bb wirks Einlegung u Begründung d Anschlußberufung, 522a
  cc zuläss Inhalt: auch KlÄnderung, -erweiterung od Widerkl

2 **Begründetheit**: Rw d angefocht Entscheidung im Umfang d Berufungsanträge nach d Sach- u RLage im Zeitpunkt d letzten mdl Berufungsvhdlg
a Gegenstand d Berufung
  aa Streitgegenstand
    (1) Streitgegenstand d 1. Instanz in d Grenzen d Berufungsanträge, 525,537, 536,308I
    (2) KlÄnderung od -erweiterung gemäß 523,263ff, Widerkl gemäß 530I
  bb Entscheidungsgrdl
    – alle TatsBehauptungen, BewAngebote, Beweise u RAnsichten d Parteien in 1. u Berufungsinstanz, soweit sie mit d Berufungsbegründung in d Verfahren eingeführt sind
    – auch Ergebnisse d BewAufnahme in 1. Instanz (Wiederholung aber erforderl bei Absicht and Würdigung)
    – bindende Prozeßlagen (Anerkenntnis, Geständnis (532), Rügeverluste) wirken fort
    – neue Angriffs- u Verteidigungsmittel sind zulässig, aber in d Grenzen d 527ff:
      – Fristversäumung in 1. Instanz: 528I
      – Verletzung d Prozeßförderungspfl in 1. Instanz: 528II
      – bereits in 1. Instanz zurückgewiesene Angriffs- od Verteidigungsmittel: 528III
      – Versäumnis e Frist nach 519,520II in d Berufungsinstanz: 527,296I,IV
      – Überschreitung e richterl nach 273IINr1 gesetzten Frist in d Berufungsinstanz: 523,296I
      – Verletzung d allg Prozeßförderungspfl in d Berufungsinstanz: 523,296II
      – Aufrechnungseinwand gemäß 530II
      – ZulässktsRüge gemäß 529
b Zulässkt d Kl
c ordnungsgemäßes Verfahren in 1. Instanz
  (maßgebl sind nur wesentl Verfahrensfehler, 539: solche, auf denen d erstinstanzl Urteil beruht, od wenn d Verfahren jd ges Grdl entbehrt u d Urteil zumind darauf beruhen kann)
d Begründetheit d Kl
e Verbot d Schlechterstellung d Berufungsführers bei einseit Berufung, 536

3 Entscheidung

a unzulässige Berufung (durch Beschluß od Urteil)

aa Verwerfung als unzulässig, 519bI2,II,522aIII

"D Berufung d Klägers/Bekl gg d Urteil d ... v ... – Az ... – wird als unzulässig verworfen"

bb Kosten: 97I

cc vorläuf Vollstrbkt (Ausspruch nur bei Berufungsurteil d OLG): 708ff, insbes 708Nr10

b unbegründete Berufung (durch Urteil)

aa Hauptsache: Zurückweisung

"D Berufung d Klägers/Bekl gg d Urteil d ... v ... – Az ... – wird zurückgewiesen"

bb Kosten: 97I

cc vorläuf Vollstrbkt (Ausspruch nur bei Berufungsurteil d OLG): 708ff, insbes 708Nr10

dd Festsetzung d Beschwer, 546II

c erfolgreiche Berufung: 2 Möglkten

aa eig Entscheidung d BerufungsG

(1) Hauptsache: Abänderung d Urteils (536) u eig Entscheidung

"Auf d Berufung d Bekl wird d Urteil d ... v ... – Az ... – aufgehoben u d Kl abgewiesen"

"Auf d Berufung d Klägers/Bekl wird d Urteil d ... v ... – Az ... – wie folgt abgeändert: D Bekl wird verurteilt, ..."

(2) Kosten: einheitl für beide Instanzen nach 91ff

(3) vorläuf Vollstrbkt (Ausspruch nur bei Berufungsurteil d OLG): 708ff, insbes 708Nr10

bb Zurückverweisung, 538,539

"Auf d Berufung d Klägers/Bekl wird d Urteil d ... v ... – Az ... – aufgehoben u d Sache zur erneuten Vhdlg u Entscheidung, auch üb d Kosten d Berufung, an d ... zurückverwiesen"

4 Besonderheiten

a Widerkl: 530I

b Versäumnisverfahren: 542,330ff

c KlÄnderung, 523,263ff

d Rücknahme d Berufung, 515

e Zurückweisung verspäteten Vorbringens: 527ff, 523 iVm 296 (s.o. 1 b aa (2))

II Revision, 545ff

(Ziel: Überprüfung v Berufungs- u erstinstanzl Urteilen auf RVerletzungen)

1 Zulässkt

a Statthaftigkeit, 545–547,566a

aa allg Regel:

(1) gerichtet gg e Berufungsurteil d OLG, 545I, ausgenommen Urteile in Arrestverfahren u Verfahren d einstw Vfg, 545II

(2) Beschwerdewert (2ff) übersteigt 60000 DM, 546I, u d Annahme d Revision ist nicht mangels grds Bedeutung abgelehnt worden, 554b

(3) od Zulassung d Revision wg

(a) grds Bedeutung d Sache (Vorliegen e klärungsbedürft, höchstrichterl bisher

nicht entschied Frage v grds u damit allg Bedeutung)
(b) od Abweichung d Urteils v e Entscheidung d BGH od gemeins Senats d obersten BGerichte, 546I2,621d
bb daneben:
(1) allg statthafte Revision
- Urteil, d e Berufung als unzulässig verwirft, 547
- 2. VU d BerufungsG in d Grenzen d 513II,566
(2) Sprungrevision, 566a: bei berufungsfähigen Endurteilen d LG u Zustimmung d Prozeßgegners
b Beschwer d Revisionsführers (wie bei Berufung)
c Geltendmachung (substantiierte Behauptung) e RVerletzung, 549
d Zuständkt: BGH, 133 GVG
e ProzeßhandlgsVorauss (s.o. [[3]] C I)
f form- u fristgerechte Einlegung u Begründung, 552,553,554
g kein wirks RMittelverzicht, 566,514
h Zulässkt d Anschlußrevision, 556

2 **Begründetheit**: Rw d angefocht Entscheidung iRd Revisionsanträge, 549I,550,551
a Gegenstand u Entscheidungsgrdl
aa Gegenstand d Entscheidung ist nur d Frage, ob d angegriff Urteil auf e Gesetzesverletzung beruht, 549I
bb TatsGrdl: 561
b Gesetzesverletzung: Verletzung e RNorm d BRechts u d üb d Bezirk e OLG hinausgehenden lokalen (insbes Landes-) Rechts, 549I,550
- als G gilt jd RNorm, 12 EGZPO
- GVerletzung bei WE u Vertrag: diese selbst u ihr Auslegungsinhalt sind Tats; e RVerletzung ist nur bzgl d Auslegungsmaßstabs (133,157,242 BGB) u d BewWürdigung (286) mögl
c Beruhen d Entscheidung auf d RVerletzung, 549I
aa Katalog d 551
bb Kausalität bei mat-rechtl Fehlern
cc Möglkt d Beeinflussung d Entscheidung bei Verfahrensfehlern
d Verbot d Schlechterstellung d Revisionsführers bei einseit Revision, 559I

3 **Entscheidung**
a unzuläss Revision
aa Verwerfung durch Beschluß od Urteil, 554a
bb Kosten: 97I
b unbegründ Revision
aa Hauptsache: Zurückweisung durch Urteil, 563
bb Kosten: 97I
c begründ Revision
aa Aufhebung (564) u Zurückverweisung (565I)
bb eig Urteil (565III) mit Kostenenstscheidung nach 91ff

III Beschwerde, 567ff

(Ziel: Überprüfung zivilprozessualer Vfgen u Beschlüsse sowie von Zwischenurteilen im Zwischenstreit mit Dr in tats u rechtl Hinsicht)

1 **Zulässkt**, 574S1
a Statthaftigkeit, 567

aa ausdrückl Zulassung durch d Gesetz
bb od gerichtet gg e Entscheidung, d ohne notwend mdl Vhdlg e Antrag zum Verfahren zurückweist u anfechtb ist
cc od gerichtet gg e Entscheidung, d ihrer Art nach allg unzulässig ist
dd Ausn gemäß 567III,IV

b Beschwer d Beschwerdeführers
c Überschreiten d Beschwerdewerts bei Anfechtung v Entscheidungen üb Kosten, Gebühren u Auslagen gemäß 567II
d Zuständkt: nächsthöheres G, 568I
e ProzeßhandlgsVorauss (s.o. [[3]] C I)
f formgerechte Einlegung, 569,577II2
g fristgerechte Einlegung bei sofort Beschwerde
  aa Vorliegen e sofort Beschwerde (abschließend ges bestimmt, zB 71II,91aII,99II, 319III,336I1,387III,793,934IV)
  bb Notfrist (223II,233) v 2 Wochen, 577II
h kein wirks Verzicht auf d Beschwerde, 514 analog
i Zulässkt d Anschlußbeschwerde, 577a

2 Begründetheit: Rw d angefocht Entscheidung (Gegenstand: 570)

3 Entscheidung
a Abhilfe durch d Erstrichter bei einf Beschwerde, 571,577III
b Entscheidung durch d Beschwerderichter (Beschluß)
  aa unzuläss Beschwerde
    (1) Verwerfung, 574S2
    (2) Kosten: 97I
  bb unbegründ Beschwerde
    (1) Zurückweisung
    (2) Kosten: 97I
  cc begründ Beschwerde
    (1) Hauptsache
      – Aufhebung u eig Entscheidung iRd Beschwerdeantrags (einschl Verbot d Verschlechterung bei einseit Beschwerde, 536 analog)
      – Zurückverweisung analog 538INr1,565I
      – Übertragung nach 575
    (2) Kosten (nur bei eig Entscheidung): 91ff

4 RBehelf: weitere Beschwerde, 568 (eingeschränkte Statthaftigkeit; Zulässkt iü wie Beschwerde)

B Wiederaufnahmeklage, 578ff

(beseitigt bei Erfolg e rkräft Urteil u setzt d alten Prozeß fort; KlArt: prozess Gestaltungskl)

1 Zulässkt, 589
a Statthaftigkeit: gerichtet gg e rkräft Endurteil (einschl Prozeß- u VU sowie VB, 584II), 578I
b KlBerechtigung: durch d angefocht Urteil beschwerte Partei
c schlüss Behauptung e Nichtigkeits- od Restitutionsgrundes (iSd 579,580), 588INr1
d Vorliegen e rkräft Urteil in d Fällen d 580Nr1–5, 581
e schlüss Darlegung unverschuld Unmöglkt früherer Geltendmachung d Restitutionsgrundes, 582
f Zuständkt, 584

g Form u Inhalt d Kl gemäß 253,130,585,587,588
h Frist d 586
i (sonst) allg Sachentscheidungsvorauss

2 Begründetheit

a tats Vorliegen e Wiederaufnahmegrundes (BewLast: Kläger)
aa Nichtigkeitsgrund, 579 (insbes: nicht richtige Vertretung e Partei, zB fehlende Parteieigenschaft, Parteifähigkeit, Prozeßfähigkeit, mangelh ges Vertretung od Prozeßvollmacht)
bb Restitutionsgrund (580,582,641i), d entscheidungserhebl war (insbes: nachträgl Auffinden od Benutzbarkeit e Urk, d zur Zeit d letzten mdl Vhdlg schon existierte)
b bei d Restitutionskl: dadurch bedingtes Entfallen e Grdl d Urteils

3 RF: Fortsetzung d alten Prozesses, 590

C Andere Rechtsbehelfe

I Erinnerung, 576I

(gg Entscheidungen d beauftragten od ersuchten Richters od d Urkundsbeamten d Geschäftsstelle, 576I)

II Rechtspflegererinnerung (Durchgriffserinnerung), 11RPflG

(gg Entscheidungen d RPflegers; Einzelheiten s. VollstreckungsR, A III)

III Gegenvorstellung

(ges nicht geregelt; formloser RBehelf, d zulässig ist gg Entscheidungen, d d Gericht noch ändern darf)

Vollstreckungsrecht

A Rechtsbehelfe im Vollstreckungsverfahren

I Vollstreckungserinnerung, 766

0 Grundlegendes

a Ziel: Beseitigung od Einschränkung e VollstrMaßnahme wg d dabei angewandten Verfahrens

b Abgrenzungen zu and RBehelfen:
- sofort Beschwerde (793), RPflegererinnerung (11 RPflG): gegenseitiger Ausschluß
- bzgl e Eintragung in d GBuch bzw ihre Ablehnung ist nur Beschwerde nach 71 GBO mögl, hM
- Feststellungskl: soweit 766 mögl ist, fehlt, da 766 d einfachere u billigere Weg ist, für 256 d RSchBed
- ansonsten: s.u. VollstrAbwehrkl u Drittwidersprkl (IV bzw V)

c vorläuf RSchutz: einstweil Anordnung, 766I2,732II

1 Zulässkt

a Statthaftigkeit: wenn d RBehelf gerichtet ist

aa gg e VollstrMaßnahme e VollstrOrgans (GVollz, Richter, RPfleger) bzw ihre Verweigerung

(1) gerichtet gg e VollstrMaßnahme

Abgrenzung ggüber Entscheidungen d Richters (793) od RPflegers (11I,II RPflG): nach d Kriterium, ob e Abwägung d widerstreit Interessen erfolgt od nicht (Indiz dafür: Gewährung rechtl Gehörs, so daß zweiseit Vorbringen vorliegt)
- VollstrMaßnahmen sind Zwangsmaßnahmen (Form: Beschluß od Vfg), d auf Antrag od vAw ohne Anhörung d übr Beteiligten (Sch od DrSch) ergehen
- Entscheidungen sind Beschlüsse, d
  - nach Anhörung aller Beteiligten ergehen
  - od d v Erinnerungsführer beantragte VollstrMaßnahme ablehnen od aufheben (da auch in diesen Fällen der Entscheidung e Interessenabwägung zugrundeliegt)

(2) u zwar gg d Art u Weise d Vollstr

Geltendmachung e Verstoßes gg vollstrrechtl Verfahrensvorschriften (erforderl ist nur, daß sich d Erinnerung gg d Verfahren d VollstrOrgans richtet, nicht, daß sie begründet wird; d G hat bei d Erinnerung e umfassende Überprüfungspflicht)

(a) Verstoß gg vollstrrechtl Verfahrensvorschriften bei Erlaß od Durchführung e VollstrMaßnahme, 766I (Verfahrensverstöße im vorgelagerten Klauselerteilungsverfahren: nur nach 732,768 zu beanstanden)

(b) rw Amtsverweigerung d GVollz, 766IIAlt1

bb gg Kostenansatz (788,766IIAlt2), Vorpfändung (845) od Fall d 777

b Erinnerungsbefugnis: Beschwer durch d VollstrMaßnahme
- Sch od Gl
- DrSch bei PfÜB
- sonst Dr: soweit er d Verletzung eig Rechte durch d Verletzung v Verfahrensvorschrif-

ten geltend macht, d zumind auch seinem Schutz dienen sollen

c Zuständkt

aa funktionell: Richter d AG als VollstrG, 766,764I,20Nr17a RPflG (bei Erinnerung gg Kostenfestsetzungsbeschluß: 104III, 21II RPflG), 802

bb örtl: 764II

d Partei- u Prozeßfähigkeit, Prozeßvollmacht

e Antrag

- best Antrag nicht erforderl
- ausreich, wenn erkennb ist, daß d Beseitigung od Einschränkung e best VollstrMaßnahme wg d Verfahrens erstrebt wird

f Form: schriftl od zu Protokoll d GStelle

g RSchBed

- sobald d VollstrMaßnahme begonnen hat (od unmittelb bevorsteht)
- solange sie nicht beendet ist (bzw solange sie nach Beendigung noch rückgängig gemacht werden kann)

2 Begründetheit

a Prüfung

- umfassende Prüfung d verfahrensrechtl Rm d VollstrMaßnahme (dh nicht nur d explizit erhobenen Verfahrensrügen!)
- Gegenstand ist nur d Beachtung d vollstrverfahrensrechtl Vorschriften (dh unbeachtl: mat–rechtl Einwendungen (767,771) u Verstöße im Klauselerteilungsverfahren (732, 768))
- maßgebl Zeitpunkt: Entscheidung üb d Erinnerung

b Vorauss

aa 766I: Nichtvorliegen d für d Vornahme d VollstrMaßnahme erforderl verfahrensrechtl Vorauss

(1) Vorauss d ZVollstr (Einzelheiten s.u. B)

(a) allg Verfahrensvorauss (Antrag, Zuständkt etc)

(b) allg Vorauss d ZVollstr (Titel, Klausel, Zustellung)

(c) bes VollstrVorauss

(d) keine (allg) VollstrHindernisse

(2) bes Vorauss d jeweiligen VollstrMaßnahme (Einzelheiten s.u. C)

bb 766IIAlt1: Vorliegen d für d Durchführung d VollstrAuftrags erforderl vollstrverfahrensrechtl Vorauss (w.o. aa)

cc 766IIAlt2: Rw d Kostenansatzes d GVollz (788I)

3 Entscheidung durch Beschluß

a Hauptsache

- Verwerfung d (genau zu bezeichnenden) Erinnerung als unzulässig
  "D Erinnerung d Sch gg d ...(genau zu bezeichnende VollstrMaßnahme)... wird verworfen"
- Zurückweisung d (genau zu bezeichnenden Erinnerung) als unbegründet
  "D Erinnerung d Sch gg d ...(genau zu bezeichnende VollstrMaßnahme)... wird zurückgewiesen"
- Erklärung d (genau zu bezeichnenden) VollstrMaßnahme für unzulässig
  "D ...(genau zu bezeichnende VollstrMaßnahme)... wird für unzulässig erklärt"
- Anweisung an d GV, d erstrebte Maßnahme auszuführen (IIAlt1)

- b Kosten
  - – d Entscheidung ergeht gerichtsgebührenfrei, 1 GKG
  - – außergerichtl Kosten: 91ff (hM) bzw 788I,97 entspr (aM)
- c Vollstreckbarkeitserklärung nicht erforderl (da Beschluß (vgl 704,708ff), für den d vorläuf Vollstrbkt aus 794INr3,793 folgt)

4 RBehelf: sofort Beschwerde, 793

II Sofortige Beschwerde, 793 (567ff)

0 Grundlegendes

- a Ziel: Beseitigung od Einschränkung e richterl Entscheidung im VollstrVerfahren
- b Abgrenzung zu and RBehelfen: s.o. I 0 b
- c vorläuf RSchutz: 572II,III

1 Zulässkt

- a Statthaftigkeit: gerichtet gg
  - aa Entscheidung (Abgrenzung: VollstrMaßnahme s.o. I 1 a)
  - bb d Richters (Abgrenzung: d RPflegers, 11 RPflG)
  - cc im VollstrVerfahren (Abgrenzung: vor Beginn d Vollstr, zB Klauselerteilungsverfahren)
  - dd d ohne mdl Vhdlg ergehen kann
    - – Anwendungsfälle insbes:
      - – Entscheidungen nach 758,761
      - – Entscheidungen üb Erinnerungen nach 766 (wg 764III)
      - – Entscheidungen d ProzeßG 1. Instanz nach 887ff (wg 891)
    - – unbeachtl ist, ob tats e mdl Vhdlg stattgefunden hat
- b Beschwerdebefugnis: Beschwer durch d angegriff Entscheidung
- c ggf Überschreiten d Beschwerdesumme, 567II
- d Zuständkt: BeschwerdeG, 568I
- e Partei- u Prozeßfähigkeit, Postulationsfähigkeit, Prozeßvollmacht
- f Antrag
  - best Antrag nicht erforderl
  - – ausreich, wenn d Begehren erkennb ist, d angefocht Entscheidung zu beseitigen od einzuschränken
- g Form: schriftl od zu Protokoll d GStelle, 569
- h Frist: Notfrist v 2 Wochen, 577II1
- i RSchBed
  - – sobald d Vollstr begonnen hat
  - – solange sie insgesamt noch nicht beendet ist (Beendigung einz Maßnahmen steht nicht entgegen)

2 Begründetheit

- a Prüfung
  - – Gegenstand ist nur d Beachtung d vollstrverfahrensrechtl Vorschriften (dh d Vorschriften, für die der Richter im VollstrVerfahren e Prüfungspfl u -kompetenz hat)
  - – maßgebl Zeitpunkt: Beschwerdeentscheidung, 570
- b Vorauss zB:
  - aa Rw d Entscheidung üb e Erinnerung

(1) Zulässkt d Erinnerung
(2) Begründetheit d Erinnerung
bb Rw e Entscheidung nach 887ff
(1) Vorauss d ZVollstr
(2) Vorauss d 887ff

3 Entscheidung durch Beschluß

a Hauptsache
– Verwerfung d (genau zu bezeichnenden) Beschwerde als unzulässig
"D Beschwerde d Beschwerdeführers gg d Beschluß d ... v ... – Az ... – wird verworfen"
– Zurückweisung d (genau zu bezeichnenden) Beschwerde als unbegründet
"D Beschwerde d Beschwerdeführers gg d Beschluß d ... v ... – Az ... – wird zurückgewiesen"
– Aufhebung d (genau zu bezeichnenden) angefocht Entscheidung, ggf verbunden mit:
– Anordnung d ursprüngl beantragten Maßnahme (soweit d BeschwerdeG dafür zuständig ist; sonst:)
– Zurückverweisung zur erneuten Entscheidung, 575
zB:
"Auf d sofort Beschwerde d GVollz ... wird d Beschluß d AG ... v ... – Az ... – aufgehoben u d Sache zur erneuten Entscheidung an d VollstrG zurückverwiesen"
b Kosten
aa bei begründeter Beschwerde:
– keine Kostenentscheidung bei Zurückverweisung
– sonst ergeht d Entscheidung gerichtsgebührenfrei (1, Anl 1 Nr 1181 GKG); außergerichtl Kosten: nach 91
bb bei unzuläss od unbegründeter Beschwerde: 97I
c Vollstreckbarkeitserklärung nicht erforderl (794INr3)

4 RBehelf: weitere sofort Beschwerde gemäß 793II

III Rechtspflegererinnerung, 11 RPflG

0 Grundlegendes

a Ziel: Beseitigung od Einschränkung e Entscheidung d RPflegers
b Abgrenzung zu and RBehelfen: s.o. I 0 b
c vorläuf RSchutz: 11IV RPflG iVm 572II,III

1 Zulässkt

a Statthaftigkeit: gerichtet gg
aa e Entscheidung (Abgrenzung: VollstrMaßnahme, 766; s.o. I 1 a aa)
bb d RPflegers (Abgrenzung: d Richters, 793)
b Erinnerungsbefugnis: Beschwer durch d angegriff Entscheidung
c Zuständkt: 11II1–4 RPflG
d Partei- u Prozeßfähigkeit, Postulationsfähigkeit, Prozeßvollmacht
e Antrag
– best Antrag nicht erforderl
– ausreich ist, wenn erkennb ist, daß d angefocht Entscheidung beseitigt od eingeschränkt werden soll
f Form: schriftl od zu Protokoll d GStelle, 11IV RPflG iVm 569

- g Frist gemäß 11I2 RPflG:
  2 Wochen (577II1), wenn gg d Entscheidung, falls sie d Richter erlassen hätte, sofort Beschwerde od kein RMittel geg wäre
- h RSchBed: bei Beschwer grds geg

2 Begründetheit

- a Prüfung
  - Gegenstand ist nur d Übereinstimmung d Entscheidung mit vollstrverfahrensrechtl Vorschriften (dh mit d Vorschriften, für d d RPfl im VollstrVerfahren e Prüfungspfl u -kompetenz hat)
  - maßgebl Zeitpunkt: Entscheidung üb d Erinnerung
- b Vorauss: Rw d Entscheidung d RPflegers; zB Rw d Ablehnung e beantragten PfÜB:
  - aa Vorauss d ZVollstr (s.u. B)
  - bb Vorauss d Pfändg e Fordg (s.u. C I 1 b)

3 Entscheidung durch Beschluß

- a Abhilfe durch d RPfleger gemäß 11II1
- b sonst Entscheidung durch d Richter bzw d BeschwerdeG, 11II3–5,IV
  - aa Hauptsache
    - Verwerfung d (genau zu bezeichnenden) Erinnerung als unzulässig od Zurückweisung als unbegründet
    - Aufhebung d angefocht Beschlusses, ggf Entscheidung üb d ursprüngl Antrag od Anweisung d RPflegers bzgl dieser Entscheidung; zB:
      "Auf d Erinnerung d Gl v ... wird d Beschluß d RPflegers d AG ... v ... – Az ... – aufgehoben. D RPfleger wird angewiesen, d v Gl beantragten PfÜB zu erlassen."
  - bb Kosten
    - Gerichtsgebühren: 11VI1 RPflG
    - außergerichtl Kosten: analog 91,97
  - cc Vollstreckbarkeitserklärung nicht erforderl (794INr3)

4 RBehelf: weitere sofortige Beschwerde, 11IV RPflG,568II

IV Vollstreckungsabwehrklage, 767

0 Grundlegendes

- a Ziel: Beseitigung d Vollstreckbarkeit e Titels wg mat–rechtl Einwendungen; KlArt: prozess Gestaltungskl
- b Abgrenzung zu and RBehelfen:
  - Leistungs- od Feststellungskl wg e Anspr, d e Einwendung iSd 767I begründen kann, sind alternativ mögl (berühren aber d Vollstr aus d Titel nicht; soweit Abwendung d ZVollstr begehrt wird, ist nur 767 zulässig)
  - Berufung: vor RKraft besteht e Wahlrecht zw Berufung u 767, nach Einlegen d Berufung dagegen kein RSchBed mehr für d Kl nach 767
  - Abänderungskl gemäß 323 hat e and Streitgegenstand, daher gegenseit Ausschluß
  - Fortsetzung d bisherigen RStreits:
    - bei Streit um d ursprüngl Wirksamkeit e Prozeßvergleichs (prozess Wirksamkeit/ mat–rechtl Mängel, zB Unwirksamkeit nach 779 BGB od Anfechtung) besteht kein RSchBed für 767 (hM), sond d alte Prozeß ist fortzusetzen
    - bei Einwendungen aus nachträgl Ereignissen (zB WGG, Rücktritt) ist dagegen 767

geg

– verfahrensrechtl Einwendungen, d mit Klauselerinnerung, Klauselklage, VollstrErinnerung verfolgb sind, können nicht mit 767 geltend gemacht werden

c vorläuf RSchutz: einstw Anordnung nach 769, ggf sofort Beschwerde nach 793 (hM)

1 Zulässkt

a wirks vollstreckb Titel (s.u. B II 1)

b Statthaftigkeit: bei Geltendmachung mat–rechtl Einwendungen, die den im Titel festgestellten Anspr betreffen (idR, wg 767II: ansprvernichtende od -hemmende Einreden)

c richtige Parteien
– d Kläger ist lt Titel VollstrSch
– d Bekl ist lt Titel VollstrGl

d allg Sachentscheidungsvorauss, insbes:
aa Zuständkt: ProzeßG 1. Instanz, 767I,795,797V,802
bb Antrag: d KlAntrag muß darauf gerichtet sein, d Vollstr aus d Titel (ganz od zu e genau zu bezeichnenden Teil) für unzulässig od nur gg e Gegenleistung für zulässig zu erklären
cc ordnungsgemäße Zustellung d KlSchrift (beim LG–Prozeß gemäß 81,176,178 an d Prozeßbevollmächt d jetzigen Bekl im Vorprozeß)
dd RSchBed
– grds geg, sobald e VollstrTitel vorliegt (auch schon vor Klauselerteilung)
– nicht geg, wenn ausschließl anderweit Möglkten d Vorgehens od e einfacherer u billigerer Weg, d KlZiel zu erreichen, bestehen (zB nach Einlegen d Berufung, bei Streit um ursprüngl Wirksamkeit e Prozeßvergleichs)
– entfällt mit Beendigung d ZVollstr durch Befriedigung d Gl u Aushändigung d Titels an d Sch

e keine sachentscheidungshindernden Einreden (insbes: 269IV,1027a)

2 Begründetheit

a Bestehen mat–rechtl Einwendungen d Klägers gg d titulierten Anspr, 767I
– Überprüfung nur d v Kläger geltend gemachten Einwendungen
– BewLast: grds Kläger, auch bei Titeln d 794

b keine Präklusionswirkung gemäß 767II
aa bei VollstrAbwehrkl gg Urteile u and rkraftfähige VollstrTitel müssen d Gründe (Tats), auf denen d Einwendungen beruhen, nach dem Schluß der mdl Vhdlg d Vorprozesses entstanden sein u durch Einspr nicht mehr geltend zu machen sein
– Entstehung:
– maßgebl ist grds allein d Entstehung, dh d obj Möglkt d Geltendmachung d Einwendung od Einrede im früheren Verfahren, unabhängig v d Kenntnis d Sch
– bei Gestaltungsrechten (zB Anfechtung, Rücktritt, Aufrechnung) ist d maßgebl Zeitpunkt str: nach d Rspr ist maßgebl d obj Entstehung d GestaltungsR, dh bei Aufrechnung d Zeitpunkt d Entstehung d Aufrechnungslage; nach d hLit ist maßgebl d Ausübung d GestaltungsR, dh bei Aufrechnung d Zeitpunkt d Erklärung d Aufrechnung
– bei Abtretung: maßgebl ist d Zeitpunkt d Kenntnis v d Abtretung (wg 407 BGB)
– EinsprMöglkt: betrifft VU od VB (796II); bei diesen ist Präklusionszeitpunkt d Ablauf d EinsprFrist
bb d Präklusionswirkung gilt nicht
(1) für Prozeßvergleiche (794INr1) sowie vollstrb Urk (794INr5), 797IV (Grund:

Zweck d 767 ist d Schutz d RKraft u diese Titel sind nicht rkraftfähig)
(2) für Kostenfestsetzungsbeschlüsse (794INr2; Grund: sie werden erst nach Schluß d mdl Vhdlg erlassen u Einwendungen waren im Präklusionszeitpunkt entspr nicht mögl)

c keine Präklusionswirkung gemäß 767III
(bei wiederholter VollstrAbwehrkl; gilt für alle Titel unabhängig v ihrer Art)

3 Entscheidung

a Hauptsache
- Abweisung d Kl
- *"D ZVollstr aus d Urteil (bzw sonst Titel) d ... v ... – Az ... – wird für unzulässig erklärt (ggf:, soweit ...)"*

b Kosten: 91ff

c vorläuf Vollstrbkt: nach allg Regeln, 708ff

4 RBehelfe: Berufung, Revision, Einspr gg VU

V Drittwiderspruchsklage, 771

0 Grundlegendes

a KlZiel: Erklärung einz VollstrMaßnahmen für unzulässig, weil sie in schfremdes, dem VollstrGl nicht haftendes Vermögen erfolgt sind; KlArt: prozess Gestaltungskl

b Abgrenzung zu and RBehelfen:
- Leistungs- od Feststellungskl: bis zur Beendigung d Vollstr ist d Einwand d Vollstr in schfremdes Vermögen nur nach 771 geltend zu machen (bei Zweifeln üb d gewollte KlArt: Auslegung analog 133 BGB; Behandlung e solchen Antrags: im Tb d unkorrekte Fassung, im Tenor d korrekte, ausgelegte Fassung, in d Entscheidungsgründen d Begründung d Auslegung)
- Erinnerung: bzgl vollstrverfahrensrechtl Fehler ist nur 766, bzgl der mat–rechtl Einwendung des die Veräußerung hind R nur 771 zulässig; sofern beide Arten v Einwendungen erhoben werden, sind sie nebeneinander mögl
- Kl auf vorzugsweise Befriedigung, 805: wahlweise mögl

c vorläuf RSchutz: einstw Anordnung gemäß 771III,769

1 Zulässkt

a Statthaftigkeit: bei Geltendmachung e d Veräußerung hind Rechts an e VollstrGegenstand durch e Dr

b allg Sachentscheidungsvorauss, insbes:

aa Zuständkt
(1) sachl: AG bzw LG, 23Nr1,71I GVG (Streitwert: gemäß 6, geringerer Wert v Fordg bzw PfändgsGegenstand; keine ausschließl Zuständkt)
(2) örtl: 771I,802

bb Antrag, d Vollstr aus e genau zu bezeichnenden Titel in e genau zu bezeichnenden Gegenstand durch e genau zu bezeichnende VollstrMaßnahme für unzulässig zu erklären

cc ordnungsgemäße Zustellung d KlSchrift: an d VollstrGl bzw d Prozeßbevollmächt aus d Vorprozeß (81,176,170)

dd RSchBed
- grds geg, sobald d Vollstr in d Gegenstand begonnen hat u noch nicht beendet ist

- auch wenn d Pfändg e Fordg, zB wg vorheriger Abtretung, gegenstandslos u damit unwirks ist
- auch bei Nichtigkeit d Pfändg in e schfremden Gegenstand wg Verfahrensmängeln (Grund: RScheinswirkung d erfolgten Pfändg)

2 Begründetheit

a d Kläger hat e d Veräußerung hinderndes Recht iSd 771
(InterventionsR iSd 771 ist e Berechtigung, aufgrd derer d Veräußerung der den Vollstr-Gegenstand bildenden Sache durch den Sch dem berecht Dr ggüber rw wäre)
aa d VollstrGegenstand gehört nicht z Vermögen d Sch
bb d Dr hat e dingl od obligator Recht an d Gegenstand
Fallgruppen:
(1) Eigt (als Prototyp d 771; auch Miteigt; bedeuts bei Teilungsversteigerung nach 180 ZVG, s.u. C I 2 b hh)
(2) Vorbehaltseigt
(a) d Vorbehaltskäufer hat e InterventionsR aufgrd seines AnwartschR
(b) d Vorbehaltsverkäufer aufgrd seines Eigt
(3) Treuhandverhältnisse
(a) uneigennützige Treuhand (d Treugut bleibt im Vermögen d Treugebers): nur d Treugeber hat e InterventionsR
(b) eigennützige Treuhand, insbes SichEigt u SichAbtretung:
- bei SichEigt:
  - d SichEigt (SichNehmer) hat e InterventionsR bei Pfändg durch e Gl d SichGebers, hM (Begründung: SichEigt ist formell u mat vollwirks Eigt; aM: Regelfall ist wie besitzloses PfdR zu behandeln; Folge: 805)
  - d SichGeber hat e InterventionsR bei Pfändg durch Gl d SichNehmers, bis zu d Zeitpunkt, an dem d SichNehmer d Sache verwerten darf, hM (aM: unabhängig v d Verwertungsreife; nur bei vorheriger od gleichzeit Begleichung d Fordg)
- bei SichAbtretung: entspr

(4) Inhaberschaft e Rechts (Fordg, Hypothek, Gesamthandsanteil etc) einschl SichAbtretung (s.o. SichEigt)
(5) beschr dingl Rechte: sind InterventionsRe, wenn sie durch d Vollstr unmittelb beeinträchtigt werden
Beispiele:
- geg bei Pfändg u Wegnahme e Gegenstands, an d e beschr dingl R besteht
- nicht geg bei Bestehen e Hypothek u ZVersteigerung d Grdst, da d Hypothek ins geringste Gebot zu übernehmen ist u bei e EigtWechsel bestehen bleibt
- nicht geg bei Bestehen e Hypothek u Eintragung e Zwangshypothek am selben Grdst, da diese rangniedriger ist

(6) berecht (unmittelb od mittelb) Besitz an bewegl Sachen, hM (aM: kein InterventionsR, da Bes nur auf tats Sachherrschaft abstellt u d Bes folgl nicht Teil d Vermögens ist)
(7) schuldrechtl HrsgAnspr aus Überlassung v Gegenständen (Miete, Pacht, Leihe, Verwahrung, Auftrag; nicht: bloßer Verschaffungsanspr, zB aus Kauf od Vermächtnis, weil bei diesem d Sache noch zum Vermögen d Sch gehört)

b d Kläger ist nicht wg unzuläss RAusübung (242 BGB) zur Duldung d Vollstr verpflichtet;

Fallgruppen unzuläss RAusübung:

aa Anfechtung nach AnfechtungsG

(1) Anfechtungsberechtigung, 2 AnfG

(a) Gl, d e vollstrb Titel auf Geldzahlung gg d Sch erworben hat u dessen Fordg fällig ist

(b) (teilw) erfolgloser VollstrVersuch ins Vermögen d Sch od Aussichtslosigkeit e VollstrVersuchs

(2) Rechtshandlg d Sch

(3) Benachteiligung d Gl durch d RHandlg

- grds ausreich: mittelb Benachteiligung (zu d RHandlg d Sch ist e weiterer Umstand hinzugetreten, der dieser im weiteren Verlauf d Dinge e benachteiligende Wirkung gegeben hat)
- ausnahmsw unmittelb Benachteiligung erforderl in d Fällen d 3INr2 AnfG

(4) Anfechtungsgrund

(a) GlBenachteiligungsabsicht d Sch, die dem and Teil bekannt ist, 3INr1 AnfG (Darlegungslast: umfass TatsVorbringen erforderl)

(b) entgeltl Vertrag d Sch mit Ehegatten od Verwandten im letzten Jahr vor d Anfechtung (GlBenachteiligungsabsicht wird hier ges vermutet, Entlastungsbeweis ist mögl), 3INr2 AnfG

(c) unentgeltl Vfg d Sch in d Fällen d 3INr3,4 AnfG

RF:

- d angefocht RG wird nicht vernichtet
- es besteht nach 7 AnfG aber e schuldrechtl Rückgewähranspr, d auf Duldung d ZVollstr in d betreff Gegenstand gerichtet ist

bb Vermögensübernahme seitens d Klägers, 419 BGB

cc d VollstrGl hat e ggüber d Kläger ranghöheres Pfand- od PfändgsPfandR

dd d Kläger ist verpflichtet, d Eigt an d PfändgsGegenstand an Gl od Sch (zurück) zu übertragen (zB: Darlehen u SichÜbereignung unter Vereinbarung e Rückübertragungsanspr bei Tilgung/Pfändg d Gegenstands d SichEigt, PfÜB üb d Rückübertragungsanspr u Angebot d Resttilgung nach 271II BGB/Verweigerung d Annahme u DrittwidersprKl durch SichEigt)

ee d Kläger haftet mat–rechtl für d titulierte Fordg (zB als Gesamtsch, Bürge, Gesellscher)

ff d Berechtigung d Klägers beruht auf e unerl Handlg d Bekl ggüber

3 Entscheidung

a Hauptsache

- Abweisung d Kl
- *"D ...(genau zu bezeichnende VollstrMaßnahme)... in ...(genau zu bezeichnenden VollstrGegenstand)... wird für unzulässig erklärt"*

b Kosten: 91ff

c vorläuf Vollstrbkt: nach allg Regeln, 708ff
(grds wg 775Nr1,776; bei stattgebendem Urteil: nur hinsichtl d Kostenausspruchs, sofern zugleich Maßnahmen nach 771III,770,769 angeordnet werden)

4 RBehelfe: Berufung, Revision, Einspr bei VU

VI Klage auf vorzugsweise Befriedigung, 805

0 Grundlegendes

a KlZiel: Vorwegbefriedigung aus d Reinerlös d Pfandverwertung wg e ranghöheren Pfand- od VorzugsR; KlArt: prozess Gestaltungskl
b Abgrenzung zu and RBehelfen
DrittwidersprKl: bei Bestehen e InterventionsR iSd 771 wahlw mögl
c vorläuf RSchutz: einstw Anordnung, 805IV

1 Zulässkt

a Statthaftigkeit: bei Geltendmachung e vorrang Befriedigungsrechts
b allg Sachentscheidungsvorauss, insbes:
aa Zuständkt
(1) sachl: AG als VollstrG od LG (23Nr1,71I GVG)
(2) örtl: 805II
bb Antrag, d Kläger aus d Reinerlös d (genau, auch hinsichtl d PfändgsAktes zu bezeichnenden) PfändgsGegenstandes bis zu e best Betrag (ggf nebst Zinsen bis zum Tag d Auszahlung) vor d Bekl zu befriedigen
cc RSchBed
– grds sobald d Vollstr in d PfändgsGegenstand begonnen hat u solange sie noch nicht beendet ist
– nicht bei Geltendmachung d Vorrangs e PfändgsPfandR ggüber e and PfändgsPfandR, hM (Grund: Vorrang d Verteilungsverfahrens, 872ff)

2 Begründetheit

a Bestehen e Pfand- od VorzugsR (48,49 KO) d besitzlosen Klägers an d gepfänd Sache, das e höheren Rang als d PfändgsPfandR d VollstrGl hat
b od InterventionsR d Klägers iSd 771 (s.o. V 2 a)

3 Entscheidung

a Hauptsache
– Abweisung d Kl
– *"D Kläger ist aus d Reinerlös d v GVollz unter ... am ... gepfänd ...(genau zu bezeichnenden Gegenstands)... bis zum Betrag v ...(ggf nebst Zinsen bis zum Tag d Auszahlung)... vor d Bekl zu befriedigen"*
b Kosten: 91ff
c vorläuf Vollstrbkt: nach allg Regeln, 708ff
(bei stattgebendem Urteil nur hinsichtl d Kostenentscheidung, wenn zugleich Maßnahmen nach 805IV,770 angeordnet werden)

4 RBehelfe: Berufung, Revision, Einspr bei VU

VII Weitere besondere Rechtsbehelfe

1 Rechtsbehelfe im Klauselerteilungsverfahren

(dem VollstrVerfahren vorgelagertes Verfahren, das d Vorauss für d Beginn d Vollstr schaffen soll)
a Möglkten d Gl bei Versagung d Klausel:

aa durch d UrkBeamten d GStelle: Erinnerung gemäß 576
bb durch d RPfleger: RPflegererinnerung, 11 RPflG
cc durch d Notar: Beschwerde, 54 BeurkG iVm 20ff FGG
dd zum Nachweis d bes Vorauss e titelergänz od -umschreibenden Klausel: Kl auf Erteilung d Klausel, 731

b Möglkten d Sch gg d Erteilung d Klausel:
aa Klauselerinnerung, 732 (bei Einwendungen gg d Vorliegen d formellen Vorauss d Klauselerteilung od gg d bes mat Vorauss e qualifizierten Klausel)
bb Kl gg d VollstrKlausel, 768 (bei Einwendungen gg mat Vorauss d Erteilung e qualifizierten Klausel; zB: keine RNachfolge iSd 727 od keine RKrafterstreckung nach 325II; auch nach erfolgloser Klauselerinnerung zuläss)

2 Vollstreckungsschutzantrag gemäß 765a

3 Widerspruchsklage im Verteilungsverfahren, 878

a Zulässkt
Sachentscheidungsvorauss, insbes:
aa Zuständkt
(1) funktionell: AG als VerteilungsG (873) od LG (Streitwert: Betrag, um d e höhere Erlöszuteilung als im Teilungsplan verlangt wird), 879I iVm 23Nr1,71I GVG
(2) örtl: 873 iVm 827,853,854 bzw 879I
bb ordnungsgemäße KlErhebung (insbes: d KlAntrag muß d begehrte Änderung d Teilungsplans genau bezeichnen)
cc RSchBed: d Kläger hat erfolglos Widerspr gg d Teilungsplan eingelegt u dieser ist noch nicht ausgeführt (nach Ausführung: Kl aus 812 BGB, 878II)
(beachte: d Monatsfrist d 878I ist keine ZulässktsVorauss)

b Begründetheit: besseres Recht d Klägers ggüber d Bekl am hinterlegten Betrag (nach Sach- u RLage im Verteilungstermin)
aa Rangfolge d 804III
bb korrigiert aus Gründen mat Gerechtigkeit, zB RMißbrauch bei Ausübung d d Bekl zustehenden Vorrangs
Fallgruppen e besseren R d Klägers:
(1) d Kläger macht Einwendungen gg d titulierte Fordg d Bekl geltend, die der Sch nach 767 geltend machen könnte (nach öff–rechtl u gemischter Theorie; zu d Theorien s. im einzelnen u. C I 1 a nach ff)
(2) bei mehrfacher Pfändg in schfremde Sache, die der Sch später erwirbt
(a) öff–rechtl Theorie:
– PfändgsPfandR entsteht bei Pfändg u wirks Verstrickung
– mat Mangel ist bei allen Gl gleich
– daher: Vorrang d Erstpfänders, 804III
(b) gemischte Theorie:
– PfändgsPfandR entsteht erst bei EigtErwerb d Sch analog 185II1 BGB (Wirkung: ex nunc, nicht rückwirkend)
– Rang ist str: gleichrangig od Vorrang d Erstpfänders analog 185II2 BGB
(3) Heilung formeller Mängel (zB 751I)
(a) öff–rechtl Theorie:
– PfändgsPfandR entsteht mit Verstrickung, wg Anfechtbarkeit auflösend bedingt
– Heilung nach Zeitablauf mit Wirkung ex tunc
– Rang nach 804III, es sei denn d Erstpfänder konnte d Mangel mit beein-

flussen

(b) gemischte Theorie:
- PfändgsPfandR entsteht erst mit d Heilung, soweit e wesentl Verfahrensvorschrift verletzt ist (Wirkung: ex nunc)
- besseres R hat d mangelfrei Pfändende

c Entscheidung

aa Hauptsache

bb Kosten: 91

cc vorläuf Vollstrbkt: nur hinsichtl d Kosten

4 Klagemöglichkeiten des früheren Eigentümers nach Beendigung der Vollstreckung in schuldnerfremde Sachen

a Leistungskl auf Hrsg gg d Ersteher d Sache

aa Zulässkt

bb Begründetheit

(1) 985 BGB: (–) wg wirks EigtErwerb kraft Hoheitsakt

(2) 1007II BGB: (–) da d Ersteher Eigt geworden ist

(3) 869,861 BGB: (–) mangels verbotener Eigenmacht

(4) 687II BGB: (–) da EigtErwerb kein Geschäft d früheren Eigt ist

(5) 816I BGB: (–) da originärer EigtErwerb keine rg Vfg ist

(6) 816II BGB: (–) da Ersteher nicht Nichtberecht iSd 816II ist

(7) 812 BGB: (–) da Zuschlag RGrund für d EigtZuweisung ist

(8) 823I BGB: (–) da d Eingriff in d Eigt wg d rm Hoheitsakts nicht rw ist

(9) 826 BGB: mögl bei vorsätzl u sittenwidr Schädigung

b Leistungskl auf Hrsg d Erlöses gg d Gl

aa Zulässkt

bb Begründetheit

(1) 989,990 BGB: (–) mangels Vindikationslage (während d VollstrVerfahrens ist allein Kl nach 771 mögl)

(2) 823I BGB: mögl, soweit e Verschulden d Gl geg ist (e rw EigtVerletzung liegt infolge mangelnden BefriedigungsR sowohl bei d öffrechtl als auch bei d gemischten Theorie zum PfändgsPfandR vor)

(3) 826 BGB: mögl

(4) 687II,678 BGB: mögl

(5) 816I BGB: (–) da d Versteigerung Hoheitsakt u keine Vfg ist

(6) 812I1Alt2 BGB: mögl
- Eigt am Erlös erlangt
- in sonst Weise: durch Hoheitsakt d GVollziehers
- unmittelb auf Kosten d Klägers: Eigt am Erlös (aufgrd dingl Surrogation, entspr 1247S2 BGB) ist untergegangen
- ohne RGrund: kein mat BefriedigungsR (gilt für d öffrechtl wie für d gemischte Theorie d PfändgsPfandR)

RF: geschuldet wird nur Hrsg d Nettoerlöses, abzügl d v GVollz einbehalt VollstrKosten

VIII Vorläufiger Rechtsschutz im Vollstreckungsverfahren – Übersicht

1 572III: einstw Anordnung bei Beschwerde

2 707,719: einstw Einstellung d ZVollstr bei Antrag auf Wiedereinsetzung od Wiederaufnahme bzw Einspruch od Berufung

3 732II: einstw Anordnung bei Erinnerung gg e VollstrKlausel
4 765a: einstw Einstellung d ZVollstr bei bes Härte für d Sch
5 766I2,732II: einstw Anordnung bei VollstrErinnerung
6 769I: einstw Anordnung bei VollstrAbwehrkl od Kl gg e VollstrKlausel
7 770: einstw Anordnung im Urteil bei VollstrAbwehrkl od Kl gg e VollstrKlausel
8 771III: einstw Anordnung bei DrittwidersprKl
9 775,776: einstw Einstellung d ZVollstr bei VollstrHindernissen lt Katalog d 775
10 794a: Räumungsfrist bei Wohnraum
11 805IV: einstw Anordnung bei Kl auf vorzugsweise Befriedigung
12 813a: Verwertungsaufschub bei Sachpfändung
13 924III2: einstw Anordnung bei Widerspr gg Arrest bzw einstw Vfg
14 28 ZVG: einstw Einstellung im ZVersteigerungsverfahren bei Bekanntwerden entgegenstehender Rechte

B Voraussetzungen der Zwangsvollstreckung

I Allgemeine Verfahrensvoraussetzungen

1 Wirks VollstrAntrag d Gl

a bei Zuständkt d GVollz: formlos, schriftl od mdl, 754, 4 GVGA
b bei Zuständkt e G: schriftl od zu Protokoll d GStelle
c Vertretung zulässig

2 deutsche Gerichtsbarkeit, 18–20 GVG

(nach allg Regeln; s.o. ZivilprozeßR [[2]] B II 1 b)

3 Zulässkt d RWegs:

geg bei: Vorliegen e Titels, d vollstrb Titel iSd 704,794 ist od aufgrd bes ges Vorschriften nach d Regeln d ZPO zu vollstrecken ist (68 GVGA)

4 Zuständkt d angeruf VollstrOrgans

a funktionell: GVollz, AG als VollstrG (Richter bzw RPfleger), ProzeßG 1. Instanz etc; je nach Maßnahme (s.u. C)
b örtl
  aa spezges Regelung
  bb sonst: im Bezirk d Vollstr, 20 GVO,764II

5 Parteifähigkeit, 50

a grds nach allg Regeln (s.o. ZivilprozeßR [[2]] B II 1 d)
b Verlust d Parteifähigkeit nach Beginn d VollstrVerfahrens:
  aa Gl:
    – unerhebl, solange d Verfahren keiner Handlg d Gl bedarf
    – sonst: Umschreibung d Titels u neue Zustellung nach 750 erforderl
  bb Sch:
    – bei Tod: 779I
    – bei Auflösung e jur Person (od OHG/KG): Parteifähigkeit bleibt erhalten, soweit noch Vermögensgegenstände vorhanden sind

cc nrf Verein: grds nur passiv parteifähig, 50II; aber:
- hat e beklagter nrf Verein in 1. Instanz e Titel zu seinen Gunsten erlangt (Kostenentscheidung, Widerkl), so kann er aus diesem auch aktiv vollstrecken
- ist e nrf Verein im VollstrVerfahren Sch, so hat er aktive Abwehrrechte (zB Erinnerung, VollstrAbwehrkl etc)

6 Prozeßfähigkeit, 52

a Gl: nach allg Regeln (s.o. ZivilprozeßR [[2]] B II 1 e)
b Sch: str, 2 Meinungen:
- hM: Prozeßfähigkeit nach allg Regeln erforderl
- aM: Prozeßfähigkeit nicht erforderl, soweit d Sch rein passiv am VollstrVerfahren beteiligt ist

7 ggf ges Vertretung Prozeßunfähiger, 51

(s.o. ZivilprozeßR [[2]] B II 1 f)

8 Prozeßführungsbefugnis

(ergibt sich ggf idR aus Titel u Klausel, auch für d Prozeßstandschafter im Erkenntnisverfahren; unzuläss: isolierte VollstrStandschaft)

9 Postulationsfähigkeit

(nach allg Regeln; s.o. ZivilprozeßR [[2]] B II 1 h)

10 Legitimation d gewillkürten Vertreters (insbes: 81)

11 Rechtsschutzbedürfnis

- ergibt sich idR aus d Vorliegen e VollstrTitels
- fehlt, wenn d VollstrGl d VollstrZiel einfacher u billiger erreichen kann

II Allgemeine Voraussetzungen der Zwangsvollstreckung

1 Vollstreckbarer Titel, 750

a Titel: öff Urk, in d d Bestehen d geltend gemachten Anspr v d dafür zuständ Stelle festgestellt wird
b Vollstreckbarkeit d Titels
  aa rkräft (705) od vorläuf vollstrb (708ff,717I) inländ Endurteil (300/301/302III, 599III/307/331), 704I
  bb Titel d 794, insbes:
    (1) Prozeßvergleich, INr1
    Vergleich (779 BGB), d zur gänzl od teilw Beilegung e RStreits in e anhäng, noch nicht abgeschloss Verfahren vor e dtsch G od and anerkannten Stelle abgeschlossen u ordnungsgemäß protokolliert (160IIINr1,162I) ist
    (2) Kostenfestsetzungsbeschluß, INr2
    (3) beschwerdefähige Entscheidung, INr3
    (4) VollstrBescheid, INr4 (699f)
    (5) Anwaltsvergleich, INr4a (1044b)
    (6) vollstrb Urk (insbes: notar Urk) gemäß INr5,II
  cc Arrestbefehl u einstw Vfg, 928,936
  dd sonst vollstrb Titel (68 GVGA), zB:

(1) Zuschlag in d ZVersteigerung (93 ZVG)
(2) Eintragung in d Konkurstabelle (164II KO)
ee bei ausländ Urteil: VollstrUrteil (722f) od Vollstrbkt gemäß e bestehenden VollstrAbkommen

c vollstrfähiger Inhalt u Bestimmtheit
aa Leistung als Inhalt d Titels
bb d aus d Titel selbst eindeutig zu bestimmen ist (hinsichtl: Gl, Sch, Leistungsgegenstand u -umfang; ggf durch Auslegung)

d bei Vollstr in d Vermögen e Gesellschaft/Vereins od in e ungeteilten Nachlaß:
aa GbR: Titel gg alle Gesellscher erforderl, 736
bb OHG/KG: Titel gg d Gesellschaft erforderl, 124II,161II HGB
cc nrf Verein: Titel gg d Verein, 735, od gg alle Mitgl
dd Nachlaß: Titel gg alle Miterben, 747 (zu beachten: 779–785,727,748f)

e Wirksamkeit d Titels

2 VollstrKlausel, 724f,795

(amtl Vermerk d Vollstreckbarkeit auf d Titel; d Ausfertigung d Titels, d mit d VollstrKlausel versehen ist, heißt: vollstrb Ausfertigung)

a Erfordernis
aa bei Urteilen: 724I
bb bei VollstrTiteln d 794: teilw entbehrl, 795aff
cc bei Arrest u einstw Vfg: idR nicht erforderl, 929,936

b Klauselformen u -vorauss bei Urteilen
aa einf Klausel
(1) Antrag d Gl
(2) Zuständkt: UrkBeamter d GStelle, 724II
(3) formgült vollstrb Titel (s.o. 1)
(4) Identität d Parteien v Titel u VollstrVerfahren
(5) keine bes Umstände, d e qualifizierte Klausel erfordern
– solche Umstände sind: bedingte Leistung, RNachfolger etc, s.u. bb u cc
– aber: einf Klausel ist zu erteilen bei kalendermäßiger Befristung, Sicherheitsleistung, Zug–um–Zug–Leistung, es sei denn d Gegenleistung ist e WE, vgl. 726,751

bb titelergänzende Klausel, 726I
(1) Antrag d Gl
(2) Zuständkt: RPfleger, 3Nr3a,20Nr12 RPflG
(3) formgült vollstrb Titel (s.o. 1)
(4) Identität d Parteien v Titel u VollstrVerfahren
(5) Vorliegen e Falles d 726 (evtll 730)
(a) im Titel festgestellter Anspr od Befugnis zur Vollstr ist
(aa) bedingt (Ausn: Sicherheitsleistung) od anders als kalendermäßig befristet
(bb) u d Bedingung bzw Befristung ist nach allg BewLastregeln v Gl zu beweisen, 726I
(b) Zug–um–Zug–Verurteilung, bei der Gegenleistung d Abgabe e WE ist, 726II
(6) Beweis d Bedingungseintritts (od Fristablaufs, 726I), bzw d Befriedigung d Sch od seines Annahmeverzugs (726II) durch öff od öff beglaub Urk (Ausn: Offenkundigkeit, 291, od Zugeständnis, 288)

cc titelumschreibende Klausel, 727
(1) Antrag d Gl

(2) Zuständkt: RPfleger, 3Nr3a,20Nr12 RPflG
(3) formgült vollstrb Titel (s.o. 1)
(4) Vorliegen e Falles d 727 (evtll 730)
(a) d Antragsteller ist RNachfolger d Gl (Einzel- od GesamtRNachfolge) nach RHängigkeit
(b) d Antragsgegner
(aa) ist RNachfolger d Sch nach RHängigkeit, für den RKrafterstreckung nach 325 gilt
- GesamtRNachfolge (Erbe)
- EinzelRNachfolge in e streitbefang Sache iSd 265 mit RKrafterstreckung nach 325
  - Sache: körperl Gegenstand, aber auch Recht
  - streitbefangen: ist e Sache, wenn auf d rechtl Beziehung zu ihr d Aktiv- od Passivlegitimation v Kläger bzw Bekl beruht (insbes wenn Eigt, e dingl Berechtigung od d Bes an e Sache streitig sind; aber: e Sache wird nicht streitbefangen, wenn persönl Ansprüche, zB e schuldrechtl Übereignungsanspr od Anspr auf Rückgewähr nach AnfG, geltend gemacht werden)
  - RKrafterstreckung nach 325 (aber: d Ausn d doppelten Gutglkt e Erwerbers nach 325II ist v RPfleger nicht zu prüfen; sie kann nur mit Klauselerinnerung (732) od Klauselkl (768) geltend gemacht werden)
(bb) hat nach RHängigkeit Besitz an e streitbefangenenen Sache für d Sch od dessen RNachfolger (iSe BesMittlung gemäß 868 BGB) erworben
(5) Beweis d Vorliegens d RNachfolge od d BesVerhältnisse durch öff od öff beglaub Urk (Ausn: Offenkundigkeit, 291, od Zugeständnis, 288)

dd Titelumschreibung bei Nacherbschaft u Erbschaft, 728 iVm 326,327
ee Titelumschreibung bei Vermögens- od Firmenübernahme, 729 iVm 419 BGB, 25 HGB
ff Titelumschreibung bei
- Nießbrauch, 738
- Gütergemeinschaft, 742,744,745
- TestVollstr, 749 (bei and Parteien kraft Amtes nach hM entspr)

c Klauselerteilung bei VollstrTiteln d 794: 795ff

3 Zustellung, 750,795

a Erforderlichkeit: (vorherige) Zustellung ist nicht erforderl bei
aa Arrest u einstw Vfg, 929III,936
bb Vorpfändung, 845I3

b Zustellungsobjekt: Ausfertigung od beglaub Abschrift (170)
aa d Titels bei einf Klausel, 750I
bb d vollstrb Ausfertigung samt dazugehörigen Urk bei qualifiz Klausel, 750II

c Zustellungsempfänger: d Sch bzw dessen ges Vertreter (171), zwingend d Prozeßbevollmächt, solange d RStreit noch anhängig ist (176)

d Zustellungszeitpunkt: vor od gleichzeitig mit d VollstrBeginn, 750I1
- vorher: 750III,798,798a
- bei FordgsPfändg: Zustellungsnachweis schon beim Antrag auf Pfändg u Überweisung)

e v Amts wegen od im Parteibetrieb, 750I2

III Besondere Vollstreckungsvoraussetzungen

1 bei Verurteilung zur Leistung Zug um Zug: Nachweis d Angebots d Gegenleistung, 756,765
  a Erbringung d Gegenleistung od Angebot u Annahmeverzug d Sch (293–299 BGB)
  b Nachweis durch öff od öff beglaub Urk
  c Zustellung e Abschrift dieser Urk an d Sch vor od gleichzeitig mit d Vollstr
2 bei kalendermäßig fristgebundenem Anspr: Ablauf d fragl Kalendertages, 751I
3 bei Vollstr gg Sicherheitsleistung d Gl: Nachweis d Erbringung d Sicherheitsleistung, 751II
  a Erbringung d SichLeistung
    – durch Hinterlegung (108I2)
    – durch Bürgschaft, soweit zugelassen (in d dafür vorgeschrieb Form; d Bürgschaftsvertrag kommt nach d Theorie d Zwangsvertrags durch d Zugang d Bürgschaftserklärung beim Gl zustande, hM)
  b Nachweis durch öff od öff beglaub Urk
    – bei Hinterlegung: Bescheinigung d Hinterlegungsstelle
    – bei Bürgschaft: Zustellungsurk gemäß 132I BGB, 170,190,191 od Empfangsbekenntnis gemäß 198
  c Zustellung e Abschrift dieser Urk an d Sch vor od gleichzeitig mit d Vollstr (erforderl nur bei SichLeistung durch Handlg e Dr ggüber, zB bei Hinterlegung)
4 bei nur gg SichLeistung vorläuf vollstrb Urteil: Vorauss d Sicherungsvollstr gemäß 720aI

IV Fehlen von Vollstreckungshindernissen

(bes Umstände, d zur Einstellung d ZVollstr u ggf Aufhebung v VollstrMaßnahmen führen)
1 Vorauss e Einstellung d ZVollstr gemäß 775
  a Nr1: zB Berufungsurteil, Urteile nach 767,771
  b Nr2: zB bei einstw Einstellung nach 707,719,765a,769,770
  c Nr3: zB Fälle d 711,712I,720aIII
  d Nr4,5: Einstellung, aber nur einstw, solange d Gl nicht widerspricht (hM), bei
    – Vorlage e öff Urk, e GlQuittung, e Postscheins od e Bankbescheinigung (hM), aus d sich d Befriedigung d Gl (od: Leistung erfüllungshalber bei Garantie d Befriedigung (Euroscheck)) od Stundung nach Urteilserlaß ergibt
    – amtl Kenntnis v d Befriedigung d Gl (Nr4,5 analog)
2 Eröffnung e Konkurs- od Vergleichsverfahrens, 14 KO, 47 VerglO
3 VollstrVertrag
  zulässig, soweit d VollstrBefugnis der Disposition d Gl unterliegt, dh:
  a zulässig sind gegenständl u zeitl Beschränkungen od Ausschluß einz VollstrModalitäten
  b unzulässig: Änderung d VollstrArt

V Rechtsfolgen bei Fehlen einer Vollstreckungsvoraussetzung

1 grds nur Anfechtbarkeit (766)
2 ausnahmsw Nichtigkeit bei grdlegendem Verstoß gg wesentl Formvorschrift od Fehlen jegl Vorauss für e ZVollstr (zB: Fehlen dtsch Gerichtsbarkeit/Fehlen e Titels schon d äußeren Form nach/funktionelle Unzuständkt d VollstrOrgans/Verstoß gg wesentl Verfahrens- od Formvorschriften)

C Vollstreckungsarten, zulässige Vollstreckungsmaßnahmen und ihre besonderen Voraussetzungen

I Zwangsvollstreckung wegen Geldforderungen

1 in das bewegliche Vermögen

a in körperl Sachen: Pfändg u Verwertung

aa Vorauss d ZVollstr (s.o. B), insbes:

(1) Antrag
(2) Zuständkt
  (a) funktionell: GVollz, 808I (bei Verstoß: Nichtigkeit, hM)
  (b) örtl: 20 GVO

bb Leistungsaufforderung durch d GVollz vor d Pfändg, 754, 105Nr2 GVGA

cc Zugriffsbereich d Pfändg körperl Sachen

(1) bewegl Sachen iSd 90ff BGB
(2) Einschränkung gemäß 865
  (a) Haftungsverband d Hypothek
    (aa) Gehört d Sache d Haftungsverband d Hypothek an, 1120ff BGB? (abstrakt, dh Bestehen e Hypothek od GSchuld ist nicht erforderl)
      – Zubehör, d d GrdstEigt gehört, 1120Hs2 BGB (auch soweit bisher nur e AnwartschR am Zubehör besteht, hM)
      – v Boden getrennte Erzeugnisse od Bestandteile, es sei denn sie sind mit d Trennung nach 954,957 BGB in d Eigt e and als d GrdstEigt od Eigenbesitzers gelangt, 1120Hs1 BGB
    (bb) Ist d Sache aus d Haftungsverband d Hypothek wieder ausgeschieden, 1121,1122 BGB?
      – grds geg bei d Reihenfolge: Veräußerung u Entfernung vor GrdstBeschlagnahme, 1121I BGB
      – Enthaftung nach 1122 BGB auch bei:
        – dauerhafte Entfernung von im Rahmen e ordnungsgemäßen Wirtschaft getrennten Erzeugnissen u Bestandteilen vor GrdstBeschlagnahme, 1122I BGB
        – Entwidmung v Zubehör im Rahmen e ordnungsgemäßen Wirtschaft vor GrdstBeschlagnahme, 1122II
      – Ausn v Grds d 1121I BGB:
        – bei d Reihenfolge Beschlagnahme vor Veräußerung/Entfernung, wenn d Beschlagnahme d Grdst d konkrete Sache nicht erfaßt: Fälle d 20,21I ZVG (Zwangsversteigerung; anders bei Zwangsverwaltung, 148I1 ZVG)
        – wenn e Gutglaubensschutz d Beschlagnahme d Grdst überspielt; bei
          – Reihenfolge Entfernung vor Beschlagnahme vor Veräußerung: 135II BGB, 23I2,II ZVG
          – Reihenfolge Veräußerung vor Beschlagnahme vor Entfernung: 1121II2 BGB, 23I2,II ZVG
          – Reihenfolge Beschlagnahme vor Entfernung u Veräußerung: 135II,1121II2 BGB, 23I2,II ZVG

(b) Folge d Zugehörigkeit zum Haftungsverband für d Pfändbarkeit
   (aa) Zubehör ist unpfändbar, 865II1
   (bb) Erzeugnisse u sonst Bestandteile sind pfändbar bis zur Beschlagnahme d Grdst, 865II2

RF bei Pfändg entgegen 865: nichtig lt Rspr, anfechtb lt hLit

(3) Erweiterung d Zugriffsbereichs:
   (a) Früchte auf d Halm gemäß 810
   (b) bei Wertpapieren
      (aa) in Orderpapieren (zB Wechsel, Scheck) verbriefte Fordgen gemäß 831 (Wegnahme d Papiers ersetzt d PfändgsBeschluß gemäß 829; aber: Verwertung erfolgt gemäß 835ff durch Überweisung)
      (bb) für Inhaber- u Namenspapiere gelten: 821,822

dd Gewahrsam an d Sache

(1) Gewahrs d Sch, 808I
   (a) grds ist nur d Gewahrs d Sch zu prüfen
      (aa) alleiniger Gewahrs: unmittelb tats Herrschaftsgewalt üb d Sache (dh unmittelb Bes iSd BGB; nicht: BesDienerschaft, 855 BGB, od Erbenbes gemäß 857 BGB; bei Mitgewahrs v Dr gilt 809, s.u. (3))
      (bb) relevanter Gewahrs:
         – bei jur Person: Gewahrs d Organs
         – bei OHG/KG Gewahrs d geschäftsführ Gesellschers an Gegenständen d GVermögens (auch Gewahrs d Kommanditisten, d BesRecht für d KG ausübt)
         – bei Minderj: auch Gewahrs d ges Vertreters in Sachen d Vertretenen
         – GewahrsVermutung bei Ehegatten, 739
   (b) ausnahmsw ist d mat RLage zu berücksichtigen:
      (aa) wenn d Sch lt Titel nicht mit eig, sondern mit seiner Verwaltung unterlieg fremdem Vermögen haftet (TestVollstr, KonkVerw)
      (bb) wenn es für d GVollz offenkundig ist, daß d Sache nicht zum SchVermögen gehört (zB: Kundenfahrzeug in Kfz–Werkstatt)
(2) Gewahrs d Gl an e Sache d Sch, 809
   (a) Sache, d d Sch gehört (ausnahmsw Prüfung d mat–rechtl Vermögenslage)
   (b) Gewahrs d Gl
(3) Gewahrs e hrsgbereiten Dritten an e Sache d Sch, 809
   (a) Sache, d d Sch gehört (ausnahmsw Prüfung d mat–rechtl Vermögenslage)
   (b) Gewahrs d Dr (Dr kann auch e GVollz sein, d Sequester ist, hM)
   (c) HrsgBereitschaft bezogen auf Pfändg u Verwertung
      – Ausn bei kollusivem Zusammenwirken mit d Sch: Ingewahrsamnahme d Sache, um sie d Zugriff d Vollstr zu entziehen, hM
      – ist d Dr nicht hrsgbereit: nur Vollstr in d HrsgAnspr d Sch nach 847 mögl

ee kein Pfändungsverbot gemäß 811

(1) lt Katalog; insbes:
   (a) Nr1: zB notwend Kleidung u Möbel, Staubsauger, Kühlschrank, Waschmaschine, Radiogerät, Fernsehgerät
   (b) Nr5: zur Fortsetzung e persönl (nicht: kapitalist geprägten) Erwerbstätigkeit erforderl Sachen (Abgrenzung: Überwiegen d persönl Arbeitseinsatzes ggüber d Nutzungswert d eingesetzten Kapitals)

(2) kein wirks Verzicht auf d PfändgsSchutz d 811
   (a) unwirks ist e vorheriger Verzicht d Sch, hM (Ausn: arglist Verzicht)
   (b) str ist d Wirksamkeit e Verzichts bei od nach Pfändg (Gründe: Erfordernis d SchSchutzes, bzw Vfg üb d Sache, die dem zuläss Verzicht auf Erinnerung gleichkommt)
(RF e Verstoßes: Anfechtbarkeit)
(3) ggf Austauschpfändg, 811a,b

ff ordnungsgemäßer Pfändungsakt

(1) Inbesitznahme (808I) u Kenntlichmachung (durch Pfandsiegel od best Pfandanzeige, 808II2; RF bei fehlender Kenntlichmachung: Nichtigkeit), uU Wegnahme (808II1)
(2) Wohnungsdurchsuchung u Gewaltanwendung, 758,
bei Widerstand od Abwesenheit d Sch unter Hinzuziehung v Zeugen, 759
   (a) Wohnung iSd 13II GG: zu Wohnzwecken benutzte Räume, Geschäftsräume, befried Besitztum
   (b) Durchsuchung: ziel- u zweckgericht Suchen nach vollstrb körperl Sachen
   (c) bei Nichteinverständnis d Sch Erteilung richterl Durchsuchungsanordnung (13II GG, 761 entspr) od Gefahr im Verzug (durch d Zeitverlust infolge Einholens e richterl Anordnung würde d VollstrErfolg gefährdet werden)
   (d) Befugnisse: gemäß 758,759
   (e) Sonderprobleme:
      – d bloße Durchschreiten schfremder Räume (Gewahrs e Dr), um an d Wohnung u Sachen d Sch gelangen zu können (zB Zimmer in Untermiete), erfordert keine Einwilligung nach 809 u ist, da keine Durchsuchung, auch nicht an d Einschränkungen d 13II GG/761 gebunden
      – Mitgewahrs Dr an Räumen d Sch (zB Wohngemeinschaft) steht d Pfändg auch bei Widerspr nicht im Weg, hM
      – hat e Dr Mitverschluß an e Behältnis, in dem sich Sachen d Sch befinden (zB Bankschließfach mit 2 Schlüsseln),
         – so ist zu unterscheiden: d Mitgewahrs d Bank am Schließfach, u d Alleingewahrs d Kunden am Inhalt
         – mit d Folge: Durchsuchung d Schließfachs als Behältnis ist durch 758 als EingriffsGrdl nicht gedeckt u erfordert bei Widerspr d Bank als Dr, daß d Gl d Anspr d Sch auf Mitwirkung d Bank pfänden u überweisen läßt
(3) zur rechten Zeit, 761: Pfändg zur Nachtzeit (188I2) sowie an Sonn- u Feiertagen nur mit richterl Erlaubnis
(4) PfändgsUmfang
   (a) keine Überpfändg, 803I2
   (b) keine zwecklose Pfändg, 803II
   (c) Pfändg v Hausrat nur gemäß 812
   (ggf: Widerspr d Sch nach 777 mögl)
(5) Anschlußpfändg, 826
(erneute Pfändg e bereits gepfänd Sache für e and Gl od e and titulierte Fordg desselben Gl; mögl Formen: erneute Pfändg nach 808,809 bzw Anschlußpfändg nach 826)
   (a) Vollstr gg denselben Sch
   (b) Wirksamkeit d Erstpfändg: fortbestehende Verstrickung d Sache
   (c) Protokoll d GVollz üb d Anschlußpfändg
   (d) ggf erneute Zustimmung d Dr nach 809, hM (bei Wegschaffen d Sache in d

Pfandkammer ist Dr bei d Anschlußpfändg d Dr d Erstpfändg, nicht d GVollz, hM)

RF der Pfändung:

(1) **Verstrickung** (öffrechtl Gewaltverhältnis üb d gepfänd Sache)
- (a) Entstehung: bei Wirksamkeit d Pfändg
  - rm Pfändg
  - bei fehlerh Pfändg:
    - ist d Verstrickung idR wirks, aber anfechtb (766), zB bei Verstößen gg 758,759,803,809,811
    - Nichtigkeit nur bei bes schwerwieg Mängeln (s.o. B V), hier insbes: bei für d Pfändg wesentl Verfahrens- od Formvorschriften, zB bei Unterlassen d nach 808 vorgeschrieb Besitzergreifung od Kenntlichmachung
- (b) Wirkungen:
  - hoheitl VfgsMacht (insbes Befugnis zur Verwertung)
  - relat Veräußerungsverbot, 135,136 BGB
  - Strafbarkeit d Verstrickungsbruchs, 136 StGB
- (c) VerfolgungsR d GVollz: Befugnis d GVollz, d verstrickte Sache e Dr, in dessen Gewahrs sie gelangt ist, wegzunehmen, hM (aM: keine gesetzl Ermächtigungsgrdl; 136 StGB u 1227 BGB ausreich)
- (d) Erlöschen:
  - mit Beendigung d Verwertung
  - mit Aufhebung d Pfändg durch e VollstrOrgan
  - bei gutgl lastenfreiem Erwerb e Dr, 135II,136,936 BGB, hM

(2) **Pfändungsfandrecht**, 804I (Berechtigung d Gl, durch Verwertung d gepfänd Sache wg d titulierten Fordg Befriedigung zu erlangen)
- (a) Rechtswirkungen:
  - Rangsicherung, 804II
  - Hrsg- u BesSchutzanspr, 1227,985 bzw 861,862 BGB
  - SchdErsAnspr, 823I BGB
- (b) Vorauss u (bes) RWirkungen
  - (aa) nach öffrechtl Theorie
    (PfändgsPfandR ist rein öffrechtl Natur, entspr auch d Verwertung)
    - Entstehung: durch Pfändg u wirks Verstrickung
    - RWirkungen
      - Berechtigung zur weiteren Verwertung durch hoheitl Handeln
      - EigtErwerb d Dr bei Versteigerung schfremder Sache originär durch Hoheitsakt, unabhängig v Bös- od Gutglkt
      - aber: d öffrechtl PfändgsPfandR beinhaltet keinen privatrechtl Anspr d Gl auf Befriedigung aus schfremder Sache; dh bei fehlerhafter Vollstr erlangt d Gl d Erlös ohne RGrund
    - Erlöschen: mit Wegfall d Verstrickung
  - (bb) nach privatrechtl Theorie
    (PfändgsPfandR ist e dritte Art d privatrechtl PfandR, dh es ersetzt nur d Verpfändungserklärung d Sch, ansonsten gelten d 1204ff BGB neben d Regeln d ZPO; heute kaum noch vertreten)
    - Entstehungsvorauss:
      - Pfändg u wirks Verstrickung
      - mat–rechtl Vorauss für d Entstehung e PfandR (1204ff BGB), mit Ausn d Verpfändungserklärung:

- Bestehen d zu sichernden Fordg
- d Pfandsache gehört d Sch
- RWirkungen
  - Berechtigung zur weiteren Verwertung aufgrd privatrechtl PfändgsPfandR
  - kein PfändgsPfandR an schfremder Sache, auch nicht gutgl, da 1207 BGB mangels rg Erwerbs nicht eingreift
  - EigtErwerb bei Versteigerung schfremder Sache nur bei Gutglkt, 1244 BGB

(cc) nach gemischt öffrechtl–privatrechtl Theorie, hM
(PfändgsPfandR hat privatrechtl Charakter, RGrdl für d Verwertung ist aber d öffrechtl Verstrickung)
- Entstehungsvorauss:
  - wirks Verstrickung
  - Pfändg unter Beachtung d wesentl VollstrVorauss (weitergehend als d Vorauss wirks Verstrickung, s.o.:)
    - relevant zB: Zustellung, Klausel, Zustimmung nach 809
    - unerhebl: Verstoß gg bloße Ordnungsvorschriften, zB 759,762
  - mat–rechtl Vorauss für d Entstehen e PfandR (1204ff BGB), mit Ausn d Verpfändungserklärung:
    - Bestehen d zu sichernden Fordg (aber: rkräft Titulierung ist ausreich)
    - d Pfandsache gehört d Sch
- RWirkungen
  - bei Versteigerung schfremder Sache erwirbt d Dr originär Eigt durch Hoheitsakt, unabhängig v Bös- od Gutglkt (da Grdl d Verwertung nur d Verstrickung ist)
  - für d mat Berechtigung d Gl ist d PfändgsPfandR maßgebl: d Vollstr in e schfremde Sache ist mangels d Entstehens e PfändgsPfandR mat rw; Folge:
    - kein BefriedigungsR an d schfremden Sache
    - d Erlös an rw versteigerter Sache ist ohne RGrund erlangt
- Erlöschen: trotz fortbestehender Verstrickung bei
  - Erlöschen d titulierten Fordg, 1252 BGB
  - Verzicht d Gl ggüber d Sch, 1255 BGB
  - Entfernung d Pfandsiegels durch d Sch mit Einwilligung d Gl, 1253 BGB entspr
  - gutgl Erwerb e Dr nach 135II,136,936 BGB
  - entspr 868 bei nachträgl Eintreten e VollstrHindernis mit d Folge d 775,776

(dd) Relevanz d Theorienstreits: gering; idR kommen öffrechtl u gemischt öffrechtl–privatrechtl Theorie mit unterschiedl Begründung zum gleichen Ergebnis
Bsp: d Versteigerung e schfremden Sache begründet nach beiden Theorien e Anspr aus 823I BGB (EigtVerletzung) u 812I1Alt2 BGB (Eingriffskondiktion); Begründung nach
- öffrechtl Theorie: PfändgsPfandR besteht, aber kein mat BefriedigungsR
- gemischter Theorie: kein PfändgsPfandR

gg Verwertung

(1) Normalfall: öff Versteigerung, 814

(a) Termin u Ort: 816,813a

(b) Bekanntgabe v Verkaufswert u Mindestgebot, 817a

(c) Zuschlag an Meistbietenden, 817I

(d) Ablieferung gg Barzahlung, 817II (Ausn: IV)

RF: originärer EigtErwerb durch Hoheitsakt, unabhängig davon, ob d Sache d VollstrSch gehörte, u v Bös- od Gutglkt d Erwerbers; Vorauss:

(aa) Ablieferung: Übertragung grds d unmittelb Bes mit EigtZuweisungswillen durch d GVollz

(bb) wirks u fortbestehende Verstrickung

(cc) Einhaltung d wesentl Verfahrensvorschriften bzgl d Versteigerung, insbes:

– öff Versteigerung gemäß 814

– Einhaltung bekanntgegeb Mindestgebotsgrenzen

– Barzahlung, 817II

(2) besondere Verwertungsformen

(a) Geld: Ablieferung an d Gl, 815I,III (od Hinterlegung gemäß 720,815II)

(b) Wertpapiere: 821 (WP iSd 821 sind: InhPapiere, Orderpapiere, d keine Fordg verbriefen (zB Namensaktie; sonst: 831,835), Rektawechsel u -scheck (Hyp- u GSchuldbrief: 829,830,835))

(c) Gold- u Silbersachen: 817aIII2

(d) Anordnung e and Art d Verwertung, 825

(aa) mögl Formen:

– Versteigerung an and Ort od durch and Person als GVollz

– freihänd Verkauf durch d GVollz

– Zwangsüberweisung d Sache selbst an d Gl (durch Zuweisungsbeschluß, hoheitl EigtZuweisung u Übergabe durch d GVollz)

(bb) Vorauss:

– Zulässkt:

– Antrag v Gl od Sch

– Zuständkt

– funktionell: RPfleger d VollstrG, 764I,20Nr17 RPflG

– örtl: 764II

– RSchBed:

– Pfändg erfolgt, noch keine Versteigerung

– keine entgegenstehende Vereinbarung gemäß 816

– entfällt nicht, wenn d Gl schon Eigt d zuzuweisenden Sache ist, hM (zB bei Vorbehaltseigt, weil d AnwartschR d Sch bei originärem EigtErwerb entfällt)

– Begründetheit:

– wirks Verstrickung als Grdl rm Verwertung
(str, ob auch Einwendungen zu berücksichtigen sind, d d Pfändg nach 766 anfechtb machen; soweit verneint: Vorlage an d Richter nach 20Nr17a RPflG, d einheitl üb 766 u Antrag aus 825 entscheiden kann, 6 RPflG, 147 entspr)

– kein Verstoß gg spez ges Vorschriften

– keine Umgehung d VerbrKrG, insbes bei Abzahlungskäufen (Verwertung iSd 825 gilt als Rücktritt iSd 13III VerbrKrG, wenn d Vorauss d 12 VerbrKrG vorliegen); Problem: erlauben nach 13II

VerbrKrG iVm 346ff BGB zu berücksichtigende Anspr d Sch e Zuweisung nach 825? 3 Meinungen:
- Zuweisg nach 825 ist unzuläss wg Schutzzweck d 13II VerbrKrG
- Zuweisg nach 825 ist grds zuläss; Schutz bzgl Einwendungen nach 13II VerbrKrG iVm 346ff BGB nach 767,769 ist ausreich; Ausn: offensichtl RMißbrauch
- Zuweisung nach 825 ist zulässig; dabei sind Einwendungen nach 13II VerbrKrG aufgrund summar Prüfung zu berücksichtigen

- e höherer Verwertungserlös als bei normaler Versteigerung ist zu erwarten
- Mindestgebotsgrenzen eingehalten, 817aII3,I

(cc) Kostenentscheidung: 788 bzw 91

(dd) RBehelf gg e Beschluß nach 825: RPflErinnerung, 11 RPflG

hh Verteilung d Erlöses

(1) RVerhältnisse bei d Verteilung
- Fortsetzung d Rechte, d an d versteigerten Sache bestanden haben, am Erlös kraft dingl Surrogation, 1247S2 BGB analog (Eigt d Pfandsch; PfändgsPfandR d Gl)
- Auszahlung d Erlöses an d Gl ist EigtZuweisung kraft Hoheitsakts
- Gefahrtragung beim Gl, 819

(2) Verteilung

(a) Höhe d auszukehrenden Erlöses: Versteigerungserlös abzügl Versteigerungskosten (6,21 GVollzKostenG)

(b) auszukehren an

(aa) Gl: bis zur Höhe d titulierten Fordg

(bb) mehrere Gl: in d Reihenfolge d Rangs ihrer PfändgsPfandR, 804III (bei Widerspr e Gl ggf: Hinterlegung u Anzeige, d zum Verteilungsverfahren führen, 827II,872ff)

(cc) Sch: den Überschuß

(c) Verteilungsverfahren, 827II,872ff

(aa) Hinterlegung gemäß 827II

(bb) Zuständkt
- funktionell: RPfleger d AG (873, 20Nr17 RPflG)
- örtl: 827,853,854

(cc) Teilungsplan nach 874

(dd) Verteilungsverfahren, 875ff

RBehelfe:
- WidersprKl, 878 (s.o. A VII 3), bzgl e besseren Rechts am Erlös
- RPflegererinnerung bzgl Verfahrensfehlern

b ZVollstr wg Geldforderungen in Geldforderungen, 829ff

aa Vorauss d ZVollstr (s.o. B), insbes:

(1) Antrag
- schriftl od zu Protokoll d Geschäftsstelle
- muß d zu pfändende Fordg nach Gl, Sch, SchGegenstand u SchGrund eindeutig bestimmen (zumind nach Auslegung gemäß 133 BGB)

(2) Zuständkt

(a) funktionell: RPfleger d AG als VollstrG, 828I,764I,802, 20Nr17 RPflG

(b) örtl: 828II,13ff,23,802

(3) RSchBed
- nicht geg bei Abtretung d Fordg an d Gl
- str bei Aufrechnungsmöglkt als einfacherem u schnellerem Weg
- geg bei Pfändg e Fordg d VollstrSch gg d VollstrGl, wenn e Aufrechnung prozessual (767II) od mat–rechtl (393ff BGB) unstatthaft ist

bb Zugriffsbereich d FordgsPfändg

(1) Schlüssigkeit d Bestehens d Fordg d Sch gg d DrSch
- nach d Vorbringen d Gl (keine Anhörung d Sch, mit d Ausn d 850bIII; nur bei Wissen d G, daß d Fordg nicht besteht, erfolgt mangels RSchBed kein Beschluß)
- auch bedingte, befristete od v e Gegenleistung abhäng Fordg (d Dr hat dann aber d Möglkt d Einwendung gg d Vorgehen aus d PfÜB)
- auch künft Fordg, soweit sie nach Inhalt u Person d DrSch schon bestimmb ist

(2) Einschränkung d 865 (Haftungsverband d Hypothek; iVm zB 1123 BGB, 20ff, 148 ZVG)

(3) Unpfändbarkeit infolge Unübertragbarkeit d Fordg, 851I
(a) wenn e Leistung an e and als d ursprüngl Gl nicht ohne Veränderung ihres Inhalts erfolgen kann, 399Alt1 BGB
(b) bei vertragl Abtretungsverbot, 399Alt2 BGB
- Ausn: 851II
- Gegenausn: Kontokorrentfordg, 357 HGB
(c) Fordg, d ihrem Wesen nach in d Weise zweckgebunden ist, daß d Empfänger d Zahlung nur gleichsam treuhänderisch für best Zwecke verwenden darf

(4) Unpfändbarkeit durch ges Ausschluß, 852
(a) Anspr aus 528,1378,2303,2329 (852 entspr) BGB
(b) solange nicht vertragl anerkannt od rhängig geworden

(5) PfändgsSchutz von Arbeitseinkommen u gleichgestellten Bezügen od Vergütungen
(a) ArbEink, 850
(aa) ArbEink iSd 850II,III: alle wiederkehr Leistungen, die dem Sch (ArbN, aber auch Selbständ) aus seiner Arb- od Dienstleistung zustehen od d als Nachwirkungen e früheren Arb- od Dienstverhältnisses zu zahlen sind (850b)
(bb) PfändgsSchutz gemäß 850a–g
(b) verschleiertes ArbEink, 850h
(c) einmalige Vergütung, 850i

(6) PfändgsSchutz v Sozialleistungen, 54,55 SGBI

cc Pfändg u Überweisung

(Überweisung ist d Verwertung d gepfänd Fordg)

(1) bei Geldforderungen: Pfändgs- u Überweisungsbeschluß
(a) Inhalt d 829I,835I
(b) Wirksamkeit: Zustellung an DrSch im Parteibetrieb, 829II,III,835III (166ff)

(2) bei in indossablen Papieren verkörperten Forderungen: Inbesitznahme durch d GVollz (808,809) u Überweisungsbeschluß durch d VollstrG, 831,835

(3) bei hypothekarisch gesich Forderungen: Pfändg u Überweisung nach 830,837

RF d Pfändg e Fordg:

(1) Verstrickung d Fordg (135,136 BGB)
  (a) Entstehungsvorauss:
    (aa) Pfändg, d nicht nichtig ist
    (bb) d Fordg besteht (zumind als künft) u steht d Sch zu
    (sonst fehlt e Gegenstand d Vollstr u diese geht ins Leere; keine Verstrickung bei nachträgl Erwerb d Fordg durch d Sch, dh keine entspr Anwendung v 185II BGB, hM)
  (b) Erlöschen: Aufhebung durch d Vollstr- od BeschwerdeG od durch prozess (843) od mat–rechtl Verzicht

(2) PfändgsPfandR
  (a) Entstehungsvorauss:
    (aa) öffrechtl Theorie: bei Verstrickung
    (bb) gemischte Theorie:
      - Verstrickung
      - Pfändg ist unter Beachtung d wesentl VollstrVorauss u Verfahrensvorschriften erfolgt
      - mat–rechtl Vorauss für d Entstehung e PfandR
    (Einzelheiten s.o. a ff)
  (b) Erlöschen: s. Verstrickung

(3) Verstrickung u PfändgsPfandR ergreifen
  - grds nur d Bestand d Fordg im PfändgsZeitpunkt (Ausn: Gehalts- o.ä. Fordg, 832)
  - grds d bestehende Fordg in voller Höhe, hM (Beschränkung d Einziehung nach 1282I2 BGB); Ausn: bei ausdrückl Begrenzung im PfÜB

(4) Rang d PfändgsPfandR u Verteilung bei mehrfacher Pfändg: 804III, 853,872ff

(5) Auskunftspfl d DrSch, 840 (Obliegenheit, nicht selbständig einklagb)

RF d (üblichen) Überweisung zur Einziehung:

(1) Gl
  - hat Einziehungsbefugnis im Umfang d Rechts d Sch (Kündigg, Einziehung, Aufrechnung, Prozeßführungsbefugnis für d Leistungskl)
  - hat Einziehungspfl ggüber d Sch (sonst: uU SchdErs, 842) u darf keine der Befriedigung zuwiderlauf Vfg (Erlaß, Stundung) vornehmen

(2) Sch
  - bleibt FordgsInh, kann daher alle RHandlgen vornehmen, d mit d Vollstr vereinb sind, zB Kl gg DrSch auf Leistung an Gl
  - hat Pflicht zu Auskunft u Hrsg v Urk, 836III (zB Sparbuch, auf das weder 821 noch 831 anwendb sind; für d Hrsg d Urk ist d PfÜB VollstrTitel, 836III2)

(3) DrSch
  - mit Wirksamkeit d PfändgsBeschlusses: Verbot d Leistung an d Sch u deren Unwirksamkeit d Gl ggüber (135,136 BGB)
  - kann gemäß 392 BGB aufrechnen
  - kann bei Unkenntnis d Pfändg (zB infolge wirks Ersatzzustellung) durch Leistung an d Sch freiwerden, 1275,407 BGB analog, hM
  - kann bei Unkenntnis d Unwirksamkeit d Überweisung durch Leistung an d Gl freiwerden:
    - nach 836II (auch hinsichtl d Ranges d Gl), wenn d Fordg dem Sch zustand
    - gemäß 408II,407 BGB, wenn d Fordg d Sch nicht zustand
  - kann im Einziehungsverfahren (Kl nach PfÜB zur Erlangung e Zahlungstitels)

geltend machen:
- Nichtigkeit d PfÜB (nicht aber: Anfechtbarkeit (mit 766 zu bekämpfen), str)
- Nichtbestehen od Nichtdurchsetzbarkeit d gepfänd Fordg (alle Einwendungen u Einreden aus d RV zum Sch, d im Zeitpunkt d Zustellung d PfändgsBeschlusses begründet sind, und aus d RV zum Gl)

Bereicherungsausgleich nach Beendigung d ZVollstr:
- zahlt d DrSch nach Pfändg e in Wahrheit nicht bestehenden (weil abgetretenen) Fordg an d VollstrGl: Bereicherungsanspr d DrSch gg d VollstrGl aus 812I BGB (Leistungskondiktion; VollstrGl als Leistungsempfänger)
- gleichermaßen bei Zahlung d DrSch an e nachrangigen VollstrGl, od nachdem e and VollstrGl vorher Vorpfändg (845) vorgenommen hatte
- wenn d PfÜB wg vorheriger Zession ins Leere geht, d DrSch durch Zahlung an d PfändgsGl aber nach 408II,407 BGB frei wird: Bereicherungsanspr d wahren Gl gg d PfändgsGl aus Eingriffskondiktion (812 od 816 BGB)

c ZVollstr wg Geldforderungen in Ansprüche auf Hrsg od Leistung körperl Sachen, 846ff

(entspr d Vollstr in Fordgen, 846, mit d Besonderheiten d 847–849)

aa Pfändg e Anspr auf Hrsg e bewegl Sache

(1) PfändgsBeschluß (829) mit Anordnung d Hrsg an d GVollz, 847I
(beachte: Verstrickung d HrsgAnspr, nicht d Sache selbst)
(2) e PfändgsPfandR am HrsgAnspr entsteht mit d Zustellung, 829III
(3) dieses erlischt mit Hrsg d Sache; entspr 1287S1 BGB entsteht dafür e PfändgsPfandR an d Sache (bei Verweigerung d Hrsg durch d Dr: Antrag auf Überweisung d HrsgAnspr an d Gl zur Einziehung, Kl auf Hrsg d Sache an d GVollz u HrsgVollstr nach 883)
(4) Verwertung nach 847II,814ff

bb Pfändg e Anspr auf Hrsg u Übereignung e bewegl Sache:

wie eben, aber entspr 848II wird mit d Hrsg an d GVollz als Vertreter für d Sch zusätzl Eigt d Sch begründet

cc Pfändg e Anspr auf Hrsg u Übereignung e Grdst

(1) PfändgsBeschluß (829) mit Anordnung d Hrsg u Auflassung an e Sequester (v Gl benannter Treuhänder), 848I
(2) Auflassung an d Sequester als Vertreter d Sch, 848II
RF: mit EigtÜbergang entsteht kraft Gesetzes e SichHyp zugunsten d Gl, 848II2
(bei Verweigerung freiw Hrsg durch d Dr: Vorgehen entspr oben aa (3))
(3) Verwertung: durch ZVersteigerung od -verw, 848III,866I,869 iVm ZVG

d ZVollstr wg Geldforderungen in and Vermögensrechte, 857ff

aa Vorauss d ZVollstr (wie bei Vollstr in Fordgen, s.o. b)

bb Zugriffsbereich

(1) zum bewegl Vermögen gehörendes and VermögensR, d nicht d Zugriff nach 808ff,829ff,846ff,864ff unterliegt
(2) Pfändbarkeit nach 857I iVm 851: Selbständigkeit u Übertragbarkeit d Rechts
(3) Pfändbarkeit nach 857III: Übertragbarkeit der Ausübung e nicht übertragb

Rechts (zB Nießbrauch; str ist d Gegenstand d Pfändg bei 857: nur d R zur Ausübung od auch d StammR selbst (so d Rspr))

cc Pfändg, 857I,829

(1) PfändgsBeschluß (bei GrundpfandR, 857VI: mit Besonderheit d 830)
(2) Zustellung an DrSch
 – hier: jd Dr, dessen RStellung durch d Pfändg beeinträchtigt wird
 – fehlt e DrSch (zB bei UrheberR): Zustellung an d Sch ist ausreich, 857II

dd Verwertung

(1) grds durch Überweisung od anderweit Verwertung, 857I,835,844 (abhängig auch v d Qualität d Rechts, in d vollstreckt werden soll)
 – Überweisung zur Einziehung nur, wenn d Gl an d Stelle d Sch treten kann
 – Überweisung an Zahlungs statt nur bei veräußerl Rechten mit Nennwert
 – anderweit Verwertung iSd 844 nur bei veräußerl Rechten, 857V
 – bei Pfändg unveräußerl Rechte zur Ausübung (857III): bes Anordnungen mögl, 857IV

ee Fallgruppen:

(1) Miteigt an bewegl Sachen (Bruchteilsgemeinschaft, 741ff BGB):
Anteil ist pfändb, da übertragb (747 BGB); DrSch: Miteigtümer; Pfändg umfaßt auch d Anspr auf Aufhebung d Gemeinschaft, Erlösteilung u -auszahlung (749 BGB)
(2) Miteigt an Grdst (Bruchteilsgemeinschaft, 741ff,1008 BGB):
Anteil nicht pfändb, da er d ZVollstr in Grdst unterliegt, 864II; pfändb ist aber d Anspr auf Aufhebung d Gemeinschaft, Erlösteilung u -auszahlung
(3) Nießbrauch e Grdst (1030ff BGB):
pfändb nach 857III, wg 1059 BGB; Pfändg umfaßt auch d StammR, so daß e Verzicht d Sch d Gl ggüber unwirks ist
(4) WohnungsR als beschr persönl Dienstbarkeit (1093 BGB):
pfändb nach 857III bei Überlassungsgestattung (1092I BGB)
(5) Reallast, GSchuld, Rentenschuld: 857VI,830
(6) offene EigtGSchuld (Brief od Eintragung lautet auf d GrdstEigt):
pfändb nach 857VI,830 (hM; aM: 857II); Verwertung durch Überweisung zur Einziehung; str: Ausschlußwirkung d 1197I BGB? Nach hM nicht
(7) verdeckte EigtGSchuld (teilw Tilgung e Briefhyp):
pfändb grds wie bei off EigtGSchuld; bei Pfändg nach 857VI ist zusätzl erforderl: Pfändg d Miteigt an HypBrief (952 BGB), d Anspr auf Aufhebung d Gemeinschaft am HypBrief (749I BGB), d Anspr auf Vorlage d Briefs beim GBuchamt zur Bildung e TeilhypBriefs (1152 BGB), d Anspr auf Aushändigung d Teilbriefs, u d Anspr auf GBuchberichtigung (894,896 BGB)
(8) Miterbenanteil:
pfändb nach 857I,859II; DrSch: Miterben; Wirkung d PfändgsPfandR: Verfügungsbeschränkung nach 1276II BGB u diesbezügl Schutz d Gl gemäß 892I2 BGB bei Eintragung im GBuch (AntragsR d Gl nach 22 GBO, hM, bei Voreintragung d Miterben als ungeteilte Erbengemeinschaft, 39 GBO/ggf: Antrag d Gl auf GBuchberichtigung nach 13II GBO u Nachweis nach 22 GBO durch Erbschein (nach 792 zu erhalten)); Verwertung idR durch Überweisung zur Einziehung (835I) u anschl Verfolgung d Anspr auf Auseinandersetzung (2042 BGB)
(9) Geschäftsanteil an GbR, OHG, KG:
pfändb nach 859I(105II HGB),857I,829II,835; DrSch: alle übr Gesellscher;

PfändgsUmfang: alle pfändb aus d GesellscherStellung resultierenden Rechte, insbes d Gewinnanteil; KündiggsRecht nach 725I BGB bzw 135,161II HGB

(10) AnwartschR auf EigtErwerb an bewegl Sache (455 BGB), str:
- Theorie d Sachpfändg: Vollstr in d AnwartschR nach 808
- Theorie d Rechtspfändg: Vollstr nach 857I,828,829; RF bei Bedingungseintritt: PfändgsPfandR am Recht wird analog 1287 BGB, 847 ZPO zu PfändgsPfandR an d Sache
- Theorie d Doppelpfändg, hM:
  - Pfändg d AnwartschR durch RPfändg, 857I,829 (aber: keine analoge Anwendung d 1287 BGB,847 ZPO; deshalb zusätzl:)
  - Pfändg d Sache selbst nach 808
  - RF: wg 829 Anspr auf Auskunft üb d Höhe d Restkaufpreisfordg u Berechtigung, auf diese selbst zu zahlen; durch Zahlung od Anbieten bei Annahmeverweigerung d Vorbehaltsverk (162 BGB) tritt d Bedingung ein, dh erhält d Sch Eigt; mit diesem entsteht d PfändgsPfandR an d gepfänd Sache (gemischte Theorie d PfändgsPfandR) u d Berechtigung d Gl zur Verwertung d Sache

(11) AnwartschR auf EigtErwerb an e Grdst (bei Antrag d Auflassungsempf auf Eintragung ins GBuch, d nicht durch Zurückweisung erledigt ist, hM):
pfändb nach 857II; mit Eintragung d EigtWechsels im GBuch entsteht kraft Gesetzes e SichHyp am Grdst entspr 848II iVm 857I

(12) Nutzungsrecht d Leasingnehmers:
pfändb nach 857III, wenn d Leasingnehmer aufgrd vertragl Vereinbarung mit d Leasinggeber d Leasingsache Dr überlassen darf (549I BGB)

e Vorpfändg, 845

aa Anwendbarkeit: Vollstr wg Geldforderungen in Geldforderungen, Hrsg(od Leistungs-)Anspr od and VermögensR
bb allg VollstrVorauss: Klausel, Zustellung u Sicherheitsleistung sind entbehrl, 845I3
cc Benachrichtigung v Sch u DrSch durch d GVollz u Aufforderungen gemäß 845I1
dd Wirksamkeit mit Zustellung an DrSch
RF: auflösend bedingtes ArrestpfandR, 845II (hM)

2 Zwangsvollstreckung wegen Geldforderungen in das unbewegliche Vermögen, 864ff

a unbewegl Vermögen, 864

aa Grdst, einschl aller Bestandteile (93–96 BGB), 864I
bb grdstgleiche Rechte, zB Wohnungseigt, ErbbauR, 864I
cc Bruchteile v Grdst od grdstgleichen Rechten, 864II
dd Gegenstände, auf d sich d Haftungsverband d Hyp erstreckt, 865 iVm 1120ff BGB (Erzeugnisse, Bestandteile, Zubehör im Eigt d GrdstEigt, AnwartschR am Zubehör; Einzelheiten s.o. 1 a cc (2))
ee eingetragene Schiffe, Schiffsbauwerke u Luftfahrzeuge, 864I, 171a ZVG

b Eintragung e Zwangshypothek, 866f

aa vollstreckungsrechtl Voraussetzungen

(1) allg Verfahrensvorauss (s.o. B I), insbes:
(a) Antrag, d
- d Grdst genau bezeichnet (übereinstimmend mit d GBuch)
- d Betrag d Fordg (Hauptfordg, Zinsen, Kosten etc) angibt

– bei mehreren Grdst d Fordg auf diese verteilt

(b) Zuständkt: RPfleger d GBuchamts, bei dem d Grdst geführt wird

(c) RSchBed: fehlt, wenn dieselbe Fordg schon durch e GrundpfandR auf demselben Grdst abgesichert ist

(2) allg Vorauss d ZVollstr (s.o. B II), insbes: d Hauptfordg, auf die d Titel lautet (bei mehreren Titeln: Gesamtfordg), muß 500 DM übersteigen, 866III

(3) bes VollstrVorauss (s.o. B III; insbes: 720aI1, keine SichLeistung erforderl)

(4) keine VollstrHindernisse (s.o B IV)

RF bei

– Fehlen e vollstrrechtl Vorauss: Zurückweisung d Antrags (keine Zwischenvfg)

– Eintragung d GBuchamts trotz Fehlen e vollstrrechtl Vorauss:
  – unheilb Mangel (zB: kein Titel; Fordg unter 500 DM): Zwangshyp entsteht nicht, d GBuch ist unrichtig
  – heilb Mangel: Zwangshyp entsteht bei Heilung, rückwirkend auf d Eintragungszeitpunkt, hM

bb Vorauss nach GBO

(1) VollstrAntrag ist Antrag nach 13 GBO (berechtigt: nur d VollstrGl)

(2) Vorauss d ZVollstr ersetzen d Eintragungsbewilligung nach 19,29 GBO

(3) Voreintragung d Sch, 39,40 GBO

RF bei

– Fehlen e Vorauss nach GBO: Zurückweisung d Antrags od Zwischenvfg (18 GBO)

– Eintragung trotz Fehlens e Vorauss nach GBO: Zwangshyp entsteht

RF: Sichhyp, 1184ff BGB

– zur rangentsprechenden Befriedigung aus d Hyp ist e dingl Titel zu erwerben (1147 BGB)

– d Zwangshyp ist akzessorisch: ggf entsteht e EigtGSchuld nach 1163I1,2, 1177 BGB

– bei Aufhebung d Vollstrbkt d Titels od Einstellung d ZVollstr: EigtGSchuld, 868

– kein gutgl Erwerb für d VollstrGl (892 BGB gilt nur bei rg Erwerb, hM; aber: bei späterer rg Übertragung v titulierter Fordg u Zwangshyp auf e Dr ist gutgl Erwerb nach 892 mögl)

cc RBehelfe:

(1) Beschwerde nach 71ff GBO (nicht 766, nicht 793) bzw RPflErinnerung, 11 RPflG

(2) DrittwidersprKl (771) ist auch nach Eintragung d Zwangshyp mögl (keine Beendigung d Vollstr, da Sicherung, d weiter v d Zulässkt d ZVollstr abhängig ist, hM)

(3) VollstrAbwehrKl (767) mögl

c Zwangsversteigerung, 866I,869 iVm ZVG

aa Vorauss für d Anordnung d ZVersteigerung

(1) Vorauss d ZVollstr (s.o. B), insbes:

(a) Antrag d Gl, d Grdst, Eigt, Anspr u vollstrb Titel genau bezeichnet, 16 ZVG

(b) Zuständkt:
  – funktionell: RPfleger d AG als VollstrG, 15 ZVG, 764, 3Nr1i RPflG
  – örtl: 1 ZVG

(2) d Sch ist als Eigt d Grdst eingetragen od Erbe d eingetrag Eigt, 17 ZVG

bb Versteigerungsbeschluß, 15 ZVG

– iVm Eintragungsersuchen, 19 ZVG
– bei mehreren Gl ggf: Zulassung d Beitritts, 27 ZVG

cc wirks Beschlagnahme d Grdst, 20I,22I ZVG

bei Zustellung d Versteigerungsbeschlusses an d Sch od Eingang d Eintragungsersuchens beim GBuchamt u demnächstige Eintragung (20I,22I ZVG)

RF d Beschlagnahme:

(1) relatives Veräußerungsverbot, 23I1 ZVG, 135,136 BGB
  (a) Gegenstand
    (aa) Grdst
    (bb) Haftungsverband d Hyp, 20II ZVG, 1120ff BGB (s.o. C I 1 a cc)
    (cc) ausgenommen nach 21 ZVG:
      – land- u forstwirtschaftl Erzeugnisse, I
      – Miet- u Pachtzinsfordg, II
    (dd) ausgenommen nach 23I2 ZVG: Vfg üb bewegl Sache im Rahmen e ordnungsgemäßen Wirtschaft
  (b) gutgl Erwerb mögl, 135 II BGB, eingeschränkt aber durch 23II ZVG
  (c) bei Beitritt and Gl tritt für diese d Beschlagnahmewirkung erst mit d Beitrittszeitpunkt ein, 27 ZVG
  (d) Veräußerungsverbot u ZVersteigerungsvermerk im GBuch hindern nicht d Wirksamkeit e Veräußerung durch d Sch; Fortgang d Verfahrens in diesem Fall:
    – EigtUmschreibung im GBuch vor Wirksamkeit d Beschlagnahme: 28 ZVG
    – EigtUmschreibung nach Beschlagnahme, aber vor Eintragung d ZVersteigerungsvermerks:
      – bei persönl Titel: 28 ZVG
      – bei dingl Titel: 26 ZVG
    – EigtUmschreibung nach Eintragung d ZVersteigerungsvermerks: Fortgang d VollstrVerfahrens (Möglkten d neuen Eigt: Anmeldung seines Rechts, 9Nr2,37Nr5 ZVG; DrittwidersprKl, 771)

(2) BefriedigungsR d Gl ggüber Sch u rangniedrigeren Beteiligten (10 ZVG); AbsonderungsR im Konkurs, 13,47 KO

dd keine Aufhebung od einstw Einstellung d Verfahrens

(1) Aufhebung bei Rücknahme d Versteigerungsantrags, 29 ZVG
(2) Bewilligung d Einstellung durch d Gl, 30 ZVG
(3) einstw Einstellung auf SchAntrag, 30a ZVG
(4) Einstellung gemäß 765a
(5) Aufhebung od Einstellung wg entgegenstehender gbuchmäßiger Rechte, 28 ZVG
(6) Aufhebung od Einstellung nach 775,776

ee ordnungsgemäße Vorbereitung d Versteigerung

(1) ordnungsgemäße Terminsbestimmung, 36
  (a) notwend Inhalt d Terminsbestimmung nach 37 ZVG, insbes Nr4,5
  (b) rechtzeitige Terminsbestimmung, Bekanntmachung u Zustellung, 36II,43, 39,41
(2) ordnungsgemäßes Verfahren im Termin, 66,73,74 ZVG
  (a) ggf einstw Einstellung nach 75–77 ZVG

(b) Berücksichtigung d geringsten Gebots
- geringstes Gebot: Gebot, d alle dem bestrangig betreibenden Gl nach d Rangordnung vorgehenden Rechte sowie d Kosten d ZVersteigerung abdeckt, 44I ZVG
- dh: zu übernehmende, dem betreibenden Gl ggüber vorrangige Belastungen d Rangklassen d Nr4ff d 10 ZVG + geringstes Bargebot (Verfahrenskosten + Anspr d Rangklassen Nr1–3 d 10 ZVG sowie d 12Nr1,2, 49I ZVG)

ff Zuschlag

(1) Beschluß u Verkündung, 87,89 ZVG
(2) Meistgebot, 81
(3) keine Versagungsgründe
(a) Gründe d 83 ZVG (nach Nr6: auch alle Verfahrensmängel, d d Eröffnung od Fortsetzung d Verfahrens unzulässig machen)
(b) zu geringes Meistgebot:
- relatives Mindestgebot: 74a ZVG
- absolutes Mindestgebot: 85aI ZVG

(c) Antrag auf neuen Versteigerungstermin, 85 ZVG

RF d Zuschlags:

(1) originärer EigtErwerb kraft Hoheitsakt, 90 ZVG
(a) am Grdst
(b) an d Gegenständen, auf d sich d Versteigerung erstreckt:
(aa) alle Gegenstände, d bei Versteigerung noch wirks mit beschlagnahmt sind: 90I,II ZVG – 55I ZVG – 20I,II,21 ZVG – 1120ff BGB
- Beschlagnahme d Gegenstands durch Versteigerungsbeschluß, 20II ZVG, 1120 BGB
- keine Enthaftung bis zum Zeitpunkt d Versteigerung, 55I,23 ZVG, 1121,1122 BGB (genauer s.o. C I 1 a cc)

(bb) zu Beginn d Versteigerung im Bes d Sch od e neu eingetret Eigt befindl Zubehörstücke, deren Freigabe nicht rechtzeitig bewirkt worden ist: 90I,II ZVG – 55II ZVG – 37Nr5 ZVG

(2) d Zuschlagsbeschluß ist VollstrTitel auf Räumung u Hrsg, 93 ZVG
(3) Übergang v Nutzungen, Lasten, Gefahren, 56 ZVG
(4) Erlöschen aller Rechte am Grdst, d nicht nach d Versteigerungsbedingungen bestehen bleiben sollen, 91I ZVG, aber:
- Surrogation durch d Recht am Versteigerungserlös, 92 ZVG (mit gleichem Rang wie d erloschene Recht)
- Zulässkt d Vereinbarung d Nichterlöschens, 91II ZVG

RBehelf gg d Zuschlagsbeschluß (od seine Ablehnung): befrist RPflegererinnerung/sofort Beschwerde, 96 ZVG, 11RPflG iVm 793

- bei RPflegerentscheidung (Normalfall): zunächst RPflegererinnerung, 11INr2,II RPflG
- Besonderheiten: 97–104 (insbes: nur Beschwerdegründe d 81,83–85a ZVG; nach hM ist 570 damit ausgeschlossen)
- Entscheidung: (rückwirkende) Aufhebung od Zuschlagsbeschluß, 101 ZVG

gg Teilungsplan, 113I ZVG

(1) Feststellung d Teilungsmasse, 107 ZVG (insbes Bargebot)
(2) bestehen bleibende Rechte, 113II (zB Rechte d geringsten Gebots od nach

Vereinbarung)
(3) Schuldenmasse, 114 (Anspr d Beteiligten auf Befriedigung aus d Grdst)
(4) Verteilung d Teilungsmasse auf d Schuldenmasse
RBehelfe:
– sofort RPflegererinnerung, 11 RPflG iVm 793
– Widerspr bzgl mat–rechtl Einwendungen, ggf WidersprKl, 115 ZVG iVm 876ff

hh ZVersteigerung in bes Fällen

(keine echte ZVollstr, da kein Titel erforderl!)
(1) KonkVerw–ZVersteigerung, 172–174 ZVG
(2) Nachlaß–ZVersteigerung, 175ff ZVG
(3) Versteigerung zur Aufhebung e (Bruchteils- od Gesamthands–)Gemeinschaft an e Grdst, 180–185 ZVG
(a) Vorauss d Teilungsversteigerung
(aa) allg Verfahrensvorauss
– Antrag e Mitberecht od e Person, die das Recht eines d Mitberecht auf Aufhebung d Gemeinschaft ausüben darf (bei Untergemeinschaft e Hauptgemeinschaft: Antrag auch auf Aufhebung d Hauptgemeinschaft durch e Mitgl d Untergemeinschaft ist zulässig)
– Zuständkt: AG nach 1 ZVG
(bb) Zulässkt d Teilungsversteigerung
– Bestehen e Gemeinschaft am Grdst iSd 180 ZVG (insbes: Bruchteilsgemeinschaft iSd 741ff BGB, Erbengemeinschaft, aufgelöste GbR od OHG/KG)
– Antragsteller ist Teilhaber dieser Gemeinschaft od zur Ausübung d Rechte e Teilhabers berecht
– allg Zulässkt e Teilungsversteigerung nach mat Recht: geg zB nach 749I,753 BGB, 2042,753 BGB
(konkret entgegenstehende Rechte od Anspr (zB 752,1365,2044 BGB), d aus d GBuch nicht ersichtl sind (28 ZVG), muß d RPfleger nicht berücksichtigen u d Berecht im Wege d 771 geltend machen)
(cc) keine VollstrHindernisse
(erhebl sind hier nur Hindernisse, d sich aus d VersteigerungsR ergeben, od mat–rechtl Hindernisse, d aus d GBuch ersichtl sind (28 ZVG))
(b) einstw Einstellung nur nach 180II ZVG
(c) Durchführung nach 180I,181–185 ZVG
(57a–d ZVG gelten nicht; VersteigerungsG verteilt d Erlösüberschuß nicht, sondern hinterlegt ihn bei Nichteinigung betr d Verteilung)

d Zwangsverwaltung, 866I,869 iVm 146ff ZVG

aa Anordnung gemäß Vorschriften üb d ZVersteigerung, mit d Besonderheiten d 147ff, 146I ZVG
Unterschiede sind zB:
(1) Anordnung ist auch mögl, wenn d Sch nicht eingetrag Eigt (17 ZVG), sond nur Eigenbesitzer ist, u d Gl aus e eingetrag R vollstreckt, 147 ZVG
(2) d Beschlagnahmeumfang ist weiter, 148 ZVG:
– auch getrennte land- u forstwirtschaftl Erzeugnisse (21I ZVG) sowie Miet- u Pachtzinsfordgen (21II ZVG)
– Vfg nach 23I2 ZVG nicht mögl

(3) Bestellung e ZVerw, 150 ZVG

bb Wirksamkeit d Beschlagnahme: durch Zustellung, 146I,22I ZVG, od Inbesitznahme d Grdst durch d ZVerw, 151I ZVG

cc Rechte u Pfl d ZVerw: 152

dd Verteilung d Nutzungen: durch d Verw nach e v VollstrG aufgestellten Teilungsplan, 155ff ZVG
(RBehelfe: sofort RPflegererinnerung (11 RPflG) u Widerspr (156II4,115 ZVG))

ee Aufhebung: 161 ZVG

II Zwangsvollstreckung wegen eines Anspruchs auf Herausgabe einer Sache, 883ff

1 Vorauss d ZVollstr (s.o. B)

insbes funktionelle Zuständkt: GVollz (883,884), RPfleger d AG als VollstrG (886)

2 bewegl Sache, 883,884

a d Titel lautet auf körperl Übergabe d Sache an d Gl (od e Dr)

aa Leistungspflichten, d nach 883,884 zu vollstrecken sind:

(1) 883: Pfl zur Hrsg e individ best bewegl Sache od Hrsg e Menge best (vertretb od unvertretb) bewegl Sachen

(2) 883 entspr: bei Pfl zur Versendung, Hinterlegung od Vorlegung best Sachen

(3) 884: Pfl zur Leistung nicht individuell best vertretb Sachen (zB Gattungsschuld)

(4) Pfl zur Beschaffung od Herstellung u Hrsg/Leistung e Sache

(a) vertretb Sache: nur nach 883,884 (887,888 nicht zulässig, wg 887III; dh ggf nur SchdErs mögl, 893)

(b) unvertretb Sache, str:
– nur nach 883,884 (ggf iVm SchdErs, 893)
– 887,888 iVm 883,884 zulässig

bb Gewahrs d Sch an d Sache

cc VollstrAkt:

(1) Wegnahme durch d GVollz u Übergabe an d Gl, 883I
(Verfahren: 757–763, 13II GG; s.o. I a ff (2),(3))

(2) ggf eidesstattl Versicherung betr d Verbleib d Sache, 883II,III (Ausn: bei Gattungsschuld, 884)

b d Titel lautet auf Abgabe e WE u körperl Übergabe

(zB Übereignung, PfandRBestellung)

aa Abgabe d WE: Fiktion d 894 (s.u. IV)

bb Übergabe gilt mit ordnungsgemäßer Wegnahme durch d GVollz als erfolgt, 897,883,884 (bedeutsam für Gefahrübergang, zB 446 BGB)

cc gutgl Erwerb (zB 932ff BGB) mögl, 898 (dabei ist für Gutglkt d Wissen d Gl entscheidend; 166 BGB gilt nicht, da d GVollz kein Vertreter d Gl ist)

3 Grdst, 885 (insbes: Räumung e Wohnung)

a d Titel lautet auf Räumung u/od Hrsg od BesÜberlassung e unbewegl Sache

b Gewahrs d Sch; bei Wohnungsräumung wirkt e Titel gg d Sch
– auch ggüber FamAngehörigen ohne eig RStellung (Ehefrau, d d Mietvertrag nicht als

Mitmieterin unterschrieben hat/sonst FamAngehörige), d gesetzl d Wohnsitz d Sch teilen, sowie Hausangestellte
– nicht ggüber d Untermieter

c VollstrAkt

aa d GVollz setzt d Sch aus d Bes (zB Entfernung aus d Wohnung, notfalls mit Gewalt, 758II,III) u weist d Gl in ihn ein

bb Wegschaffen bewegl Sachen gemäß 885II–IV

4 bewegl Sache od Grdst im Gewahrs e Dritten

a Dr ist hrsgbereit: Vollstr nach 883–885

b Dr ist nicht hrsgbereit: Pfändg u Überweisung d HrsgAnspr d Sch gg d Dr, 886,829,835 (danach ggf: Kl d Gl gg d Dr auf Hrsg, dann Vollstr nach 883–885; bei RKrafterstreckung nach 325: Titelumschreibung nach 727 u Vollstr nach 883–885)

III Zwangsvollstreckung wegen eines Anspruchs, der auf Vornahme, Duldung oder Unterlassung einer Handlung gerichtet ist, 887ff

1 Anspr auf Vornahme e Handlg

a Vorauss d ZVollstr (s.o. B), insbes:

aa Antrag, d
(1) d vorzunehmende Handlg genau bezeichnet
(2) u schlüssig d Nichterfüllung d HandlgsPfl durch d Sch trotz obj Möglkt behauptet

bb funktionelle Zuständkt: ProzeßG 1. Instanz (887,888)

cc ggf Anwaltszwang

b d Titel lautet auf Vornahme e vertretb Handlg, 887

aa vertretb Handlg
(1) Handlg, d nicht unter d 803ff,883ff,894 fällt
(2) vertretb: Handlg, d v e Dr anstelle d Sch vorgenommen werden kann (v Standpunkt d Gl ist es wirtschaftl gleichgültig, wer d Handlg vornimmt; v Standpunkt d Sch ist es rechtl zulässig, daß sie e and vornimmt)

bb Nichtvornahme d Handlg durch d Sch trotz Möglkt

cc Verfahren u Entscheidung
(1) Verfahren:
– zwingend rechtl Gehör für d Sch, 891
– zulässige Einwendungen d Sch: nur verfahrensrechtliche (mat–rechtl Einwendungen gg d im Titel verkörperten Anspr sind nach 767 geltend zu machen)
(2) Beschluß üb Ermächtigung d Gl zur Ersatzvornahme auf Kosten d Sch; zB *"D Gl wird ermächtigt, d Nachbesserung d im Urteil d ... v ... bezeichneten Mängel auf Kosten d Sch vornehmen zu lassen"* (Kosten: 91ff)
RBehelf: sofort Beschwerde, 793

c d Titel lautet auf Vornahme e unvertretb Handlg, 888

aa unvertretb Handlg, 888I1
Handlg, d rechtl nicht v e Dr vorgenommen werden kann od deren Vornahme durch e Dr nicht zu d nach d Titel geschuld Erfolg führen würde (zB wissenschaftl od

künstler Leistung)

bb ausschließl v Willen d Sch abhängig, 888I1 (ausgeschlossen zB bei: Fehlen d erforderl Geldmittel beim Sch/ Erforderlichkeit bes Fähigkeiten beim Sch/Erforderlichkeit d Mitwirkung e Dr, d v Sch nicht zu bewirken ist)

cc Nichtvornahme d Handlg durch d Sch trotz Möglkt

dd kein ges Ausschluß d Vollstr nach 888I

(1) 888II:

– Verurteilung zur Eingehung e Ehe od zur Herstellung d ehel Lebens (1353 BGB, 606I1)

– Verurteilung zur Leistung v (unvertretb) Diensten aus e Dienstvertrag (als Dienstvertrag iSd 888II gelten auch: Geschäftsbesorgungsvertrag (675 BGB) u Auftrag (662 BGB))

(2) 888a: amtsgerichtl Urteil nach 510b üb Vornahme e Handlg u ggf Entschädigungsleistung

ee Verfahren u Entscheidung

(1) Verfahren wie bei 887

(2) Beschluß üb Zwangsgeld u Zwangshaft; Tenorierung zB:

"Gg d Sch wird e Zwangsgeld iHv ... DM u, falls dieses nicht beigetrieben kann, Zwangshaft v ... Tagen festgesetzt, damit er gemäß Urteil d ... v ... (zB:) Auskunft erteile" (Kosten: 91ff)

(Titel nach 794INr3; Vollstr: Zwangsgeld durch d GVollz nach 808ff; Zwangshaft auf Antrag d Gl nach 888I3,908)

RBehelf: sofort Beschwerde, 793

2 Anspr auf Duldung od Unterlassung e Handlg, 890

a Vorauss d ZVollstr (s.o. B), insbes:

aa Antrag (d aber nicht auf e best Sanktion u Sanktionshöhe gerichtet sein muß)

bb Zuständkt: ProzeßG 1. Instanz

cc RSchBed

– wird allein durch Vereinbarung e Vertragsstrafe nicht ausgeschlossen, hM (str bei vorheriger Geltendmachung d Vertragsstrafe durch d Kläger)

– maßgebl Zeitpunkt str:

– Entscheidung nach 890, ggf Beschwerdeentscheidung

– od bei Zuwiderhandlg (hM, wg strafähnl Charakters d Sanktion)

dd Titel

– vollstrb zumind im Zeitpunkt d Zuwiderhandlg

– bei späterem rückwirkendem Wegfall d Vollstrbkt kann trotzdem e Beschluß nach 890 ergehen, hM

b Androhung d Ordnungsmittels, 890II

– kann schon im Titel (Urteil, einstw Vfg; nicht: Prozeßvergleich, hM) ausgesprochen sein

– sonst: durch Beschluß

(Tenor zB: *"D Bekl wird für jd Fall d Zuwiderhandlg gg d im gerichtl Vergleich v ... vereinbarte Unterlassungspfl Ordnungsgeld bis ... DM u, falls dieses nicht beigetrieben werden kann, Ordnungshaft bis ... angedroht"*

c Zuwiderhandlg gg d titulierte Duldungs- od Unterlassungspfl (nach Androhung)

d Verschulden d Sch (hM, wg strafähnl Charakters d Ordnungsmittel nach 890)

e Verfahren u Entscheidung

aa zwingend rechtl Gehör für d Sch, 891

bb Entscheidung durch Beschluß

"Gg d Sch wird e Ordnungsgeld iHv ... DM u, falls dieses nicht beigetrieben werden kann, Ordnungshaft v ... Tagen verhängt" (Kosten: 91ff)

RBehelf: sofort Beschwerde, 793

IV Zwangsvollstreckung wegen eines Anspruchs auf Abgabe einer Willenserklärung, 894

1 d Titel lautet (ausschließl od ua) auf Abgabe e WE
  a WE iSd 894
    - rg WE od Prozeßhandlgen mit verfahrensgestalt Wirkung
    - nicht geg bei e WE mitumfassender Handlg (zB wenn erst e Skripturakt d Verpflichtung mit begründet; hier Vollstr nach 888)
  b Titel ist rkraftfähig (insbes: Urteil; nicht geg zB bei Prozeßvergleich)
2 Vorauss d Fiktionswirkungen d 894I1
  a Eintritt d RKraft d Titels, 894I1
  b ist d Abgabe d WE v e Gegenleistung abhängig: Erteilung e vollstrb Ausfertigung, 894I2,726,730
  c vorläuf Vollstrbkt d Urteils, d zur Abgabe e WE verurteilt, die Grdl e GBucheintragung sein soll, 895

Arbeitsgerichtliches Verfahren

Besonderheiten gegenüber dem Zivilverfahren

A Urteilsverfahren

I Regelungsstruktur: 46II,64VI,72V ArbGG

II Zuständigkeit

1 sachliche Zuständkt
  a ausschließl Zuständkt: 2I,II,3,4 iVm 101ff ArbGG
  b erweiterte Zuständkt im Urteilsverfahren bei rechtl od unmittelb wirtschaftl Zusammenhang, 2III ArbGG
  c Zuständkt durch Vereinbarung od rügeloses Verhandeln bei Organvertretern jur Personen d PrivatR (5I3 ArbGG; auch OHG/KG, nrf Verein), 2IV ArbGG, 39 ZPO
  d außer in d genannten Fällen keine Zuständkt durch Vereinbarg od rügeloses Verhandeln
  e Verweisung, 48 ArbGG, 17a GVG
2 funktionelle Zuständkt; insbes instanziell: 8 ArbGG
3 örtliche Zuständkt
  a Grds: 46II1 ArbGG iVm 12ff ZPO
  b nicht ausschließl bes GStände, insbes:
    aa Erfüllungsort, 29 ZPO
    bb unerl Handlg, 32 ZPO
  c allg GStand
    aa natürl Person, 12ff ZPO
    bb jur Person, 17,18,21 ZPO
    cc nrf, aber parteifähiges Subjekt (OHG/KG, Gewerkschaft, ArbGVereinigung, ZusSchluß solcher Verbände (10 ArbGG)): ebenfalls 17 ZPO
  d vereinbarter GStand
    aa GStandsvereinbarung durch Tarifvertragsparteien, 48II ArbGG
    bb 46II1 ArbGG, 495,38,40 ZPO
  e rügeloses Verhandeln zur Hauptsache nach Belehrung, 39,504 ZPO, 54II3 ArbGG

III Parteifähigkeit

1 46II1 ArbGG, 50 ZPO
2 gemäß 10 ArbGG erweitert auf
  a Gewerksch u deren selbständ tariffähige Bezirks- u Ortsverbände
  b ArbGVereinigung
  c ZusSchluß v Gewerksch od ArbGVereinigungen

IV Postulationsfähigkeit und Prozeßvertretung

1 Anwaltszwang nur vor LAG u BAG, 11II ArbGG
2 ansonsten:

a 11I1,46II1 ArbGG, 78ff ZPO
b gewillkürte Prozeßvertretung: erweitert auf Verbandsvertreter, 11I2,3 ArbGG

V Beiordnung eines Rechtsanwalts und Prozeßkostenhilfe

1 Beiordnung: 11a ArbGG, 114ff ZPO entspr
2 PKH: 11aIII ArbGG iVm 114ff ZPO

VI Darlegungs- und Beweislast

1 **Grds**: nach ausdrückl ges Regelung (zB 1II4,1III3 KSchG) od entspr d allg Regeln im Zivilprozeß
2 **Besonderheit: abgestufte Darlegungs- u BewLast**
a grds muß d beweisbelast Partei d ihr oblieg Tats substantiiert vortragen, d Gegenpartei daraufhin substantiiert bestreiten
b mit welchem Grad an Substantiierung vorzutragen od zu bestreiten ist, kann im einzelnen aber abhängen
aa v d Grad an Substantiierung, mit dem sich d Gegenpartei eingelassen hat: d erforderl Substantiierung d beweisbelasteten steigt entspr d tats Substantiierung d Gegenpartei
bb v d tats Kenntnissen e Partei: mit d tats Kenntnissen steigen d Anforderungen an d Substantiierung d Vorbringens
cc v d Kenntnismöglkten e Partei (Prinzip d Sachnähe): je sachnäher e Partei, desto höher d Anforderungen an d Substantiierung ihres Vorbringens
c d Umfang d BewLast hängt entspr v d erreichten Stufe d Darlegungslast ab
(zur Ausprägung dieser Grds im einzelnen s.u.)
3 **insbes: Darlegungs- u BewLast im KündiggsProzeß**
a ord Kündigg e unbefrist ArbV
aa ArbN
(1) im KündiggsSchutzprozeß (4 KSchG) für d Ausspruch d Kündigg durch d ArbG
(2) im Feststellungsprozeß (256 ZPO) für d Tats, daß d ArbG d Fortbestand d ArbV leugnet
bb ArbG für wirks u fristgerechte Erklärung d Kündigg
(aber: für bes vereinbarte KündiggsFristen derjenige, d sich auf sie beruft)
cc ArbN für der Kündigg entgegenstehende rechtshindernde Einreden:
– vertragl Ausschluß d Kündigg
– Mutterschutz, 9ff MuSchG
– Schwerbehindertenschutz, 14ff SchwerbehG
dd soziale Rechtfertigung d Kündigg
(1) ArbN für Anwendbarkeit d KSchG:
– persönl Vorauss (Erfüllung d Wartezeit; dagegen: ArbG für Unterbrechungen d Wartezeit)
– betriebl Geltungsbereich
(2) Gründe d sozialen Rechtfertigung d Kündigg: 1II4 KSchG
(a) Krankheit
(aa) langanhalt Krankheit
– abgestufte Darlegungslast:
– ArbN: pauschales Bestreiten in d KlSchrift ist ausreich
– ArbG:
– tats Angaben üb d Krankheit (an die, soweit nähere Einzelheiten nicht bekannt sind, strenge Anforderungen d Substantiierung

nicht zu stellen sind)
- tats Angaben zur Ungewißheit d Wiederherstellung d ArbKraft (Substantiierung w.o.)
- substantiierte Darlegung unzumutb betriebl Beeinträchtigungen durch Überbrückungsmaßnahmen (Prinzip d Sachnähe)
- ArbN: Behauptung d Wiederherstellung d ArbKraft u Entbindung d behand Ärzte v d Schweigepfl ist ausreich (str; aA: Substantiierung erforderl, d soweit zu gehen hat, wie es d ArbN nach Auskunft seiner Ärzte mögl ist)
- BewLast: ArbG für
  - Vorliegen e langanhalt Krankheit
  - Ungewißheit üb d Zeitpunkt d Wiederherstellung d ArbKraft (kein Anscheinsbeweis mögl)
  - Vorliegen unzumutb betriebl Beeinträchtigungen

(bb) häufige Kurzerkrankungen
- abgestufte Darlegungslast:
  - ArbG:
    - Dauer u Häufigkeit krankheitsbedingter Ausfallzeiten
    - Wiederholungsgefahr (pauschal ausreich, soweit keine nähere Kenntnis besteht)
    - unzumutb betriebl Beeinträchtigungen (substantiiert entspr d Prinzip d Sachnähe)
  - ArbN: Tats, aus denen sich d Nichtvorhandensein d Wiederholungsgefahr ergibt (substantiiert; pauschale Behauptung u Entbindung d Ärzte v d Schweigepfl nicht ausreich, str)
- BewLast: ArbG für
  - Dauer u Häufigkeit d Erkrankungen
  - Wiederholungsgefahr
  - unzumutb betriebl Beeinträchtigungen

(cc) krankheitsbedingte Minderung d Leistungsfähigkeit:
- Darlegungslast
  - ArbG: Vorliegen d Leistungsminderung, Unmöglkt bzw Unzumutbarkeit d Weiterbeschäftigung
  - ArbN: Darlegung e Weiterbeschäftigungsmöglkt
- BewLast: ArbG

(b) Verhalten d ArbN
- ArbG für:
  - schuldhafte Verletzung arbvertragl Pflichten
  - Unzumutbarkeit weiterer Beschäftigung (so konkret wie mögl)
  - Abmahnung (abgestuft: zunächst Darlegung e Abmahnung wg best Leistungsmängel ausreich; bei Bestreiten: Darlegung u Bew aller Tats im einzelnen erforderl, aus denen sich d ordnungsgemäße Abmahnung ergibt)
- ArbN für Rechtfertigungs- od Entschuldigungsgründe
- ArbG für diese ausschließ Tats

(c) betriebsbedingte Gründe

(aa) abgestufte Darlegungslast:
- ArbN: pauschales Bestreiten in d KlSchrift ist ausreich
- ArbG:
  - betriebl Erfordernisse (betriebl u/od externe Gründe, samt deren

Auswirkungen auf d konkret betroff ArbPlätze), so konkret wie mögl u für e sachgemäße Entscheidung d G erforderl
- Dringlichkeit betriebsbedingter Entlassung (Unmöglkt od Unzumutbarkeit anderweit, Entlassung vermeidender Maßnahmen), pauschal ausreich
- ArbN: Behauptung, daß d Entlassung durch best zu benennende Maßnahmen vermeidb gewesen wäre
- ArbG: substantiierte Darlegung d Unmöglkt od Unzumutbarkeit e solchen Maßnahme

(bb) BewLast: ArbG für
- betriebl Erfordernisse
- Dringlichkeit betriebsbedingter Entlassung

(3) Beachtung d Vorschriften d 1II2,3 KSchG, 1II4
insbes Unmöglkt anderweit Weiterbeschäftigung:
- abgestufte Darlegungslast:
  - ArbG: zunächst ist pauschale Behauptung d Unmöglkt od Unzumutbarkeit anderweit Beschäftigung ausreich
  - ArbN: Art d Tätigkeit, in der e weitere Beschäftigung mögl wäre
  - ArbG: substantiierte Darlegung d Unmöglkt d Beschäftigung an derart ArbPlätzen im Zeitpunkt d Kündigg im gleichen od and Betr (wenn hingegen d ArbN ledigl d Wegfall d ArbPlatzes bestreitet, ist es ausreich, wenn d ArbG d wirtschaftl, techn od organisator Gründe darlegt, aus denen kein Bedürfnis für e Weiterbeschäftigung besteht)
- BewLast: ArbG

(4) soziale Auswahl, 1III3
- abgestufte Darlegungslast:
  - ArbN: Bestreiten richtiger sozialer Auswahl u Aufforderung d Mitteilung d Gründe (zunächst ausreich, soweit keine genauere Kenntnis üb d tats Grdl richtiger sozialer Auswahl besteht)
  - ArbG: Gründe d sozialen Auswahl (so konkret wie mögl u für e sachgerechte Entscheidung durch d G erforderl) bzw Gründe der d sozialen Auswahl entgegenstehenden betriebl Interessen nach 1III2
  - ArbN: substantiierte Darlegung d Fehler bei d sozialen Auswahl
- BewLast:
  - ArbG für d Gründe d sozialen Auswahl entspr d Mitteilungspfl in 1III1Hs2 (hM) sowie Gründe der d sozialen Auswahl entgegenstehenden betriebl Interessen nach 1III2 (1II4)
  - ArbN für Fehler bei d sozialen Auswahl, 1III3

b ao Kündigg

aa ArbN
- im KündiggsSchutzprozeß (13,4 KSchG) für d Ausspruch e ao Kündigg durch d ArbG
- im Feststellungsprozeß (256 ZPO) für d Tats, daß d ArbG d Fortbestand d ArbV leugnet (dies ist d günstigere KlForm bei Bestreiten d Kündigg durch d ArbG; dann liegt d Darlegungs- u BewLast für v ihm eingewandte Auflösungsgründe (Eigenkünd d ArbN/Aufhebungsvertrag) beim ArbG)

bb wichtiger Grund, Unzumutbarkeit d Weiterbeschäftigung u Wahrung d Ausschlußfrist: Kündigender

cc Entschuldigungs- od Rechtfertigungsgründe: Gegenpartei

dd diese ausschließ Gründe: Kündigender

VII Urteil

1 Besonderheiten bei d Tenorierung
- a Entscheidung in d Hauptsache
- b bei Kl auf Vornahme e Handlg (nach hM auch bei Verurteilung zur ArbLeistung bzw Weiterbeschäftigung) auf Antrag zugleich Festsetzung e Entschädigung für d Fall d Nichtvornahme, 61II1 ArbGG
- c Kostenentscheidung, 91ff ZPO
- d vorläuf Vollstrbkt:
  - aa kein Ausspruch erforderl, 62I1 ArbGG
  - bb auf Antrag d Bekl Ausschluß d vorläuf Vollstrbkt gemäß 62I2 ArbGG
- b Zulassung d Berufung gemäß 64II,III ArbGG
- f Streitwertfestsetzung, 61I ArbGG
  - Bedeutung: mittelb f d Berufungsfähigkeit, hRspr (ausreich ist auch e Festsetzung nur in d Entscheidungsgründen)
  - erforderl nur bei grds Statthaftigkeit e Berufung, dh im Schlußurteil, Teilurteil, Vorbehaltsurteil, Prozeßurteil (nicht dagegen im Zwischengrundurteil sowie Zwischenurteil ggüber Dr)
  - Gegenstand u maßgebl Zeitpunkt: Streitgegenstand d letzten mdl Vhdlg

  Bemessung erfolgt nach
  - aa 12VII ArbGG (iVm 3 ZPO)
    - (1) RStreit üb Bestehen, Nichtbestehen od Kündigg e ArbV: max 3–monat ArbEntgelt
      - str:
        - 3 Monatsverdienste als Regelstreitwert, hM
        - BAG: bei Bestand d ArbV bis zu 6 Monaten: 1 Monatsverdienst; von 6–12 Monaten: 2; bei mehr als 12 Monaten: 3 Monatsverdienste
      - d Streitwert wird nicht erhöht bei
        - Kl gg zugleich ausgesproch ord u ao Kündigg
        - Leistungskl neben d Feststellungskl, soweit d geford Leistung sich auf keinen längeren Zeitraum als d 3 Monate bezieht (ansonsten ist d überschießende Teil d Werts d Leistungskl zu berücksichtigen), str
      - d Streitwert erhöht sich hingegen entspr bei gleichzeit Kl auf Weiterbeschäftigung (str)
    - (2) RStreit um wiederkehrende Leistungen od Eingruppierung: Wert d 3–jährigen Bezugs bzw Unterschiedsbetrags
  - bb 1III,12ff GKG
  - cc 3ff ZPO

2 Rechtsmittelbelehrung, 9V ArbGG
- notwend Inhalt: RMittel, AdressatG mit vollständ Anschrift, Form u Frist, Vertretungszwang
- ist Bestandteil d Entscheidung, dh steht vor d Unterschriften

VIII Versäumnisverfahren

1 Grds: 46II1 ArbGG, 330ff ZPO

2 Besonderheiten
- a Säumnis bezieht sich auch auf d Gütevhdlg (54IV,V ArbGG)
- b Einspr mit Notfrist v 1 Woche (bei ordnungsgemäßer Belehrung gemäß 59S3), schriftl od zu Protokoll d GStelle, 59 ArbGG

c Berufung gg 2. VU nur bei Zulassung, 64II

IX Zurückweisung verspäteten Vorbringens

1 Zurückweisung nach prozeßleit Vfg
a bei Vfg nach 56I2Nr1 ArbGG: 56II ArbGG (entspricht d Zurückweisung nach 296I ZPO)
b bei Vfg nach 61aIII,IV ArbGG: 61aV ArbGG (Vorauss entsprechen 296I ZPO)
2 Zurückweisung gemäß 46II1 ArbGG, 296II,III ZPO
(Zurückweisung nach ausnahmsw Anorderung schriftsätzl Äußerung vor d Gütetermin an d Bekl (47II ArbGG, 129II ZPO), gemäß 296II ZPO? Regelmäßig tritt keine Verzögerung ein, da d Gütetermin noch keine streit Vhdlg ist u erst aufgrd e streit Termins entschieden werden kann)

X Mahnverfahren

Regelungsstruktur:
1 46aII–VII ArbGG
2 46aI ArbGG, 688ff ZPO

XI Arrest und einstweilige Verfügung: 62II ArbGG, 916ff ZPO

XII Insbesondere: Kündigungsschutzklage

1 KündiggsSchutzkl gemäß 4,13 KSchG

a Abgrenzung zu and RBehelfen

aa Verhältnis zur Feststellungskl nach 256 ZPO
(1) d KündiggsSchutzkl nach 4 KSchG ist Feststellungskl; sie setzt Anwendbarkeit d KSchG voraus (1I,23I KSchG)
(2) d Sozialwidrigkeit e Kündigg kann nur mit KündiggsSchutzkl geltend gemacht werden, nicht mit Feststellungskl nach 256 ZPO
– Streitgegenstand d KündiggsSchutzkl ist, ob d ArbV durch d angegriff best Kündigg zu dem mit dieser bestimmten Termin aufgelöst worden ist (punktueller Streitgegenstand, hM; aM: Bestand d ArbV im Zeitpunkt d letzten mdl Vhdlg)
– Streitgegenstand d Feststellungskl nach 256 ZPO dagegen ist d Fortbestehen d ArbV im Zeitpunkt d letzten mdl Vhdlg
– Feststellungskl kommt statt od (iFd KlHäufung) neben d KündiggsSchutzkl in Betracht bei
– Streit, ob überhaupt e ArbV bestand
– anderen AuflösungsTb als Kündigg (Anfechtung, Aufhebungsvertrag)
– and KlGründen als Sozialwidrigkeit (13III KSchG), zB Mängel d Form od d Zugangs, Verstoß gg e ges Verbot, GR–Verletzung, fehlende Anhörung d BetrR
(3) wird bei Streit um (zumind auch) e Kündigg Feststellungsantrag gemäß 256 ZPO gestellt, ist ggf aber auszulegen; mit d Antrag auf Feststellung, daß d ArbV weiterbestehe, kann zB gemeint sein:
– Angriff gg e Kündigg mittels KündiggsSchutzkl nach 4 KSchG (deren Antrag

ist im Feststellungsantrag nach 256 ZPO enthalten)
- Angriff gg mehrere Kündigungen (Auslegung: mehrere KündiggsSchutzkl in obj KlHäufung)
- Angriff gg e Kündigg u and AuflösungsTb (Auslegung: KündiggsSchutzkl u Feststellungskl in obj KlHäufung)

bb Abgrenzung zur Leistungsklage
- Kl auf Lohnzahlung für nach Ablauf e KündiggsFrist liegende Zeiträume reicht nicht aus, um KündiggsSchutz zu gewährleisten, da sich d RKraft e solchen Urteils nicht auf d Feststellung d Bestands d ArbV erstreckt (aber: entspr 6 KSchG kann bei Erhebung e Lohnzahlungskl innerhalb d 3–Wochen–Frist bis zur letzten mdl Vhdlg 1. Instanz zusätzl d Feststellungsantrag nach 4 KSchG gestellt werden)
- Erhebung d KündiggsSchutzkl bewirkt keine Unterbrechung d Verjährung für einz aus d ArbV resultierende Leistungsanspr (209 BGB)

b Zulässkt bei Vorliegen d Prozeßvorauss

(Prüfung nach d allg Regeln d Zivilprozesses)
insbes:

aa Einreichung bei e G (zuständ ArbGt, and ArbGt od ord G, wg 48I ArbGG)

bb best KlAntrag
- *"... beantragt, festzustellen, daß d zwischen d Parteien bestehende ArbV durch d Kündigg v ...– zugegangen am ... – nicht aufgelöst worden ist"*
- bei gleichzeitiger Geltendmachung e Weiterbeschäftigungsanspr:
  "... d Bekl zu verurteilen, d Kläger über d Ablauf d KündiggsFrist hinaus zu unveränderten ArbBedingungen weiter zu beschäftigen"

cc best Angabe d KlGrundes
ausreich ist: Darlegung d Beschäftigung, d Kündigg sowie (nicht näher zu begründende) Behauptung d Sozialwidrigkeit d Kündigg (Grund: Darlegungs- u BewLast für d soziale Rechtfertigung liegt beim ArbG)

dd keine strengen Anforderungen an d Form d KündiggsSchutzkl (ausreich: Angabe d ArbG, KündiggsDatum, Hinweis auf Ungerechtigkeit; Grund: Schutzzweck d KSchG)

ee nicht erforderl ist e bes Feststellungsinteresse (Feststellungsinteresse ist schon wg 7 KSchG geg)

c Begründetheit

(Prüfung nach d allg Regeln d Zivilprozesses)

aa Vorauss
- (1) allg: s. Bd II
- (2) insbes:
  - (a) rechtzeitige KlErhebung
    - (aa) innerhalb von 3 Wochen nach Zugang d Kündigg, 4S1,4 KSchG
      - Zugang: nach d allg Regeln d BGB
      - Frist: 187ff BGB
      - Erhebung d KündiggsSchutzkl wg Sozialwidrigkeit innerhalb d Frist
        - grds Zustellungszeitpunkt maßgebl, 253I ZPO
        - Fristwahrung aber auch bei Einreichung u demnächstiger Zustellung, 46II1 ArbGG, 495,270III ZPO
    - (bb) Ausn gemäß 5,6 KSchG
  - (b) soziale Rechtfertigung d ord Kündigg bzw wicht Grund bei ao Kündigg

bb Nachschieben v (zunächst nicht angegebenen) KündiggsGründen im Prozeß ist
- grds zulässig, wenn d Grund bei KündiggsErklärung schon obj vorgelegen hat
- bei Pfl zur Anhörung d BetrR (102 BetrVG) zulässig, wenn d Gründe dem ArbG erst nachträgl bekanntgeworden sind u d BetrR erneut angehört worden ist

cc Präklusion v KündiggsGründen nach vorausgegang KündiggsSchutzkl liegt vor bei:
- rkräft Zurückweisung d dabei vorgebrachten KündiggsGründe
- obj Entstehen nicht vorgebrachter KündiggsGründe vor d Zeitpunkt d zurückgewiesenen Kündigg (Zeitpunkt subj Kenntnis ist unmaßgebl)

dd Darlegungs- u BewLast: s.o. VI 2,3

d Urteil

(s.o. VII; insbes:)

aa Tenor

(1) Hauptsache

(a) KlAbweisung

(b) Feststellung, *"daß d zw d Parteien bestehende ArbV durch d Kündigg d ... v ... nicht aufgelöst worden ist"*

(2) Streitwertfestsetzung (61I,12VII ArbGG)
- Kündigg od Bestehen d ArbV: 12VII
  Berechnungsgrdl bei Arbeiter: BruttoStdLohn * (WochenstdZahl*52/12)
- Weiterbeschäftigungsanspr: Regelstreitwert (6000 DM) od e weiteres Monatsentgelt
- bei positiver Feststellungskl idR Abschlag v 20 % (3 ZPO)

bb Tatbestand

entspr d gestuften Darlegungs- u BewLastverteilung bes Schwerpunktsetzungen im streit SV:
- unstreit SV (mind: Bestehen e ArbV, Kündigg mit Datum, Vorauss d Anwendbarkeit d KSchG, KlErhebungs- bzw -einreichungsdatum)
- streit KlVorbringen:
  - ausreich ist im Regelfall, anzugeben, daß d Kläger d RAuffassung mangelnder sozialer Rechtfertigung u/od Auswahl hat
  - wenn einer d oben zum unstreitigen SV genannten Punkte streitig ist u d Kl für ihn d BewLast trägt, ist d entspr Vorbringen hier darzustellen
- Anträge
- streit BeklVorbringen: streit KündiggsGründe
- Replik: substantiierte TatsBehauptungen d Klägers zu d KündiggsGründen

2 KündiggsSchutzklage nach 256 ZPO

a Zulässkt

aa soweit wg Unanwendbarkeit kein KündiggsSchutz nach d KSchG besteht

bb bei Kl, d auf and Gründe als Sozialwidrigkeit (zB Form- od Zugangsmängel, Gesetzesverstoß, fehlende Anhörung d BetrR) gestützt werden, 13III KSchG, od bei Sittenwidrigkeit, 13II1 KSchG

cc unter d Vorauss d 256 ZPO (bei 13II1 KSchG mit d zusätzl Rechten gemäß 13II2 KSchG)

dd Feststellungsantrag gemäß 256 ZPO
- *"..., daß d zw d Parteien bestehende ArbV üb d ... hinaus weiter fortbesteht"*
- muß aber, wenn (auch) e Kündigg in Streit ist, ausgelegt werden, s.o. 1 a aa

b Begründetheit

XIII Rechtsmittel

1 Berufung

a Zulässkt
  aa Statthaftigkeit, 64 ArbGG
    (1) berufungsfähig sind Urteile grds wie im Zivilprozeß, 64 I ArbGG
    (2) bei vermögensrechtl Streitigkeiten muß vorliegen:
      (b) Zulassung d Berufung im Urteil d ArbGt, 64IIAlt1 ArbGG
      (a) od d Wert d Beschwerdegegenstandes übersteigt 800 DM, 64IIAlt2 ArbGG
    (3) Urteil d ArbGt in e nichtvermögensrechtl Streitigkeit, 64I ArbGG
  bb Beschwer d Berufungsführers
  cc Zuständkt: LAG, 8II ArbGG
  dd ProzeßhandlgsVorauss, insbes: Postulationsfähigkeit, 11II ArbGG
  ee ordnungsgemäße Einlegung, 518 ZPO
  ff Fristwahrung bzgl d Einlegung, 66I1 ArbGG
  gg Berufungsbegründung, 519 ZPO
  hh Fristwahrung bzgl d Berufungsbegründung, 66I1 ArbGG
  ii kein wirks RMittelverzicht, 514 ZPO
  jj Zulässkt d Anschlußberufung, 521 ZPO
b Begründetheit (Präklusion gemäß 67 ArbGG iVm 528,523 ZPO)
c Entscheidung
  aa bei Unzulässkt: durch Beschluß od Urteil, 64VI ArbGG, 519bII ZPO
  bb sonst: durch Urteil, 69 ArbGG
d RBehelf: Revision

2 Revision

a Zulässkt
  aa Statthaftigkeit
    (1) gg Endurteile d LAG bei Zulassung (72II ArbGG), durch Urteil d LAG od durch Beschluß d BAG auf Nichtzulassungsbeschwerde, 72I ArbGG
    (2) Sprungrevision gemäß 76I1 ArbGG
  bb Beschwer d Revisionsführers
  cc Geltendmachung e RVerletzung, 73I ArbGG
  dd Zuständkt: BAG, 8III ArbGG
  ee ProzeßhandlgsVorauss, insbes: Postulationsfähigkeit, 11II ArbGG
  ff ordnungsgemäße Einlegung, 553 ZPO
  gg Fristwahrung bzgl d Einlegung, 74I ArbGG
  hh Revisionsbegründung, 554 ZPO
  ii Fristwahrung bzgl d Revisionsbegründung, 74I ArbGG
  jj kein wirks RMittelverzicht, 514 ZPO
  kk Zulässkt d Anschlußrevision, 556 ZPO
b Begründetheit, 73 ArbGG
  aa Verletzung e RNorm (mit d Einschränkung d 73II ArbGG)
  bb d angegriff Urteil beruht auf d Verletzung
c Entscheidung
  aa bei Unzulässkt: durch Beschluß od Urteil, 72V ArbGG, 554a ZPO
  bb sonst: durch Urteil, 75 ArbGG

3 Beschwerde, 78I ArbGG, 567ff ZPO

B Beschlußverfahren

I Regelungsstruktur

1 1–13,80–100 ArbGG
2 Vorschriften d Urteilsverfahrens vor d ArbG lt 80II ArbGG
3 Vorschriften d Verfahrens vor d AG, 80II,46II1 ArbGG, 495ff ZPO
4 Vorschriften d Verfahrens vor d LG, 80II,46II1 ArbGG, 495I,253ff ZPO

II Besonderheiten des erstinstanzlichen Beschlußverfahrens

1 Zulässkt u Begründetheit
- a Zuständkt
  - aa sachl: 2a ArbGG
  - bb örtl: 82 ArbGG
- b Antrag, 81I ArbGG, 253I,II ZPO entspr
- c Beteiligtenfähigkeit
  - aa Beteiligter: wer durch d zu treffende Entscheidung mat unmittelb in seinen betrverfassungsrechtl Rechten od rechtl geschützten Interessen betroffen wird od werden kann (83III ArbGG)
    - – ArbG
    - – ArbN: idR d BetrR; einz ArbN nur, wenn seine Belange unmittelb berührt werden (zB bei Einstellg, Versetzg, Eingruppierg, Kündigg, MitgliedschR in BetrOrgan)
    - – am Verfahren gemäß BetrVerfG, MitbestG, BetrVerfG 1952 u entspr VO beteiligte Stellen
  - bb Beteiligtenfähigkeit, entspr 10 ArbGG, 50 ZPO
- d Antragsbefugnis: Geltendmachung eig Rechte
- e sonst Zulässktsvorauss (Prozeßfähigkeit, Prozeßvertretung, RSchBed)
- f mat–rechtl Begründetheit d Antrags

2 Entscheidung durch Beschluß, 84 ArbGG
- a Hauptsache
- b keine Kostenentscheidung (12V ArbGG)
  "Diese Entscheidung ergeht kosten- u gebührenfrei"
- c vorläuf Vollstrbkt
  - – grds kein Ausspruch, 85I2Hs1 ArbGG
  - – auf Antrag Ausschluß d vorläuf Vollstrbkt, 85I2Hs2,62I2 ArbGG
- d Streitwertfestsetzung auf Antrag in gesondertem Beschluß (wg d Anwaltsgebühren)

3 Antragsänderung, 81III ArbGG

4 besondere Formen d Beendigung
- a Antragsrücknahme: 81II ArbGG
- b Vergleich: 83aI ArbGG
- c Erledigungserklärung: 83aII,III ArbGG

III Rechtsmittel

1 Beschwerde, 87ff ArbGG
2 Rechtsbeschwerde, 92ff ArbGG

Strafprozeßrecht

[[1]] Rechtliche Prüfung und Entscheidung im erstinstanzlichen Verfahren

A Ermittlungsverfahren

158ff, 1–114 RiStBV (im Jugendstrafverfahren: 43ff,109 JGG)
Vorbemerkung: d Aufbau d folg Abschnitte u Prüfungen orientiert sich am regelmäßigen Ablauf e sta Ermittlungsverfahrens

I Anlaß zum Einschreiten und Pflicht zur Erforschung des Sachverhalts

bei Kenntnis v Verdacht e Straftat, 160I

1 Anlaß zur Prüfung, ob e Ermittlungsverfahren einzuleiten ist, stellt dar:
  - a Anzeige e Straftat (Mitteilung e SV, d nach Meinung d Anzeigeerstatters Anlaß zur Strafverfolgung bietet; Formen: Strafanzeige od Strafantrag), 158I
  - b od sonst erlangte Kenntnis
    - aa amtl erlangte Kenntnis (polizeil Anzeige vAw gemäß 163I,II1, Konkursakten, Berichte in Massenmedien etc)
    - bb privat erlangte Kenntnis nur bei Straftaten, d nach Art u Umfang d Belange d Öffentlichkeit in bes Maße berühren, hM (aM: nur bei Kapitalverbrechen d 138 StGB)

2 Vorliegen e Anfangsverdachtes iSd 160I,152II
  (Prüfung auf d Grdl d Strafanzeige od d gemäß 163 vAw erfolgten polizeil Ermittlungen)
  - a mögliche Strafbarkeit u Verfolgbarkeit d zu untersuchenden Verhaltens
  - b Vorliegen konkreter Tats, d nach kriminalist Erfahrung d Möglkt d Vorliegens e verfolgb Straftat begründen

II Zuständigkeit

1 örtlich

- a entspr d örtl Zuständkt d G, dem d StA zugeordnet ist, 143 GVG:
  - – 7ff entspr (insbes: Tatort, Wohnsitz, Aufenthaltsort, Ergreifungsort)
  - – bei Anwendbarkeit v Jugendstrafrecht (1ff,105,32 JGG): 42I JGG entspr
  - – bei Gefahr im Verzug, 143II GVG

  (ggf: Abgabe an d zuständ StA)
- b bei mehreren örtl GStänden:
  - – 2,25ff RiStBV
  - – bei Anwendbarkeit v Jugendstrafrecht: 42II JGG

2 sachlich

- a für Straftaten, bei gleichzeitigem Vorliegen auch für Ordnungswidrigkeiten, 40,42 OWiG (liegt dagegen nur e OWi vor: Abgabe an d zuständ OWiStelle, 43 OWiG, 276 RiStBV)
- b bei Straftaten entspr d sachl Zuständkt ebenfalls des G, dem d StA zugeordnet ist, s.u. C

I 1 c aa (Ausn: Amtsanwalt, 142II GVG/Generalbundesanwalt, 142aI GVG)

3 Zuständkt nach Maßgabe d Geschäftsverteilungsplans

(Verteilung d Sachen innerhalb e StA erfolgt idR nach d Anfangsbuchstaben d Beschuld; ggf: Abgabe an d zuständ Dezernat)

III Begrenzung der Ermittlungen

1 Prüfung d Verdachts auf Vorliegen e verfolgbaren Straftat

a strafbare Handlung

aa wenn Verdacht auf e strafb Handlg schon nach d Vortrag d Anzeigeerstatters nicht gegeben ist: Einstellungsverfügung gemäß 170II u Bescheid gemäß 171 mit RMittelbelehrung gemäß 172I,35a

bb wenn Verdacht auf e strafb Handlg auf d Grdl e Würdigung d Ergebnisse d vAw eingeleiteten polizeil Ermittlungen gemäß 163 nicht gegeben ist: Einstellungsvfg gemäß 170II

b Vorliegen v Verfahrenshindernissen

aa deutsche Gerichtsbarkeit (18–20 GVG, Art VII Nato–Truppenstatut)

bb Verfolgbarkeit d Sache

- (1) anderweit RHängigkeit, rkräft Urteil (od Einstellung gemäß 153II,153aI,II) bzgl d gleichen SV (103 GG)
- (2) Nichtanwendbarkeit deutschen Strafrechts, 4–7 StGB
- (3) Verjährung, 78ff StGB
- (4) Abolition od Amnestie
- (5) Fehlen e Strafantrags od d bes öff Interesses an d Strafverfolgung bei Antragsdelikten
  - (a) Vorliegen e wirks Strafantrags
    - (aa) nur bei Strafantrag verfolgb Delikt
    - (bb) Strafantrag gemäß 77ff StGB
    - (cc) Form d 158II
  - (b) bes öff Interesse an d Strafverfolgung, zB
    - – bei Körperverletzung, 232 StGB, 233,234I,243III RiStBV
    - – bei exhibitionist Handlg, 183II StGB
    - – bei Vermögensdelikten mit unbedeut Schd, 248a iVm 242,246,259II, 263IV,266III StGB
    - – bei Sachbeschädigung, 303c StGB
- (6) Fehlen e öff Interesse an d Strafverfolgung bei Privatklagedelikten, 376
  - (a) Privatklagedelikt, lt Katalog d 374 (insbes: Beleidigung, Körperverletzung, Bedrohung, Hausfriedensbruch, Sachbeschädigung, Verletzung d Briefgeheimnis)
  - (b) keine Gesetzeskonk od Tateinheit mit e Offizialdelikt (in diesem Fall ist d Verfolgung im Offizialverfahren gegeben)
  - (c) öff Interesse an d Strafverfolgung: liegt vor, wenn d RFrieden üb d Lebenskreis d Verletzten hinaus gestört u d Strafverfolgung e gegenwärt Anliegen d Allgheit ist, zB wg d Ausmaßes d RVerletzung, d Rohheit od Gefährlichkeit d Tat, d niedrigen Beweggründe d Täters od d Stellung d Verletzten im öff Leben, 86II RiStBV (für bes Delikte s. zB: Beleidigung 229III,232 RiStBV,

Körperverletzung 233 RiStBV, Körperverletzung im Straßenverkehr 243III RiStBV)

(ggf: Einstellungsvfg gemäß 170II, Bescheid an Anzeigeerstatter mit Verweisung auf d Privatklageweg (87 RiStBV), ohne RBehelfsbelehrung, da d KlErzwingungsverfahren gemäß 172II nicht offen ist)

c Verfolgbarkeit d Beschuldigten

aa Leben/Tod
bb Strafunmündigkeit d Kindes, 19 StGB
cc Immunität d Abgeordneten, 46II,IV GG, 191 RiStBV, 152a
dd dauerhafte Verhandlungsfähigkeit (bei vorübergehender Verhandlungsunfähigkeit: vorläuf Einstellung entspr 205), 104 RiStBV
(ggf: Einstellung wg Verfahrenshindernis gemäß 170II)

2 Prüfung, ob d strafb Handlg mittels d schon vorliegenden Beweismittel nachweisbar ist (hinreich Tatverdacht iSv 170,203)

a Begründen d vorliegenden, zuläss u verwertb BewMittel e hinreich Tatverdacht iSd 170I? (zuläss BewMittel für Schuld- u Straffrage sind: Geständnis, Zeugenaussage (48–71, 64–68 RiStBV), SVerständGutachten (72ff, 69–72 RiStBV), Augenscheinsobjekte (72ff), Urk u sonst Schriftstücke (249,256)
b bei Verneinung u Erschöpfung d vorhand Ermittlungsmöglkten: Einstellung d Verfahrens mangels Verdachts od Beweises gemäß 170II, bei Strafanzeige mit Bescheid an Anzeigeerstatter gemäß 171
c bei Bejahung: Prüfung d Möglkten d Einstellung gemäß 153,153b,154,154a

IV Ermittlungsmaßnahmen

(Grds: zu ermitteln sind entlastende wie belastende Umstände, 160II)

1 Zuständkt

a Polizei
  aa erster Zugriff, 163
  bb als Gehilfe d StA, 161
b StA
  aa spezges (insbes für Zwangsmittel nur bei Gefahr im Verzug)
  bb 161
c Ermittlungsrichter, 162
  aa Ermittlungsmaßnahmen, d nur e Richter anordnen od vornehmen darf (spezges)
  bb Antrag d StA (162, 10 RiStBV) od Gefahr im Verzug (165)
  cc zuständ ist d AG, in dessen Bezirk d Ermittlungshandlg vorzunehmen ist, 162

2 Beschuldigtenvernehmung, 163a,136, 44f RiStBV

a Beschuld: ist die der Begehung e Straftat verdächtige Person, gg die wg d Tat e Ermittlungsverfahren geführt wird
b schriftl Äußerung bei einf Sachen, 163aI2
c Vernehmung durch Polizei od StA, 161, insbes:
  aa ordnungsgemäße Ladung, 163aIII2,133, 44 RiStBV
  RF:
  – Erscheinenspfl nur bei sta Ladung, 163aIII1

– Vorführungsmöglkt bei Nichterscheinen, 163aIII2,133ff

bb Benachrichtigung u Anwesenheitsrecht d Verteidigers bei Vernehmung durch d StA, 163aIII2,168cI,V

cc Eröffnung d Tatvorwurfs, 163aIII2,136I1(kurze, aber konkrete Angabe d vorgeworf SV nebst in Betracht kommender Strafvorschriften)

dd Belehrung üb d Recht d Aussageverweigerung, d Hinzuziehung e Verteidigers sowie d Beantragung einz BewErhebungen zu seiner Entlastung, 163aIII2,136I2,3

ee Mitteilung d Verdachtsgründe (Soll–Vorschrift), 163aIII2,136II

ff Gang d Vernehmung:
(1) Vernehmung zur Person, entspr 68
(2) Vernehmung zur Sache entspr 69

gg Verbot von Willenszwang durch best Mittel lt 136a

3 Maßnahmen bei unbekanntem Aufenthalt d Beschuldigten

a vorläuf Einstellung entspr 205

b Erlaß e Haftbefehls, 112ff (s.u. [[2]] A)

c Fahndungsmaßnahmen (39 RiStBV)

aa Steckbrief, 131, 41 RiStBV

bb sonst Maßnahmen (40ff RiStBV; zB: Anfrage bei Einwohnermeldeamt, AOK, BfA, Ausländeramt/INPOL–Datenabruf/Ausschreibung zur Festnahme in BZentralReg u INPOL/Suchvermerk im BZentralReg)

4 Festnahme u Untersuchungshaft

a vorläuf Festnahme, 127 (s.u. [[2]] B I)

b Vollstreckung d Haftbefehls u U–Haft (s.u. [[2]] A II,III)

5 Identitätsfeststellung und erkennungsdienstliche Maßnahmen, 163b,c,81b

(Einzelheiten s.u. [[2]] B III, D I 3)

6 Gegenüberstellung und Lichtbildervorlage, 18 RiStBV

7 Zeugenvernehmung

a Zeuge: ist, wer iRe Strafverfahrens eig Wahrnehmungen bekunden soll und selbst nicht Beschuld dieses Verfahrens ist

b Entbehrlichkeit

aa bei Ausreichen e schriftl Aussage gemäß 67 RiStBV

bb bei Ausreichen e behördl Zeugnisses, 68 RiStBV

c Vernehmung durch d Polizei, 163aV (insbes: Belehrung üb Zeugnis- u Aussageverweigerungsrechte)

d Vernehmung durch d StA, 161a, insbes:

aa ordnungsgemäße Ladung als Zeuge (48, 64 RiStBV) mit angemess Frist; RF:
– Erscheinens- u Aussagepfl, 161aI1 (Ausn: Zeugnis- od AussageverweigerungsR, 161aI2,52–55
– bei Verstoß: Auferlegung d Kosten, Ordnungsgeld u Vorführung bzw Erzwingungshaft, 161aII,51,70

bb ordnungsgemäße Belehrung
(1) üb d Wahrheitspfl u d Strafbarkeit gemäß 145d,164,257,258 StGB
(2) üb Zeugnis- u Auskunftsverweigerungsrechte, 161aI2,52–55, 65 RiStBV
(a) Zeugnisverweigerungsrecht d Angehör e Beschuld, 52

(aa) Angehör d Beschuld iSd 52I
(bb) Angehör e noch lebenden, d gleichen prozess Tat Mitbeschuld, dessen abgetrenntes Verfahren noch nicht rkräftig abgeschlossen ist
(b) Zeugnisverweigerungsrecht aus berufl Gründen, 53,53a
(c) Zeugnisverweigerungsrecht v Richtern u Beamten, 54
(d) Auskunftsverweigerungsrecht bzgl einz Fragen bei Gefahr strafrechtl od ordnungswidrigkeitsrechtl Verfolgung im Falle wahrheitsgemäßer Beantwortung, 55 (besteht nicht mehr bei rkräft Abschluß e gg d Zeugen gericht Verfahrens)

cc Gang d Vernehmung:
(1) Vernehmung zur Person, 68
(2) Vernehmung zur Sache, 69

e richterl Vernehmung, 161aI3,162
zusätzl Wahrung d Anwesenheitsrechts d Beschuld, seines Verteidigers u d StA, 168c

8 dienstliche Äußerung

(kommt anstelle e Zeugenvernehmung in Frage bei Beteiligung v Polizeibeamten, Richtern od StA an e aufzuklärenden SV)

9 Durchsuchung, 102ff

(Einzelheiten s.u. [[2]] F)

10 Sicherstellung v Gegenständen zu Beweiszwecken, 94ff, 111bff

(Einzelheiten s.u. [[2]] G)

11 Vorläufige Entziehung der Fahrerlaubnis, 111a

(Einzelheiten s.u. [[2]] H)

12 Untersuchungen und Eingriffe, 81ff

(Einzelheiten s.u. [[2]] D)

13 Leichenschau u -öffnung, 87ff, 33ff RiStBV

14 Sachverständigengutachten, 161a, 69ff RiStBV

15 Augenscheinnahme (72ff, 168d)

16 Telefonüberwachung und Einsatz technischer Mittel, 100aff

(Einzelheiten s.u. [[2]] J III)

17 Einsatz verdeckter Ermittler, 110aff

18 Rasterfahndung, 98aff

19 Kontrollstellen, 111

(Einzelheiten s.u. [[2]] J II)

20 polizeiliche Beobachtung, 163e

21 Beiziehung v Akten

(zB: betr Vorstrafen, 73 RiStBV/zivilprozessuale VollstrAkten)

22 Auskünfte u Stellungnahmen and Behörden, 161

(zB Sozialamt, Jugendamt, Ordnungsbehörden)

23 Registerauszüge, 16 RiStBV

a Strafregister- bzw Erziehungsregisterauszug (BZentralReg)
b Verkehrszentralregisterauszug (Kraftfahrtbundesamt)
c Gewerbezentralregister, Ausländerzentralregister

V Abschlußentscheidung

1 Exkurs: Gutachten im Rahmen der strafrechtl Klausur

a Sachverhaltsfeststellung

aa geschieht grds bei d Prüfung d einz TbMerkmale; keine BewDarstellung, sondern nur BewWürdigung (d Akteninhalt kann als bekannt vorausgesetzt werden)
bb geschieht ausnahmsw vorab, zB wenn d Beschuld bestreitet, überhaupt d Täter zu sein

b Aufbau d Gutachtens

aa nach Handlungsabschnitten (SVKomplexe, d e rechtl–soziale Einheit bilden u d isoliert rechtl geprüft werden können)
bb innerhalb e Handlungsabschnitts chronologisch (Ausn: vor e Kapitaldelikt wird e weniger schwerwiegende Tat begangen/im Zuge e fortges Handlg, e natürl HandlgsEinheit od e Dauerdelikts wird e weiteres Delikt begangen)
cc nach Tätern u Beteiligten
– unzweckmäßig, wenn einz Beteiligte sowohl Täter als auch Teilnehmer sind
– Täter vor Teilnehmer
dd häufig ist e Kombination sinnvoll, zB
(1) HandlgsKomplexe
(2) innerhalb dieser nach Tätern u Teilnehmern
ee Schwerpunkte setzen!

c Reihenfolge d rechtl Prüfung einz Handlgen bzw HandlgsKomplexe

(Abgrenzungskrit: ist e isolierte rechtl Prüfung mögl u sinnvoll?)
aa schwerere vor leichteren Delikten
bb (1) spezielle vor allg Delikten
(2) subsid, konsumierte, mitbestrafte Vor- u Nachtaten nach d Delikten, auf d sie sich beziehen (bei klarem Vorliegen v GKonk genügt d Hinweis auf d Anwendbarkeit d Tb u d Art d GKonk)
cc bei QualifikationsTb:
(1) nur tatbestandl Qualifikation
(a) d zu bejahen ist: d Qualifikation ist schon in d Prüfung d GrundTb einzubeziehen
– Überschrift u Fragestellung
– bei d Prüfung d TbMerkmale vorweg d Merkmale d GrundTb; 2 Möglkten:
– erst d GrundTb (obj u subj), dann d QualifikTb
– obj (Grund- u Qualifik-) Tb, dann subj Tb beider
(b) d zu verneinen ist: GrundTb vor Qualifikation

(2) eigenständ Sonderdelikte (Raub, Vergiftung etc): Qualifikation vor GrundTb
dd GrundTb vor Regelbeispielen
ee Vollendung vor Versuch

d Prüfung d einz Tatbestände

aa Verfahrensvorauss u Verfolgungshindernisse
– idR vorab
– Ausn:
– wenn d Vorliegen e Verfahrensvorauss zweifelh ist, d Nichtanwendbarkeit d Tb aber mit geringerem Aufwand zu begründen ist
– wenn erst d mat Prüfung ergeben kann, ob e Antragsdelikt vorliegt (zB 223/223a StGB)
– bei Nichtvorliegen e Antrags od bei Privatklagedelikten läßt sich d bes öff Interesse (232,248a,303c StGB) bzw d öff Interesse (376) meist erst nach d mat Prüfung sinnvoll untersuchen
bb Prüfung d Tatbestandsmäßigkeit
– in d logisch sinnvollen Reihenfolge
– Schwerpunkte sind bei d problematischen Merkmalen zu setzen u d übr nur kurz zu erwähnen

e Prüfung d Konkurrenzen

f auf Anklage od Einstellung bezogene Erwägungen, insbes:

aa Einstellung trotz hinreich Tatverdachts od Beschränkg auf d wesentl Tatteile (153ff)
bb Erforderlichkeit v
(1) Unterrichtung d Beschuld (170II2)
(2) Einstellungsbescheid (171S1)
(3) RMittelbelehrung (171S2)
cc Relevanz v Maßregeln, Verfall, Einziehung, Unbrauchbarmachung od Veröffentlichungsbefugnis (165,200 StGB), auf d in d Anklage hinzuweisen ist
dd sachl (24ff GVG) u örtl (7ff) Zuständkt d G
ee Welche Zeugen werden in d HVhdlg benötigt?
ff Welche Anträge sind neben dem auf Eröffnung d Hauptverfahrens zu stellen? in Betracht kommen insbes Anträge zu
(1) Haftbefehl (112ff) od Unterbringungsbefehl (126a)
(2) Fortdauer d U–Haft od vorläuf Unterbringung/Aussetzung d Vollzugs e Haftbefehls (116)
(3) vorläuf Entziehung d Fahrerlaubnis (111a) u Beschlagnahme d Führerscheins (94III)
(4) Beschlagnahme v Gegenständen als BewMittel (94I)
(5) Bestellung e Pflichtverteidigers (140,141I)
(6) beantragte Zulassung als Nebenkläger (396)
gg Was soll mit d Asservaten geschehen (74ff StGB, 94,111b, 75,76 RiStBV)?

2 Einstellung des Verfahrens

a Gegenstand d Einstellung

ist grds e prozessuale Tat iSd 264, für d e Anklageerhebung nicht erfolgen kann od nach d Opportunitätsprinzip nicht erfolgt

- dh e Einstellung erfolgt nicht, soweit nur einz zu e prozess Tat gehörende Gesetzesverletzungen (konkurrierende Taten im mat Sinne) od Teile e prozess Tat nicht angeklagt werden (Beschränkung gemäß 154a; entspr ist in diesem Fall auch e KlErzwingungsverfahren nicht mögl)
- Ausn: Einstellung gemäß 43 OWiG

b Einstellungstatbestände u ihre Voraussetzungen

aa Einstellung gemäß 170II1

(1) e Täter konnte nicht ermittelt werden (Einstellungsvfg u kurz gefaßte Nachricht an d Anzeigeerstatter, ohne RBehelfsbelehrung, da KlErzwingung nicht mögl)
(2) Einstellung mangels hinreich Tatverdachts (hinreich Tatverdacht: besteht, wenn d StA nach d Ergebnis d Ermittlungen davon ausgehen kann, daß d Tat dem Beschuld in e künft HVhdlg mit überwieg Wahrscheinlichkeit nachzuweisen ist)
(3) Einstellung wg e Verfahrenshindernisses (s.o. III 1 b,c)
(4) Teileinstellung: Gegenstand e Einstellung nach 170II neben e Anklageerhebung kann nur e eigenständ prozessuale Tat sein

bb vorläuf Einstellung wg unbekannten Aufenthalts od sonst persönl Verhinderung d Beschuld (insbes: längere VhdlgsUnfähigkeit), 205 entspr (hM), 104 RiStBV

cc Einstellung wg Geringfügigkeit gemäß 153I

(1) Gegenstand d Ermittungen ist e Vergehen
(2) d Schuld d Täters wäre als gering anzusehen
- nach d geg Verfahrensstand sind d Ermittlungsmöglkten nicht ausgeschöpft u kann e Schuldnachweis nicht geführt werden
- e Einstellung ist ungeachtet dessen mögl, wenn mit Wahrscheinlichkeit anzunehmen ist, daß weitere Ermittlungen e Schuld ergeben würden (sonst: 170II!), d aber als gering anzusehen wäre
- Ermittlungen sind für e Einstellung nach 153 nur soweit durchzuführen, bis diese Prognose mögl ist

(3) kein öff Interesse an d Verfolgung
(4) Zustimmung d für d Eröffnung d Hauptverfahrens zuständ G od Entbehrlichkeit bei Delikt ohne im Mindestmaß erhöhte Strafandrohung u geringem Schd, 153I2
(5) pflichtgemäße Ermessensausübung
(RF: kein Strafklageverbrauch iSv 103 GG)

dd Einstellung gegen Erfüllung v Auflagen od Weisungen gemäß 153aI

(1) vorläuf Einstellung, 153aI1,6
(a) Gegenstand d Ermittlungen ist e Vergehen
(b) hinreich Tatverdacht
(c) d Schwerde d Schuld d Täters steht e Einstellung nicht entgegen
- sie ist höchstens im mittleren Bereich anzusiedeln
- zB: nicht schwerwiegende Eigt- od Vermögensdelikte, leichte u mittelschwere Verkehrsdelikte; insbes bei Ersttäterschaft

(d) d öff Interesse an d Strafverfolgung kann durch e Auflage od Weisung beseitigt werden
(aa) Auflage od Weisung iSd INr1–4 (93aRiStBV) unter Fristsetzung
(bb) Entfallen d Strafverfolgungsinteresses bei deren Erfüllung
(e) Zustimmung d für d Eröffnung d Hauptverfahrens zuständ G od deren

Entbehrlichkeit gemäß 153aI6,153I2
   (f) Zustimmung d Beschuld
   (g) pflichtgemäße Ermessensausübung
   (RF: vorläuf Verfahrenshindernis, solange d Frist läuft)
(2) endgült Einstellung nach fristgerechter Erfüllg d Auflage bzw Weisung, 153aI4
   (RF: Strafklageverbrauch iSv 103 GG)

ee Absehen v d Verfolgung im Jugendstrafverfahren

(1) bei Vorliegen d Vorauss d 153, 45I JGG
(2) bei bereits geschehener Anordnung erzieherischer Maßnahmen, d e Ahndung u Beteiligung d Richters entbehrl machen, 45II JGG
(3) bei Geständnis, Entbehrlichkeit e Ahndung durch Urteil u Erteilung richterl Ermahnung, Weisung od Auflage auf Anregung d StA, 45III JGG

ff Einstellung bei Möglkt d Absehens v Strafe gemäß 153bI

(Fälle: zB 113IV,157II,158I,233 StGB, 60 StGB (str), 29V,31 BtMG)

gg Einstellung von Auslandstaten gemäß 153c (94ff RiStBV)

hh Einstellung bei Staatsschutzdelikten gemäß 153d,e (98ff RiStBV)

ii Einstellung unwesentl Nebenstraftaten gemäß 154I (101 RiStBV)

(1) mehrere Straftaten: neben d vorliegenden wird/ist d Beschuld wg e and prozess Tat verfolgt/verurteilt
(2) unwesentl Nebenstraftat
   (a) d für d vorlieg Tat zu erwartende Strafe/Maßregel fällt im Verhältnis zu d für d and Tat zu erwartenden/verhängten nicht erhebl ins Gewicht (relative Betrachtung), Nr1
   (b) in angemess Frist ist für d vorlieg Tat e Urteil nicht zu erwarten u d für d and Tat zu erwartende/verhängte Strafe/Maßregel ist zur Einwirkung auf d Täter u zur Verteidigung d ROrdnung ausreich, Nr2
(3) pflichtgemäße Ermessensausübung

jj Exkurs: Beschränkung d Strafverfolgung e einz prozess Tat bzgl unwesentl Nebendelikte od Tatteile gemäß 154a (101a RiStBV)

(1) Vorliegen einer einzigen prozess Tat
(2) Tatteil od Nebendelikt
   (a) abtrennb Teil
      – Teilakt(e) e fortges Handlg
      – Teil e Dauerdelikts
      – Teilakt e prozess Tat, d zu d and Teilen in Realkonk steht
   (b) einz v mehreren Gesetzesverletzungen bei Idealkonk
(3) ohne wesentl Bedeutung
   (a) kein beträchtl Gewicht bezogen auf
      – d für d vorlieg Tat zu erwartende Strafe bzw Maßregel, INr1
      – e wg e and Tat schon verhängte od zu erwartende Strafe bzw Maßregel, INr2
   (b) 154aI2,154INr2
(4) pflichtgemäße Ermessensausübung

(beachte: bei 154a liegt e Verfahrensbeschränkung aber keine Einstellung d Ermittlungen bzgl e prozess Tat vor; deshalb erfolgt nur e Aktenvermerk, keine Unterrichtung d Beschuld u Bescheidung d Anzeigeerstatters)

kk Einstellung bei Auslieferung od Ausweisung v Ausländern gemäß 154b

ll Einstellung zugunsten d Opfers e Nötigung od Erpressung gemäß 154c (102 RiStBV)

mm vorläuf Einstellung bei Relevanz zivil- od verwrechtl Vorfragen gemäß 154d

nn vorläuf Einstellung bei Verfahren wg falscher Verdächtigung od Beleidigung gemäß 154e

oo Einstellung gemäß 31aI od 37I BtMG

c Entscheidung durch Verfügung

Formalternativen:

aa Vfg in d Form e gerichtl Beschlusses, mit Darstellung d Gründe

Aufbau u Inhalt:

(1) Kopf u Überschrift

"StA bei d LG ... *...(Datum)...*
– Az ... –

Vfg "

(2) Entscheidung

Beispiele:

(a) bei Einstellung gemäß 170II

(aa) Grundformel

"D Ermittlungsverfahren
gg ...(Name u Anschrift)...
wg Verdachts des/der ...(Delikt(e), auf d sich d Ermittlungen bezogen)...
(Strafanzeige d ... v ...) wird eingestellt (§ 170 II StPO)"

(bb) bei hinreich Verdacht ledigl auf e Privatklagedelikt u Verneinung d öff Strafverfolgungsinteresses

"D Ermittlungsverfahren gg ... wg Verdachts des/der ... (Strafanzeige d ... v ...) wird eingestellt (§ 170 II,376 StPO) und d Anzeigeerstatter auf d Weg d Privatklage verwiesen"

(b) bei Einstellung gemäß 153I

"D Ermittlungsverfahren
gg ...(s.o.)... wg ...(s.o.)...
wird mit Zustimmung d zur Entscheidung üb d Eröffnung d Hauptverfahrens zuständ G gemäß § 153 I StPO eingestellt"

(c) bei Einstellung gemäß 153aI

"In d Ermittlungsverfahren
gg ...(s.o.)... wg ...(s.o.)...
wird gemäß § 153a I StPO mit Zustimmung d für d Eröffnung d Hauptverfahrens zuständ G v d Erhebung d öff Kl vorläufig abgesehen u zugleich d Beschuld auferlegt, (zB:) e Geldbetrag v ... DM in monatl Raten v ... DM – beginnend am ... – zugunsten ... zu zahlen"

(d) bei Einstellung gemäß 154I

"In d Ermittlungsverfahren
gg ...(s.o.)... wg ...(s.o.)...
wird gemäß § 154 I StPO v d Erhebung d öff Kl abgesehen, soweit ihm/ihr/ihnen zur Last gelegt wird, ..."

(3) Gründe, 89II RiStBV
   (a) Grds: nur die d Entscheidung tragenden Gründe sind darzustellen (Auswahl nach d Kriterium d voraussichtl Akzeptanz durch d Adressaten)
   (b) Aufbau u Inhalt
      (aa) bei Einstellung mangels hinreich Tatverdachts:
         – Verdacht, Vorwurf, Bezichtigung (knappe, aber konkrete Schilderg)
         – Tats, auf denen d Anfangsverdacht beruhte (zw Bearbeiter u Anzeigeerstatter im Hinblick auf d rechtl Wertung unstreit SV)
         – Einlassung d Beschuld
         – BewWürdigung
         – strafprozess Folgerung
      (bb) bei d übr EinstellungsTb: entspr Abwandlung dieses Aufbaus (idR reicht d Bezug auf d gesetzl Vorauss aus)
(4) ggf RBehelfsbelehrung, 171S2,35a (Einzelheiten s.u. g aa (1))

bb Vfg d Einstellung mit Verweis auf e Vermerk, d d Gründe enthält

cc Vfg d Einstellung mit Verweis auf e Bescheid an d Anzeigeerstatter

d Begleitende Benachrichtigung u Bescheid

aa Benachrichtigung d Beschuldigten

insbes wenn dieser vernommen wurde, e Haftbefehl gg ihn ergangen ist od er um e Bescheid gebeten hat, 170II2

(1) Inhalt:
   (a) Bescheinigung erwies Unschuld od d Wegfalls jegl begründ Verdachts, 88S2 RiStBV
   (b) sonst Begründung nur auf Antrag u soweit kein schutzwürd Interesse entgegensteht, 88S1 RiStBV
(2) Form: 91I RiStBV

bb begründ Bescheid an d Antragsteller, 171, 89,101 RiStBV

(auch bei Teileinstellung: wenn nur e v mehreren angezeigten prozess Taten eingestellt wird)

(1) Vorauss
   (a) Antrag auf Erhebung d öff Klage (Strafanzeige gemäß 158I mit d erkennb Willen, d Strafverfolgung zu veranlassen; od Strafantrag)
   (b) Beendigung d Verfahrens
      (aa) dem Antrag wurde keine Folge gegeben (keine Ermittlungen mangels Anfangsverdachts, 160I)
      (bb) Einstellung d Verfahrens (beachte: keine Bescheidung, wenn keine Einstellung vorliegt; zB keine Bescheidung bei Beschränkung d Strafverfolgung gemäß 154aI, weil in diesem Fall nur e ggüber d Anzeige eingeschränkte Anklage d gleichen prozess Tat erfolgt)
(2) Form u Inhalt; Alternativen:
   (a) Zusendung e Abschrift d in d Form e Beschlusses gefaßten Einstellungsvfg (s.o. c aa)
   (b) persönl gefaßtes Schreiben
      Aufbau u Inhalt:
      – persönl Anrede
      – Mitteilung d Einstellg u deren Begründung (Aufbau d Gründe s.o. c aa (3))

– RBehelfsbelehrung (Vorauss: Zulässkt d Beschwerde, 172I; s.u. g aa (1))
– Grußformel

(3) Form d Bekanntgabe: 91II RiStBV

cc ggf: Abgabe an d zuständ Verwaltungsbehörde, 43 OWiG

e weitere Begleitvfgen, zB

- Mitteilung üb d Ausgang d Verfahrens an d Polizei (Statistik) u nach MiStrA
- Anordnung d Rückgabe v BewMitteln od e sichergestellten Fahrerlaubnis
- Anordnung d Löschung v gespeicherten Daten d Beschuld
- Ausfüllung d Zählkarte (interne Statistik)
- Weglegen d Akte

f RF d Einstellung d Ermittlungsverfahrens

- grds: kein Strafklageverbrauch iSv 103III GG
- Ausn: bei endgült Einstellung d Verfahrens nach Erfüllung d Auflagen/Weisungen gemäß 153aI4

g Rechtsbehelfe

aa Beschwerde, 172I

(1) Vorauss

(a) Antragsteller iSd 158 ist zugleich Verletzter
- unmittelb in e RGut Verletzter (natürl od jur Person, auch Behörde)
- nach 395 zur Nebenkl berecht Angehör e Getöteten
- Dienstvorgesetzter, 194III1 StGB

(b) Zulässkt d KlErzwingungsverfahrens, 172II3

(aa) dieses ist unzuläss bei:
- PrivatklDelikten (374), auch wenn sich d Verfahren gg e Jugendl richtete (80 JGG)
- d Täter ist unbekannt geblieben
- d Täter ist vhdlgsunfähig od unbekannten Aufenthalts (205); vorläuf Einstellung nach 154e
- Einstellung (nach d Opportunitätsprinzip) gemäß 153I,153aI1,6, 153bI,153c bis 154I,154b,154c
- Beschränkung nach 154aI od von d Anzeige abweich eingeschränkte tats od rechtl Beurteilung d angezeigten prozess Tat (Grund: d prozess Tat wird in diesen Fällen angeklagt)
- Prozeßunfähigkeit d Anzeigeerstatters

(bb) in allen and Fällen d Einstellung ist d KlErzwingungsverfahren dagegen offen, zB auch bei
- Zusammentreffen v Privatkl- u Offizialdelikt in e prozess Tat
- endgült Einstellung gemäß 153aI4

(c) Einlegung innerh v 2 Wochen bei d vorgesetzten Beamten d StA, 172I1,2
- d Frist läuft nur bei ordnungsgemäßer Rechtsmittelbelehrung, 172I3
- vorgesetzter Beamter für d StA beim LG: Generalstaatsanwalt beim OLG, 147Nr3 iVm 144 GVG

(2) Verfahren: Abhilfe, ggf Vorlage, 105 RiStBV

bb Antrag auf gerichtl Entscheidung, 172II–IV

(1) Vorauss

(a) ablehnender Bescheid d vorgesetzten StABehörde auf Beschwerde nach 172I

(b) Antrag auf gerichtl Entscheidung beim OLG, 172II,III3, IV

(c) Frist, Form u notwend Inhalt

– Frist: 1 Monat nach Zustellung d mit e RBehelfsbelehrung versehenen Bescheids, 172II1,2 (ohne Belehrung läuft d Frist nicht, 172I3)

– Unterzeichnung durch e RA, 172III2

– Inhalt: aus sich heraus verständl Angabe aller Tats, d d Anklageerhebung begründen sollen, u d BewMittel, 172III1 (d Antragsbegründung muß ohne Rückgriff auf d Akten e Schlüssigkeitsprüfung bzgl Zulässkt u Begründetheit d Antrags erlauben)

(2) weiteres Verfahren u Entscheidung: 173–177

cc daneben: Dienstaufsichtsbeschwerde

3 Abschlußvermerk und Anklageerhebung

a Abschlußvermerk gemäß 169a, 109 RiStBV

(Wirkung: begründet uneingeschränktes Akteneinsichtsrecht d Verteidigers, 147II)

b Anklageerhebung

aa Vorauss: genügender Anlaß zur Anklageerhebung, 170I (s.o. 1 b)

(1) hinreich Tatverdacht: besteht, wenn d StA nach d Ergebnis d Ermittlungen davon ausgehen kann, daß d Tat dem Beschuld in e künft HVhdlg mit überwieg Wahrscheinlichkeit nachzuweisen ist

(2) keine Verfahrenshindernisse

bb Entscheidung üb d G, vor dem angeklagt wird

(1) sachl Zuständkt unter Berücksichtigung v 24INr3,29II GVG, 113 RiStBV

(2) örtl Zuständkt gemäß 7ff

cc Anklageschrift, 199II1,200, 110ff RiStBV

(1) Aufbau u Inhalt (dargestellt entspr d überwiegend gebrauchten Form)

(a) Kopf, Adressierung u Überschrift

"StA
bei d LG ... *...(Ort, Datum)...*
– ..(Az) ... –

(ggf: Vermerke üb Beschleunigungserfordernis, zB: U–Haft, vorläuf Unterbringung)

An das
AG/LG
– Strafrichter/SchöffenG/... –
in ...

Anklageschrift "

(b) Anklagesatz

(aa) Angaben zur Person d Angeschuld, 110IIaRiStBV

"Der/Die ... "

– Personalien

– (ausgeübter) Beruf, alle Vornamen (Rufname unterstrichen), FamName, Geburtsname, Geburtstag u -ort (Gde; Kreis, Land, soweit zur genauen Bestimmung erforderl)

– Wohnanschrift (Straße, HausNr., PLZ, Ort; ggf: *"ohne festen Wohnsitz"*)

– FamStand, Staatsangehörigkeit

– bei im Zeitpunkt d Anklageerhebung Minderj: Name(n) u Anschrift(en) d ges Vertreter

– ggf Angaben zu Haft od Unterbringung

– bei U–Haft in vorlieg Sache: Tag d Erlasses, Gericht u Az, Beginn d Haft, JVA, Haftprüfung, falls kein Verteidiger vorhanden ist (117V);

zB: *"..., in dieser Sache vorläufig festgenommen am ... u aufgrd d Haftbefehls d AG ... v ... – Az ... – in U–Haft in d JVA ... – nächste Haftprüfung gemäß § 117 StPO am ..., gemäß § 121 StPO am ... –"*

– bei Strafhaft od U–Haft in and Sache: nur Haftgrund, Az, JVA; ggf Überhaftnotierung

– Verteidiger, 110IIb RiStBV

– Anschrift

– Angabe d Blattzahl d Vollmacht bzw d Bestellung als Pflichtverteidiger

– bei mehreren Angeschuld:

– Kennzeichnung mit (üblicherw röm) Ziffern

– Reihenfolge: nach absteigendem Alter od d Gewicht d Tatvorwürfe

(bb) *"... wird angeklagt, ... "*

(cc) ggf: *"... als Jugendlicher/Heranwachsender ... "*

(dd) Zeit u Ort d Tat

"... am ... in ... "

– so genau wie mögl; im Notfall: *"... in nicht rechtsverjährter Zeit ..."*

– bei mehreren Taten u verschied Zeiten u Orten erfolgt hier e alle Taten umfassende knappe Angabe; d genauen Daten werden dann im konkreten Anklagesatz benannt

(ee) gesetzl Merkmale d Straftat (abstrakter Anklagesatz)

"... zu haben."

– grds: Wiedergabe aller TbMerkmale im Gesetzeswortlaut; Zeitform: Perfekt

– nicht: ungeschrieb TbMerkmale/d allg Merkmal d Rw/unechte Unterlassung/240II StGB

– nur d ges Kurzbezeichnung d Haupttat bzw Vortat bei Anstiftung, Beihilfe, Hehlerei, Begünstigung, Strafvereitelung

– zu d aufzunehmenden Merkmalen gehören auch:

– Schuldformen: Vorsatz, Fahrlässkt, wo sie strafb ist, u verminderte Schuldfähigkeit

"... vorsätzlich ..."

"... fahrlässig ..."

"... im Zustand erhebl vermind Schuldfähigkeit ..." (21 StGB)

- Teilnahmeformen
  - Mittäterschaft:
    "... gemeinschaftlich handelnd ..."
    "... gemeinschaftlich mit d gesondert verfolgten/bereits verurteilten/als Kind schuldunfähigen ... handelnd ..."
  - Anstiftung/Beihilfe: Wortlaut d 26/27 StGB unter Kennzeichnung d Haupttat mit ihrer ges Kurzbezeichnung; zB:
    "... vorsätzl e and zu dessen vorsätzl begang rw Tat – einem Diebstahl – Hilfe geleistet zu haben ..."
- gesetzl benannte Strafschärfungs- od -milderungsgründe sowie Qualifikationen; zB:
  "... e and mittels e gefährl Werkzeugs körperl mißhandelt zu haben" (223,223a StGB)
- Versuch
  "... versucht zu haben, ..."
- Konkurrenzen
  "... durch dieselbe Handlg ..."
  "... fortgesetzt handelnd ..."
  "... durch ... selbständ Handlgen ..."
- bes Vorauss v Maßregeln d Besserung u Sicherung; zB:
  "... wodurch er sich als z Führen v Kfz ungeeignet erwiesen hat ..."

- bei alternativ mögl Begehungsweise nur d konkret verwirklichten TbMerkmale
- bei Wahlfeststellung beide in Betracht kommenden Tb
  "... entweder ... oder ..."
- Ausklammerung: vorangestellt werden Merkmale, d sich auf mehrere od alle angeklagten Delikte beziehen; insbes: Merkmale d StGB/AT vor denen d BT
- Reihenfolge:
  - bei realkonkurrierenden Delikten:
    - grds historisch
    - Ausn: wenn e d Delikte erhebl an Bedeutung überwiegt
  - bei idealkonkurrierenden Delikten: nach d Strafandrohung
- Kennzeichnung
  - mehrerer prozess Taten (uU auch mehrerer Angeschuld): I., II., ...
  - realkonkurrierender Delikte: 1., 2., ...
  - idealkonkurrierender Delikte: a., b., ...

(ff) Konkretisierung d Tat (konkreter Anklagesatz):
"D Angeschuld ..."
- Zweck: eindeutige Identifizierung u Abgrenzung d prozess Tat sowie Ermöglichung e umfassenden u genauen Subsumierung
- Benennung aller zur Subsumtion gemäß d abstrakten Anklagesatz erforderl konkreten Tatsachen, u zwar so, daß d Tatvorwurf aus sich selbst heraus ohne Bezugnahme verständl ist (aber auch nur d zur Subsumtion erforderl Tats!)
- auch Tats, d subj TbMerkmale ausfüllen, müssen benannt werden, jedenfalls soweit es zur Abgrenzung erforderl ist (zB wenn vorsätzl od fahrläss Begehung mögl ist/Gesamtvorsatz bei fortges Handlg)
- Zeitform: Imperfekt
- Aufbau: grds historisch

– Kennzeichnung entspr der des abstrakten Anklagesatzes

(gg) Angabe d verletzten Strafvorschriften

"Vergehen/Verbrechen, strafbar gemäß §§ ... "

– anzuwendende Strafvorschriften

– auch Teilnahmeform u Konkurrenzen (außer bei Jugendl, wg 31 JGG)

– auch Strafschärfung od -milderung vorsehende Vorschriften, soweit konkret relevant

– auch solche, d Maßregel-, Nebenstrafe-, Nebenfolgeanordnung rechtfertigen

– ggf: 1ff,105 JGG

– in aufsteigender Reihenfolge; dabei Vorschriften d BT vor denen d AT, Vorschriften d StGB vor denen and Gesetze

– bei mehreren Angeschuld: ggf gesondert für jeden

(hh) bei Antragsdelikten od Privatklagedelikten:

– wenn d erforderl Strafantrag gestellt ist:

"Strafantrag ist form- u fristgerecht gestellt (Bl. ... d.A.)"

– bei Anklage ohne Strafantrag (232/248a,259II,263IV,266III/303c/183 StGB):

"Es besteht e bes öff Interesse an d Verfolgung d ..."

– bei öff Anklage v PrivatklDelikten (376):

"Es besteht e öff Interesse an d Verfolgung d ..."

(c) Beweismittel, 111 RiStBV

– Angabe aller für d Aufklärung d SV u d Beurteilung d Persönlichkeit d Angeschuld erhebl be- u entlastenden BewMittel

– Reihenfolge:

"I. Geständnis/Einlassung d Angeschuld

II. Zeugen ...
(soweit anzunehmen ist, daß d G sie für notwendig halten wird; in d Reihenfolge, in der e Vernehmung in d HVhdlg sinnvoll erscheint; idR mit Anschriften, Ausn: 200I3,4)

III. Sachverständige(r) ...
(mit Hinweis auf d Tatkomplex od Täter, auf den d Gutachten bezogen ist)

IV. Urkunden u.a. als BewMittel dienende Schriftstücke ...

V. Augenscheinsobjekte ...

VI. Beiakten ..."

– abschließend ggf Hinweis betr d Vorliegen e erforderl Aussagegenehmigung für Zeugen

(d) Wesentliches Ergebnis d Ermittlungen

(bei Anklage vor d Strafrichter (u Jugendrichter, 33II JGG) nur erforderl, wenn d Sach- od Rechtslage schwierig ist, 200II2, 112 RiStBV)

(aa) *"Zur Person d Angeschuld ..."*

– Lebenslauf

– Darstellung d persönl, wirtschaftl u sozialen Verhältnisse d Angeschuld

– Vorstrafen, soweit für d Entscheidung v Bedeutung

(bb) *"Zur Sache ..."*

– Vorgeschichte u Tathergang, so wie ihn d StA aufgrd d Ermittlungen für erwiesen (iS hinreich Tatverdachts) hält:

– soweit erforderl im Hinblick auf d im konkreten Anklagesatz bereits erfolgte Tatschilderung (wenn nicht erforderl: kurzer Verweis)
– bei mehreren Handlgen in histor Reihenfolge
– Zeitformen: Vorgeschichte im Plusquamperfekt, Tathergang im Imperfekt

– Einlassung d Angeschuld
  – nach Tätern u Taten getrennt
  – Zeitformen: Präsens od Perfekt, Bekundungen im Konjunktiv
– Beweiswürdigung (Erwartung d Widerlegung d Einlassung d Angeschuld)
  – Leitlinien d BewFührung anhand d wesentl BewMittel
  – Zeitform: Präsens
– ggf Rechtsausführungen (bei schwieriger Rechtslage, wenig bekannter höchstrichterl Rspr, wenig bekanntem Rechtgebiet)
– ggf Ausführungen zu
  – strafrechtl Verantwortlichkeit d Täters
  – für d Strafzumessung od Verhängung v Maßregeln bedeuts Umständen

(e) Anträge

(aa) *"Es wird beantragt, unter Zulassung d Anklage d Hauptverfahren vor d AG/LG – Strafrichter/SchöffenG/... – in ... zu eröffnen"* od
"Es wird beantragt, d Hauptverfahren zu eröffnen u d Anklage z HVhdlg vor d ... zuzulassen"

(bb) ggf Nebenanträge, zB bzgl
- Haftfortdauer (110IV RiStBV)
- Zulassung d Nebenklage
- Bestellung e PflVerteidigers (140f)
- vorläuf Entziehung d Fahrerlaubnis

(f) Unterschrift (mit Dienstbezeichnung)

(2) Formulierungsmuster e Anklageschrift

"StA bei d LG ... *...(Ort, Datum)...*
– ...(Az)... –

An das
AG/LG
– Strafrichter/SchöffenG/... –
in ...

Anklageschrift

Bl. ... d.A. *D ...(Beruf, Name)..., geboren am ... in ..., wohnhaft ..., ledig/verheiratet/..., Deutscher/...,*
Bl. ... d.A. *Verteidiger: RA ..., ...(Ort)...,*

wird angeklagt,

am ... in ...
...(abstrakter Anklagesatz)... .

D Angeschuld ...(konkreter Anklagesatz)... .

Vergehen/Verbrechen, strafbar gemäß ... .

Beweismittel

...

Wesentliches Ergebnis d Ermittlungen

I. Zur Person d Angeschuld

...

II. Zur Sache

...

Es wird beantragt, unter Zulassung d Anklage d Hauptverfahren vor d AG/LG – Strafrichter/SchöffenG/... – in ... zu eröffnen.

gez. ...
Staatsanwalt "

(3) Besonderheiten in Bayern u Baden–Württemberg

(a) in Bayern übliches Muster

"StA bei d LG ...
– ...(Az)... –

I.	*Anklageschrift*
	in d Strafsache
	gg
1.) ...,	*...,*
	Verteidiger: ...,
2.) ...,	*...,*
	Verteidiger: ... .

D StA legt aufgrd ihrer Ermittlungen d Angeschuld folgenden SV zur Last: ...(konkreter Anklagesatz)... .

D Angeschuld wird daher beschuldigt, ...(abstrakter Anklagesatz)..., strafbar als ... gemäß ... .

Wesentliches Ergebnis d Ermittlungen

...

Zur Aburteilung ist nach ... d ... zuständig.

Ich erhebe öffentliche Klage u beantrage, d Anklage zur HVhdlg vor d ... zuzulassen u Termin zur HVhdlg zu bestimmen.

Als BewMittel bezeichne ich:

... .

II. Mit ... Bd. Ermittlungsakten an d ... .

StA bei d LG ...
..., den ...
gez. ...
Staatsanwalt "

(b) in Baden–Württemberg übliche Muster

"StA ...(Ort)... *..., den ...*
– ...(Az)... –

An das
...(G)...
...(Ort)...

Anklageschrift

Bl. ... d.A. *D am ... in ... geborene ...(Name u weitere persönl Angaben)...,*
Bl. ... d.A. *Verteidiger: RA ...,*
wird angeschuldigt,
...(konkreter Anklagesatz)... .

D Angeschuld habe somit ...(abstrakter Anklagesatz)... .
(teilw werden konkreter u abstrakter Anklagesatz auch in umgekehrter Reihenfolge angeordnet: "... wird angeschuldigt, ...(abstrakter Anklagesatz)..., indem er ...(konkreter Anklage–satz)... .")

Vergehen/Verbrechen, strafbar nach ... .

Es wird beantragt, d Anklage zuzulassen u d Hauptverfahren vor d ... zu eröffnen.

Beweismittel

...

Wesentliches Ergebnis d Ermittlungen

...

gez. ...
Staatsanwalt"

oder:

"StA bei d ... *...(Ort, Datum)...*
– ...(Az)... –

An das
...(G)...
...(Ort)...

Anklageschrift

Unter Vorlage d Akten erhebe ich mit d Antrag, unter Zulassung d Anklage d Hauptverfahren vor d AG/LG –Strafrichter/SchöffenG/... – zu eröffnen,

Anklage

Bl. ... d.A. *gg d am ... in ... geborenen, in ...(Anschrift)... wohnhaften, ledigen/verheirateten/... Deutschen/... ...(Name d Angeschuld)...,*
Bl. ... d.A. *Verteidiger: RA ... .*

D Genannte wird angeklagt, er habe folgende Straftat(en) begangen:
...(konkreter Anklagesatz)... .

Er habe somit ...(abstrakter Anklagesatz)... .

Vergehen/Verbrechen, strafbar gemäß ... .

Beweismittel

...

Ermittlungsergebnis

...

gez. ...
Staatsanwalt "

RF d Anklageerhebung:
- Anhängigkeit d Strafverfahrens bei e best G
- Verfahrensherrschaft geht auf d G über
- Festlegung u Begrenzung d Prozeßgegenstands auf d in d Anklage bezeichnete Tat u Person, 264I,155I
- Festlegung d GStandes (8)
- d Beschuld wird zum Angeschuld, 157

c Begleitvfg

insbes:

aa Abschlußvermerk, 169a
"D Ermittlungen sind abgeschlossen"

bb ggf:
- Teileinstellungsvfg mit Schreiben an d Anzeigeerstatter u Benachrichtigung d Beschuld
- Vermerk üb d Nichterforderlichkeit e Teileinstellung

cc Fotokopien für d Handakte fertigen v Bl. ... d.A. (soweit für d weitere Sachbearbeitung, insbes für d BewAufnahme in d HVhdlg, v Bedeutung)

dd Fertigung d Anklageschrift lt Diktat od Entwurf in Reinschrift mit d benötigten Anzahl v Durchschriften bzw Ausdrucken

ee Entwurf u Durchschrift zur Handakte

ff Mitteilung v d Anklageerhebung bzw Durchschriften d Anklage versenden an Haftrichter, JVA, and Stellen lt MiStrA

gg Anforderung d Straf-, Erziehungs- od Verkehrsregisterauszugs

hh Anforderung e Berichts d Jugendgerichtshilfe

ii Übersendung d Anklageschrift u.m.A. an d G
"U.m.A.
d AG/LG – Strafrichter/SchöffenG/...Strafkammer –
in ... unter Bezugnahme auf d Anklageschrift übersandt"

jj Vermerk d Anklageerhebung im Register d StA

kk Wiedervorlage

ll Unterschrift (mit Dienstbezeichnung)

4 Antrag auf Erlaß e Strafbefehls, 407ff (Einzelheiten s.u. [[3]] A) → S-54

5 Antrag auf Aburteilung im beschleunigten Verfahren, 212ff

B Zwischenverfahren, 199ff

I Mitteilung d Anklageschrift gemäß 201,145a
II Bestellung e Pflichtverteidigers gemäß 140
III Prüfung d Vorauss d Eröffnung d Hauptverfahrens
  1 Prozeßvorauss (Einzelheiten s.u. C I)
  2 hinreich Tatverdacht bzgl d Begehung d in d Anklageschrift bezeichneten Straftat, 203
IV Verfahren u Entscheidung
  1 Anordnung ergänz Ermittlungen, 202
  2 Einstellung d Verfahrens (durch Beschluß)
    a Ablehnung d Eröffnung d Hauptverfahrens u Einstellung aus tats od rechtl Gründen, 204
      "In d Strafsache gg ... wg ... wird d Eröffnung d Hauptverfahrens abgelehnt"
      – ggf: Aufhebung d Haftbefehls (120I2) u Entscheidung üb Haftentschädigung gemäß StrEG
      – RBehelf: sofort Beschwerde d StA, 210II
    b vorläuf Einstellung aus persönl Gründen, 205
    c Einstellung gemäß 153II,153aII,154II,154aII, 47 JGG etc
  3 Eröffnung d Hauptverfahrens (durch Beschluß), 207
    a in Übereinstimmung mit d Anklage, 207I
      "In d Strafsache gg ... wg ... wird d Hauptverfahren eröffnet. D Anklage d StA bei d ... wird zur Hauptvhdlg vor d ... in ... zugelassen"
    b abweichend v d Anklage, 207II,209I
      – bei 207II:
        "In d Strafsache gg ... wg ... wird d Hauptverfahren eröffnet. D Anklage d StA bei d ... wird mit d Maßgabe zugelassen, ..."
      – bei 209I:
        "In d Strafsache gg ... wird d Hauptverfahren eröffnet. D Anklage d StA bei d LG ... wird zur HVhdlg vor d ...(Gericht d niedrigeren Ordnung)... zugelassen"
      (RBehelf: sofort Beschwerde d StA, 210II)
    c ggf begleit Entscheidung üb Anordnung od Fortdauer d U–Haft od einstw Unterbringung, 207IV
    Folge d Eröffnungsbeschlusses: RHängigkeit d Verfahrens/Angeschuld wird z Angekl, 157
  4 Vorlage gemäß 209II bei Zuständkt e G höherer Ordnung

C Hauptverfahren, 213ff (47ff JGG)

I Prozeßvoraussetzungen

1 Aburteilungsbefugnis d Gerichts

a deutsche Gerichtsbarkeit (18–20 GVG, Art VII Nato–Truppenstatut)
b Strafrechtsweg, 13 GVG
c Zuständkt
  aa sachlich, 1ff iVm GVG
    (1) AG, 24 GVG:
      (a) Gericht
        grds zuständig, es sei denn
        – Zuständkt d LG nach 74II od 74a GVG (s.u. (2)) bzw d OLG nach 120 GVG (s.u. (3)), 24INr1

- im Einzelfall ist e höhere Strafe als 4 Jahre Freiheitsstrafe od Unterbringung in e psychiatr Krankenhaus od in d SichVerwahrung zu erwarten, 24INr2
- d StA erhebt wg d bes Bedeutung d Sache Anklage beim LG, 24INr3

(b) Spruchkörper

(aa) Strafrichter, 25 GVG, 113IV RiStBV:
- Privatklagen, 25Nr1
- Vergehen, bei denen d konkrete Straferwartung 2 Jahre Freiheitsstrafe nicht überschreitet, 25Nr2

(bb) Schöffengericht, 28 GVG:
alle übr Delikte (Verbrechen u Vergehen), für d Zuständkt d AG besteht

(2) LG, 74 GVG:

(a) Gericht
- Verbrechen, d nicht zur Zuständkt d AG (24) od d OLG (120) gehören, 74I1
- Delikte, bei denen im Einzelfall e höhere Strafe als 4 Jahre Freiheitsstrafe od d Unterbringung in e psychiatr Krankenhaus od d SichVerwahrung zu erwarten ist, 74I2Hs1 iVm 24INr2 GVG
- Delikte, bei denen d StA wg d bes Bedeutung Anklage beim LG erhebt, 74I2Hs2 iVm 24INr3 GVG, 113I RiStBV

(b) Spruchkörper

(aa) Sonderstrafkammer:
- Staatsschutzkammer für polit Delikte lt Katalog d 74a GVG
- Wirtschaftsstrafkammer, 74c GVG

(bb) Strafkammer als Schwurgericht lt Katalog v Verbrechen d 74II GVG

(cc) große Strafkammer: alle übr Delikte, für d Zuständkt d LG besteht

(3) OLG, 120 GVG: Staatsschutzsachen u Völkermord

(4) Vorlage bzw Verweisung, 269,225a bzw 269,270

(5) Jugendgericht, 33I,108 JGG: bei Anwendbarkeit d JugendstrafR (1ff,105,32 JGG)

(a) Strafrichter als Jugendrichter, 33II,39I JGG

(b) JugendschöffenG, 33II,40I JGG

(c) Jugendkammer, 33II,41 JGG

(d) JugendG in Jugendschutzsachen, 26,74b GVG

(e) OLG u BGH, 102 JGG

(f) bei Verbindung v Strafsachen gg Jugendl u Erwachsene gemäß 103 JGG

bb örtlich

(1) GStände (iw) d Tatortes, Wohnsitzes, Aufenthaltsortes, Ergreifungsortes, 7ff (Prüfung nach Eröffnung d Hauptverfahrens nur noch auf Rüge d Angekl, 16S2,3)
- Prioritätsgrds bei ZusTreffen mehrerer GStände bei e Straftat
- GStand d Zushgs bei mehreren Straftaten, 13

(2) bei Anwendung v JugendstrafR (1ff,105,32 JGG): 42I,108 JGG

2 Verfolgbarkeit d Sache

a keine anderweit RHängigkeit d gleichen SV

b keine rkräft Entscheidung bzgl d gleichen SV, 103III GG
(Verurteilung, 103III GG/Einstellung nach 153II, endgült Einstellung nach 153aI,II)

c Anwendbarkeit d deutschen Strafrechts, 4–7 StGB

d keine Verjährung, 78ff StGB

- e keine Abolition od Amnestie
- f ordnungsgemäße Anklage (151,170I,199,200,212,407) od Privatkl (374)
- g ordnungsgemäßer Eröffnungsbeschluß (203,207,383), ggf Nachtragsanklage u Einbeziehungsbeschluß (266)
- h bei Antragsdelikten
  - aa Strafantrag gemäß 77–77e StGB
  - bb od Bejahung e bes öff Interesses durch d StA (nach hM v G nicht zu überprüfen!)

3 Verfolgbarkeit d Angeklagten

- a Strafmündigkeit, 19 StGB
- b keine Immunität, 152a, 46II,IV GG
- c Anwesenheit, 230
- d Verhandlungsfähigkeit (d Angekl muß in d Lage sein, dem Verfahren körperl u geistig zu folgen, d Bedeutung d Verfahrenshandlgen zu erkennen, sich im Verfahren zu äußern u seine Rechte wahrzunehmen; ggf: 231a)

II Ausschließung und Ablehnung von Richtern

1 ges Ausschluß v Richtern 22f
2 Ablehnung wg Besorgnis d Befangenheit, 24ff
3 Besetzungseinwand bei Verfahren vor d LG u OLG, 222b

III Ordnungsgemäßer Ablauf

1 Vorbereitung d HVhdlg

insbes
- a Terminsbestimmung u Ladungen, 213ff, 116ff RiStBV
- b Mitteilung d gelad Zeugen, 222
- c kommissar Vernehmung in d HVhdlg verhind Zeugen od SVerständ, kommissar Augenschein, 223ff, 121 RiStBV
- d Mitteilung d Gerichtsbesetzung bei Verfahren vor LG u OLG, 222af
- e Entbindung d Angekl v Erscheinen in d HVhdlg gemäß 233

2 Ablauf d HVhdlg

- a Aufruf d Sache, Feststellung d Anwesenheit v Angekl, Verteidiger, Zeugen, SVerständ (243I); gemeins Belehrung d Zeugen gemäß 57; Zeugen verlassen d Saal (243II)
- b Vernehmung d Angekl zur Person, 243II2 (beschränkt auf Identitätsfeststellung u Feststellung d VhdlgsFähigkeit; strafzumessungsrelevante Tats, zB Vorleben, Vorstrafen od Einkünfte, sind erst iRd d Vernehmung zur Sache zu erfragen, hM)
- c Verlesung d Anklagesatzes durch d StA, 243III
- d Belehrung d Angekl üb sein Schweigerecht u ggf Vernehmung d Angekl zur Sache, 243IV iVm 136II
- e BewAufnahme, 244
  - – Leitung durch d Vorsitzenden, 238I
  - – Fragerecht seitens d beisitz Richter, StA, Angekl u Verteidiger, 240
  - – Zurückweisung ungeeigneter od nicht zur Sache gehörender Fragen gemäß 241II mögl
    - – durch d Vorsitzenden
    - – dagegen: Antrag auf Entscheidung d G, 238II
  - – Recht zum Stellen v BewAnträgen, 244III

f Schlußvorträge, 258
  aa StA, dann Verteidiger u Angekl, 258I,III
  bb Recht d Erwiderung für d StA, 258II
  cc letztes Wort für d Angekl, 258II
g Urteilsverkündung (nach geheimer Beratung), 260I,268II–IV
  – Verlesung d Urteilsformel u Mitteilung d Urteilsgründe, 268II
  – Belehrung üb RMittel, 142 RiStBV
h Mitverkündung notwend Beschlüsse
  – bei Straf- od Maßregelaussetzung zur Bewährung: Beschlüsse üb Bewährungszeit etc (56a–d,59a StGB), 268aI,II
  – üb d Fortdauer d U–Haft od einstw Unterbringung, 268b
  – Belehrungen nach 268aIII,268c

3 Anwesenheit u Unterbrechungen

a Anwesenheitserfordernisse
  aa Richter, 226
  bb e Vertreter d StA, 226,227
  cc e UrkBeamter d Geschäftsstelle, 226
  dd Verteidiger bei notw Verteidigung, 140,145,227
  ee Angekl
    (1) grds ist seine Anwesenheit erforderl (230I,231I1) u erzwingb (230II,231I2)
    (2) Ausn:
      (a) bei leichten Straftaten, wenn d Angekl in d Ladung auf d Möglkt d Vhdlg in seiner Abwesenheit hingewiesen wurde, 232
      (b) bei leichten Straftaten, wenn d Angekl v d Pfl zum Erscheinen entbunden wurde, 233
      (c) wenn d zunächst erschienene Angekl sich nach seiner Vernehmung üb d Anklage entfernt u d G seine weitere Anwesenheit nicht als erforderl erachtet, 231II
      (d) bei absichtl Herbeiführung d VhdlgsUnfähigkeit, wenn d Angekl noch nicht üb d Anklage vernommen wurde, 231a, 122 RiStBV
      (e) bei ordnungswidrigem Verhalten d Angekl, 231b
      (f) während einz VhdlgsTeile auf Gestattung wg Nichtbetroffenheit, 231c
      (g) Ausschluß d Angekl während d Vernehmung v Zeugen od Mitangekl, wenn bei Anwesenheit e Beeinflussung d Aussage od e sonst erhebl Nachteil zu befürchten ist, 247
      (h) im Jugendstrafverfahren: 50,51 JGG
      (i) in d HVhdlg nach Einspruch gg e Strafbefehl, 412
b Unterbrechung d HVhdlg
  aa bis zu 10 Tagen, 229I
  bb bis zu 30 Tagen nach jeweils 10 Tagen HVhdlg, 229II1,2
  cc zusätzl 30 Tage gemäß 229II3
  dd Hemmung d Fristen v 10/30 Tagen bis zu 6 Wochen bei Krankheit e Angekl, 229III
  RF e Überschreitens dieser Fristen: Neubeginn d HVhdlg, 229IV

IV Voraussetzungen der Verurteilung

1 Schuldfrage (263)

a Gegenstand d Untersuchung in d HVhdlg

ist d Überprüfung d in d Anklageschrift bezeichneten Tatvorwurfs

aa Ausgangs- u Bezugspunkt d Untersuchung ist d im Anklagesatz abgegrenzte
- prozessuale Tat
- u ihre rechtl Beurteilung

bb auf dieser Grdl erfolgt in d HVhdlg:
- d Feststellung d SV (iw im BewVerfahren)
- abschließende Prüfung d Strafbarkeit d festgestellten SV (Subsumtion)

b Tatsachenfeststellung (Beweisverfahren)

aa Gegenstand u Umfang d BewAufnahme

(1) Tats u BewMittel,

(2) d für d Entscheidung, dh insbes für
- d Schuldfrage,
- d RFolgen d Tat,
- d Prozeßvorauss u and prozess Fragen

v Bedeutung sind

(3) u bewbedürftig sind (nicht bewbedürftig sind: Tats, für d e ges Vermutung spricht (zB 69II StGB), od offenkund Tats)

(4) soweit d richterl Aufklärungspfl reicht, 244II

bb richterl Aufklärungspfl, 244II

(1) Möglkt d Untersuchung vAw (dh auch ohne BewAnträge)

(2) Bindung an gestellte BewAnträge in d Grenzen d 244III–VI,245

(a) wirks BewAntrag

(aa) BewAntrag: Verlangen e Verfahrensbeteiligten an d G,
- zu e best, d Schuld- od Straffrage betreffenden Behauptung (BewThema)
  "Zum Beweis dafür, daß ..."
- mit e best bezeichneten BewMittel Bew zu erheben
  "... wird d Vernehmung d Zeugen ... beantragt"
  "... wird d Einholung e ... SVerständGutachtens beantragt"
  Anforderungen an d Bestimmtheit d BewMittels:
  - bei Zeugen: Name u ladungsfähige Anschrift od zumindest Angabe d Umstände zur Ermittlung d Anschrift
  - bei SVerständ: Angabe d Fachrichtung ausreich
  - bei Augenscheinsobjekt u Urk: genaue Bezeichnung d Obj (bei Akten einschl Blattzahl)
- zulässig ist auch e Hilfsbeweisantrag; zB:
  "Für d Fall, daß d G d Angekl nach d Ergebnis d bisher durchgeführten BewAufnahme d ihm zur Last gelegten Straftat für überführt hält, wird beantragt, Bew darüber zu erheben, daß ..., durch ... "

(bb) Wirksamkeit
- mündl Antrag in d HVhdlg

- Antragsberechtigung: Angekl, Verteidiger, StA, Privatkläger, Nebenkläger
- keine Rücknahme d Antrags

(b) Ablehnungsgründe d 244III

(aa) Unzulässkt d BewErhebung, 244III1
(zB Ausschluß d Wahrheitsbeweises gemäß 190S2 StGB)

(bb) Überflüssigkeit d BewErhebung infolge
- Bedeutungslosigkeit d Tats für d zu fällende Entscheidung (wenn d Beweis d behaupteten Tats d Entscheidung aus tats od rechtl Gründen nicht beeinflussen kann)
- Offenkundigkeit d Tats (Allgemeinkundigkeit, Gerichtskundigkeit)
- wenn d behauptete Tats schon bewiesen ist
- Unterstellung d behaupteten entlastenden Tats als wahr

(cc) Zwecklosigkeit d BewErhebung infolge
- völliger Ungeeignetheit d BewMittels (Evidenz d Nichteignung e BewMittels zum Bew e behaupteten Tats; aber: Verbot d vorweggenommenen BewWürdigung)
- Unerreichbarkeit d BewMittels

(dd) Entbehrlichkeit e im Ausland zu ladenden Zeugen gemäß 244V2

(ee) Prozeßverschleppungsabsicht (liegt vor, wenn nachgewiesen ist, daß d Antragsteller sich der Unmöglkt bewußt ist, durch d benannte BewMittel e günstige Wendung d Prozesses herbeiführen zu können, u auch d G diese Überzeugung hat; verspätetes Vorbringen allein ist für e Verschleppungsabsicht nicht ausreich, 246)

(c) Ablehnungsgründe bei Antrag auf Vernehmung e SVerständ od Augenschein: 244IV,V

(d) bes Regelung d **Ablehnungsgründe bei (förml geladenen) präsenten BewMitteln**, 245II

(e) Entscheidung durch Beschluß bei Ablehnung, 244VI

(3) eingeschränkte Bindung an BewErmittlungsanträge

(a) BewErmittlungsantrag: Antrag auf BewErhebung, dem es an d Bezeichnung e best BewThemas od e best BewMittels fehlt

(b) Bindung d G an e solchen Antrag besteht nur iRd allg richterl Aufklärungspfl, dh bei

(aa) Aufklärungsbedürftigkeit e Tats, d in d HVhdlg für d G aufgrd best Umstände erkennb ist, u

(bb) Vorliegen e best Mögklt d Aufklärung durch d G, die für dieses erkennb ist,

(cc) wobei nicht auszuschließen ist, daß bei Aufklärung e für d Angekl günstigere Entscheidung zu treffen ist

cc Form u Verfahren d BewErhebung

(1) Strengbeweis für alle Tats, d d Schuldfrage u d RFolgen d Tat betreffen

(a) zuläss BewMittel d Strengbeweises sind ausschließl

(aa) Einlassung/Geständnis d Angekl
(bb) Zeugen
(cc) SVerständiger
(dd) Augenschein
(ee) Urkunden

(b) Verfahren d BewErhebung
    (aa) Zeugenvernehmung: 48–71
    (bb) SVerständigengutachten: 72ff
    (cc) Augenschein: 86
    (dd) Urkunden: 249ff

(2) Freibeweis für ausschließl verfahrensrechtl erhebl Tats
  (a) zuläss sind neben denen d Strengbeweises auch and BewMittel, zB d gesamte Akteninhalt, schriftl Äußerungen, telefon Auskünfte
  (b) keine Bindung an d Verfahrensvorschriften d Strengbeweises

dd Unmittelbarkeit d BewErhebung

(grds ist d originäre (tatnächste) BewMittel zu benutzen)

(1) Grds d persönl Vernehmung e BewPerson, dh

- Verbot d Ersetzung e Vernehmung in d HVhdlg durch Verlesung e schriftl Erklärung od e früher aufgenomm Vernehmungsprotokolls, 250
- beachte: grds zulässig ist aber neben d Vernehmung d BewPerson d ergänzende Verlesung v Protokollen u and schriftl Erklärungen im UrkBeweis

(2) Ausnahmen vom Ersetzungsverbot

(a) Verlesung d Protokolls e Vernehmung d Angekl, 254

(aa) Geständnis od Widerspr mit früherer Aussage
- Geständnis (jd Zugestehen v Tats, d für d Schuldfrage v Bedeutung sein können), 254I
- (od) in d Vernehmung d Angekl aufgetretener Widerspr mit d protokollierten früheren Aussage, d anders (zB Vernehmung d Verhörperson) ohne Unterbrechung d HVhdlg nicht festgestellt od behoben werden kann (Subsidiarität), 254II

(bb) ordnungsgemäß aufgenommenes Protokoll e ordnungsgemäß vorgenomm (insbes: erforderl Belehrung, Beachtung d AnwesenheitsR d Verteidigers, Durchführung d Vernehmung zur Sache entspr 69 (häufiger Fehler: Bestätigung ledigl e zuvor durchgeführten polizeil Vernehmung, auf d im Protokoll Bezug genommen wird)) richterl Vernehmung d Angekl

(cc) Verwertungsmöglkt
- richterl Protokoll: Verlesung zulässig als UrkBeweis
- nichtrichterl Protokoll: Verlesung zulässig allenfalls als Vorhalt, str aber hM (dh d Protokollinhalt darf nicht als UrkBeweis verwertet werden)

(beachte: Urk mit sonst schriftl Äußerungen d Angekl außerhalb e Vernehmung, zB Erklärungen ggüber StA od G sowie Briefe, können zum UrkBeweis gemäß 249 verlesen werden)

(b) Verlesung d Vernehmungsprotokolls od e and schriftl Erklärung e Zeugen, SVerständ od Mitangekl, 251

(aa) richterl Vernehmungsprotokoll, 251I:
- Tod, Geisteskrankheit, unbekannter Aufenthalt od Verhinderung d Betroff durch Krankheit (etc) auf längere od ungewisse Zeit
- Unzumutbarkeit d Anreise e Zeugen od SVerständ wg großer Entfernung, unter Berücksichtigung d Bedeutung d Aussage
- Einverständnis v StA, Verteidiger u Angekl

(bb) nichtrichterl Vernehmungsprotokoll od and schriftl Erklärung, 251II:
- wenn d Angekl e Verteidiger hat u StA, Verteidiger u Angekl einverstanden sind
- iü bei Tod od anderweit Unmöglkt d gerichtl Vernehmung in absehb Zeit

(cc) ggf: ordnungsgemäß aufgenomm Protokoll e ordnungsgemäß vorgenomm Vernehmung (verzichtb in d Fällen d 251INr4 u II1)

(dd) Anordnung durch Beschluß u Verfahren gemäß 251IV

(c) Verlesung d Protokolls d Vernehmung e Zeugen od SVerständ zur Gedächtnisunterstützung od zur Behebung v Widersprüchen mit e früheren Aussage, 253

(aa) Erinnerungslücke od Widerspruch mit e früheren Aussage, der ohne Unterbrechung d HVhdlg nicht festgestellt od behoben werden kann (Subsidiarität, II)

(bb) ordnungsgemäß aufgenommenes Protokoll e ordnungsgemäß vorgenommenen (insbes: erforderl Belehrung) Vernehmung

(cc) Verwertungsmöglkt
- zulässig als bloßer Vorhalt (BewMittel bleibt nur d Aussage d BewPerson; Unzulässkt d Verwertung d Protokollinhalts als UrkBeweis)
- zulässig zum Zweck d UrkBeweises erst, wenn d Vorhalt keine Erinnerung od Klärung d Widerspruchs hervorruft u d Verlesung protokolliert wird (249II,273,274), hM

(d) Verlesung behördl Zeugnisse, Gutachten u Atteste, 256

ee Beweisverwertungsverbot

(1) ausdrückl Verwertungsverbot bei best BewGewinnungsverboten

(a) verbotene Vernehmungsmethoden, 136aIII2

(b) getilgte od tilgungsreife frühere Verurteilungen, 51I BZRG, Erkenntnisse u Unterlagen bei Überwachung d Fernmeldeverkehrs, 7III G zu Art 10 GG

(c) Verwertung belastender Beweise ohne Anhörung d Angekl (33I), allgM

(2) beschränktes Verwertungsverbot (hM) d 252

(a) Verbot d Verlesung d Aussage e Zeugen, d erst in d HVhdlg v seinem ZeugnisverweigerungsR Gebrauch macht

(b) Verwertbarkeit d (ersatzweisen) Vernehmung e richterl Vernehmungsperson (nicht aber e polizeil od sta Vernehmungsperson!), hM
- Vorauss: ordnungsgemäße Belehrung u ordnungsgemäße Durchführung d vorausgegang richterl Vernehmung
- aM: unzulässig, weil auch Polizei u StA zB gemäß 163aV,161aI belehren u gemäß 69 vernehmen müssen

(3) Verwertungsverbot nach d sog Rechtskreistheorie (BGH; str):
bei d übr BewGewinnungsverboten (zB: 52,55, Zeugnisverweigerung/190 StGB, formaler Wahrheitsbeweis/98,105, richterl Anordnung v Beschlagnahme u Durchsuchung/81a, Blutprobe ohne Einwilligung nur durch e Arzt) besteht e Verwertungsverbot nur, wenn d verletzte Verfahrensvorschrift wesentl d Schutz d RKreises d Beschuld dienen soll (Abwägung d Interessenlage, d d verletzte Norm im Auge hat, mit d staatl Strafverfolgungsinteresse); im einzelnen:

(a) e Verwertungsverbot besteht bei Verstoß gg
- d Aufklärungspfl üb d Möglkt für d Beschuld, d Einlassung zu verweigern (136I2,243IV1)

– 52III,81cIII

(b) kein Verwertungsverbot besteht bei Verstoß gg

– 55II; geschützt wird nach hM d Zeuge, nicht d Beschuld (aM: soll falsche Zeugenaussagen verhindern, dh auch d Angekl schützen)

– 81a; str ist hier aber, ob Schutzzweck der Vornahme durch e Arzt d Schutz d körperl Integrität d Betroff (Folge: Schutz durch 223ff,239,240 StGB, aber kein BewVerwertungsverbot bei Vornahme durch Nichtarzt, hM) od d Verläßlichkeit d BewMittels Blutprobe (Folge: BewVerwertungsverbot bei Verstoß, aM) ist

(4) Fernwirkung v BewVerwertungsverboten?

(Bsp für e mittelb erlangtes BewMittel: aufgrd e wg 136a nicht verwertb Aussage wird e Tatwaffe gefunden, d durch Fingerabdrücke d Täterschaft d Beschuld indiziell beweisen kann)

– hM: BewVerwertungsverbote erstrecken sich grds nicht auf mittelb erlangte BewMittel (Ausn lt BGH: Verbote gemäß 7III G zu 10 GG)

– aM: BewVerwertungsverbot gilt auch für mittelb erlangte BewMittel (Grund: ansonsten droht e Aushöhlung v BewGewinnungs- u -verwertungsverboten)

(5) Verwertungsverbot für BewMittel, d (statt v e Strafverfolgungsorgan) v e Privatperson rw gewonnen wurden: wenn d rw Verhalten zugleich d Menschenwürde (1,2 GG) d Beschuld verletzt hat; ansonsten nach e Gesamtabwägung zw d Interesse d Beschuld an d Wahrung seiner Intimsphäre u d Interesse d Allgheit an d Verfolgung schwerer Straftaten

ff Beweiswürdigung, 261

(1) Grds: freie BewWürdigung, dh keine Bindung an feste BewRegeln

– maßgebl ist d persönl Überzeugung d Richters, dh d vernünft Zweifel ausschließende Gewißheit d Vorliegens d für Schuld d Angekl u RFolgen d Tat erforderl Tats

– Grdl: Inbegriff d Vhdlg, dh alles was zum Gegenstand d Vhdlg gemacht worden ist; inhaltl sind dies alle Bew einschl d Einlassung d Angekl, d ordnungsgemäß in d HVhdlg erhoben wurden u verwertb sind

– mögl ist auch d Beweis durch Indizien

– aber Bindung an d Gesetze d Logik

(2) Einschränkungen bzw Ausnahmen v d freien BewWürdigung

(a) allg feststehende wissenschaftl Erkenntnisse (zB Vorliegen absoluter Fahruntüchtigkeit bei e Blutalkoholgehalt v 1,1 Promille)

(b) verfahrensrechtl zuläss Schweigen d Angekl (nur bei Aussageverweigerung zur Sache insgesamt) u verfahrensrechtl zuläss Zeugnisverweigerung dürfen nicht zuungunsten d Angekl ausgelegt werden

(c) formaler Wahrheitsbeweis gemäß 190 StGB

(d) BewKraft d Sitzungsprotokolls, 274

(3) Grds des in dubio pro reo: wenn es nach Ausschöpfung aller prozessual zuläss BewMittel nicht gelungen ist, d SV zweifelsfrei zu klären, ist v d für d Angekl günstigeren Möglkt auszugehen

c abschließende Beurteilung d Strafbarkeit

(für d Grds u d Aufbau dieser Prüfung vgl d Grds zum Aufbau d Gutachtens in d strafrechtl Klausur, s.o. [[1]] A V 1)

2 Strafzumessung (RFolgen d Tat, 263I)

a mögl Sanktionen

aa bei Anwendbarkeit d allg StrafR
- (1) Strafen u mit diesen zushängende Maßnahmen
  - (a) Hauptstrafe
    - (aa) Geldstrafe, 40ff StGB
    - (bb) Freiheitsstrafe, 38f StGB
    - (cc) Vermögensstrafe, 43a StGB
  - (b) Nebenstrafe: Fahrverbot v 1–3 Monaten, 44 StGB
  - (c) Nebenfolgen
    - (aa) Verlust d Amtsfähigkeit, d Wählbarkeit od d StimmR, 45ff StGB
    - (bb) Bekanntgabe d Verurteilung, 165,200 StGB
  - (d) Auflagen u Weisungen, 56b,c StGB
  - (e) Verwarnung mit Strafvorbehalt, 59 StGB
- (2) Maßregeln d Sicherung u Besserung
  - (a) Unterbringung in e psychiatr Krankenhaus, e Entziehungsanstalt, e sozialtherapeut Anstalt od in d SichVerwahrung, 63–66 StGB
  - (b) Führungsaufsicht, 68ff StGB
  - (c) Entziehung od Sperre d Fahrerlaubnis, 69ff StGB
  - (d) Berufsverbot, 70ff StGB
- (3) Einziehung u Verfall, 73ff StGB

bb bei Anwendbarkeit d JugendstrafR (1ff,105,32 JGG)
- (1) Erziehungsmaßregeln, 5I,8I JGG
  - (a) Weisungen, 10f JGG
  - (b) Erziehungsbeistandschaft, 12 JGG iVm SGB VIII
  - (c) Heimerziehung od betreutes Wohnen, 12 JGG iVm SGB VIII
- (2) Zuchtmittel, 5II,III,8I JGG
  - (a) Verwarnung, 14 JGG
  - (b) Auflagen, 15 JGG
  - (c) Jugendarrest, 16 JGG
- (3) Jugendstrafe, 5II,III,8II,17ff,27 JGG

b Vorgehen bei d Strafzumessung

aa Feststellung v Konkurrenzen

- (1) bei Idealkonkurrenz: Strafzumessung nach d schwersten Delikt, 52II1 StGB
- (2) bei Realkonkurrenz:
  - (a) Zumessung v Einzelstrafen für d verschied realkonkurrierenden Delikte
  - (b) Bildung e Gesamtstrafe, 53,54 StGB
- (3) bei Anwendbarkeit d JugendstrafR: 31 JGG

bb Feststellung d gesetzl Strafrahmens d verwirklichten Delikte

- (1) allg Strafrahmen für Geld- u Freiheitsstrafen, 38–40 StGB
- (2) Regel–Strafrahmen für d konkret verwirklichten Delikte
- (3) Strafrahmenverschiebungen
  - 13II,17S2,21,23II,27II2,28I,30I,35I2,II2 iVm 49I StGB
  - bes schwere bzw minder schwere Fälle d verwirklichten Delikte
  - 49II StGB
  - beachte: 50 StGB

cc Entscheidung üb d Art d Sanktion: Geld- od Freiheitsstrafe

(1) Kriterien: Grds d 46 StGB

(a) Grdl ist d Schuld d Täters, 46I1 StGB (Schuld iSd Strafzumessung ist d Maß d Vorwurfs, der d Täter für seine Tat zu machen ist)

(b) weitere strafzumessungsrelevante Tats sind, 46II StGB:

(aa) Beweggründe u Ziele d Täters, zB
- Dauerdisposition, Charakter, Milieu
- situative Disposition
- Hemmungen
- Motivdruck (zB erpresserische Drohung)
- Not- od Konfliktlage
- Gesinnung, d aus d Tat spricht (spez Schuldmerkmale)
- kriminelle Willensintensität

(bb) obj Faktoren d Tat, zB
- Maß d PflWidrigkeit (insbes bei Fahrlässkt)
- Art d Ausführung
- verschuld Auswirkungen d Tat

(cc) täterbezogene Faktoren außerhalb d Tat
- Vorleben d Täters, insbes Vorstrafen
  - strafmildernd: keine Vorstrafen
  - strafschärfend:
    - einschlägige Vorstrafen (Ausn: getilgte od tilgungsreife einschläg Vorstrafen, 51,65,66 BZRG)
    - Warnung durch e Verfahren, d mit Freispruch od Einstellung nach 153,153a endete
- persönl Verhältnisse d Täters (zB Alter, Geschlecht, Schwangerschaft, Intelligenz, ungünst FamVerhältnisse, Unreife, Gesundheitszustand, Drogenabhängigkeit, berufl u soziale Stellung)
- wirtschaftl Verhältnisse d Täters zur Zeit d Verurteilung (Strafempfänglichkeit d Täters)
- Verhalten d Täters nach d Tat:
  - Wiedergutmachung, alle sonst Formen tätiger Reue, Therapiebereitschaft
  - Spurenbeseitigung
  - Geständnis bzw Leugnen d Tat

(dd) weitere Faktoren
- Grenzen an e Rechtf- od Schuldausschließungsgrund
- Gesetzeseinheit, Tateinheit
- Persönlichkeit d Opfers
- Mitverschulden anderer
- lange Verfahrensdauer
- Vorverurteilung durch Medien
- Einfluß e agent provocateur
- Vorwegvollzug d Strafe (67II StGB)

(c) Berücksichtigung d Wirkungen, d v d Strafe auf d künft Leben d Täters in d Gesellschaft zu erwarten sind, 46I2 StGB

(d) keine Doppelverwertung v Umständen, d schon Merkmale d ges Tb (dh d Strafrahmenbestimmung) sind, 46III StGB
dazu gehören:
- Merkmale d GrundTb

– Merkmale d Regelbeispiels d bes schweren Falls
– d d Strafrahmen mildernde Anlaß (49I StGB; wohl aber d damit zushängenden Umstände)

(2) insbes: Erforderlichkeit d Freiheitsstrafe gemäß 47,46I2 StGB

(3) Möglkt d Verhängung v Geld- neben Freiheitsstrafe bei Bereicherungsdelikten, 41 StGB

dd konkrete Strafmaßbestimmung

(1) bei Geldstrafe:

(a) Festlegung d **Zahl d Tagessätze**, 40I1 StGB
– Kriterien: Grds d 46 StGB (s.o. cc (1); insbes: Erforderlichkeit für e bestmögl Wirkung iSd ges anerkannten Strafzwecke)
– mind 5, max (grds) 360, 40I2 StGB
– max entspr d höchstzuläss Ersatzfreiheitsstrafe, 43S1,2 StGB

(b) Festlegung d **Höhe d Tagessatzes**, 40II StGB
– grdl Kriterium: finanz Belastbarkeit unter d Gesichtspunkt d Opfergleichheit
– Bemessungsgrdl: durchschnittl tägl Nettoeinkommen, 40II2 StGB
  – alle Einkünfte aus selbständ u nichtselbständ Arbeit, Kapitalvermögen, gewerbl Tätigkeit, Land- u Forstwirtschaft, Vermietung u Verpachtung, Renten, Unterhaltsbezüge (auch Sachbezüge)
  – abzügl: lfd Steuerabzüge u SozialversichBeiträge bei ArbN; BetrAusgaben u Werbungskosten, Verluste, Kranken- u Altersversicherungsbeiträge bei Selbständ
– mind 2, max 10000 DM, 40II3 StGB (Sozialhilfeempfänger: zZt ca. 10 DM)
– Berücksichtigung d persönl u wirtschaftl Verhältnisse d Täters, 40II1 StGB:
  – Unterhaltsverpflichtungen
  – Schulden sind nur in AusnFällen berücksichtigungsfähig (zB aus d Bau e selbstbewohnten Einfamilienhauses)
  – außergewöhnl Belastungen
  – Vermögen (40III)
  – Senkung d Tagessatzhöhe bei e Zahl v mehr als 40 (bei Minderbemittelten schon bei mehr als 30) Sätzen, um e progressiven Belastung entgegenzuwirken

(c) Entscheidung üb Zahlungserleichterungen, 42 StGB

(2) bei Freiheitsstrafe:

(a) Kriterien: Grds d 46 StGB (s.o. cc (1))

(b) mind 1 Monat, nur ausnahmsw unter 6 Monaten (47); max 15 Jahre bei zeitiger Freiheitsstrafe; lebensläng1, 38,39 StGB

(c) ggf Entscheidung üb Nichtanrechnung d U–Haft, 51I2 StGB (52a JGG)

ee ggf: Gesamtstrafenbildung gemäß 53,54,55 StGB

(1) höchste Einzelstrafe ist Einsatzstrafe, 54I1,2 StGB

(2) Summierung d übr Einsatzstrafen, 54III StGB

(3) Erhöhung d Einsatzstrafe
– um 1/3 bis 2/3 d Summe d übr Strafen (Regel; Grdl: umfassende Würdigung d Person d Täters u d einz Straftaten, 54I3 StGB)
– max 15 Jahre Freiheitsstrafe bzw 720 Tagessätze bei Geldstrafe, 54II2 StGB

ff Aussetzung zur Bewährung

(1) bei Freiheitsstrafe

(a) Strafaussetzung gemäß 56I StGB (bei Jugendstrafe gilt statt dessen: 21I JGG)

(aa) Freiheitsstrafe v max 1 Jahr

(bb) günstige Sozialprognose: begründete Erwartung, daß d Verurteilte sich schon d Verurteilung zur Warnung dienen lassen u künftig auch ohne d Einwirkung d Strafvollzugs keine Straftaten mehr begehen wird (unter Berücksichtigung insbes d Umstände d 56I2 StGB)

(cc) bei Freiheitsstrafe von mind 6 Monaten: kein Ausschluß d Aussetzung aufgrd d Erforderlichkeit d Verteidigung d ROrdnung, 56III StGB

(b) Strafaussetzung gemäß 56II StGB (bei Jugendstrafe: 21II JGG)

(aa) Freiheitsstrafe v mehr als 1, max 2 Jahren

(bb) Vorauss d Strafaussetzung gemäß 56I StGB

(cc) Vorliegen bes Umstände in d Tat u d Persönlichkeit d Verurteilten (mildernde Umstände, d zu d gewöhnl Strafmilderungsgründen hinzutreten u d Aussetzung trotz d sich in d Strafhöhe widerspiegelnden erhebl Unrechts- u Schuldgehalts als angebracht erscheinen lassen)

(dd) kein Ausschluß gemäß 56III StGB

(ee) pflichtgemäße Ermessensausübung

(2) bei Unterbringung in e psychiatr Krankenhaus, e Entziehungsanstalt od e sozialtherapeut Anstalt: gemäß 67b StGB

3 Nebenentscheidungen

a Kosten

b Entschädigung nach d StrEG, 2ff StrEG

c Entscheidungen üb Bewährungszeit, Auflagen, Weisungen, Bewährungshilfe (56a–d,59a StGB/bei Jugendstrafe: 22–25 JGG), 268a (58 JGG)

d Entscheidung üb d Fortdauer d U–Haft od einstw Unterbringung, 268b

e Einziehung, Verfall, Vermögensbeschlagnahme, 73ff StGB, 430ff

V Entscheidung in der Hauptverhandlung

1 Gegenstand d Entscheidung:

d in d Anklage bezeichnete Tat, wie sie sich nach d Ergebnis d Vhdlg darstellt, 264

a Tat: d historische Lebensvorgang, soweit er sich nach natürl Auffassung als Einheit darstellt (prozessualer Tatbegriff; Abgrenzung ggüber

– Tateinheit einschließl fortges Handlg: idR identisch mit prozess Tat (beides wg sozialer Sinneinheit)

– Tatmehrheit: idR mehrere prozess Taten; aber es kann auch bei Realkonk e einz prozess Tat vorliegen, zB: Verursachen e Unfalls u Unfallflucht, 315c,142 StGB)

b wie sie in d Anklageschrift bezeichnet ist

c es sei denn: Umgestaltung d Anklage während d HVhdlg

aa rechtl Hinweis bei Veränderung d rechtl Beurteilung, 265

(1) iRd in d zugelass Anklage bezeichneten histor Vorgangs (d prozess Tat) ist e Verurteilung aus e and rechtl Gesichtspunkt (zB nach e and Strafgesetz, wg e and Begehungs- od Teilnahmeform, od aufgrd bes straferhöhender Umstände) nur zulässig,

wenn d G d Angekl zuvor auf d Veränderung d rechtl Gesichtspunkts hinweist

(2) auch bei entscheidungserhebl Veränderung d tats Gesichtspunkte (zB: Tatzeit,

Ausweitung d fortges Handlg) ist d Angekl e Hinweis zu erteilen

bb Nachtragsanklage bei Auftauchen e weiteren histor Vorgangs (prozess Tat), 266

(1) Stellt sich erst in d HVhdlg e histor Vorgang heraus, d in d Anklage nicht enthalten ist, so kann dieser einbezogen werden bei:

(2) Nachtragsanklage durch d StA (266I,II)

(3) Zustimmung d Angekl

(4) Zuständkt d G

(Entscheidung: durch Beschluß)

2 Entscheidungsmöglichkeiten

a Verweisungsbeschluß (wg sachl Unzuständkt), 270

b Einstellung d Verfahrens wg e Verfahrenshindernisses

aa Exkurs: außerh d HVhdlg durch Beschluß, 206a

bb in d HVhdlg durch Prozeßurteil, 260III

c Einstellung d Verfahrens wg Gesetzesänderung, 206b

d Einstellung d Verfahrens gemäß 153II,153aII,154II (kommt in Betracht nur insgesamt od bzgl einz prozess Taten), Beschränkung d Strafverfolgung gemäß 154aII, durch Beschluß

e Übergang in d Strafbefehlsverfahren, 408a

f Sachurteil

aa Freispruch

bb Verurteilung

3 Urteil

a Aufbau u Inhalt

aa Rubrum, 275III

(1) Bezeichnung d G, dem d entscheid Spruchkörper angehört, u Angabe d Az

(2) Überschrift

- *"Im Namen d Volkes"*
- *"Urteil"*

(3) Angaben zur Person d Angekl (wie bei d Anklageschrift), 141I1,110II RiStBV

- (ausgeübter) Beruf, alle Vornamen (Rufname unterstrichen), FamName, Geburtsname, Geburtstag u -ort (Gde; Kreis, Land, falls zur genauen Bestimmung erforderl)
- Wohnanschrift (Straße, Haus–Nr., PLZ, Ort; ggf: *"ohne festen Wohnsitz"*); ggf: *"z.Zt. JVA ..."*
- FamStand, Staatsangehörigkeit
- bei im Zeitpunkt d Entscheidung Minderj: Name(n) u Anschrift(en) d ges Vertreter
- bei mehreren Angekl in d Reihenfolge d Anklageschrift

(4) Angabe d Straftat

(knappe Benennung d Straftat, d Gegenstand d Verfahrens ist; bei mehreren nur d Hauptdelikt, verbunden mit: *" u.a."*)

(5) erkennendes G u mitwirkende Personen einschl Dienstbezeichnung, 275III

(a) erkennendes G: Bezeichnung d Spruchkörpers

(b) mitwirkende Personen: Richter, Schöffen, Beamter d StA, Verteidiger, NebenklVertreter (ggf mit Zuordnung zu d Angekl), UrkBeamter d GStelle

(6) Termin d Sitzung, 275III (Angabe d Termins, in dem d Urteil verkündet wird,

od aller Sitzungstage)

(7) Formulierung

"...(Gericht)...
– ...(Az)... –

Im Namen d Volkes
Urteil

In d Strafsache
gg ...,

wg ...

hat d AG/AG – SchöffenG –/... Kammer d LG in ...
in d öff Sitzung vom ...,
an der teilgenommen haben
...(Richter)...,
... als Schöffen,
... als Beamter d StA,
... als Verteidiger (ggf Zuordnung zu d Angekl),
... als UrkBeamter d GStelle,
für Recht erkannt:

...(Tenor)... "

bei Privatklage stattdessen:

"In d Privatklagesache d ... (Privatkläger)...,
Privatkläger,

vertreten durch ...,
gg ...,
Angeklagter,

vertreten durch ...,
wg ...
hat d ...(w.o.)..."

bb Urteilsformel (Tenor), 260II–IV

(1) erschöpfende Erledigung d zur Entscheidung stehenden, im Eröffnungsbeschluß zugelass Prozeßstoffs

(2) bei Verurteilung

(a) Grundformeln:
"D Angekl wird wg ...(rechtl Bezeichnung d Tat)... (ggf: ... u ...) zu ...(RFolgen d Tat)... verurteilt"
"D Angekl ist d ...(rechtl Bezeichnung d Tat)... schuldig. Er wird zu ...(RFolgen d Tat)... verurteilt"
"Die Angekl sind d ...(rechtl Bezeichnung d Tat)..., der Angekl ... außerdem d ... schuldig. Es werden verurteilt:
d Angekl ... zu ...,
d Angekl ... zu ..."

(b) Schuldspruch mit rechtl Bezeichnung d Tat, 260IV1,2
– ges Überschrift d Delikts, dessen d Angekl schuldig gesprochen wird

- zu verbinden mit Angaben üb
  - d Schuldform (Vorsatz, Fahrlässkt), wo auch fahrläss Begehung strafb ist
    "... wg vorsätzl/fahrläss ..."
  - d Tats, daß d Tat nur versucht worden ist
    "... wg versuchten ..."
  - d Teilnahmeform (nur bzgl Anstiftung bzw Beihilfe)
    "... wg Anstiftung/Beihilfe zu ..."
  - nicht aufzunehmen sind: Täterschaftsformen, Fortsetzungszushg, bes schwerer od minder schwerer Fall
- bei Tateinheit u Tatmehrheit: sämtl verwirklichten Tb unter Kennzeichnung d Tateinheit/-mehrheit
  "... wg Betrugs iVm UrkFälschung ..." (Tateinheit)
  "... wg Betrugs in Tateinheit mit UrkFälschung ..."
  "... wg Betrugs in 2 Fällen ..." (gleichartige Tatmehrheit)
  "... wg Betrugs u UrkFälschung ..." (ungleichartige Tatmehrheit)
- bei Wahlfeststellung:
  "D Angekl ist d ... od d ... schuldig. ..."

(c) Bezeichnung d RFolgen d Tat

(aa) Freiheitsstrafe
"... zu e Freiheitsstrafe v ..."
- unter 1 Jahr: nach vollen Monaten u Wochen, 39S1 StGB
- 1Jahr u länger: nach vollen Jahren u Monaten, 39S2 StGB
- ggf Entscheidung üb d Nichtanrechnung d U–Haft gemäß 51I2 StGB (52aI2 JGG)
  "D Anrechnung d U–Haft auf d Freiheitsstrafe unterbleibt"
  "Auf d Freiheitsstrafe werden nur ... Monate d U–Haft angerechnet"

(bb) Geldstrafe: Zahl u Höhe d Tagessätze, 260IV3, ggf Zahlungserleichterungen gemäß 42 StGB
"... zu e Geldstrafe v ... Tagessätzen iHv je ... DM ..."
"D Angekl wird gestattet, d Geldstrafe in monatl Teilbeträgen v ... DM, fällig jeweils am 1. e Monats, erstmals fällig am 1. d auf d RKraft d Urteils folg Monats, zu zahlen. Zahlt er e Teilbetrag nicht rechtzeitig, so entfällt d Teilzahlungsbefugnis"

(cc) bei Gesamtstrafenbildung (54 StGB):
"...zu e Gesamtfreiheitsstrafe/Gesamtgeldstrafe v ..."
od bei nachträgl Gesamtstrafenbildung:
"... unter Einbeziehung d durch d Urteil d ... v ... – Az ... – verhängten Strafe zu e Gesamtstrafe von ..."

(dd) Maßregeln d Besserung u Sicherung, 260IV4,II
- Anordnung e Unterbringung, nicht aber d konkrete Anstalt
  "D Angekl wird in ... untergebracht"
  "D SichVerwahrung wird angeordnet"
- Anordnung d Führungsaufsicht, nicht aber ihre konkrete Ausgestaltung gemäß 68a–c StGB (erfolgt in gesondertem Beschluß nach 268a)
- Entziehung d Fahrerlaubnis, zB:
  "D Angekl wird d Fahrerlaubnis entzogen. Sein Führerschein wird eingezogen. Vor Ablauf v ... darf ihm d VerwBehörde eine neue Fahrerlaubnis nicht erteilen"
- beim Berufsverbot genaue Beschreibung d Berufs bzw d verbotenen

Tätigkeit, 260II

"D Angekl wird für d Dauer v ... d Ausübung d ...(Beruf)... untersagt"

(ee) Nebenstrafen u Nebenfolgen, Verfall u Einziehung (73ff StGB), zB:
"D Angekl wird für d Dauer v ... Monaten verboten, im Straßenverkehr Kraftfahrzeuge zu führen"
"D sichergestellte ...(genaue Bezeichnung d Gegenstands)... wird eingezogen"

(ff) Anordnung d Befugnis zur Bekanntmachung d Entscheidung (165,200 StGB, 23 UWG); zB:
"D Verletzten ... wird d Befugnis zugesprochen, d Verurteilung d Angekl wg ... einmal auf Kosten d Angekl in ... bekanntzumachen"

(gg) Aussetzung d Strafe od Maßregel zur Bewährung (260IV4/57 JGG)
"D Vollstreckung d Strafe wird zur Bewährung ausgesetzt"

(hh) Absehen v Strafe od Verwarnung mit Strafvorbehalt
- Absehen v Strafe (60 StGB)
  "D Angekl ist d ... schuldig. V d Verhängung e Strafe wird abgesehen"
- Verwarnung mit Strafvorbehalt (59 StGB)
  "D Angekl ist d ... schuldig. Er wird deswegen verwarnt. D Verurteilung zu e Geldstrafe v ... Tagessätzen zu je ... DM bleibt vorbehalten"

(ii) bei Urteilen unter Anwendung v JugendstrafR ist zu beachten:
- genaue Bezeichnung d verhängten Erziehungsmaßregeln od Zuchtmittel
- Vermeidung d Worts Verurteilung; statt dessen:
  - Erziehungsmaßregeln u Zuchtmittel werden *"angeordnet"*
  - Jugendstrafe wird *"verhängt"* od auf sie *"erkannt"*

(d) Kostenentscheidung, 464I,II,465

(aa) Grds: Kostenlast besteht, soweit d Verurteilung reicht, 465I (aber: 74,109II JGG)
"D Angekl trägt d Kosten d Verfahrens" od
"D Angekl hat d Kosten d Verfahrens zu tragen"

(bb) Ausn: zugunsten d Angekl ausgegang Untersuchungen zur Aufklärung best Umstände, 465II (Quotenbildung mögl)
"... mit Ausn d durch ... entstand Auslagen"
"D Kosten d Verfahrens u seine notwend Auslagen trägt d Angekl zu ...(Bruchteil)..., iü d Staatskasse"

(cc) bei Beteiligung e Nebenklägers (472I):
"... u d notwend Auslagen d Nebenklägers ..."

(e) ggf Grundentscheidung üb d Entschädigung für Strafverfolgungsmaßnahmen, 4,8 StrEG; zB:
"Für d v ... bis ... erlittene U–Haft steht d Angekl e Entschädigung nach d G üb d Entschädigung für Strafverfolgungsmaßnahmen zu"

(3) bei Freispruch

(a) voller Freispruch: nur Ausspruch d Freispruchs
(nicht d Gründe, aus denen er erfolgt, d Delikte od d SV, auf den sich d Anklage bezog)
"D Angekl wird freigesprochen"

(b) Teilfreispruch: erfolgt nur, wenn nach d Ergebnis d HVhdlg Tatmehrheit vorliegt u nicht wg aller Taten Verurteilung erfolgt (bei Tateinheit hingegen ist einheitl auf Verurteilung, Freispruch od Einstellung zu entscheiden)

"D Angekl wird wg ... zu ... verurteilt. Im übr wird er freigesprochen"

(c) Kostenentscheidung, 464I,II,467

(aa) Grds: 467I

– *"D Kosten d Verfahrens u d notwend Auslagen d Angekl trägt d Staatskasse"* od

"D Kosten d Verfahrens u d notwend Auslagen d Angekl fallen d Staatskasse zur Last"

– bei Teilfreispruch (465I,467I):

"D Kosten d Verfahrens u seine notwend Auslagen trägt d Angekl, soweit er verurteilt wurde, iü d Staatskasse"

(bb) Besonderheiten: 467II,III

(d) ggf Grundentscheidung üb d Entschädigung für Strafverfolgungsmaßnahmen, 2ff,8 StrEG; zB:

"D Staatskasse ist verpflichtet, d Angekl für d in dieser Sache erlittene U–Haft Entschädigung zu gewähren"

"D Staatskasse ist zur Entschädigung d Angekl dafür verpflichtet, daß ihm v ... bis ... d Fahrerlaubnis vorläufig entzogen war"

(4) bei Einstellung d Verfahrens wg e Verfahrenshindernisses (260III):

(a) Ausspruch nur d Einstellung d Verfahrens (nicht d Gründe, aus denen sie erfolgt)

"D Verfahren wird eingestellt"

(b) Teileinstellung: s.o. Teilfreispruch

(c) Besonderheit bei tateinheitl Vorwurf, für d nach d Ergebnis d HVhdlg bezogen auf eine GVerletzung auf Freispruch, für e and auf Einstellung wg e Verfahrenshindernisses zu erkennen wäre:

– bei nicht endgültig feststehendem Verfahrenshindernis (zB Strafantrag, d noch gestellt werden kann): Einstellung d Verfahrens (in d Urteilsgründen erfolgt e differenzierte Darstellung d Entscheidung)

– bei endgültig feststehendem Verfahrenshindernis u nach d abstrakten Strafdrohung gleichwertigen Delikten: Einstellung d Verfahrens, hM

– bei endgültig feststehendem Verfahrenshindernis u verschiedenwertigen Delikten: Entscheidung erfolgt einheitl so, wie sie für d schwerer wiegende Delikt zu ergehen hat

(d) Kostenentscheidung: 464I,II,467

(aa) Grds: 467I

(bb) Besonderheiten: 467II–V,470

(e) ggf Grundentscheidung üb d Entschädigung für Strafverfolgungsmaßnahmen, 2ff,8 StrEG (s.o.)

cc Angabe d angewendeten Vorschriften, 260V

(1) bei Verurteilung:

– alle Vorschriften, d zu d konkret begang Straftat (einschließl Schuld- u Begehungsform, Teilnahmeform, Strafmilderungs- u -schärfungsnormen, Konk) u d ausgesproch RFolgen (einschließl Strafaussetzungsnormen) gehören (nicht: Kosten- u allg Strafzumessungsnormen)

– für jd Angekl gesondert, soweit nicht alle wg d selben Vorschriften verurteilt werden, 141I4 RiStBV

(2) bei Freispruch:

– erfolgt grds keine Angabe angewendeter Vorschriften

– Ausn: bei Verhängung v Maßregeln neben e Freispruch od bei Freispruch wg Schuldunfähigkeit erfolgt Angabe d d Maßregeln zugrunde lieg Normen bzw v 20 StGB

(3) bei Einstellung wg Verfahrenshindernis: Angabe d Vorschriften, aus denen sich d Hindernis ergibt

dd Urteilsgründe, 267 (54 JGG)

(1) bei Verurteilung, 267I–IV,VI:

(a) persönl Verhältnisse d Angekl
- zB: Verhältnisse im Elternhaus/allg, schulische u berufl Entwicklung/berufl u wirtschaftl Verhältnisse/familiäre u sonst private u soziale Verhältnisse/bes Krankheiten/Vorstrafen, soweit sie für d Beurteilung d Schuld- od Straffrage v Bedeutung sind
- Zeitform: Präsens u Perfekt

(b) Schilderung d (als erwiesen erachteten) SV, 267I1

(aa) Vorgeschichte d Tat, soweit sie für d Beurteilung v Tat od Täter v Bedeutung ist (Zeitform: Plusquamperfekt)

(bb) histor Vorgang d Tatgeschehens
- alle Tats, in denen d (obj u subj) ges Merkmale d Straftat gefunden werden, insbes: Ort u Zeit, Subjekte u Objekte, Geschehensablauf (obj u nach d Vorstellungen d Täters)
- beim Indizienbeweis auch d ihn begründ Tats
- Zeitform: Imperfekt

(c) Beweiswürdigung

(aa) zusfassende Angabe d BewMittel, auf denen d getroff Feststellungen beruhen

(bb) Würdigung d BewMittel
- zunächst Darstellung d Einlassung d Angekl
- dann Würdigung unter Heranziehung d übr BewMittel

(d) rechtl Würdigung u Angabe d angewend Strafgesetze, 267III

(aa) Angabe d angewend Strafgesetze

(bb) rechtl Würdigung d festgestellten SV (soweit erforderl, zB wg Zweifeln od Schwierigkeiten d Subsumtion, d Vorhandenseins and schwieriger RFragen od e Verurteilung aufgrd and Vorschriften als d d Eröffnungsbeschlusses)

(e) Begründung d ausgesprochenen RFolgen

(aa) Strafzumessungsgründe (für d Zumessung d Strafe bestimmende Tats u ihre Würdigung, 267III,II,VI)

(bb) Nebenentscheidungen (Entziehung d Fahrerlaubnis etc)

(f) Kostenentscheidung (Verweis auf 465 (bzw 74 JGG) ist idR ausreich)

(2) bei Freispruch, 267V

(a) persönl Verhältnisse d Angekl (nur soweit erforderl: selten)

(b) Darstellung d in Anklage u Eröffnungsbeschluß erhob Vorwurfs

(c) danach folgen

(aa) bei Freispruch aus BewGründen: BewWürdigung u rechtl Würdigung (267V), Kostenentscheidung

(bb) bei Freispruch aus RGründen: festgestellter SV u rechtl Würdigung (267V), Kostenentscheidung

(3) bei teilw verurteilendem, teilw freisprechendem Urteil

(a) ein Angekl, d teilw freigesprochen wird
- zunächst Begründung d Verurteilung (s.o.)
- dann Begründung d Freispruchs (s.o.)

(b) mehrere Angekl, v denen einz freigesprochen werden
(aa) festgestellter SV
(bb) nach Angekl getrennte Begründung d Verurteilung bzw d Freispruchs (s.o.)

ee Unterschriften, 275II

b RBehelfe: Berufung, Revision (bzgl d Kostenentscheidung sofort Beschwerde, 464III)

c RKraft

aa formelle RKraft: Unanfechtbarkeit d Urteils
- tritt ein, wenn u sobald d Urteil mit RMittel nicht (mehr) angreifb ist
- Zeitpunkt:
  - erstinstanzl Urteil bei ungenutztem Ablauf d RMittelfristen (314I,341I)
  - bei wirks RMittelverzicht od RMittelrücknahme (302)
- Umfang: relative RKraft ist mögl
  - bei zuläss Teilanfechtung e Urteils erlangt d nicht angefocht Teil formelle RKraft
  - wenn e RMittelberecht d RMittel bereits verloren hat (zB infolge Verzichts), e and aber noch nicht, tritt insofern ebenfalls RKraft ein
- Wirkung: formelle RKraft ist Vorauss für
  - d Strafvollstreckung, 449
  - d Eintragung in BZentralreg (4 BZRG) u Verkehrszentralreg (28 StVG)
  - d Eintritt mat RKraft

bb mat RKraft: Endgültigkeit d im Tenor d Entscheidung ausgesproch Feststellung (Schuldspruch, Freispruch) u Strafklageverbrauch (103III GG)
- Umfang: d gesamte d Urteil zugrundelieg prozess Tat iSd 155,264, hM
  Konsequenzen:
  - bei Verurteilung wg fortges Handlg tritt Strafklageverbrauch auch für d vor d Urteilsverkündung begang, nicht entdeckten Einzelakte ein; bei Anklage wg fortges Handlg u Freispruch hingegen tritt bzgl d nicht entdeckten Teilakte kein Strafklageverbrauch ein (weil gemäß d rkräft Freispruch e Fortsetzungszushg gar nicht vorliegt)
  - treten Tatfolgen erst nach d Urteilsverkündung ein (zB Tod infolge e rkräftig abgeurteilten Körperverletzung), tritt nach hM unter best Bedingungen (diese sind i.e. str; zB: nachträgl Umschlagen d Delikttypus od nachträgl Eintritt d Vollendung) Strafklageverbrauch nicht ein u ist e sog Ergänzungskl zulässig (aber: diese Kl ist nach Auffassung d BVerfG wg 103III GG verfassungswidrig)
- mat RKraft erhalten nach hM nur Sachentscheidungen, keine reinen Prozeßurteile (Einstellung wg Verfahrenshindernis; aber e Urteil nach 260III kann zugleich implizit e Sachentscheidung enthalten u ist dann auch rkraftfähig)
- keine mat RKraft erlangen ausnahmsw nichtige Urteile (Fälle zB: nach 101I GG unzuläss AusnahmeG/ganz offensichtl unzuläss Urteil, zB Urteil gg e noch nicht Strafmündigen)

4 Beschluß

a durch Beschluß zu fällende Entscheidungen

aa in d HVdlg
- (1) Verweisungsbeschluß gemäß 270
- (2) Einstellung d Verfahrens bzw Beschränkung d Verfolgung gemäß 153II,153aII, 154II, 154aII
- (3) Zwischenentscheidungen in d HVdlg, zB üb
  - – Ablehnungsanträge (26a,27)
  - – Ausschluß d Öffentlichkeit, 172 GVG
  - – Ordnungsmittel (51,70,77), 177,178 GVG
  - – Entfernung d Angekl (231b,c,247)
  - – Zulässkt e Frage (242)
  - – Ablehnung v BewAnträgen (244VI)
  - – Verlesung v Protokollen, Zeugnissen u Gutachten (251,253,254,256)
- (4) mit d Urteil zu verkünd Entscheidungen
  - (a) bei Aussetzung e Strafe od Maßregel zur Bewährung, Verwarnung mit Strafvorbehalt u Anordnung v Führungsaufsicht: Beschluß üb Bewährungszeit u and Maßnahmen gemäß 56a–d,59a StGB, 268a (58 JGG)
  - (b) üb Fortdauer d U–Haft od einstw Unterbringung, 268b

bb Entscheidungen außerhalb d HVdlg, d nicht als Vfg ergehen, zB
- (1) Anordnung v Zwangsmitteln (mit d Ausn d Haftbefehls, d e Sonderform darstellt)
- (2) Entscheidung üb d Eröffnung d Hauptverfahrens, 204,207
- (3) Einstellung d Verfahrens nach 206a,206b
- (4) Einstellung d Verfahrens gemäß 153ff
- (5) Beschluß nach 72 OWiG

b Aufbau u Inhalt

aa Rubrum
- (1) Bezeichnung d G, dem d entscheid Spruchkörper angehört, sowie d Az, üblicherweise oben links
- (2) Überschrift: "Beschluß"
- (3) Einleitungsformel
  - (a) vor Anklageerhebung: *"In d Ermittlungsverfahren ..."*
  - (b) nach Anklageerhebung: *"In d Strafsache ..."*
- (4) Angaben zur Person d Beschuld/Angeschuld/Angekl (wie beim Urteil)
- (5) Angabe d Verfahrensgegenstandes (wie beim Urteil)
- (6) Kennzeichnung d konkreten Anlasses d Entscheidung
  - (a) Antrag d Beschuld/Angeschuld/Angekl bzw d StA
  - (b) soweit erforderl Gegenstand u Ziel d Antrags (zB bei Ablehnung)
- (7) Formulierung

"...(Gericht)...
– ...(Az)... –

Beschluß

in d Ermittlungsverfahren/Strafsache
gg ...
– Verteidiger: ... –

wg ...
(ggf:) auf Antrag d ... .

...(Tenor)..."

od:

"...(Gericht)...
– ...(Az)... –

Beschluß

in d Ermittlungsverfahren/Strafsache
gg ...
– Verteidiger: ... –
wg ... .
Auf Antrag d ... auf ... hat d ...(erkennendes G) ... (ggf: nach Anhörung d ... gemäß ...) am ... beschlossen:

...(Tenor)..."

od:

"...(Gericht)...
– ...(Az)... –

Beschluß

In d Ermittlungsverfahren/Strafsache
gg ...
– Verteidiger: ... –
wg ...
wird ...(Tenor)..."

bb Tenor

(1) Entscheidung in d Sache (möglichst mit d Worten d Gesetzes zu formulieren)
(2) Kostenentscheidung
  (a) ergeht bei verfahrenseinstellenden Beschlüssen, 464I
    – Beschlüsse nach 204,206a,206b
    – endgültig d Verfahren beendende Beschlüsse, insbes: 153II,153aII2 iVm I4,153bII,383II
  (b) Kostenlast: 467I,IV,V
(3) ggf Grundentscheidung üb d Entschädigung für Strafverfolgungsmaßnahmen, 2ff,8 StrEG

cc Gründe

(1) bei e Antrag ablehnenden od durch e RMittel anfechtb Entscheidungen, 34
(2) Inhalt
  (a) grds
    – nur d d Entscheidung tragenden tats u/od rechtl Erwägungen, auf d Grdl d als bekannt vorauszusetz Akteninhalts
    – so ausführl, daß d Beschwerdeberecht d Erfolgsaussichten e Beschwerde abschätzen kann

(b) bei Beschwerdeentscheidungen
- Zulässkt d Beschwerde
- wesentl d Entscheidung üb d Beschwerde tragende Erwägungen

dd Bezeichnung d G u d entscheid Spruchkörpers, Ort u Datum d Entscheidung

(bei Kollegialorganen: Datum d Beschlußfassung, beim Einzelrichter d Datum d schriftl Abfassung)

ee Unterschriften d mitwirk Richter

ff RMittelbelehrung

- bei mit befrist RMittel anfechtb Beschlüssen, 35a
- schriftl bei Zustellungserfordernis (35II), mdl bei verkünd Entscheidung (35I)
- Inhalt: Art d in Betracht komm RBehelfs, Umfang d Anfechtbarkeit, Form, Frist, Gericht, bei dem d RBehelf einzulegen ist (mit Anschrift)

c RBehelfe: Beschwerde, weitere Beschwerde

d RKraft

aa keine RKraft erhalten Beschlüsse, gg d einfache Beschwerde geg ist

bb formelle RKraft erhalten unanfechtb u mit sofort Beschwerde angreifb Beschlüsse

cc inwieweit formell rkräft Beschlüsse auch in mat RKraft erwachsen können, hängt v Einzelfall ab:

- unbeschränkte RKraft erlangt d Abweisung e Revision als offensichtl unbegründet gemäß 349II
- beschränkte mat RKraft erlangen zB: d Verwerfungsbeschluß im KlErzwingungsverfahren (174II), der die Eröffnung d Hauptverfahrens ablehnende Beschluß (211), d Einstellungsbeschluß d Richters im Jugendstrafverfahren (47III JGG), d gerichtl Einstellungsbeschluß gemäß 153aII2,I4, nach hM auch d gerichtl Einstellungsbeschluß gemäß 153II (174II,211,47III JGG entspr)

[[2]] Zwangsmittel

A Haftbefehl und Untersuchungshaft, 112ff (72 JGG)

I Haftbefehl

1 Vorauss

a vor Anklageerhebung: Antrag d StA od Gefahr im Verzug, 125I,128II2
b Zuständkt: 125I,II (169)
c sachl Vorauss d U–Haft, 112ff
  aa dring Tatverdacht, 112I1
    nach d Ermittlungsstand bestehende große Wahrscheinlichkeit, daß d Beschuld d ihm zur Last gelegte Tat als Täter od Teilnehmer rw u schuldhaft begangen hat u e spätere Verurteilung zu erwarten ist
  bb Haftgrund
    (1) Flucht, Fluchtgefahr od Verdunklungsgefahr
      (a) – Flucht iSd 112IINr1
        – Fluchtgefahr, 112IINr2: Vorliegen konkreter Anhaltspunkte, d nach kriminalist Erfahrung e Flucht als naheliegend erscheinen lassen
        – Verdunklungsgefahr, 112IINr3: durch d Verhalten d Beschuld begründ dring Verdacht, er werde durch aktive Handlgen unlauter auf sachl od persönl BewMittel einwirken u dadurch obj d Wahrheitsfindung erschweren
      (b) ist aufgrd best Tats, ggf unter Würdigung aller Umstände d Einzelfalls (zB FamBindungen, fester Wohnsitz, Auslandsbeziehungen, Höhe d zu erwartenden Strafe), festgestellt
    (2) nicht auszuschließende Flucht- od Verdunklungsgefahr, 112III
      (a) dring Tatverdacht auf Bildung e terrorist Vereinigung (129a StGB), Mord (211 StGB), Totschlag (212 StGB), Völkermord (220aINr1 StGB) od e Sprengstoffverbrechens (311I–III StGB)
      (b) d Umständen nach ist Flucht- od Verdunklungsgefahr iSd 112IINr2,3 nicht auszuschließen
    (3) Wiederholungs- od Fortsetzungsgefahr, 112a
      (a) Subsidiarität, 112aII
      (b) dring Tatverdacht
        (aa) bzgl
          – best Sittlichkeitsdelikte, 112aI1Nr1
          – wiederholte od fortgesetzte Begehung best, d ROrdnung schwerwiegend beeinträchtig Delikte (125a,223a–226,243f,249–255,260, 263,306–308,316a StGB/29INr1,4,10,III,29aI,30I,30aI BtMG), 112aI1Nr2
        (bb) festgestellt aufgrd best Tats
      (c) aufgrd best Tats begründete Wiederholungs- od Fortsetzungsgefahr, 112aI1Hs2 (Regelvermutung bzgl 112aI1Nr2: 112aI2)
      (d) Erforderlichkeit d U–Haft zur Abwendung d Gefahr, 112aI1Hs2
      (e) im Fall d 112aI1Nr2: Straferwartung v mehr als 1 Jahr Freiheitsstrafe
  cc Vhm d Freiheitsentziehung
    bezogen auf d Bedeutung d Sache u d zu erwart Strafe od Maßregel, 112I2,113 (127a)

dd Besonderheit bei Jugendl: 72 JGG

2 Anordnung, 114

a Form: schriftl durch d Richter, 114I
b Aufbau u Inhalt, 114II,III
aa Rubrum
– Bezeichnung d G, Az
– Ort u Datum
– Überschrift: *"Haftbefehl"*
– *"Gg ..."*
– Bezeichnung d Beschuld (Vorname, Name, Geburtsdatum u -ort, Wohnanschrift, FamStand, Staatsangehörigkeit)
bb Entscheidungsformel
"... wird d U–Haft angeordnet."
cc Tatvorwurf
(1) einleit Formel: *"D Beschuld ist dringend verdächtig, ..."*
(2) Zeit u Ort d Begehung: *"... am ... in ..."*
(3) ges Merkmale d Straftat (wie beim abstrakten Anklagesatz)
(4) Konkretisierung d Tat (wie beim konkreten Anklagesatz)
dd anzuwend Strafvorschriften (wie bei Anklageschrift)
ee Angabe d Tats, aus denen sich d dring Tatverdacht ergibt
"D dring Tatverdacht ergibt sich aus folg Tats: ..."
ff Angabe d Haftgrundes u d Tats, aus denen er sich ergibt
"Es besteht d Haftgrund d § ... StPO, weil ... . Dies ergibt sich aus ..."
gg Begründung d Vhm gemäß 112I2
hh bei Jugendl: Angaben gemäß 72I3 JGG
ii Unterschrift (mit Angabe d Dienstbezeichnung)

3 RBehelf: Beschwerde, 304

II Vollstreckung und weiteres Verfahren

1 Vollstr durch Verhaftung
a Zuständkt: 36II1, idR iVm 161
b Bekanntgabe d Haftbefehls, idR bei d Verhaftung, 114a
c Benachrichtigung v Angehörigen, 114b
2 unverzügl Vorführung, Vernehmung u Entscheidung durch d zuständ Richter
a Zuständkt: 126
b Vorführung spätestens am Tag nach d Verhaftung, 115I,II (soweit dies fristgemäß nicht mögl ist: vor d Richter d nächsten AG, 115aI)
c Vernehmung gemäß 115III bzw 115aII
d Entscheidung
aa Aufhebung d Haftbefehls bei Nichtvorliegen d erforderl Vorauss, od vor Anklageerhebung auf Antrag d StA, 120
bb Aussetzung d Vollzugs d Haftbefehls u Anordnung weniger einschneidender Maßnahmen (zB: Meldeauflagen, Kaution), 116
cc Aufrechterhaltung d Haft gemäß 115IV
3 RBehelfe: Haftprüfungsantrag (117ff; s.u. V 2), Haftbeschwerde (304; s.u. VI)

III Vollzug durch U–Haft, 119 iVm UVollzO, 94–101 StVollzG

(UVollzO: VV, d keine zureich RGrdl für Eingriffe in d Freiheits- u sonst Persönlichkeitsrechte d Gefangenen darstellen; als ges Grdl kommt daher nur 119III,IV in Betracht, d verfassungskonform auszulegen ist)

IV **Aussetzung des Vollzugs des Haftbefehls, 116,116a**

(bei Ausreichen weniger einschneid Maßnahmen)

V **Haftprüfung, 117ff**

1 ständige Haftprüfung vAw, 120I, 54I RiStBV
2 Haftprüfung auf Antrag d Betroff, 117I
  a Zuständkt: 126
  b Antragsberechtigung: 118b,297–300
  c mdl Vhdlg innerh v 2 Wochen nach Antragstellung, 118,118a
  d Entscheidung
    aa Aufhebung d Haftbefehls bei Fortfall d erforderl Vorauss, od vor Anklageerhebung auf Antrag d StA, 120, 55I RiStBV
    bb Aussetzung d Vollzugs d Haftbefehls, 116,116a
    cc Aufrechterhaltung d Haftbefehls
  e RBehelf: Beschwerde, 304
3 Haftprüfung vAw nach e best Haftdauer
  a bei mehr als 3–monatiger U–Haft ohne Haftprüfungsantrag od Haftbeschwerde u ohne Bestellung e Verteidigers, 117V,126
  b nach 6–monatiger U–Haft durch d OLG, 121f, 56 RiStBV
  c danach grds alle 3 Monate durch d OLG, 122IV,121III2

VI **Haftbeschwerde, 304ff**

(subsid ggüber e gestellten Antrag auf Haftprüfung, 117II)

B Festnahme und Identifizierung

I Vorläufige Festnahme, 127

1 Festnahme durch jedermann, 127I

a Vorauss
  aa Freiheitsentziehung (einschl Festhalten u sich als natürl Folge d bloßen Festhaltens ergebende Körperverletzungen; nach hM auch Wegnahme v Sachen, d e Flucht ermöglichen, d Identifizierung d Täters ermöglichen od seine Selbstgestellung erzwingen können)
  bb d Festzunehmende ist auf frischer Tat bei e Straftat betroffen od verfolgt worden
    – Straftat:
      – Straftat erforderl (OWi nicht ausreich)
      – nach hM ist ausreich, daß sich aus d augenblickl Situation e dring Tatverdacht ergibt
      – nach aM müssen Tb u Rw e Straftat obj tats vorliegen (sonst: Freiheitsberaubung, 239 StGB)
    – auf frischer Tat betroffen: wer bei Begehung e Straftat od unmittelb danach am Tatort od in dessen unmittelb Nähe gestellt wird
    – auf frischer Tat verfolgt: wer entweder nach Betreffen am Tatort geflohen u sofort verfolgt wird od wer bei e d Tat unmittelb nachfolg Tatentdeckung aufgrd vorhand Spuren sofort verfolgt wird

cc Fluchtgefahr, od d Identität ist nicht sofort feststellb
dd Vhm d Freiheitsentziehung
ee (subj:) Handeln aus d SichZweck d 127

b weiteres Verfahren: Vorführung vor d Richter, Vernehmung u Entscheidung üb Freilassung, U–Haft od Unterbringung, 128f

2 Festnahme durch StA od Polizei, 127II

a Vorauss
aa Vorliegen d Vorauss für d Erlaß e Haftbefehls (112ff; s.o. A I 1 c) od Unterbringungsbefehls (126a)
bb Gefahr im Verzug: e Zuwarten bis z Ergehen e richterl Haft- od Unterbringungsbefehls würde d Zweck d Maßnahme, hier: die Festnahme, gefährden
cc Vhm d Freiheitsentziehung
dd (subj:) Handeln aus d SichZweck d 127

b weiteres Verfahren: Vorführung, Vernehmung u richterl Entscheidung üb Freilassung, U–Haft od Unterbringung, 128f

II Festnahme bei Störung einer Amtshandlung, 164

III Identitätsfeststellung, 163b,c

1 bei e Person, d e Straftat verdächtig ist, 163bI

Vorauss:
a Zuständkt: StA u Polizei
b Tatverdacht bzgl e Straftat
c Eröffnung d zur Last gelegten Tat, 163bI1Hs2,163aIV1
d zuläss Maßnahmen
aa Festhalten, soweit u solange für d Identifizierung erforderl, 163bI2,163c
bb Durchsuchung d Person u mitgeführter Sachen, soweit zur Identifizierung erforderl, 163bI3
cc erkennungsdienstl Maßnahmen (zB Lichtbilder, Fingerabdrücke, 81b), soweit zur Identifizierung erforderl, 163bI3

2 bei unverdächtigen Personen, 163bII

Vorauss:
a Zuständkt: StA u Polizei
b Gebotenheit d Feststellung d Identität e nicht verdächt Person zur Aufklärung e Straftat, 163bII1
c Eröffnung d Gegenstands d Untersuchung u d Person d Beschuld, 163bII1Hs2,69I2
d zuläss Maßnahmen
aa Festhalten, soweit u solange zur Identifizierung erforderl u soweit nicht unverhältnismäßig, 163bII2
bb Durchsuchung u erkennungsdienstl Maßnahmen nur bei Zustimmung d Betroff

C Einstweilige Unterbringung in einem psychiatrischen Krankenhaus oder einer Entziehungsanstalt, 126a

I Unterbringungsbefehl
- 1 Vorauss
  - a vor Anklageerhebung: Antrag d StA od Gefahr im Verzug, 126aII,125I
  - b Zuständkt: 125
  - c sachl Vorauss für d einstw Unterbringung
    - aa dring Gründe für d Annahme
      - (1) d Begehung e rw Tat im Zustand d Schuldunfähigkeit od vermind Schuldfähigkeit (20,21 StGB) u
      - (2) daß d Unterbringung in e psychiatr Krankenhaus od e Entziehungsanstalt (63,64 StGB) angeordnet werden wird, 126aI
    - bb Erforderlichkeit d Unterbringung zur Gewährleistung d öff Sicherheit (Grds d Vhm zu beachten)
- 2 Anordnung, 126aII1,114 (entspr d Haftbefehl)
- 3 RBehelf: Beschwerde, 304

II Vollstreckung u weiteres Verfahren
- 1 Vollstr entspr d Haftbefehl, 126aII1,2
- 2 Vorführung vor d zuständ Richter, Vernehmung u Entscheidung
  - a Zuständkt: 126aII1,126
  - b Vorführung u Vernehmung entspr d Haftbefehl, 126aII1,115,115a
  - c Entscheidung
    - aa Aufhebung d Unterbringungsbefehls, 126aIII
    - bb Aufrechterhaltung d Unterbringungsbefehls, 126aII1,115IV

III Vollzug, 126aII1,119 (entspr d U–Haft)

IV Prüfung d einstw Unterbringung, 126aII1,117–118b (entspr d Haftprüfung)

V Beschwerde gg d einstw Unterbringung, 304ff (entspr d U–Haft)

D Beobachtung, Untersuchungen und Eingriffe

I beim Beschuldigten

1 Unterbringung in e öff psychiatr Krankenhaus zur Vorbereitung e Gutachtens üb Schuldfähigkeit od VhdlgsFähigkeit, 81, 61ff RiStBV

- a Vorauss
  - aa Zuständkt: für d Hauptverfahren zuständ G, III
  - bb Anhörung e SVerständ u d Verteidigers, I
  - cc sachl Vorauss
    - (1) Zweck d Unterbringung ist d Vorbereitung e Gutachtens üb d Schuld- bzw VhdlgsFähigkeit, I
    - (2) dring Tatverdacht, II1
    - (3) Vhm, II2
- b Anordnung durch Beschluß für max 6 Wochen, V
- c RBehelf: sofort Beschwerde mit aufschieb Wirkung, IV,311

2 körperl Untersuchung zur Feststellung verfahrensbedeuts Tats, 81a

a Vorauss:
  aa Zuständkt: Richter, bei Gefahr im Verzug auch d StA u deren Hilfsbeamte (152 GVG), II
  bb Erforderlichkeit e körperl Untersuchung od e Eingriffs z Zweck d Feststellung v Tats, d für d Verfahren v Bedeutung sind, I1
  cc d Vornahme d Eingriffs bzw d Entnahme e Blutprobe erfolgt durch e Arzt u nach d Regeln d ärztl Kunst
  dd Einwilligung d Beschuld, od keine Gefahr für seine Gesundheit
  ee Vhm d Eingriffs zur Schwere d zur Last gelegten Straftat
b Anordnung durch (zu begründenden) Beschluß bei richterl Maßnahme
c RBehelf: Beschwerde, 304

3 Identifizierungs- u erkennungsdienstl Maßnahmen, 81b

a Maßnahme zur Feststellung d körperl Beschaffenheit (d aber keine Untersuchung iSd 81aI erfordert): Lichtbilder, Fingerabdrücke, Messungen; daneben zB: Rückfärben d Haare, Bartentfernung, Tonbandaufnahme d Stimme
b auch gg d Willen d Beschuld u ohne richterl Anordnung (auch zu präventiven Zwecken)
c soweit notw u vhm
d RBehelfe:
  aa bei Tätigkeit d Polizei
    – iRe konkreten Strafverfahrens: Antrag auf gerichtl Entscheidung, analog 98II (hM; aM: 23 EGGVG)
    – bei präventiver Tätigkeit: VerwStreitverfahren
  bb bei gerichtl Anordnung: Beschwerde, 304

4 Gegenüberstellung, 81a bzw 81b (str)

II bei Dritten: körperliche Untersuchung, 81c

1 Untersuchungen an Zeugen, 81cI

a Vorauss
  aa Zuständkt: Richter, bei Gefahr im Verzug auch d StA u deren Hilfsbeamte (152 GVG)
  bb d Betroff kommt als Zeuge e Straftat in Betracht
  cc Einwilligung d Betroff od Erforderlichkeit d Feststellung, ob sich an seinem Körper e best Spur od Folgen e Straftat befinden
  dd zuläss Maßnahmen: Augenscheineinnahme d Körpers auf äußerl feststellb Spuren od Folgen (hM; dh gg d Willen d Betroff sind Eingriffe in d Körper wie Röntgenuntersuchung, Magenauspumpen etc unzulässig)
  ee Zumutbarkeit, 81cIV
  ff keine berecht Verweigerung d Untersuchung, 81cIII (bei ZeugnisverweigerungsR nach 52; str, ob auch bei AuskunftsverweigerungsR nach 55)
b Anordnung durch Beschluß bei richterl Maßnahme
c RBehelf: Beschwerde, 304

2 Untersuchung zur Feststellung d Abstammung od Entnahme v Blutproben, 81cII

E Vorführungsbefehl

I gegen den Beschuldigten, 134,163aIII2

1 Vorauss d Vorführungsbefehls
  a Zuständkt: Richter (134) od StA (163aIII2,134)
  b Vorführungsgrund
    aa ordnungsgemäße Ladung zur Vernehmung als Beschuld durch Richter od StA (133, mit Vorführungsandrohung) u Nichterscheinen
    bb od Vorliegen v Gründen, d d Erlaß e Haftbefehls rechtfertigen würden, 134
2 Anordnung durch schriftl begründ Vorführungsbefehl, II
3 Vollstr durch StA u Polizei (36II,161)
4 RBehelf: Beschwerde (304) bzw Antrag auf gerichtl Entscheidung bei Vorführungsbefehl d StA (163aIII3)

II gegen den in der Hauptverhandlung ohne genügende Entschuldigung ausgebliebenen Angeklagten, 230II

III gegen einen Zeugen, 51I3,161aII

1 Vorauss
  a Zuständkt: Richter (51III) od StA (161aII2)
  b Nichterscheinen ohne genüg Entschuldigung trotz ordnungsgemäßer Ladung zur Vernehmung als Zeuge, 51I,II,161aII1
2 Anordnung durch schriftl begründ Vorführungsbefehl
3 RBehelf: Beschwerde (304) bzw Antrag auf gerichtl Entscheidung (161aIII)

F Durchsuchung, 102ff

1 Vorauss
  a Zuständkt: Richter, bei Gefahr im Verzug auch d StA u (mit Ausn d 105I2) deren Hilfsbeamte (152 GVG), 105I1
  b Vorauss d Durchsuchung
    aa beim Verdächtigen, 102:
      (1) Durchsuchung d Person, Wohnung u and Räume sowie ihm gehörender Sachen
      (2) zum Zweck d Ergreifung u bei begründ Annahme d Auffindens v BewMitteln (97 ist zu beachten)
    bb bei and Personen, 103:
      (1) Durchsuchung nur v Wohnung u and Räumen
      (2) zum Zweck d Ergreifung d Beschuld, d Verfolgung v Spuren e Straftat od d Beschlagnahme best Gegenstände
      (3) bei begründ Annahme d Auffindens in d zu durchsuchenden Räumen
      (4) Erweiterung durch 103I2 (bei Delikten d 129a StGB) u 103II (Räume, in denen d Beschuld ergriffen wurde od d er bei d Verfolgung betreten hat)
  c Durchsuchung zur Nachtzeit (104III) nur unter d Vorauss d 104I,II
  d Vhm
2 Anordnung durch Beschluß bei richterl Maßnahme (d Beschluß muß Gegenstand u Grenzen d Durchsuchung bestimmen; insbes: Angabe d Tatvorwurfs u d zu suchenden BewMittel, soweit dies mögl ist u d Ermittlungszweck nicht gefährdet)
3 ordnungsgemäßes Verfahren, 105ff, insbes:
  a Durchführung idR durch d Polizei gemäß 36II,161
  b vorherige Bekanntgabe d Durchsuchung v Räumen Dr, 106II

c Zuziehung v Zeugen sowie d Inhabers d zu durchsuchenden Räume od Gegenstände, 105II,106I

d Durchsicht v Papieren ohne Einwilligung nur durch d StA, 110

e Mitteilung u Begründung d Durchsuchung, auf Verlangen Aushändigung e Verzeichnisses d in Verwahrung od Beschlag genomm Gegenstände, 107

4 RBehelf

a gg d richterl Anordnung: Beschwerde, 304

b gg d Anordnung durch d StA: Antrag auf gerichtl Entscheidung, entspr 98II2

G Sicherstellung

I Sicherstellung zu Beweiszwecken, 94ff

(Zweck: Sicherung d Strafverfahrens gg BewVerlust; Formen: Sicherstellung gewahrsamsloser od freiw herausgegebener Sachen, Beschlagnahme, HrsgErzwingung)

1 Vorauss

a Zuständkt: Richter, bei Gefahr im Verzug auch d StA u deren Hilfsbeamte (152 GVG), 98

b Beschlagnahmefähigkeit d Gegenstandes

aa Bedeutung als BewMittel, 94I (ausreich ist d Vorliegen e Anfangstatverdachts)

bb Führerschein, d d Einziehung unterliegt, 94III

(1) d Einziehung unterliegender dtsch Führerschein, 69III2 StGB

(2) Vorauss d vorläuf Entziehung d Fahrerlaubnis gemäß 69 StGB (dring Gründe für d Annahme d späteren Entziehung d Fahrerlaubnis), 111aI

c keine Beschlagnahmefreiheit nach 96,97 bzw 1,2 GG (bei Verstoß gg 96,97: BewVerwertungsverbot)

d Sicherungsberechtigung

aa gewahrsamsloser Gegenstand od freiwillige Hrsg bei Ingewahrsamnahme, 94I

bb Verweigerung d Hrsg bei Beschlagnahme, 94II

cc Verweigerung d Hrsg u Bestehen e Pfl zur aktiven Mitwirkung bei d Untersuchung (d Betroff ist kein Beschuld u besitzt kein ZeugnisverweigerungsR) bei Festsetzung e Ordnungs- od Zwangsmittels, 95

e Vhm

2 Anordnung durch Beschluß bei richterl Maßnahme

(d Beschluß muß Gegenstand u Gründe d Beschlagnahme bezeichnen)

3 Sicherungsakt, weiteres Verfahren

a Vollstr durch d StA gemäß 36II,161

b SichAkt: amtl Verwahrung

c weiteres Verfahren bei Beschlagnahme durch d StA u deren Hilfsbeamte: Antrag auf richterl Bestätigung (98II), im Falle d Führerscheins Antrag auf vorläuf richterl Entziehung (111a)

4 Wirkungen d Sicherstellung

– öffrechtl Verwahrungsverhältnis

– Verstrickung d Sache iSv 136 StGB

– Aufhebung d Beschlagnahme muß erfolgen, sobald d Gegenstand für d Verfahren nicht mehr benötigt wird; spätestens mit RKraft d Urteils od Bestandskraft e Einstellungsvfg muß d Rückgabe erfolgen

5 RBehelf:

a bei richterl Anordnung: Beschwerde, 304
b bei Sicherstellung durch Polizei od StA: Antrag auf richterl Entscheidung, 98II2,3

II Postbeschlagnahme, 99f

III Sicherstellung von Gegenständen, die dem Verfall (73,73a StGB) oder der Einziehung (zB 74ff,150,295 StGB) unterliegen, 111bff

(bei Vorliegen dring Gründe für d Annahme, daß d Verfall od d Einziehung im Hauptverfahren od in e selbständ Verfahren nach 430ff ausgesprochen werden wird; Zweck: Sicherung d Vollstreckung)

H Vorläufige Entziehung der Fahrerlaubnis, 111a

1 Vorauss
a Zuständkt: Richter (im Ermittlungsverfahren d Ermittlungsrichter (162), danach d mit d Hauptsache befaßte Richter)
b sachl Vorauss
aa dring Tatverdacht
bb hohe Wahrscheinlichkeit für d Annahme, daß d Fahrerlaubnis iRd Strafverfahrens gemäß 69 StGB entzogen werden wird, 111aI1
cc pflichtgemäße Ermessensausübung
2 Anordnung durch begründ Beschluß
3 Vollstr (Beschlagnahme d Führerscheins) gemäß 111aIII,36II
4 RBehelf: Beschwerde, 304

J Sonstige Maßnahmen

I Steckbrief, 131,457

II Kontrollstellen, 111

Vorauss:
1 Zuständkt: Richter, bei Gefahr im Verzug auch d StA u deren Hilfsbeamte (152 GVG)
2 durch best Tats begründ Verdacht auf e Straftat nach 129a StGB, e d in 129a StGB genannten Straftaten od e Straftat nach 250INr1 StGB
3 Vorliegen v Tats, d d Annahme rechtfertigen, daß d Einrichtung v Kontrollstellen auf öff Plätzen, Straßen od and öff zugängl Stellen zur Ergreifung d Täters od zur Sicherstellung v aufklärungsdienl BewMitteln führen können
4 zuläss Maßnahmen
a Identitätsfeststellung, 111I2,III,163b,c

b Durchsuchung, 111I2,III

III Überwachung des Fernmeldeverkehrs, 100a

1 Vorauss
  a Zuständkt: Richter, bei Gefahr im Verzug auch d StA, 100bI
  b Überwachung od Aufnahme d Fernmeldeverkehrs, 100aS1
  c d Betroff ist Beschuld od e Person, v der aufgrd best Tats anzunehmen ist, daß sie für d Beschuld best od v ihm herrührende Mitteilungen entgegennimmt od weiterleitet, od daß d Beschuld ihren Anschluß benutzt
  d best Tats begründen d Verdacht, daß d Beschuld als Täter od Teilnehmer e d Katalogstraftaten d 100aS1 begangen, zu begehen versucht od durch e Straftat vorbereitet hat
  e d Erforschung d SV od Ermittlung d Aufenthaltsorts d Beschuld auf and Weise wären aussichtslos od wesentl erschwert
2 schriftl Anordnung durch Beschluß mit Inhalt d 100bII, bei Anordnung durch d StA richterl Bestätigung binnen 3 Tagen, 100bI3
3 Wirkungen, insbes: Verwertbarkeit gewonnener Erkenntnisse
  a unbeschränkte Verwertbarkeit v rm gewonn Erkenntnissen bzgl d Katalogtat, d Anlaß d Anordnung war (auch gg and Personen)
  b BewVerwertungsverbot für rw gewonn Erkenntnisse
  c Verwertbarkeit v bei rm Überwachung gewonn Erkenntnissen bzgl e Tat, d nicht Anlaß d Überwachung war (Zufallserkenntnisse): nur bzgl Straftaten (d Beschuld od e Dr), d in Zushg mit e and Katalogtat d 100a stehen, 100bV; Verwertungsverbot bei allen and Straftaten
  d e Verwertungsverbot schließt d Verbot d Umgehung durch e Aussage ein, d durch Vorhalt d rw Aufzeichnung gewonnen wurde
  e bei Verwertungsverbot v Zufallserkenntnissen sind daran anknüpfende weitere Ermittlungen zulässig, hM

IV Einsatz technischer Hilfsmittel, 100cff

V Einsatz verdeckter Ermittler, 110aff

[[3]] Besondere Verfahrensarten

A Strafbefehlsverfahren, 407ff

I Voraussetzungen für den Erlaß eines Strafbefehls

1 vor Eröffnung d Hauptverfahrens, 407

a Zulässkt
  aa Zuständkt
    (1) sachl: Strafrichter bzw Vors d SchöffenG, 407I1,408I
    (2) örtl: nach allg Regeln
  bb Vergehen, d zur Zuständkt d Strafrichters od d SchöffenG gehört, 407I1
  cc als RF kommen nur in Betracht:
    (1) Geldstrafe od e d and in 407II1Nr1–3 genannten RF
    (2) Freiheitsstrafe bis zu 1 Jahr auf Bewährung, wenn d Angekl e Verteidiger hat (ggf: 408b), 407II2
  dd nach d Ergebnis d Ermittlungen ist e HVhdlg nicht erforderl, 407I2
  ee d Beschuld ist kein Jugendl, 79 JGG (bei Heranwachsenden: 109III JGG)
  ff Antrag
    (1) schriftl Antrag d StA auf Erlaß e Strafbefehls, 407I1
    (2) der den Anklagesatz enthält, 407I4 iVm 200I1
    (3) u auf e best RF gerichtet ist, 407I3
    (4) idR: Einreichung e entspr Entwurfs d Strafbefehls gemäß 409I, 176 RiStBV
b Überzeugung d Richters betr Tatbegehung u Schuld, 408III1 (aM: hinreich Tatverdacht ausreich, 408III1 iVm 407I4,170I)

2 nach Eröffnung d Hauptverfahrens, 408a

a Zulässkt
  aa Zuständkt: Strafrichter bzw SchöffenG, 408aI,II
  bb Vergehen, d zur Zuständkt d Strafrichters od d SchöffenG gehört, 408aI1,407I1
  cc als RF kommen nur in Betracht:
    (1) Geldstrafe od e d and in 407II1Nr1–3 genannten RF
    (2) Freiheitsstrafe bis zu 1 Jahr auf Bewährung, wenn d Angekl e Verteidiger hat (ggf: 408b), 407II2
  dd nach d Ergebnis d Ermittlungen ist e HVhdlg nicht erforderl, 408aI1,407I2
  ee Ausbleiben d Angekl in d HVhdlg, Abwesenheit d Angekl od Vorliegen e and wicht d HVhdlg entgegenstehenden Grundes, 408aI1
  ff d Angekl ist kein Jugendl, 79 JGG (bei Heranwachsenden: 109III JGG)
  gg Antrag d StA auf Erlaß e Strafbefehls, 408aI1
b Überzeugung d Richters betr Tatbegehung u Schuld, 408III1 (aM: hinreich Tatverdacht ausreich, 408III1 iVm 407I4,170I)

II Entscheidung

1 bei Antrag vor Eröffnung d Hauptverfahrens, 408
  a bei Unzuständkt: Abgabe, 408I
  b bei Fehlen e hinreich Tatverdachts: Ablehnung, 408II
  c bei Zweifeln an e Entscheidung ohne HVhdlg od bei Absicht e v d Antrag d StA abweich

Entscheidung: Anberaumung d HVdlg, 408III2,3
d Erlaß d Strafbefehls mit d Inhalt d 409I, 408III1
2 bei Antrag nach Eröffnung d Hauptverfahrens, 408aII
a Ablehnung u Fortsetzung d Hauptverfahrens, 408aII2
b Erlaß d Strafbefehls, 408aII1

III Rechtsbehelf: befristeter Einspruch, 410I,II

(ggf: HauptVhdlg u Entscheidung gemäß 411f)

IV Rechtskraft, 410III

1 formelle RKraft: wie beim Urteil (s.o. [[1]] C V 3 c aa)
2 mat RKraft: wie beim Urteil (aber: 373a)

B Beschleunigtes Verfahren, 212ff (79II,76–78 JGG)

C Privatklage, 374ff (80 JGG!)

D Nebenklage, 395ff (80JGG)

E Sicherungsverfahren, 413ff

(gerichtet auf selbständ Anordnung v Maßregeln d Besserung od Sicherung)

F Verfahren gegen Abwesende, 276ff

(gerichtet auf BewSicherung)

G Adhäsionsverfahren, 403ff

(Geltendmachung vermögensrechtl Anspr d Verletzten iRd Strafverfahrens)

[[4]] Rechtsmittel und andere Rechtsbehelfe

A Berufung, 312ff

I Zulässigkeit

1 gerichtet
  a gg e Urteil d Strafrichters od SchöffenG, 312
  b auf gesamte od teilw Aufhebung d Urteils, 318; Möglkten d Beschränkung e Berufung sind zB:
    – Beschränkung auf d Strafmaß
    – Beschränkung auf e v mehreren Taten (prozess Taten od in Realkonk stehende Taten)
2 Annahme d Berufung bei Bagatellfällen gemäß 313,322a
3 RMittelberechtigung
  a StA, 296
  b Angekl (296), dessen ges Vertreter (298) u Verteidiger (aber nicht gg d ausdrückl Willen d Beschuld, 297)
  c Privatkläger, 390
  d Nebenkläger, 401
4 Beschwer (unmittelb Beeinträchtigung d Rechte od schutzwürd Interessen d Beteiligten durch d angefocht Entscheidung)
  a Berufung durch d StA: bei jd unrichtigen Entscheidung
  b Berufung durch d Angekl: nur e Verurteilung begründet e Beschwer (maßgebl: d Tenor, nicht d Gründe d Urteils)
5 Zuständkt
  a LG, 74III GVG
  b bei Verfahren gg Jugendl: 41II JGG, 74b GVG
6 form- u fristgerechte Einlegung, 314
  – schriftl (auch per Telefax od vergleichb Telekommunikationsmittel) od zu Protokoll d GStelle
  – beim G d 1. Instanz (bei Haft: 299)
  – innerh v 1 Woche nach Verkündung bzw Zustellung d Urteils (Fristberechnung: 43)
  – instruktionell: Begründung innerh v 1 weiteren Woche, 317
7 kein RMittelverzicht, 302

II rechtliche Prüfung

1 Gegenstand: d Urteil, soweit es angefochten ist, in rechtl wie in tats Hinsicht, 327,323II
2 Verfahren: 323ff,332 iVm 213ff

III Entscheidung

1 Annahme od Nichtannahme bei Bagatellfällen (Beschluß), 322a
2 bei sonst Unzulässkt: Verwerfung durch Beschluß, 319,322I1 (od Urteil, 322I2)
3 bei Zulässkt:
  a Entscheidung durch Urteil, 322I2
  b bei Ausbleiben d Angekl: Verwerfung gemäß 329

c Verbot d reformatio in peus, 331
aa Berufung durch d Angekl, seinen ges Vertreter od d StA zu seinen Gunsten
bb Verbot d Verschlechterung d Urteils in Art u Höhe d RF d Tat zum Nachteil d Angekl (Änderung d Schuldspruchs zum Nachteil d Angekl ist nach hM dagegen mögl)
d bei Begründetheit: Aufhebung d Urteils u eig Entscheidung od Verweisung an d zuständ G, 328

IV Rechtsbehelf: Revision

B Revision, 333ff

I Zulässigkeit

1 gerichtet
a gg e Urteil d Strafkammer, d SchwurG od e erstinstanzl Urteil d OLG, 333 (Ausn: 55II,109II JGG)
b gg e mit Berufung anfechtb Urteil bei Wahl d Sprungrevision, 335I
2 Revisionsberechtigung, 296ff,390,401 (s.o. A I 3, Berufung)
3 Beschwer (s.o. A I 4)
4 Zuständkt
a OLG für Revision gg Berufungsurteil d LG u Sprungrevision, 121INr1 GVG, 335II
b BGH für erstinstanzl Urteile v LG u OLG, 135I GVG
5 form- u fristgerechte Einlegung, 341
– schriftl (auch per Telefax oä) od zu Protokoll d GStelle
– beim G, dessen Urteil angefochten wird (bei Haft: 299)
– innerh v 1 Woche nach Verkündung bzw Zustellung d Urteils (Fristberechnung: 43)
6 Geltendmachung, d angefocht Urteil beruhe auf d Verletzung mat od prozess Rechts, 337
7 Revisionsantrag u dessen Begründung, 344,345
a Revisionsantrag: Erklärung, inwieweit d Urteil angefochten u seine Aufhebung beantragt wird, 344IHs1
b Begründung
aa Angabe, ob d Verletzung mat Rechts u/od prozess Rechts gerügt wird, 344II1
bb Angabe der den Mangel enthaltenden Tats bei Rüge v Verfahrensverstößen, 344II2
– vollständig u so genau, daß d G allein aufgrd d Begründungsschrift feststellen kann, ob e Verfahrensfehler vorliegt, sofern d behaupteten Tats bewiesen sind
– bei Sachrüge ist e Begründung nicht erforderl
c Form u Frist, 345
– schriftl od zu Protokoll d GStelle, durch d Verteidiger od e RA bei Revision durch d Angekl
– beim G, dessen Urteil angefochten wird
– innerh v 1 Monat nach Ablauf d Einlegungsfrist
8 kein RMittelverzicht, 302

II rechtliche Prüfung

1 Gegenstand: nur d richtige Anwendung d Rechts durch d Vorinstanzen, u nur soweit d Urteil angefochten wird; dh:

- Revisionsanträge als Rahmen, 352I
- Bindung an d Tats, wie sie vom BerufungsG od d LG bzw OLG als erstinstanzl G festgestellt wurden

2 Prüfung
  a Verfahrensvorauss
  b bei d Sachrüge (Rüge d Verletzung mat R): immer volle Überprüfung auf richt Anwendung d mat R sowie d Beruhens d Entscheidung auf festgestellten Fehlern (Subsumtion/rechtl Grenzen d BewWürdigung, zB Verstoß gg allg Denkgesetze, allg Erfahrungssätze od d Grds in dubio pro reo)
  c bei d Verfahrensrüge (Rüge d Verletzung prozess R): Überprüfung nur d ordnungsgemäß gerügten Verfahrensmängel, 352I
    aa Vorliegen e Verfahrensmangels
      (1) Verfahrensmangel gemäß 338, insbes:
        - fehlerhafte Gerichtsbesetzung, Nr1
        - fehlerhafte Mitwirkung e Richters od Schöffen, Nr2,3
        - Unzuständkt d G, Nr4
        - Verletzung e Anwesenheitserfordernisses, Nr5
        - Verletzung d Öffentlichkeitserfordernisses, Nr6
        - fehlende od verspätete Urteilsbegründung, Nr7
        - unzuläss Beschränkung d Verteidigg in e für d Entscheidg wesentl Punkt, Nr8
      (2) sonst Verstoß gg e Verfahrensvorschrift, der den Angekl beschwert; zB:
        (a) gg 244–246 verstoßende Ablehnung v BewAnträgen
        (b) Verletzung v Belehrungspflichten (52ff,136,243IV)
        (c) Beschränkung d Fragerechts (240,241,238II)
        (d) Verletzung v Vereidigungsvorschriften (59–62, 189 GVG)
        (e) Verletzung v Verlesungs- u Verwertungsverboten (250–256, 136a etc)
        (f) Verletzung d Pflicht zur Gewährung d letzten Wortes (258III)
        (g) Verletzung d Hinweispflicht (265)
        (h) Zugrundelegung v Erkenntnissen, d nicht Gegenstand d HVhdlg waren (261)
      (3) Verletzung d Aufklärungspflicht
        (a) Aufklärungsbedürftigkeit e Tats u deren Erkennbarkeit in d HVhdlg
        (b) Aufklärungsmöglkt durch e best BewMittel u deren Erkennbarkeit für d G
        (c) Entscheidungsrelevanz d Tats
    bb Beruhen d Urteils auf d Verfahrensmangel, 337I
      - liegt vor, wenn nicht auszuschließen ist, daß ohne d Verfahrensmangel anders entschieden worden wäre
      - wird bei d Fällen d 338 unterstellt
    cc kein Verlust d Rügerechts durch Verzicht od Verwirkung (zB bei sachleitenden Anordnungen d Vorsitzenden wg Unterlassung d Herbeiführung e Entscheidung d G gemäß 238II; nicht aber bei vorschriftswidr Unterlassen e Handlg durch d Vorsitzenden)

3 Verfahren: 349ff

III Entscheidung

1 bei Unzulässkt: Verwerfung als unzulässig durch Beschluß, 346I,349I

2 bei offensichtl Unbegründetheit od Begründetheit: Entscheidung durch Beschluß mögl, 349II,IV

3 ansonsten Entscheidung durch Urteil, 349V
  a bei Unbegründetheit: Verwerfung

b bei Begründetheit:

aa Aufhebung d angefocht Urteils u d durch d Gesetzesverletzungen betroff Feststellungen (353)

bb Verweisung an d zuständ G bei Aufhebung wg Unzuständkt, 355

cc eig Entscheidung od Zurückverweisung, 354,354a

C Beschwerde, 304ff

I Zulässigkeit

1 gerichtet gg richterl Beschluß od Vfg, 304I (daneben spezges, zB 464III1Hs1)
2 kein ausdrückl Ausschluß d Beschwerde, 304I
 a spezges: zB
  – Eröffnungsbeschluß (210I)
  – Beschlüsse u Vfgen d BGH, teilw auch d OLG (304IV)
 b darüber hinaus: der Urteilsfindung vorausgehende Entscheidungen; ausgenommen d Entscheidungen üb: Verhaftung, einstw Unterbringung, Beschlagnahme, vorläuf Entziehung d Fahrerlaubnis, vorläuf Berufsverbot, Festsetzung v Ordnungs- od Zwangsmitteln sowie alle Entscheidungen, durch d Dr betroffen werden, 305
3 Beschwer (s.o. A I 4)
4 ggf Überschreiten d Beschwerdewerts gemäß 304III
5 Zuständkt: BeschwerdeG gemäß 73,121INr2,135II GVG
6 form- u fristgerechte Einlegung
 a einfache Beschwerde,306I
  – schriftl (auch per Telefax oä) od zu Protokoll d GStelle
  – beim G, v dem od v dessen Vors d angefocht Entscheidung erlassen wurde (bei Haft: 299)
 b sofort Beschwerde, 306I,311
  – schriftl (auch per Telefax oä) od zu Protokoll d GStelle, 306I
  – beim G, v dem od v dessen Vors d angefocht Entscheidung erlassen wurde (bei Haft: 299)
  – innerh v 1 Woche nach Bekanntmachung d Entscheidung, 311II,43
6 kein RMittelverzicht, 302

II Entscheidung

1 Abhilfe (306IIHs1; bei sofort Beschwerde nur ausnahmsw, 311III) od Vorlage beim BeschwerdeG (306IIHs2)
2 Entscheidung d BeschwerdeG durch Beschluß, 309

III Rechtsbehelf: weitere Beschwerde gemäß 310

D Wiedereinsetzung in den vorigen Stand, 44–47

I Vorauss
 1 Zuständkt: 46I
 2 Versäumung

a e gesetzl od richterl gesetzten Frist
- d Frist muß ordnungsgemäß gesetzt, e vorgeschrieb Zustellung erfolgt sein
- Wiedereinsetzung ist nicht mögl bei ges Ausschlußfristen (zB: 6aS3,16S3,222bI1, 77bI1StGB)

b e Termins in d Fällen d 235,329III,391IV,401III2,412 iVm 329III

3 ohne Verschulden
- kein Vorsatz, keine Fahrlässkt
- zB: fehlende (od nicht übersetzte) RMittelbelehrung, 44S2/Krankheit, Unfall, Drittverschulden/e Verschulden d Verteidigers wird d Beschuld nicht zugerechnet, solange ihn selbst e Mitverschulden nicht trifft

4 Antrag u Nachholen d versäumten Handlg, 44S1,45II2 (Antrag entbehrl gemäß 45II3)

5 Frist: 1 Woche nach Wegfall d Hindernisses, 45I1,II2

6 Begründung u Glaubhaftmachung d Antrags, 45II1

II Entscheidung durch Beschluß

1 Hauptsache

a Verwerfung

b Stattgabe, zB:

"D Angekl wird auf seinen Antrag hinsichtl d Versäumung d Berufungsfrist gg d Urteil d ... v ... Wiedereinsetzung in d vorigen Stand gewährt"

2 Kosten, 473VII

III RMittel bei Verwerfung: sofort Beschwerde, 46III

E Wiederaufnahme des Verfahrens, 359ff

Verwaltungsprozeßrecht

[[1]] Verwaltungsgerichtsverfahren

A Gutachten und Entscheidung im erstinstanzlichen Klageverfahren

I Gutachten

1 Gestaltung des verwaltungsrechtlichen Gutachtens

a Feststellung d zur Entscheidung stehenden Begehrens
b Zulässkt
c Begründetheit
  aa Hauptsache
    – wg d Untersuchungsgrds keine Schlüssigkeitsprüfung
    – Aufbau (freigestellt; Frage zweckmäßiger Darstellung im Einzelfall):
    (1) entweder Trennung in
      (a) Darlegungsstation
        – rechtl Prüfung auf d Grdl d v d Beteiligten vorgetragenen u v G ermittelten Prozeßstoffes
        – Ergebnis: Feststellung d entscheidungs- u beweiserhebl Tats
        sowie
      (b) BewStation
        – Feststellung d bewbedürft Tats
        – Feststellung d Ergebnisse d BewAufnahme
        – ggf Feststellung d obj BewLast
    (2) od einheitl rechtl Prüfung unter unmittelb Einbeziehung d Ergebnisses d BewAufnahme u d BewLast
  bb Nebenentscheidungen
d Entscheidungsvorschlag

2 Zulässigkeit der Klage (Sachentscheidungsvoraussetzungen)

a Grds

– vAw zu prüfen u ggf vAw zu ermitteln (Untersuchungsgrds, 86)
– maßgebl Zeitpunkt: Schluß d letzten mdl Vhdlg od Erlaß d schriftl Entscheidung (bis dahin können Mängel geheilt, zB e fehlendes Vorverfahren nachgeholt werden)
– bei Fehlen e Vorauss: Abweisung durch Prozeßurteil
– Erörterung nur soweit d Vorliegen e Sachurteilsvorauss ernstl zweifelhaft od bestritten ist; sonst reicht e knappes Eingehen auf: Zulässkt d VerwRWegs, Statthaftigkeit d KlArt, KlBefugnis, Vorverfahren u KlFrist

b deutsche Gerichtsbarkeit, 173 iVm 18–20 GVG

(Einzelheiten s. ZivilprozeßR)

c Zulässkt d Verwaltungsrechtswegs

spezges (zB: 126I BRRG, 48VI VwVfG), iü gemäß 40:

aa RStreitigkeit

bb öffrechtl Art

(1) maßgebl ist d (vom G zu beurteilende) wahre Natur d streitigen RV
- auszugehen ist v d Behauptungen d Klägers
- diese müssen, ihre Richtigkeit unterstellt, ergeben, daß e öffrechtl Streitigkeit vorliegt

(2) Abgrenzung ggüber d privatrechtl Streitigkeit

(a) allg: öffrechtl ist e Streitigkeit, deren Streitgegenstand sich als unmittelb Folge öff Rechts darstellt, dh bei der KlBegehren u zugrundelieg SV nach öff Recht zu beurteilen sind; zu klären sind dabei folg Fragen:

(aa) Was ist d Hauptfrage d Streitigkeit?

(bb) Nach welcher RGrdl entscheidet sich d Hauptfrage?

(cc) Gehört d RGrdl z ÖffR od z PrivatR (Abgrenzung)?

(b) Kriterien d Abgrenzung ÖffR/PrivatR iSv (a) (cc) können insbes sein:

(aa) d für d VerwHandeln maßgebl Norm(en) gehört(en) e G mit anerkannter Zuordnung an
- dann bedarf d Zuordnung keiner genaueren Begründung
- unzweifelhaft öffrechtl sind zB: POG, BauGB, LBO, BImSchG, GewO, GaststG, AuslG, BSHG, BRRG, BBG

(bb) Abgrenzungstheorien (d sich nicht ausschließen sond komplementär ergänzen)
- Subordinationstheorie:
  - öffrechtl sind RV, d durch Über- u Unterordnung gekennzeichnet sind
  - privatrechtl sind RV, in denen e Gleichordnungsverhältnis besteht
- modifiz Subjekttheorie:
  - im ÖffR ist Zuordnungssubjekt e RV auf e Seite notwend e hoheitl handelndes staatl Subjekt
  - im PrivatR können Zuordnungssubjekte v Rechten u Pfl auf beiden Seiten beliebige Personen sein
    (maW: ÖffR liegt vor bei RSätzen, aus denen allein e Träger hoheitl Gewalt berechtigt od verpflichtet werden kann, PrivatR bei RSätzen, d für jedermann gelten)
- Interessentheorie:
  Zuordnung e Norm zum ÖffR bzw PrivatR danach, ob ihr Schutzzweck d öff od AllgInteresse bzw Individualinteressen sind

(cc) ergänzend heranzuziehen sind:
- Sachzushg mit eindeutig öffrechtl Regelungen
- Ziel u Zweck d VerwHandelns einschl Gewicht d Aufgabe sowie Form d Begründung d RV (einseitig bzw zweiseitig)
- Form d VerwHandelns (hoheitl bzw erwerbswirtschaftl–fiskalisch, privatrechtl od verwprivatrechtl)

(c) Beispiele

(aa) öffrechtl sind immer Streitigkeiten, deren Gegenstand d Ausübung angebl bestehender hoheitl Befugnisse ist, insbes alle Streitigkeiten im Zushg mit VAen

(bb) privatrechtl einzuordnen ist es, wenn Träger öff Gewalt wie jd Privatperson tätig werden:

- bei Verträgen zw e VerwTräger u e Bürger hängt d Qualifizierung als öffrechtl od privatrechtl Vertrag davon ab, ob d Gegenstand d Regelung öff od privatem R unterliegt
  - öffrechtl Vertrag insbes bei: Ausgestaltung od Änderung öffrechtl R/Pfl in Über- u Unterordnungsverhältnis, od bei engem Sachzushg mit öffrechtl Berechtigungen u Verpflichtungen (nicht ausreich: öffrechtl Zweckbestimmung e Vertrags)
  - privatrechtl: grds d Abschluß v Miet-, Kauf-, Arbeits-, oä Verträgen (auch fiskal Hilfsgeschäfte), soweit nicht ausnahmsw e üb d öff Zweckbestimmung hinausgehende öffrechtl Regelung besteht
- Hausverbot im Zushang mit fiskal Handeln
- ehrverletzende Äußerung im Zushang mit fiskal Handeln od außerhalb amtl Tätigkeit

(cc) bei öffrechtl Anstalten od and (insbes kommunalen) öff Einrichtungen,
- bei denen ges e Zulassungsanspr besteht,
- deren Nutzung sich aber in privatrechtl Form vollzieht (Regel: bei Regelung d Nutzung durch G od Satzung liegt grds e öffrechtl Benutzungsverhältnis vor),

sind
- öffrechtl: Streitigkeiten üb d Zulassung zur Nutzung (dh üb d 'Ob' d Nutzung; dazu zählt wg d Ausschlußcharakters überhöhten Entgelts auch d Entgeltregelung)
- privatrechtl: Streitigkeiten üb d 'Wie' d Nutzung

(dd) entspr gilt für d Bewilligung u d Abwicklung v Subventionen:
- Zuerkennung bzw Versagung sind öffrechtl
- d Abwicklung kann privatrechtl geschehen

(ee) bei erwerbswirtschaftl Betätigung e VerwTrägers u bei Konkurrentenkl ist d streit Maßnahme entscheidend: Streit üb d Zugang zum Wettbewerb ist öffrechtl, Streit üb d Art u Weise d Wettbewerbs ist privatrechtl (Faustregel)

cc nicht verfassungsrechtl Art

verfassungsrechtl ist e Streit, wenn doppelte Verfassungsunmittelbarkeit besteht:

(1) Streit zw unmittelb am Verfassungsleben beteiligten RTrägern (zw Verfassungsorganen, Teilen v Verfassungsorganen sowie and am Verfassungsleben beteiligten Stellen, zB Parteien (dazu zählt e Bürger grds nicht); ausnahmsw ist e Streit, bei dem e Bürger beteiligt ist, verfassungsrechtl Art, wenn es (nahezu) ausschließl um d Auslegung u Anwendung v VerfassungsR geht

(2) üb R/Pfl, d unmittelb u ausschließl in d Verfassung geregelt sind

dd keine ausdrückl Zuweisung an e and Gericht, zB

(1) ZivilG
- (a) Anspr auf Enteignungsentschädigung, 14III4 GG
- (b) Anspr aus Entschädigung wg enteignungsgleichem od enteignendem Eingriff, 40II1 VwGO
- (c) vermögensrechtl Anspr aus Aufopferung, öffrechtl Verwahrung, SchdErs-Anspr aus d Verletzung öffrechtl Pflichten, d nicht auf e öffrechtl Vertrag beruhen, 40II1 (unter d Vorbehalt d 40II2; insbes: 126 BRRG, 48VI VwVfG)
- (d) Amtshaftungsanspr, 34S3 GG iVm 40II
- (e) Anspr auf Entschädigung wg Widerruf e begünstig VA, 49V3 VwVfG
- (f) Baulandsachen, 217 BauGB
- (g) JustizVA, 23 EGGVG

(h) Ersatzrechtsweg d 19IV GG

(2) bes VerwGerichte: zB 33 FGO, 51 SGG

(3) Strafgerichte

(a) Entscheidung üb Bußgeldbescheide d VerwBehörden gemäß 40ff,62I1,68 OWiG

(b) Entscheidungen üb Maßnahmen d Polizei innerhalb e konkreten Strafverfahrens (zB: Entscheidungen nach 98II2 StPO bei Maßnahmen gemäß 81a,c, 98I, 105,111II,111eI StPO/Entscheidungen nach 23ff EGGVG bei Maßnahmen gemäß 81bAlt1,163b,164 StPO; Abgrenzung bei doppelfunktionalen (zugleich repressiven u gefahrenabwehrenden) Maßnahmen: nach d Schwerpunkt d Zielrichtung d polizeil Handelns, wie er sich obj nach außen darstellt (hM; aM: nach d Bestimmung durch d Polizeibehörde, in welcher Funktion sie tätig wird))

ee Bindungskraft e Rechtswegentscheidung od -verweisung (173, 17aI,II GVG)

ff Umfang d Entscheidungskompetenz bei Eröffnung d VerwRWegs (diese umfaßt auch:)

(1) d Beurteilung präjudizieller Vorfragen insbes zivil-, straf- od verfassungsrechtl Art, soweit nicht e Entscheidungsmonopol e and G besteht (zB 100 GG)

(2) Aufrechnung mit unanfechtb od rkräftig festgestellten zivilrechtl Gegenfordgen gemäß 387ff BGB

d statthafte Klageart u klageartspezifische Sachentscheidungsvorauss

aa Gestaltungsklagen

(Kl, d auf unmittelb Begründung, Änderung od Aufhebung e R durch Urteilsspruch gerichtet sind)

(1) Anfechtungsklage, 42I

(a) statthaft, wenn KlZiel d Aufhebung e VA ist

(aa) Aufhebung e VA

- d angegriff Akt muß obj e VA (35 VwVfG) sein
- d VA muß grds wirks erlassen worden sein (wg d RScheinswirkung e erlass VA ist aber auch d Anfechtung e nichtigen VA mögl)
- zulässig iRd Anfechtungskl sind Anträge auf:
  - vollständ Aufhebung e belast VA (wobei d Kläger Adressat d VA, aber auch e durch ihn belast Dr sein kann)
  - Aufhebung v belast NBest zu begünstig VA, soweit d NBest selbständ u trennb Teil d VA ist, d Genehmigung folgl auch ohne sie rechtl Bestand haben kann (regelm geg bei Auflage, nicht aber bei modifizier Auflage; regelm nicht geg bei Bedingung u Befristung)
  - isolierte Aufhebung e e Begünstigung vollständig ablehnenden VA, soweit sich d Aufhebungsbegehren v d umfassenderen Leistungsbegehren isolieren läßt (erforderl dann aber e bes RSchBed; s.u. n bb (1))
  - isolierte Aufhebung e WidersprBescheids nach 79II1od2

(bb) der noch nicht erledigt ist

- Erledigung liegt vor, wenn d VA keine RWirkungen mehr auslöst (zB: Rücknahme, Fortfall d Beschwer) od aus and Gründen an regelnder Wirkung so verloren hat, daß e Rückgängigmachen unmögl od

sinnl ist (zB wg Zeitablaufs, Tod d Adressaten bei höchstpersönl VA, Wegfalls d Regelungsobjekts)
- keine Erledigung stellt idR d bloße Vollzug e VA dar

(cc) KlGegenstand ist
- d VA in d Gestalt, d er durch d WidersprBescheid gefunden hat, 79INr1
- d WidersprBescheid in d Fällen d 79INr2,II

(b) KlBefugnis: Geltendmachung d Verletzung eig Rechte, 42II

erforderl ist d substantiierte Behauptung v Tats, d es als mögl erscheinen lassen, daß d Kläger durch d angefocht VA in eig Rechten verletzt ist (MöglktsTheorie, hM; enger: Schlüssigkeitstheorie)

(aa) eig Rechte:
GR, daneben einfachges Rechte d ÖffR, nach hM auch rechtl Interessen (v d ROrdnung als schutzwürdig anerkannte IndividInteressen), soweit es Zweck d zugrundelieg Norm ist, zumind auch best Interessen e abgegrenzten (dh individualisierb u nicht übermäßig weiten) Personenkreises zu schützen
- insbes subj öff Rechte d Bürgers
- daneben aber auch Rechte v VerwTrägern, deren Organen sowie Organteilen repräsentat Organe, d ihnen speziell zugeordnet sind u d sie insoweit vom Staat distanzieren
- Ermessensnormen, d e Recht im genannten Sinn beinhalten, geben grds nur e Anspr auf fehlerfreie Ermessensausübung (Ausn: Ermessensreduzierung auf Null)

(bb) Möglkt d Verletzung:
- immer geg beim Adressaten e belast VA (Adressatentheorie; Grund: jedenfalls e Verletzung v 2I GG ist mögl)
- bei VA mit belast Drittwirkung: erforderl ist d substantiierte Behauptung d Verletzung e GR od e einfachges RNorm, d d Kläger als Teil e hinreichend abgegrenzten Personenkreises gerade auch vor d angegriff VA schützen will
- d KlBefugnis fehlt dann, wenn offensichtl u eindeutig nach keiner d mögl Betrachtungsweisen d v Kläger behaupteten Rechte bestehen od ihm zustehen können

(cc) Fallgruppen:
- Nachbarklage: nachbarschützende Funktion haben zB:
  - 4INr3 (schädl Umwelteinwirkungen iSd 3I BImSchG; str), 5INr3, 18 GaststG
  - 5INr1, 17I2, 20II2, 25II BImSchG
  - im Bauplanungsrecht:
    - Festsetzungen d B–Plans, d auch d Nachbarn schützen sollen (insbes: Art d Nutzung/daneben d Rücksichtnahmegebot als allg Grds d Nachbarrechts, soweit es im Einzelfall d Pfl zur Rücksichtnahme auf schutzwürd Interessen e individualisierb u erkennb abgegrenzten Kreises Dr begründet/15I BauNVO)
    - 34 BauGB: grds nicht, ausnahmsw aufgrd d Rücksichtnahmegebots, wenn im Einzelfall d Merkmal d Einfügens in qualifizierter u zugleich individualisierter Weise erfordert, auf schutzwürd Interessen e erkennb abgegrenzten Kreises Dr Rücksicht zu

nehmen
- 35 BauGB: grds nicht, ausnahmsw aufgrd d Rücksichtnahmegebots, wenn d öff Belange d Schutz v Individualinteressen einschließen u (im Fall d II) d Kreis d betroff Dr im Einzelfall individualisierb u abgrenzb ist
- im Bauordnungsrecht: Normen, d Leben, Körper od Gesundheit schützen sollen (zB: Mindestabstände/Brandschutznormen)
- bei Fehlen e bes nachbarschützenden Norm:
  - 14 GG, soweit e schwerer u unerträgl Eingriff in d Lagevorteil e Nachbarn geg ist
  - 2II1 GG, Gesundheitsbeeinträchtigung (str)
- Konkurrentenkl:
  - defensive Konkurrentenkl im WirtschaftsverwR (Abwehr von die Wettbewerbsposition d Klägers ggüber seinen Konkurrenten beeinträchtigenden hoheitl Maßnahmen, insbes begünstig VA): setzt nach d Rspr e Recht im o.g. Sinne voraus, während KlBefugnis nach aM in solchen Fällen grds besteht
  - Mitbewerberkl im öff DienstR:
    - vor Ernennung e Bewerbers: KlBefugnis aufgrd d Anspr auf fehlerfreie Ermessenausübung (str; aM: keine KlBefugnis mangels RAnspr auf Ernennung od Beförderung)
    - nach Ernennung e Bewerbers: keine KlBefugnis

(dd) spezges bestimmte Ausn, zB:
lrechtl gemäß d NatSchG zugelass Klagen v Naturschutzverbänden ohne Geltendmachung d Verletzung eig Rechte (39b Berl/65 Bbg/44 Bre/41 Hamb/36 Hess/33 Saarl/58 Sachs/52 SaAnh/51c SchlH/46 Thü); Kl d BBeauftragten für Asylangelegenheiten, 6II3 AsylVfG

(c) Erfolglosigkeit d Vorverfahrens, 73

(aa) kein Ausschluß od ausnahmsw Entbehrlichkeit d Vorverfahrens
- Fälle d 68I2
- Zweck d Vorverfahrens ist schon auf and Weise erreicht od offensichtl nicht (mehr) zu erreichen (zB: Ersatz d ursprüngl VA nach RHängigkeit durch e and/Fälle d 79II/mehrere gleichart Kl mehrerer Kläger gg e VA, von denen mind ein Kläger erfolglos e Vorverfahren geführt hat)

(bb) Durchführung d Vorverfahrens (nachholb bis zum Schluß d letzten mdl Vhdlg, hM)

(cc) Form u Frist gemäß 70
(nach hM macht e Mangel bei diesen Vorauss d Kl unzuläss; bei Verfristung wird d Fehler aber geheilt, wenn e Sachentscheidung durch WidersprBescheid ergeht (Begründung: Sachherrschaft d WidersprBehörde; diese ist beschränkt nur dann, wenn durch d Sachbescheidung des verspäteten Widerspr schutzwürd Positionen v Dr, d auf d Unanfechtbarkeit d VA vertraut hatten, beeinträchtigt werden (Folge: 48,49 VwVfG))

(dd) Erfolglosigkeit
- Weiterbestehen e Beschwer für d WidersprFührer nach Abschluß d Verfahrens (WidersprBescheid, 73)
- od Untätigkeit d WidersprBehörde, 75S1,2:

- keine Entscheidung in d Hauptsache
- ohne zureich Grund (im Einzelfall zu bestimmen nach: Schwierigkeit d Sach- u RFragen, geschäftl Belastung d Behörde, Interesse d RSuchenden an baldiger Entscheidung)
- in angemess Frist (angemessen ist d Frist, innerh derer unter gewöhnl Umständen nach d allg Erfahrungen im Verkehr mit Behörden e Bescheid zu erwarten ist)
- grds mind Ablauf v 3 Monaten nach Antragstellung, 75S2

(d) Klagefrist

(aa) 1 Monat nach Zustellung d WidersprBescheids od (in d Fällen d 68I2) nach Bekanntgabe d VA an d Kläger bei ordnungsgemäßer RBehelfsbelehrung, 74I iVm 58I (Fristberechnung: 57 iVm 222 ZPO, 187ff BGB)
- ordnungsgemäße Zustellung (73III,56II iVm VwZG) bzw Bekanntgabe (41 VwVfG) an d Kläger
- ordnungsgemäße RBehelfsbelehrung erfordert Bezeichnung v
  - Art d in Betracht kommenden RBehelfs
  - G, bei dem er einzulegen ist
  - dessen Sitz (Anschrift empfehlenswert aber nicht zwingend)
  - einzuhaltende Formvorschriften (81,82)
  - Einlegungsfrist (74)

  (Bsp s.u. [[2]] I 1 i bb (2) (b), II 2 a dd)

(bb) grds 1 Jahr bei Fehlen od Mangel d RBehelfsbelehrung, 58II (Fristberechnung: 57 iVm 222 ZPO, 187ff BGB)

(cc) ist d Zustellung/Bekanntgabe an d Kläger nicht od nicht ordnungsgemäß erfolgt, besteht keine KlFrist; aber: Verwirkung ist mögl

(dd) Wiedereinsetzung in d vorigen Stand mögl gemäß 60

(2) and bes Gestaltungskl, 40I iVm 43II

(a) Abänderungskl, 173 iVm 323 ZPO

(b) VollstrAbwehrkl, 167 iVm 767 ZPO

(c) DrittwidersprKl, 167 iVm 771 ZPO

(d) Wiederaufnahmekl, 153 iVm 578ff ZPO

(e) Aufhebungskl gg e Schiedsspruch, 173 iVm 1043 ZPO

(3) allg Gestaltungskl (str), 40I iVm 43II

(Gestaltungskl, d weder auf Aufhebung e VA gerichtet noch durch e and bes geregelte Form d Gestaltungskl erfaßt ist; insbes: Kl, d auf Aufhebung e Hoheitsakts gerichtet ist, d weder Norm noch VA ist)

(a) nach hM unzulässig, da Gestaltungskl nur mögl sind, soweit sie durch G ausdrückl zugelassen werden (Enumerationsprinzip); RSchutz in d genannten Fällen statt dessen durch Leistungskl auf Verpflichtung d Behörde zur Aufhebung

(b) nach aM zulässig, da ansonsten e RSchutzlücke ggüber hoheitl Akten besteht, d weder Norm noch VA sind

bb Leistungsklagen

(Kl, d auf d Verurteilung d Bekl zu e Tun, Dulden od Unterlassen gerichtet sind)

(1) Verpflichtungsklage, 42I

(a) statthaft, wenn KlZiel der Erlaß e VA ist

(aa) Erlaß e VA
- d erstrebte Hoheitsakt muß obj e VA (35 VwVfG) sein
- d Kl muß auf Verpflichtung d Bekl zum Erlaß e best VA (Vornahmekl) od zur Bescheidung d Antrags unter Beachtung d RAuffassung d G (Bescheidungskl) gerichtet sein

(bb) KlGegenstand: d versagende VA in d Gestalt, d er durch d WidersprBescheid gefunden hat (79INr1 analog), u d Begehren d Klägers auf Erlaß e VA

(b) erfolgloser Antrag

(aa) Beantragung d VA bei d zuständ Behörde

(bb) Ablehnung durch versagenden VA (Versagungsgegenkl) od Untätigkeit d Behörde (Untätigkeitskl, 75)

(c) Klagebefugnis: Geltendmachung d Verletzung eig Rechte, 42II

erforderl ist d substantiierte Behauptung v Tats, d es als mögl erscheinen lassen, daß d Kläger durch d Versagung bzw Untätigkeit in eig Rechten verletzt ist (MöglktsTheorie, hM)

(aa) eig Rechte
- RGrdl für d begehrte VerwHandeln mit AnsprCharakter (näheres s. iü o. aa (1) (b) (aa) Anfechtungskl)
- Besonderheiten bei Kl auf Einschreiten e VerwBehörde gg e Dr:
  - d polizeil Generalermächtigung begründet e subj R auf Einschreiten, soweit Leben, Gesundheit od Freiheit geschützt u betroffen sind
  - d gleiche kann für spezges Eingriffsermächtigungen d Bau- od GewerbeR gelten
  - RF: Anspr auf fehlerfreie Ermessensausübung

(bb) Möglkt d Verletzung
- immer geg, wenn d Kläger e an sich gericht begünstig VA beantragt hat u mit seinem Antrag nicht od nicht vollständ durchgedrungen ist (Adressatentheorie)
- bei VA mit begünstig Drittwirkung (Kläger hat Erlaß e an e Dr gericht, diesen belastenden, d Kläger aber begünstig VA beantragt): substantiierte Behauptung d Verletzung e Norm erforderl, d (auch) d Schutz d Interessen d Klägers zu dienen bestimmt ist

(weitere Einzelheiten s.o. Anfechtungskl)

(d) Erfolglosigkeit des Vorverfahrens (68II,73) od Entbehrlichkeit bei Untätigkeit d Behörde (75S1)

(e) Klagefrist bzw Sperrfrist für e Klage

(aa) bei Versagungsgegenkl: KlFrist wie bei Anfechtungskl (s.o. aa (1) (d)), 74II

(bb) bei Untätigkeitskl: KlErhebung grds frühestens 3 Monate nach Antrag, 75S2

(2) allg Leistungskl, 40I iVm 43II

(a) Subsidiarität

- unzuläss soweit Verpflichtungskl mögl ist (dh soweit d begehrte Handlg e VA ist od rechtl e VA voraussetzt)
- unzuläss auch ggüber: generelle Regelung, VA–vorbereitende Maßnahme, verwaltungsinterne Maßnahme

(b) statthaft, wenn d Kl gerichtet ist auf Vornahme, Duldung od Unterlassung e hoheitl Handlg, d weder Normsetzung noch VA ist

insbes:
- VerwRealakt: VerwHandeln, d aufgrund e öffrechtl RNorm erfolgt, unmittelb aber nicht auf e rechtl, sondern auf e tats Erfolg gerichtet ist (zB: Beseitigung d Folgen e rw VA od Realakts/Widerruf ehrverletzender od berufsschädig amtl Äußerungen/Geldzahlungen, auf d unmittelb durch G od aufgrund e entspr VA e Anspr schon besteht/Auskunftserteilung)
- auch e Kl auf vorbeug Unterlassung e schon hinreichend best u auf Rm überprüfb VA ist zulässig (soweit e RSchBed besteht, weil weiteres Abwarten u d Verweisung auf Widerspr u Anfechtungskl für d Kläger unzumutb ist)

(c) Erfolglosigkeit e entspr Antrags bei d zuständ Behörde bei d Leistungsvornahmekl

(d) Klagebefugnis: Geltendmachung d Verletzung eig Rechte, 42II analog, hM

cc Feststellungsklagen

(1) allg Feststellungsklage, 43

(a) statthaft, wenn KlZiel ist:

(aa) Feststellung d Bestehens od Nichtbestehens e streit RV
- RV:
  - rechtl Beziehung verwrechtl Art
  - d sich aus e konkret bestimmten SV (Antrag, VA, Realakt etc)
  - aufgrd e öffrechtl Norm für d Verhältnis mehrerer Personen zueinander od e Person zu e Sache ergibt
- auch selbständ Teile e solchen RV, zB einz Rechte od Verpflichtungen, können Gegenstand sein
- beantragt ist Feststellung d Bestehens (positive Feststellungskl) od d Nichtbestehens (negative Feststellungskl)

(bb) Feststellung d Nichtigkeit e VA
(muß mit die Möglkt der Nichtigkeit begründenden substantiierten Tats geltend gemacht werden)

(b) Subsidiarität, 43II

(aa) Grds: keine Möglkt d Verfolgung d Rechts durch Gestaltungs- od Leistungskl in gleichem Umfang u mit d gleichen Effektivität wie durch Feststellungskl, 43II1

(bb) Ausn:
- Feststellung d Nichtigkeit e VA als KlZiel, 43II2

- d Staat od e and Träger hoheitl Gewalt sind Bekl (hM, Begründung: d Bindung an R u Gesetz (20III GG) läßt Feststellungskl genauso effektiv erscheinen wie e weiterrreichende Kl; Einschränkung: bes Sachentscheidungsvorauss v Gestaltungs- od Leistungsklagen, zB d KlFrist, dürfen nicht unterlaufen werden)

(c) Klagebefugnis, 42II analog

(str; liegt vor bei Beteiligung an d streit RV, ansonsten, wenn v d streit RV Rechte d Klägers abhängen)

(d) tats bestehendes berecht Interesse an baldiger Feststellung (bes RSchBed), 43I

(aa) Ungewißheit üb d Bestehen/Nichtbestehen d RV od d Nichtigkeit d VA
(bb) berecht Interesse an d Feststellung
- jd nach vernünft Erwägungen durch d Sachlage gerechtfert Interesse rechtl, wirtschaftl od ideeller Art
- bei Feststellung d Nichtigkeit e VA: erfolgl Antrag auf Feststellung d Nichtigkeit bei d zuständ Behörde (44V VwVfG)

(cc) Interesse an baldiger Feststellung (e Gefährdung d RStellung d Klägers ist zu besorgen)

(2) Fortsetzungsfeststellungsklage, 113I4 (ggf analog)

(a) Vorliegen

(aa) Erlaß e VA (od Antrag auf Erlaß e VA, hM)
(bb) Erledigung (Begriff s.o. aa (1) (a) (bb))
- Erledigung d belast VA nach Erhebung d Anfechtungskl u Umstellung d KlAntrags auf Feststellung d Rw d VA, 113I4
- nach hM analog anzuwenden auf d versagenden u d unterlass begünstig VA
- Erledigung d belast od beantragten VA vor KlErhebung u Antrag auf Feststellung d Rw d VA bzw d Untätigkeit d Behörde, 113I4 analog

(b) Statthaftigkeit u klageartspezif Sachentscheidungsvorauss bei Erledigung nach KlErhebung

(aa) alle Sachentscheidungsvorauss d Anfechtungskl bzw Verpflichtungskl, einschl KlBefugnis u Vorverfahren
(bb) Erledigung d VA nach Erhebung d Anfechtungskl bzw Verpflichtungskl u vor d Entscheidung d G
(cc) Umstellung d KlAntrags auf Feststellung d Rw d erledigten VA bzw d Untätigkeit d Behörde (diese Umstellung ist keine KlÄnderung iSd 91; sie kann auch hilfsw erklärt werden)
(dd) berecht Interesse an d Feststellung d Rw d VA (bes RSchBed) (Begriff d berecht Interesses: wie bei allg Feststellungskl; Fälle zB: Wiederholungsgefahr/Rehabilitierung wg diskriminierender Wirkung d VA/bindende Wirkung od jedenfalls erhebl Bedeutung e Feststellung für e folg Amtshaftungsprozeß/Fortdauer v GR–Beeinträchtigungen)

(c) Statthaftigkeit u klageartspezif Sachentscheidungsvorauss bei Erledigung vor KlErhebung

w.o., aber mit Besonderheiten:

- Vorverfahren ist entbehrl bei
  - Erledigung d VA vor Ablauf d WidersprFrist
  - u KlErhebung innerh dieser Frist (74I2 analog, ggf 58II,60), str
- nach d Rspr besteht kein berecht Feststellungsinteresse, wenn d Fortsetzungsfeststellung e Zivilprozeß wg Amtshaftung vorbereiten soll
- KlErhebung innerh d Frist d 74 bzw 58II

(3) Normenkontrollverfahren, 47

(a) Statthaftigkeit

(aa) Gegenstand
- 47INr1:
  - bauplanungsrechtl Satzungen nach d BauGB (insbes: B–Plan, 10/ Veränderungssperre, 16/Festlegung d Bebauungszushgs, 34IV/ErschließgsBeitragssatzung, 132)
  - VO aufgrd d 246II BauGB
- 47INr2: untergesetzl lrechtl Normen, soweit dies lrechtl bestimmt ist
  - lrechtl Einführung d Normenkontrolle (5 AGVwGO BaWü/5 AGVwGO Bay/4I VwGG Bbg/7 AGVwGO Bre/11 AGVwGO Hess/13 AGGerStrG MV/7 AGVwGO Nds/4 AGVwGO RhPf/16 AGVwGO Saarl/Art 4 2 GerOrgG Sachs/10 AGVwGO SaAnh/5 AGVwGO SchlH/4 AGVwGO Thü)
  - unterges lrechtl Norm
    - VO, Satzung, rechtsetzende Vereinbarung
    - maßgebend für d Zuordnung BRecht/LRecht: Zuständkt d erlass Organs
- Rechtsverbindlichkeit d Norm (Erfüllung d formellen Vorauss für d, uU auch erst zukünft, Inkrafttreten nach außen hin)
  - schon gültig: Erlaß d Norm
  - noch gültig: kein Außerkrafttreten d Norm

(bb) Antragsziel: Feststellung d Ungültigkeit

(b) Antragsbefugnis

(aa) bei natürl u jur Person, 47II1:
- Nachteil: mehr als geringfügige Beeinträchtigung v Rechten od rechtl geschützten (hM) Interessen
- tats in d Person d Antragstellers eingetreten od in absehb Zeit zu erwarten

(bb) Behörde iSd 1IV VwVfG, d d Norm zu vollziehen hat od sonst bei d Erfüllung öff Aufgaben von ihr betroffen ist

(c) Beteiligtenfähigkeit, 47II1

(Beteiligte d 61Nr1,2 u Behörden)

dd verwaltungsrechtl Organstreitverfahren (insbes Kommunalverfassungsstreit)

(1) Vorliegen

- Kommunalverfassungsstreit: nach KommunalverfassungsR zu beurteilender RStreit zw Organen od Organteilen e kommunalen Gebietskörperschaft um Maßnahmen, deren RWirkungen sich auf d Beziehungen innerh d Körperschaft beschränken

– entspr bei Organstreit innerh e and Körperschaft od Anstalt d öff R mit SelbstverwKompetenz (zB Universität, Handwerks- u and Kammern, Rundfunkanstalt)

(2) **statthafte Klageart**

(a) **soweit diese passen: d übl KlArten u deren Sachentscheidungsvorauss**

(meist: Feststellungs- od allg Leistungskl)

(b) **subsid: KlArt sui generis**

Sachentscheidungsvorauss:

(aa) VerwRWeg, 40I (geg, da keine mat verfassungsrechtl Sache sondern kommunales od sonst körperschaftl VerwOrganisationsR vorliegt)

(bb) KlBefugnis, 42II analog (Geltendmachung subj Rechte iFv Organ- bzw MitgliedschaftsR)

(cc) Beteiligtenfähigkeit

– kollegiales Organ: gemäß 61Nr2

– monokrat Organ od Einzelperson als Organteil: gemäß 61Nr2 analog (61Nr1 scheidet aus, da d Kl in d Eigenschaft als Organ, nicht als natürl Person, erfolgt)

– Behörden nur soweit dies lrecht bestimmt ist (s.u. f bb (4))

(dd) Prozeßführungsbefugnis auf seiten d Bekl: d Gde od sonst Körperschaft (str; aM: d Organ)

(ee) RSchBed: ist grds geg, soweit keine eig Möglkt zur Erreichung d KlZiels durch Einleitung e körperschaftsinternen Beanstandung besteht

ee RF d Wahl e unstatthaften KlArt

(1) Hinweispflicht d G nach 86III

(2) ggf Unzulässkt

e Zuständkt d Gerichts

(alle Zuständkten d VwGO sind ausschließl)

aa sachliche Zuständkt

(1) VG (Regel): 45

(2) OVG: 47 (Normenkontrolle), 48, 190INr4 (iVm 138I FlurbG)

(3) BVerwG: 50

bb örtl Zuständkt, 52 (Ausschlußreihenfolge: Nr 1–4–2–3–5)

cc gerichtl Bestimmung, 53

dd Bindungswirkung e Verweisung, 83 iVm 17–17b GVG

f Beteiligtenfähigkeit, 61

(Fähigkeit, als Subjekt e ProzeßRV an e Verfahren vor e G d allg VerwGerichtsbarkeit teilnehmen zu können)

aa Beteiligter, 63

(1) Kläger, Bekl

(2) Beigeladener, 65

(a) einfach Beigeladener, 65I (Dr, dessen rechtl Interessen öffrechtl od privatrechtl Art durch d zu fällende Entscheidung berührt werden)

(b) notwendig Beigeladener, 65II

(aa) e Dr ist an d streit RV beteiligt,

(bb) derart, daß d Entscheidung auch ihm ggüber ergehen muß, weil e d KlAntrag entsprechende Entscheidung unmittelb in subj öff Rechte d Dr eingreifen würde (zB: bei Anfechtungskl gg begünstig VA mit belast Drittwirkung ist d Begünstigte beizuladen; bei Verpflichtungskl auf Erlaß e VA, der d Zustimmung d Behörde e and VerwTrägers erfordert, d entspr Behörde)

(3) Oberbundesanwalt (35) od Vertreter d öff Interesses (36), wenn er seine Beteiligung erklärt hat

bb Beteiligtenfähigkeit

(1) natürl Person, 61Nr1
(2) jur Person d öff od PrivatR, 61Nr1
(3) den jur Personen gleichgestellte Vereinigungen
  (a) spezges gleichgestellte Vereinigungen: Bundespost (5 PostVerfG), Bundesbahn (2I BundesbahnG), OHG, KG (124I,161II HGB), Parteien (3I ParteiG)
  (b) and Vereinigungen, soweit ihnen e Recht zustehen kann, 61Nr2
  (nrf Personenmehrheiten, soweit ihnen bezogen auf d konkreten Streitgegenstand e R zustehen kann; zB: nrf Verein, GbR/BetrR, PersR/kommunale Parlamente u ihre Fraktionen im KVS/Kreis- od Ortsverband e Partei bzgl e Streits um d Nutzung kommunaler Einrichtungen od d Durchführung e Versammlung/ Fakultäten, Kollegialorgane mit repräsentativem Status)
(4) Behörden, soweit d LRecht dies bestimmt, 61Nr3
(8 AGVwGO Bbg/14 AGVwGO MV/8 AGVwGO Nds/5I AGVwGO NrW/17II AGVwGO RhPf/17I AGVwGO Saarl/8 AGVwGO SaAnh/6 AGVwGO SchlH)

g Prozeßfähigkeit od ges Vertretung, 62

aa Prozeßfähigkeit
(1) volle Geschäftsfähigkeit (2,104ff BGB), 62INr1
(2) eingeschränkte Geschäftsfähigkeit (106 BGB), soweit sie durch privat- od öffrechtl Vorschriften für d Gegenstand d Verfahrens anerkannt wird, 62INr2

bb ges Vertretung Prozeßunfähiger
(1) natürl Person: 62IV iVm 53–58 ZPO (Einzelheiten s.o. ZivilprozeßR)
(2) jur Person, nrf Vereinigung, beteiligtenfähige Behörde: mat–rechtl bestimmter ges Vertreter, Organ, Behördenvorstand od bes Beauftragter, 62III

h Postulationsfähigkeit, 67I (Anwaltszwang nur vor d BVerwG)

i Legitimation des gewillkürten Prozeßvertreters, 67II,III

aa Prozeßbevollmächt kann sein: vor d VG u OVG jd prozeßfähige natürl Person, d zu sachl Vortrag fähig ist, 67II3 (ausgeschlossen Personen, d geschäftsmäßig RBeratung betreiben, ohne nach Art 1 § 1 RBG zugelassen zu sein)
bb schriftl Erteilung, 67III1
cc Umfang: 173 iVm 81ff ZPO
dd Nachweis: 67III2,173 iVm 88II ZPO

j richtiger KlGegner, 78,47II2 → Begründetheit

k ordnungsgemäße Klageerhebung

aa Form
(1) schriftl od zur Niederschrift d UrkBeamten d Geschäftsstelle, 81I

(2) eigenhänd Unterschrift d Klägers od seines Prozeßbevollmächt (Ausn, soweit ohne Rückfragen od BewErhebung gesichert ist, daß d Kl v d als Verfasser angegebenen Person stammt u mit ihrem Wissen u Wollen in d Verkehr gelangt ist)

bb notwend Inhalt (82I1); Bezeichnung von

(1) Kläger (Namen u ladungsfähige Anschrift)

(2) Bekl (desgl; bei Anfechtungs- u Verpflichtungskl: Angabe d Behörde ausreich, 78INr1)

(3) Streitgegenstand (SV, üb den entschieden werden soll); ausreich ist zB (ggf: 82II,86III)

- bei Anfechtungs- od Verpflichtungskl: Angabe d angefocht bzw erstrebten VA
- bei Feststellungskl: Angabe d streit RV
- bei Leistungskl: Angabe v SV u RGrund

cc instruktioneller Inhalt (Soll, 82I2,3)

(1) best Antrag, 82I2

(insbes: unmittelb vollstrfähiger Inhalt, soweit Vollstr d Urteils erforderl wird)

- Anfechtungskl: vollständ od teilw Aufhebung e best VA
- Verpflichtungskl: Verpflichtung zum Erlaß e best VA od zur Bescheidung e Antrags auf VA
- Feststellungskl: Feststellung d Bestehens/Nichtbestehens e best RV od d Nichtigkeit e best VA
- Leistungskl: Verurteilung zu e best Leistung

(2) zur Begründung dienende Tats u BewMittel, 82I3Hs1

(3) Urschriften od Abschriften v angefocht Vfg u WidersprBescheid (ggf: 82II, 86III), 82I3Hs2

dd RF bei Verstößen gg

(1) 81I: Unzulässkt

(2) 82I1: Pflicht zur Aufforderung gemäß 82II; ggf Unzulässkt

(3) 82I2,3: 82II,86III

l Fehlen einer rechtskräftigen Entscheidung in gleicher Sache, 121,173 iVm 705 ZPO

aa formelle u mat RKraft (121) e Entscheidung

bb in e Sache zw d gleichen Parteien (od ihren RNachfolgern) üb d gleichen Streitgegenstand (nach aM stellt d Vorliegen e rkräft Entscheidung kein Hindernis für e Sachentscheidung dar, bewirkt aber, daß keine andere, widersprech Entscheidung ergehen darf; dann fehlt allerdings idR d RSchBed)

m Fehlen anderweitiger RHängigkeit, 173, 17I2 GVG

aa keine RHängigkeit

(1) wirks KlErhebung, 90I,81

(2) keine Rücknahme (92), Prozeßvergleich (106), übereinstimm Erledigungserklärung (161II) od rkräft Entscheidung

bb d gleichen Streitsache: RStreit

- zw d gleichen Beteiligten
- üb d gleichen Streitgegenstand; Streitgegenstand ist d geltend gemachte prozess Anspr u zu bestimmen aus KlBegehren u KlBegründung, dh bei
  - Anfechtungskl: d Behauptung d Klägers, d angegriff VA sei rw u verletze ihn in seinen Rechten
  - Verpflichtungskl: d Behauptung d Klägers, d Ablehnung od Unterlassung d VA

sei rw u verletze ihn in seinen Rechten
- Feststellungskl: d Behauptung d Klägers über Bestehen/Nichtbestehen e RV bzw Nichtigkeit e VA
- allg Leistungskl: d Behauptung d Klägers, er sei in seinem Recht auf e best Tun, Dulden od Unterlassen d Verw verletzt

cc bei e and G

n allg Rechtsschutzbedürfnis

aa Grds: d RschBed liegt (ausnahmsw) nicht vor bei e Verhalten, das dem Verbot institutionellen Mißbrauchs prozessualer Rechte (242 BGB) zuzurechnen ist; zB
- wenn d mit d Kl angestrebte Ziel einfacher, umfassender od effektiver (schneller, billiger) außergerichtl od durch e and KlArt erreicht werden kann
- wenn d mit d Kl angestrebte Ziel d Kläger keinerlei nennenswerte Vorteile bringen kann
- wenn d Kläger mit seinem Begehren spezifisch mißbilligenswerte Ziele verfolgt

bb klageartspezifisch gilt bei

(1) Anfechtungskl: weil nur d Urteil gestaltende Wirkung hat, fehlt d RSchBed nur in bes Fällen (zB bei isolierter Anfechtungskl ist es zu beurteilen entspr d Verhältnis Feststellungskl/Leistungskl im Zivilprozeß u kann zB vorliegen, wenn d Kläger sein Begehren auf d Erlaß e beantragten VA nicht weiter verfolgen kann od will, gleichwohl aber e berecht Interesse an d Aufhebung d Versagungsbescheides hat, od wenn d Kläger im nachhinein d Auffassung ist, d beantragte Genehmigung sei nicht erforderl)

(2) Verpflichtungskl: RSchBed regelm geg

(3) allg Leistungskl
- bei Kl auf d Kläger begünstig Leistung: RSchBed geg, wenn d eingeklagte Leistung fällig ist u soweit d Kläger nicht bereits e VollstrTitel üb d eingeklagte Leistung besitzt; od soweit er d Anspr nicht einfacher, zB durch Leistungsbescheid, verwirklichen kann
- bei Kl auf Unterlassung: Besorgnis d RBeeinträchtigung ausreichend
- bei vorbeug Unterlassungskl: Unzumutbarkeit d Abwartens d RVerletzung erforderl

(4) Feststellungskl
- allg Feststellungskl: Subsidiarität (43II), sowie bes RSchBed iFd berecht Interesses an bald Feststellung (43I) erforderl (s.o. d cc (1))
- Fortsetzungsfeststellungskl: bes RSchBed iFd berecht Interesses an d Feststellung d Rw (113I4) erforderl (s.o. d cc (2))

(5) Normenkontrollverfahren: Antragsbefugnis impliziert RSchBed

3 Begründetheit der Klage

a Vorauss d Begründetheit bei d verschied KlArten

aa Anfechtungskl, 113I1,115

(0) Grdl

(a) maßgebl Zeitpunkt:
- grds d Zeitpunkt d letzten VerwEntscheidung
- Ausn: d Schluß d letzten mdl Vhdlg zB bei VA mit Dauerwirkung od bei noch nicht vollzog VA, soweit d Vollzug infolge Sach- od Rechtslagenänderung sinnlos geworden ist

(b) maßgebl TatsGrdl: Nachschieben v Gründen ist nach hM grds zuläss, soweit d Gründe schon bei Erlaß d VA vorlagen u dieser durch sie nicht in seinem Wesen verändert (Regel: wesentl Änderung d VA liegt bei Änderung d Tenors d VA sowie bei Ermessensentscheidung e Kollegialorgans vor) od d RVerteidigung d Klägers durch sie nicht beeinträchtigt wird; aM: unzulässig wg d RGedanken d 45INr2,II VwVfG

(1) Rw d VA (bei Ermessensentscheidung: 114; zum Prüfungsaufbau s. Bd II)
(2) dadurch bedingte tats Verletzung eig Rechte d Klägers (Aktivlegitimation) durch d Bekl (Passivlegitimation)
(3) Ausn: formelle Rw bei gebund Entscheidung, 46 VwVfG

bb Verpflichtungskl, 113V

(0) maßgebl Zeitpunkt: bei gebund Entscheidungen grds d Schluß d letzten mdl Vhdlg, bei Überprüfung v Ermessensentscheidungen grds d Zeitpunkt d letzten Behördenentscheidung
(1) Aufbau 1
  (a) Rw d Ablehnung od Unterlassung d VA (bei Ermessensentscheidung: 114; zum Prüfungsaufbau im einzelnen s. Bd II)
  (b) dadurch bedingte tats Verletzung eig Rechte d Klägers (Aktivlegitimation) durch d Bekl (Passivlegitimation)
  (c) Spruchreife d Entscheidung (Vorliegen aller maßgebl tats u rechtl Vorauss zum Erlaß d endgült Entscheidung üb d Antrag auf Erlaß d VA; sie fehlt insbes bei Ermessensentscheidungen, mit d Ausn d Ermessensreduzierung auf Null)
    – bei Vorliegen d Spruchreife: Verpflichtung d Bekl zum Erlaß d beantragten VA
    – bei Fehlen d Spruchreife: Verpflichtung d Bekl zum Erlaß e Bescheids unter Beachtung d RAuffassung d G
(2) Aufbau 2
  (a) in Betracht kommende AnsprGrdl
  (b) formelle Vorauss d VA
  (c) mat Vorauss d VA
    (aa) Vorauss d AnsprGrdl
    (bb) ggf fehlerfreie Ermessensausübung
    (cc) kein Verstoß gg sonst Vorschriften
    (dd) Spruchreife

cc allg Leistungskl

(0) maßgebl Zeitpunkt: grds Schluß d letzten mdl Vhdlg
(1) rw Verhalten d Behörde (Bestehen e Leistungsanspr)
(2) dadurch bedingte tats Verletzung eig Rechte d Klägers (Aktivlegitimation) durch d Bekl (Passivlegitimation)

dd allg Feststellungskl, 43

(0) maßgebl Zeitpunkt: für d Bestehen/Nichtbestehen e RV grds d Schluß d letzten mdl Vhdlg; für d Nichtigkeit d VA grds d Zeitpunkt d Erlasses; entscheidend ist aber d Inhalt d KlAntrags
(1) Bestehen/Nichtbestehen d RV bzw Nichtigkeit d VA
(2) passiv legitimiert ist derjenige, demggüber d Bestehen bzw Nichtbestehen bzw d Nichtigkeit festgestellt werden soll (dh derj, d d in Anspr genommene R bestreitet, d bestritt R in Anspr nimmt od d VA erlassen hat)

ee Fortsetzungsfeststellungskl, 113I4 (ggf analog)

Rw u Verletzung v Rechten d Klägers durch d Bekl (wie bei Anfechtungs- bzw Verpflichtungskl) vor Erledigung d VA (maßgebl Zeitpunkt: grds wie bei Anfechtungs- bzw Verpflichtungskl; ggf: Zeitpunkt d Erledigung anstelle d letzten mdl Vhdlg)

ff Normenkontrollverfahren, 47I

(1) Verstoß d Norm gg zwing höherrang formelles R (Verfahrensfehler, bei denen e Einfluß auf d Inhalt d Norm nicht auszuschließen ist) od mat Recht
- Prüfungsmaßstab: BRecht, LRecht mit d Einschränkung d 47III (Entscheidungsmonopol d LVerfG bzgl d Vereinbarkeit v Normen, mit d LVerfassung; zB: 68INr2 Verf BaWü/98S4 BayVerf/132 HessVerf für VO)
- Prüfungsaufbau: s. Bd II

(2) im BauR Einschränkungen gemäß 214,215 BauGB

b Würdigung d Ergebnisses d BewAufnahme (108,96–98 iVm 358–444,450–494 ZPO)

c obj BewLast

aa Grds: d obj BewLast für e Tats trägt derjenige Beteiligte, der aus ihr e für ihn günstige RF ableitet
- wer e Recht in Anspr nimmt (zB wenn d Bürger e Leistung od d Erlaß e VA verlangt, wenn d Verw in e RPosition d Bürgers eingreifen will), trägt d BewLast für d rbegründ Tats
- wer e Recht leugnet, trägt d BewLast für ausnahmebegründ, rechtsvernicht od rechtshemm Tats

bb daraus folgt klageartspezifisch für

(1) Anfechtungskl:
- BewLast d Bekl für d Vorliegen d tatbestandl Vorauss e belast VA od d Rücknahme e begünst VA
- BewLast d Klägers für Ausnahmeumstände (zB Ermessensfehler) od tats Vorauss e Abwehrnorm

(2) Verpflichtungskl:
- BewLast d Klägers für ansprbegründ Tats bei Leistungen, bei denen d Kläger keine verfassungsrechtl schon grds verbürgte RPosition hat (zB Subvention, Sondernutzung öff Straßen, Lastenausgleich)
- BewLast d Bekl für ansprversagende Tats bei Leistungen, bei denen e verfassungsrechtl verbürgte RPosition grds schon vorliegt u nur durch e präventives Verbot mit Erlaubnisvorbehalt eingeschränkt ist (zB Bauerlaubnis (14 GG), gewerbl Erlaubnis (12 GG), Gemeingebrauch öff Straßen (2 GG))

4 Nebenentscheidungen

a Zinsen auf öffrechtl Geldforderungen

aa grds Prozeßzinsen von 4 % ab RHängigkeit, 173 iVm 291 ZPO

bb Verzugszinsen

(1) im Subordinationsverhältnis:
- grds nur soweit ges ausdrückl vorgesehen
- keine Zulässkt d VerwRechtswegs für Amtshaftungsanspr (40II1)

(2) im Gleichordnungsverhältnis: entspr 284ff BGB, 62S2 VwVfG (str)

b Kosten d RStreits, 161

aa Kostenlast, 154–156,159,160,161III
- Grds: Kostenlast ist zu tragen bei Unterliegen, erfolglosem Einlegen e RMittels od Rücknahme, 154I,II,155II
- Verteilung d Kostenlast bei teilw Obsiegen/Unterliegen, 155I
- ebenso bei teilw Rücknahme u teilw Erledigungserklärung (Kostenentscheidung erfolgt einheitl im Urteil, nicht durch gesond Beschluß)
- Kostenpfl d Klägers bei sofort Anerkenntnis, 156
- Kostenpfl d Beigeladenen bei erfolglosen Anträgen, 154III
- ggf Auferlegung d durch Verschulden e Beteiligten (zB Versäumnis, Verspätung) entstand Kosten, 155III,V,161III
- bei mehreren Personen: 159 iVm 100 ZPO

bb erstattungsfähige Kosten, 162
(1) GKosten (Gebühren, Auslagen), 162IHs1 (Ausn: Sachgebiete d 188S1,2)
(2) zur RVerfolgung od -verteidigung notwend Auslagen einschl Kosten d Vorverfahrens, 162IHs2
(3) Kosten e Prozeßbevollmächt im Vorverfahren nur, wenn d Zuziehung vom G (im Tenor) für notwendig erklärt wird, 162II2
(4) außergerichtl Kosten d Beigeladenen nur bei entspr Entscheidung d G, 162III

c vorläuf Vollstrbkt, 167 iVm 708ff ZPO

(Besonderheit: für Urteile auf Anfechtungs- od Verpflichtungskl besteht vorläuf Vollstrbkt nur hinsichtl d Kosten, 167II; entsprechendes gilt für d Kl auf Unterlassung e VA)

d Zulassung v RMitteln, 131,132,134

e Streitwertfestsetzung

aa Antrag auf Festsetzung od Angemessenheit, 25I GKG

bb Streitwert: d sich aus d KlAntrag ergebende Bedeutung d Sache (obj Interesse) für d Kläger, 13I1 GKG (nach Einzelfallumständen u Ermessen d G zu bestimmen)
(1) Höhe d bezifferten Geldfordg, 13II (22I) GKG
(2) bei Anspr auf wiederkehr Leistung gemäß 17 GKG
(3) Addition mehrerer selbständ Anspr, 12I GKG iVm 5 ZPO entspr
(4) Bsp für d nach 13I1 GKG zu bestimmende obj Interesse d Sache für d Kläger
- Kl wg Erlaubnis/Untersagung e Gewerbeausübung: nachhaltig erzielb Jahresgewinn, mind 15000 DM
- Baugenehmigung: 10–20 % d Rohbaukosten
- Nachbarkl: 10000 DM; mind d Betrag e geltend gemachten GrdstWertminderung
- Normenkontrollverfahren: entspr d Nachteil d Klägers aus d Anwendung d Norm

(5) Auffangstreitwert: 6000 DM, 13I2 GKG

II Entscheidung

1 Urteil

a Aufbau u Inhalt, 117

aa Urteilseingang (Rubrum)

(1) Angabe d G, dem d Spruchkörper angehört, u d Az, üblicherweise oben links

(2) Überschrift
- *"Im Namen d Volkes"*
- *"Urteil"* (ggf Kennzeichnung d bes Urteilsart: Zwischen-, Teil-, Schlußurteil)

(3) Bezeichnung d Beteiligten, ihrer ges Vertreter u Bevollmächt, jeweils mit Namen, Anschrift u Verfahrensstellung, 117IINr1; Besonderheiten bei VerwTrägern als Beteiligten:
- ges Vertreter bei VerwTrägern: nach d entspr OrganisationsR zu bestimmen; bei mehrfach gestufter Vertretungsregelung ist ausreich: *"..., endvertreten durch ..."*
- keine Angabe e Bevollmächt (auch wenn Terminsvollmacht vorgelegt wird)

(4) kurze Kennzeichnung d Streitgegenstands (übl, aber nicht erforderl; wenn ja: so kurz wie mögl, so aussagekräftig wie erforderl)

(5) Bezeichnung d G einschl
- entscheidender Spruchkörper (Kammer bzw Senat)
- an d Entscheidung mitwirkende Richter mit genauer Dienstbezeichnung
- Datum d letzten mdl Vhdlg, 117IINr2

(6) Formulierung

"...(G)...
– ...(Az)... –

Im Namen d Volkes
Urteil

In d VerwRSache/VerwRStreit/VerwStreitsache/VerwStreitverfahren/ Normenkontrollverfahren
d ...,

Kläger,
(im Normenkontrollverfahren: Antragsteller)

– Prozeßbevollmächt: RA ..., ... –
gg
d ...,
(end)vertreten durch ...,

Bekl,
(im Normenkontrollverfahren: Antragsgegner)

– Prozeßbevollmächt: RA ..., ... –
beigeladen: ...,
beteiligt: ...,
wg ...
hat d ... Kammer d VG .../d ... Senat d OVG/VGH ...
durch/unter Mitwirkung v ...
auf d mdl Vhdlg v .../aufgrd d mdl Vhdlg v ... /ohne mdl Vhdlg am .../im Wege d

schriftl Entscheidung auf Grund d Beratung v ...
für Recht erkannt:

...(Tenor)... "

bb Urteilsformel (Tenor), 117IINr3

(1) Entscheidung in d Hauptsache

Beispiele:

(a) Abweisung
- Klage: *"D Kl wird abgewiesen"*
- Normenkontrollverfahren: *"D Antrag wird zurückgewiesen"*

(b) Stattgabe/Teilstattgabe

(aa) Anfechtungskl
- Grundformel:
  "D Bescheid/Vfg d ... v ... u d WidersprBescheid d ... v ... werden aufgehoben"
- bei teilw erfolgreichem Widerspr:
  "D Bescheid/Vfg d ... v ... in d Gestalt, d er/sie durch d WidersprBescheid d ... v ... gefunden hat, wird aufgehoben"
- bei Antrag auf teilw Aufhebung:
  "... werden insoweit aufgehoben, als ..."
- bei Teilstattgabe:
  "... werden insoweit aufgehoben, als ... . Im übr wird d Kl abgewiesen"
- Abänderung e angefochtenen Leistungsbescheids gemäß 113II:
  "D Bescheid d ... v ... wird dahingehend abgeändert, daß ..."
- bei Folgenbeseitigungsantrag gemäß 113I2,3:
  "D Bekl wird verpflichtet, ..."
- Zurückverweisung bei mangelnder Sachaufklärung gemäß 113III:
  "D Bescheid/Vfg d ... v ... u d WidersprBescheid d ... v ... werden aufgehoben. D Sache wird an d Bekl zur Entscheidung nach weiterer Sachaufklärung zurückverwiesen"

(bb) Verpflichtungskl
- *"D Bescheid/Vfg d ... v ... u d WidersprBescheid d ... v ... werden aufgehoben. D Bekl wird verpflichtet, ..."* od
  "D Bekl wird unter Aufhebung seines Bescheids/Vfg v ... u d WidersprBescheids d ... v ... verpflichtet, ..."
- bei Bescheidungsurteil:
  "D Bekl wird unter Aufhebung ... verpflichtet, üb d Antrag d Klägers auf ... unter Beachtung d RAuffassung d G erneut zu entscheiden"

(cc) allg Leistungskl
"D Bekl wird verurteilt, ..."
"D Bekl wird untersagt, ..."

(dd) allg Feststellungskl
"Es wird festgestellt, daß ..."

(ee) Fortsetzungsfeststellungskl
- nach Anfechtungskl:
  "Es wird festgestellt, daß d Bescheid/Vfg d ... v ... u d WidersprBescheid d ... v ... rw gewesen sind"
- nach Verpflichtungskl:
  "Es wird festgestellt, daß d Bekl verpflichtet gewesen ist, ..."

(ff) Kommunalverfassungsstreit u sonst Organstreit:
je nach d KlArt; bei KlArt sui generis feststellender Ausspruch (str; aM: auch kassator (aufhebender) Ausspruch mögl)

(gg) Normenkontrollverfahren
"D ...(genau zu bezeichnende Norm)... ist nichtig/rechtsungültig"
"D ... ist hinsichtl d ... nichtig"
"D ... ist nichtig, soweit ..."
"Es wird festgestellt, daß d ... nichtig/rechtsungültig ist."

(c) Sonderfälle

(aa) Haupt- u Hilfsantrag, Erfolg aber nur d Hilfsantrags:
Ausspruch zum Hilfsantrag u Abweisung d Kl im übrigen

(bb) übereinstimm teilw Erledigungserklärung:
"Soweit d Beteiligten d RStreit in d Hauptsache für erledigt erklärt haben, wird d Verfahren eingestellt. Im übr ..."

(cc) einseit Erledigungserklärung:
"D Hauptsache ist erledigt"
"Es wird festgestellt, daß d RStreit in d Hauptsache erledigt ist"

(2) ggf Zulassung d Berufung od Revision, 131,132,134
"D Berufung wird zugelassen"

(3) Kostenentscheidung, 161 (Tenorierung wie beim Zivilurteil) einschl
- Entscheidung gemäß 162II2 (Zuziehung e Bevollmächt im Vorverfahren)
  "D Zuziehung e Bevollmächt im Vorverfahren wird für notw erklärt"
- Entscheidung gemäß 162III (Kosten d Beigeladenen)

(4) Entscheidung üb d vorläuf Vollstrbkt, 167 iVm 708ff ZPO
- grds: Tenorierung wie beim Zivilurteil
- bei Anwendbarkeit d 167II:
  "D Urteil ist wg d Kosten vorläuf vollstreckb ..."

cc Tatbestand, 117IINr4,III

(1) Grds
- Beschränkung auf d wesentl entscheidungserhebl Tats
- Möglkt d konkreten Bezugnahme auf Schriftsätze, Protokolle u and Unterlagen

(2) Aufbau u Darstellung

(a) Geschichtserzählung
(Tats, aus denen sich d RStreit entwickelt hat; Sprache: Indikativ, Imperfekt)

(aa) einleitende knappe Kennzeichnung d Streitgegenstands (insbes bei komplexen Streitigkeiten)

(bb) unstreit SV (unstreitig vorgetrag bzw v G ermittelter SV)

(cc) Vorverfahren (insbes: Einlegung d Widerspr, knappe ZusFassung d tats u rechtl Begründung, Verfahrenshandlgen, Entscheidung, fristerhebl Datumsangaben)

(b) Prozeßgeschichte (Entwicklung d RStreits v d KlErhebung bis zum Urteil; Sprache: Indikativ, Perfekt)
- nur prozess Vorgänge, d im Zeitpunkt d Entscheidung für d Sach- od Kostenentscheidung noch v Bedeutung sind (zB KlErhebung, Verzicht auf mdl Vhdlg (101II), KlÄnderung, teilw KlRücknahme od Erledigungserklärung)
- bei Anfechtungs- od Versagungsgegenkl: mind d Datum d KlErhebung

(c) Streitstand

(aa) TatsBehauptungen u RAuffassungen d Klägers (Sprachform: Konjunktiv, Präsens)

- streitig geblieb Tats, zu kennzeichnen durch: *"behaupten", "darstellen", "bestreiten"* etc
- Rechtsausführungen: erschöpfend darzustellen, dürfen aber geordnet u zusgefaßt werden (Kennzeichnung durch: *"Meinung", "Auffassung", "Ansicht"* etc)
- nicht erledigte BewAnträge u BewEinreden

(bb) Anträge (eingerückt; Sprache: Indikativ, Präsens)

- d Klägers
- d Bekl

(mit Ausn d Anträge, üb d ohnehin vAw zu entscheiden ist: Kostenentscheidung als Nebentscheidung, vorläuf Vollstrbkt)

(cc) TatsBehauptungen u RAuffassungen d Bekl

(dd) ggf Replik u Duplik

(d) Anträge, TatsBehauptungen u RAuffassungen d Beigeladenen: dort, wo es im Einzelfall sinnvoll erscheint

(e) Ergebnis d BewAufnahme

- knappe zusfassende Wiedergabe d Inhalts v BewBeschlüssen
- bzgl d Ergebnisse v Zeugenvernehmungen u SVGutachten grds Bezugnahme auf Sitzungsprotokolle u schriftl Gutachten
- ggf Angabe v für d BewWürdigung erhebl Tats, zB bzgl Glaubhaftigkeit u Glaubwürdigkeit v Zeugenaussagen
- Urk sind nur zu erwähnen, soweit Echtheit od Inhalt umstritten sind

dd Entscheidungsgründe, 117IINr5,V

(1) Aufbau: grds wie im Zivilurteil

- Begründung nur der Entscheidungen im Tenor, keine darüber hinausgehenden Ausführungen
- innerh dieses Rahmens Behandlung der die Entscheidung tragenden tats u rechtl Argumente, insbes erschöpfende Behandlung d TatsBehauptungen u RAnsichten d unterlegenen Partei
- Begründung d Zulässkt vor der d Begründetheit
- Begründung d Hauptentscheidungen vor der der Nebenentscheidungen (Zinsen, Kosten, vorläuf Vollstrbkt; bei diesen ist d Hinweis auf d maßgebl Vorschriften ausreich)

(2) Besonderheit bei Bescheidungsurteil: umfassendes Eingehen auf alle umstritt spruchreifen RFragen (Hilfsbegründung) ist zulässig

ee Rechtsmittelbelehrung, 117IINr6,58I

- vor d Unterschriften zu plazieren
- *"Gg dieses Urteil ist d Berufung an d OVG/VGH in ... zulässig. D Berufung ist innerh 1 Monats nach Zustellung d Urteils bei d ...(G, das d Entscheidung erlassen hat, mit Anschrift)... schriftlich od zur Niederschrift d UrkBeamten d Geschäftsstelle einzulegen. D Berufungsfrist ist auch gewahrt, wenn d Berufung innerh d Frist bei d OVG/VGH eingeht. D Berufungsschrift muß d angefochtene Urteil bezeichnen u e bestimmten Antrag enthalten. D zur Begründung dienenden Tats u BewMittel sollen angegeben werden"*
- bei Nichtzulassung d Berufung:

  "D Nichtzulassung d Berufung kann innerh 1 Monats nach Zustellung d Urteils bei d ...(G, d d Entscheidung erlassen hat, mit Anschrift)... selbständig durch e noch in

derselben Frist zu begründende Beschwerde angefochten werden"

ff Unterschriften d hauptamtl Richter, 117I2–4

b Wirksamkeit d Urteils: mit Verkündung bzw Zustellung (116)

c RBehelfe: Berufung, Revision

2 Beschluß, 122

(daneben gelten entspr auch: 86,99,108II,112,116,117)

a Zulässkt d Entscheidung durch Beschluß:
soweit d Entscheidung durch Urteil od GBescheid ges nicht vorgesehen ist; insbes:
– Entscheidungen in selbständ Antragsverfahren (47VI1,VIII/80V,VII,VIII,80aIII/123IV)
– Entscheidungen zur Vorbereitung e Urteils (zB BewBeschluß)
– Entscheidungen nach Rücknahme (92II) od übereinstimm Erledigungserklärung (92II analog,161II)

b Aufbau u Inhalt

aa Beschlußeingang (Rubrum)
(1) Überschrift: *"Beschluß"*
(2) Bezeichnung d Beteiligten, ihrer ges Vertreter u Bevollmächt
(3) kurze Kennzeichnung d Streitgegenstands
(4) Bezeichnung d G einschl Kammer, an d Entscheidung mitwirkenden Richtern u Datum d Beratung/Entscheidung
(5) Formulierung:

"...(G)...
– ...(Az)... –

Beschluß

In d VerwRechtssache/VerwRechtsstreit/VerwStreitsache/VerwStreitverfahren/ Normenkontrollverfahren
d ...,
Kläger/Antragsteller,

– Prozeßbevollmächt/Verfahrensbevollmächt: RA ..., ... –
gg
d ...,
(end)vertreten durch ...,
Bekl/Antragsgegner,

– Prozeßbevollmächt/Verfahrensbevollmächt: RA ..., ... –
wg ...
hat d ... Kammer d VG/... Senat d OVG/VGH ... durch/unter Mitwirkung v ...
am ... (ggf: aufgrd d mdl Vhdlg v ...) beschlossen:

...(Tenor)..."

bb Tenor
(1) Sachentscheidung; ausgewählte Formulierungsbeispiele:
– Normenkontrollentscheidung
"D ...(genau zu bezeichnende Norm)... ist nichtig/rechtsungültig"
– weitere wichtige Bsp s.u. B I 4, B III 4

(2) ggf Kostenentscheidung u Streitwertfestsetzung

cc Gründe, 122II

(1) Sachverhalt (Aufbau in Anlehnung an den des Tatbestands)
(2) Entscheidungsgründe

dd ggf Rechtsmittelbelehrung

ee Unterschriften d an d Entscheidung mitwirkenden Richter

c RBehelf: Beschwerde

3 Gerichtsbescheid, 84

a Zulässkt d Entscheidung durch GBescheid
aa d Sache weist keine bes Schwierigkeiten tats od rechtl Art auf u d SV ist geklärt, 84I1
bb Anhörung d Beteiligten, 84I2

b Aufbau u Inhalt (grds wie beim Urteil, 84I3)

"...(G)...
– *...(Az)...* –

Im Namen d Volkes
Gerichtsbescheid

In d VerwRSache/VerwRStreit/VerwStreitsache/VerwStreitverfahren
d ...,

Kläger,

– Prozeßbevollmächt: RA ..., ... –
gg
d ...,
(end)vertreten durch ...,

Bekl,

– Prozeßbevollmächt: RA ..., ... –
beigeladen: ...,
beteiligt: ...,
wg ...
hat d ... Kammer d VG .../d ... Senat d OVG/VGH ...
durch/unter Mitwirkung v ...
am ... für Recht erkannt:

...(Tenor)...

Tatbestand

...

Entscheidungsgründe

...
Rechtsmittelbelehrung
...
...(Unterschriften)..."

c RBehelfe: 84II

B Vorläufiger Rechtsschutz

I Antrag auf Aussetzung der sofortigen Vollziehbarkeit e VA, 80V

1 Zulässkt

a deutsche Gerichtsbarkeit, 173 iVm 18–20 GVG
b Zulässkt d VerwRWegs, 40
c Statthaftigkeit d Antrags u antragsspezif Vorauss
  aa statthaft ist d Antrag bei Statthaftigkeit d Anfechtungskl, dh wenn Gegenstand ist:
    – belast (verfügender, rgestaltender, auch feststellender) VA, 80I2
    – begünstig VA mit anfechtb belast Drittwirkung, 80I2
    – begünstig VA mit isoliert anfechtb NBest
    – versagender VA, d zugleich e Verschlechterung d bisher schon bestehenden RPosition d Antragstellers bedingt
    – Zahlungseinstellungsbescheid, d Rücknahme od Widerruf e Bewilligungsbescheids darstellt
  bb Antragsbefugnis, 42II analog (wie KlBefugnis bei Anfechtungskl)
  cc Einlegung v Widerspr od Anfechtungskl (Grds; während lfd RBehelfsfrist sind Anträge nach 80V nach hM aber auch vor RBehelfseinlegung zuläss)
  dd sofortige Vollziehbarkeit d VA
    (1) kein Suspensiveffekt nach 80IINr1–3
      (a) Grds: aufschiebende Wirkung (Suspensiveffekt) v Widerspr u Anfechtungskl, 80I1,80aI
        (aa) Vorauss d aufschieb Wirkung: str; vertreten werden insbes folgende Auffassungen:
          – auch bei Unzulässkt d in d Hauptsache eingelegten RBehelfs
          – obj tats Vorliegen v Zulässkt d VerwRWegs u e belast VA erforderl sowie keine offensichtl Unzulässkt d eingelegten RBehelfs
          – obj tats Vorliegen v Zulässkt d VerwRWegs, e belast VA, wirks Einlegung d RBehelfs, RBehelfsbefugnis u Einhaltung d RBehelfsfrist erforderl
        (bb) Wirkungsumfang
          – grds (str; Meinungen:)
            – Vollziehbarkeitshemmung: d VA ist wirks, aber Verbot aller behördl (teilw weitere, durch 80I2 gestützte, Auffassung: auch aller privaten) Maßnahmen in Realisierung d VA, einschl aller Folge- u Ausführungsmaßnahmen, hM
            – vorläuf Wirksamkeitshemmung: d VA ist bis zur rkräft Entscheidg vorläuf unwirks; bei KlAbweisung tritt d Wirksamkeit rückwirkend wieder ein (Unterschied: d Vollziehbarkeitshemmung im engeren Verständnis (s.o.) umfaßt nicht zB d private Gebrauchmachen v e Erlaubnis, d private Berufen auf durch VA festgestellte Rechte, od d private durch VA festgestellte Verpflichtung)
          – bei teilw belast, teilw begünstig VA
            – bei zuläss Teilanfechtung e NBest umfaßt d aufschieb Wirkung nur d angefocht Belastung
            – bei Anfechtungskl wg belast Drittwirkung e begünstig VA umfaßt d aufschieb Wirkung auch d Begünstigung, wenn beide Wirkungen in e untrennb Zushang stehen (Belastung als reflexartige Wirkung

d Begünstigung)

(cc) Wirkungsdauer
- Beginn: rückwirkend auf d Zeitpunkt d Erlasses d VA (str, ob e Anspr auf Rückgängigmachen schon ausgeführter Vollzugsmaßnahmen od nur auf fehlerfreie Ermessensentscheidung d Behörde besteht)
- Ende: mit Rücknahme d Widerspr, Erledigung d Hauptsache, Unanfechtbarkeit d WidersprBescheids bzw RKraft d Endurteils
- Unterbrechung: durch Anordnung d sofort Vollziehbarkeit nach 80IINr4

(b) Ausnahmen v d aufschieb Wirkung

(aa) Anforderung v öff Abgaben od Kosten, 80IINr1
- öff Abgaben
  - Steuern: einmalige od lfd Geldleistungen, d keine Gegenleistung für e bes Leistung darstellen u v e öffrechtl Gebietskörperschaft zur Erzielung v Einkünften allen auferlegt werden, bei denen d Tb zutrifft, an die das Gesetz d Leistungspfl knüpft, 3I AO
  - Gebühren: einseitig auferlegte Geldleistung für d Inanspruchnahme d öff Verw od öff Einrichtungen
  - Beiträge: einseitig auferlegte Geldleistung für d Möglkt d Inanspruchnahme öff Einrichtungen
- Kosten: Gebühren od Auslagen, d in e förml VerwVerfahren entstehen
- Anforderung: Leistungsbescheid u d zu seiner Durchsetzung erlass VollstrAkte
- d aufschieb Wirkung entfällt nicht, soweit e Anfechtungskl auch e Kostenentscheidung als Nebenentscheidung angreift

(bb) unaufschiebb Anordnungen u Maßnahmen v Polizeivollzugsbeamten, 80IINr2
- Anordnungen u Maßnahmen d Vollzugspolizei im formellen Sinn
- Unaufschiebbarkeit: nach PolizeiR zu bestimmen
- auf Verkehrszeichen entspr anwendb, hM

(cc) and durch BGesetz bestimmte Fälle, 80IINr3
- formelles BGesetz (zB 72I AuslG/75 AsylVfG/35I1 WPflG, 74 ZDG/90III BSHG/10II BauGBMaßnG)
- Maßnahmen in d VerwVollstreckung, 187III iVm formellem LGesetz (12 VwVG BaWü/38IV1 VwZVG Bay/4 AGVwGO Berl/39 VwVG Bbg/11 AGVwGO Bre/75I VwVG Hamb/12 AGVwGO Hess/8 AGVwGO NrW/16V VwVG RhPf/18 AGVwGO Saarl/11VwVG Sachs/9 AGVwGO SaAnh/248I2 LVG SchlH/8 AGVwGO Thü)

(2) behördl Anordnung sofort Vollziehbarkeit, 80IINr4

(a) Zuständkt: Ausgangsbehörde; daneben auch d WidersprBehörde

(b) Verfahren: Anhörung entspr 28 VwVfG (str)

(c) Form

(aa) bes Anordnung (eigens auf d sofort Vollziehung gericht Willensentschließung u deren ausdrückl Kundgabe an d Betroff), 80IINr4

(bb) konkrete schriftl Begründung d bes Interesses an d sofort Vollziehung, 80III (Ausn: bei Gefahr im Verzug, 80III2); RF e Verstoßes: Nichtigkeit (hM; aM: Anfechtbarkeit)

(d) überwieg öff Interesse od überwieg Interesse e Beteiligten an d sofort Vollziehung d VA, d grds üb d Interesse hinausgeht, das d VA selbst rechtfertigt; Prüfung:

(aa) offensichtl Begründetheit bzw Aussichtslosigkeit d RBehelfs (begründet idR ohne weitere Abwägung e überwieg Interesse an d aufschieb Wirkung bzw sofort Vollziehung; ansonsten:)

(bb) Vorliegen e konkreten bes Interesses an d sofort Vollziehung, d grds üb d hinausgehen muß, das d VA selbst rechtfertigt (Ausn: Regelvermutung für d Vorliegen e bes öff Interesses an sofort Vollziehung bei best Belangen d Gefahrenabwehr, insbes bei Führerscheinentzug u Fällen d Ausnutzung angemaßter RPositionen (Einstellungs- od Beseitigungsvfg bei Ausübung e erlaubnispflicht Tätigkeit ohne Antrag od entgegen e versagenden Bescheid)

(cc) Abwägen d Vollziehungsinteresses v Allgheit u begünst Beteiligten mit d RSchutzinteresse d belast Beteiligten

- Kriterien sind zB: Ausmaß d Belastung durch d VA/Unabänderlichkeit v Auswirkungen sofort Vollziehung/Erfolgsaussichten d RBehelfs/bes Schutzerfordernisse ggüber Gefahren für d Allgheit
- erforderl ist e Überwiegen d öff od privaten Interesses an d sofort Vollziehung

(e) fehlerfreie Ermessensausübung hinsichtl d 'Ob' d Anordnung

ee Vorverfahren in d Fällen d 80IINr1, gemäß 80VI

d Zuständkt: G d Hauptsache

e Beteiligtenfähigkeit, Prozeßfähigkeit, Legitimation d gewillkürten Vertreters (s.o. A I 2)

f richtiger Antragsgegner, 78 VwGO analog

g ordnungsgemäßer Antrag, 80V1 (81,82 analog)

h Frist: grds keine (Ausn: zB: 36III1 AsylVfG, 10II BauGBMaßnG)

i RSchBed (insbes: d Möglkt d Beantragung d Aussetzung durch d zuständ Behörde nach 80IV läßt nach hM wg d fehlenden ges Ausgestaltung als Vorschaltverfahren d RSchBed für d gerichtl Aussetzung nicht entfallen)

2 Begründetheit

a Nichtvorliegen d formellen Vorauss bei Anordnung sofort Vollziehbarkeit (80IINr4; s.o. 1 c dd (2) (a)–(c))

b mat–rechtl: Überwiegen d Aufschubinteresses nach Interessenabwägung

aa Erfolgsaussichten in d Hauptsache nach summar Prüfung (Grdl: vorgelegte BewMittel u glaubh gemachte Tats)

(1) bei offensichtl Rw d VA: Stattgabe

(2) bei offensichtl Rm d VA u Fall d 80IINr1–3: Zurückweisung

(3) bei offensichtl Rm d VA, Anordnung d sofort Vollziehbarkeit (80IINr4) u Vorliegen e bes Interesses an d sofort Vollziehung: Zurückweisung (Grund: unterschiedl Regel–Ausn–Verhältnis bei 80IINr1–3 (ges Anerkennung d regelm Vorliegens e überwiegenden Vollzugsinteresses ggüber 80I) bzw 80IINr4 (regelm Überwiegen d Aufschubinteresses gemäß 80I))

bb Abwägung Vollzugsinteresse/Aufschubinteresse bei Zweifeln bzgl d Rm bzw Rw d VA (s.o. 1 c dd (2) (d))

(1) bei Fall d 80IINr1–3: Vorliegen e bes u überwieg Aufschubinteresses?

(2) bei Fall d 80IINr4: Vorliegen e bes u überwieg Vollzugsinteresses?

cc sonst Ermessenserwägungen

3 Nebenentscheidungen

a Kostenentscheidung, 154ff

b Streitwertfestsetzung (25I,20III GKG; Höhe: Bruchteil d Werts d Hauptsache, idR 50 %)

4 Entscheidung durch Beschluß

a Sachentscheidung, 80V

aa bei Unzulässigkeit od Unbegründetheit: Abweisung

bb bei Begründetheit:

(1) Anordnung d aufschieb Wirkung in d Fällen d 80IINr1–3, ganz od teilw, zB
"D aufschieb Wirkung d Widerspr d Antragstellers gg d ...(genau zu bezeichnenden VA)... d Antragsgegners v ... wird angeordnet"
"...wird insoweit angeordnet, als ... . Im übr wird d Antrag abgewiesen"
"... wird unter d Auflage angeordnet, daß d Antragsteller Sicherheit iHv ... DM leistet"

(2) Wiederherstellung d aufschieb Wirkung in d Fällen d 80IINr4

(a) bei nur formellem Mangel d Anordnung d sofort Vollziehbarkeit: Aufhebung d Anordnung d sofort Vollziehbarkeit (hM; Folge: d sofort Vollziehbarkeit kann formal korrekt neu angeordnet werden)
"D Anordnung d sofort Vollziehung d ...(genau zu bezeichnenden VA)... d Antragsgegners v ... wird aufgehoben"

(b) bei mat Mangel: Wiederherstellung d aufschiebenden Wirkung (Formulierung entspr oben (1); Folge: Bindung d Behörde an d gerichtl Entscheidung)

(3) ggf

(a) Anordnung d Aufhebung schon geschehener Vollzugsmaßnahmen, 80V3

(b) Anordnung v Sicherheitsleistung od and Auflagen, 80V4

(c) Befristung, 80V5

b Kostenentscheidung

c Streitwertfestsetzung
"D Wert d Streitgegenstands wird auf ... DM festgesetzt"

5 RBehelf: Beschwerde, 146

6 Abänderungsantrag, 80VII2

II Antrag auf Anordnung bzw Aussetzung d sofort Vollziehbarkeit beim VA mit Drittwirkung, 80a

III Einstweilige Anordnung, 123

1 Zulässkt

(Prüfung vAw; Glaubhaftmachung od überwieg Wahrscheinlichkeit ausreich)

a deutsche Gerichtsbarkeit, 173 iVm 18–20 GVG

b Zulässkt d VerwRWegs für d Hauptsache, spezges,40,123II

c Statthaftigkeit d Antrags u antragsspezif Vorauss

aa statthaft (123I,V) bei

(1) Antrag auf vorläuf RSchutz, d nicht nach 80V,80a zu verfolgen wäre (weil im Hauptsacheverfahren Verpflichtungs-, Feststellungs- od allg Leistungskl zu erheben wäre)

(2) u sich auf Sicherung e Rechts (Individualanspr), vorläuf Regelung e RV, in Ausnahmefällen (bei Unzumutbarkeit d Abwartens e Entscheidung in d Hauptsache) auch auf Leistung (Befriedigung) richtet

bb Antragsbefugnis, 42II analog
d Zuständkt: G d Hauptsache, 123II
e Beteiligtenfähigkeit, Prozeßfähigkeit, Legitimation d gewillkürten Vertreters (s.o. A I 2)
f richtiger Antragsgegner, 78
g ordnungsgemäße Antragstellung, 123III iVm 920I,III ZPO, 82,86
h Anhängigkeit od Aussicht d Kl in d Hauptsache, 123I
i RSchBed (erfolgloser Antrag bei d zuständ Behörde)

2 Begründetheit, 123I

(maßgebl Zeitpunkt: für d Anordnungsanspr entspr dem Streitgegenstand (s.o. A I 3 a, Begründetheit d Kl), für d Anordnungsgrund d Zeitpunkt d Entscheidung)

a Anordnungsanspr, glaubhaft gemacht, 123III iVm 920II,294 ZPO
– Individualanspr d Antragstellers, zB auf Erlaß e VA, Vornahme od Unterlassung e Realakts (Sicherungsanordnung/Leistungsanordnung)
– streit RV (Regelungsanordnung; Begriff d RV wie bei Feststellungskl)

b Anordnungsgrund, glaubhaft gemacht, 123III iVm 920II,294 ZPO
aa tats Bestehen d Gefahr e Veränderung, d für d Antragsteller e wesentl rw Nachteil mit sich bringt, der die Effektivität d Entscheidung in d Hauptsache in Frage stellt
(1) Veränderungsgefahr
(2) Erfolgsaussichten d Kl in d Hauptsache nach summar Prüfung
(3) Wesentlichkeit d rw Nachteils
bb Erforderlichkeit d Abwehr d Nachteils infolge d Überwiegens d Interesses d Antragstellers ggüber d Interessen d Antragsgegners, e Dr od d Allgheit
– nur bei Zweifeln hinsichtl d Erfolgsaussichten in d Hauptsache zusätzl erforderl
– Krit: Folgen v Erlaß bzw Nichterlaß d beantragten einstw Anordnung

c fehlerfreie Ermessensausübung bzgl d 'Ob' e Anordnung (str; aA: gebund Entscheidung bei Vorliegen d Vorauss a–b)

d keine Vorwegnahme d Entscheidung in d Hauptsache
(Ausn: Leistungsanordnung bei Unzumutbarkeit d Abwartens d Entscheidung in d Hauptsache; wg d Gebots effektiven RSchutzes, 19IV GG)

3 Nebenentscheidungen

a Kostenentscheidung
b Streitwertfestsetzung

4 Entscheidung durch Beschluß, 123IV

a Sachentscheidung
aa Inhalt: 123III iVm 938 ZPO
bb Formulierung zB:
"D Antrag wird zurückgewiesen"
"D Antragsgegnerin wird im Wege d einstw Anordnung verpflichtet/aufgegeben/verboten/untersagt, ..."
b Kostenentscheidung
c Streitwertfestsetzung

5 RF: uU SchdErsAnspr, 123III iVm 945 ZPO

6 RBehelf: Beschwerde, 146

7 Abänderungsantrag analog 80VII2, 927 ZPO

IV Einstweilige Anordnung im Normenkontrollverfahren, 47VIII

1 Zulässkt
  a Zulässkt d Normenkontrollverfahrens in d Hauptsache
  b Zuständkt: OVG (VGH)
  c ordnungsgemäßer Antrag (entspr 123, s.o. III 1 g)
  d sonst allg Sachentscheidungsvorauss
2 Begründetheit: Gebotenheit zur Abwehr schwerer Nachteile od aus and wichtigen Gründen
  – bei offensichtl Ungültigkeit d Norm
  – ansonsten nach Abwägung d Folgen von Erlaß bzw Nichterlaß d beantragten Anordnung im Einzelfall (maßgebl dabei: d Eintreten e endgült u nicht wiedergutzumachenden Schd)
  – keine Vorwegnahme d Entscheidung in d Hauptsache
3 Entscheidung durch Beschluß
  a Sachentscheidung
  b Kostenentscheidung: 154ff

C Besondere Prozeßkonstellationen, besondere Prozeßhandlungen und besondere Formen der Beendigung des Verfahrens

I Besondere Klagekonstellationen

1 Obj Klagehäufung, 44

2 Subj Klagehäufung (Streitgenossenschaft), 64 iVm 59–63 ZPO

3 Haupt- u Hilfsantrag
(insbes: d Eventualantrag (hilfsw Beantragung e aliud) ist abzugrenzen v d hilfsw Beantragung e minus (dh e Teils dessen, was Gegenstand d Hauptantrags ist); in diesem Fall liegt nämlich ein einheitl Antrag vor)

II Besondere Verfahrenshandlungen und Prozeßkonstellationen

1 Beiladung Dritter, 65

2 Fristversäumnis u Wiedereinsetzung in d vorigen Stand, 60

3 Zurückweisung verspäteten Vorbringens, 87bIII

4 Prozeßstillstand
  a Unterbrechung kraft G, 173 iVm 239ff ZPO
  b Aussetzung, 75S3,94,173 iVm insbes 246,247 ZPO
  c Ruhen d Verfahrens, 173 iVm 251 ZPO

III Besondere Prozeßhandlungen

1 KlÄnderung, 91

2 Widerkl, 89

IV Besondere Formen der Beendigung des Verfahrens

1 KlRücknahme, 92

2 Erledigung d Hauptsache

a übereinstimmende Erledigungserklärungen beenden d Prozeß ohne weiteres; Einstellung d Verfahrens entspr 92II mit Kostenentscheidung gemäß 161II

b einseit Erledigungserklärung d Klägers (s.o ZivilprozeßR [[3]] C III): ggf gerichtl Feststellung d Erledigung (str ist, ob neben d Eintritt d erledigenden Ereignisses Zulässkt u Begründetheit d Kl bis zu seinem Eintritt Vorauss d gerichtl Feststellung d Erledigung sind); Kostenentscheidung gemäß 154I

3 Prozeßvergleich, 106

D Rechtsmittel

I Berufung

1 Zulässkt

a Statthaftigkeit
  - aa gerichtet gg e Urteil (Endurteile, Teilurteile, Zwischenurteile) od GBescheid, 124I, 84II
  - bb Zulassung d Berufung bei RGebieten od RStreitigkeiten, in denen e Beschränkung nach 131I,II besteht (durchsetzb iWd Nichtzulassungsbeschwerde, 131V–VIII)
    - (1) Bestehen e Beschränkung nach 131I (brechtl zB 37a WohngeldG, 78II1 AsylVfG)
    - (2) Nichtüberschreiten d Beschwerdewerts von
      - – 1000 DM, wenn Streitgegenstand e Geldleistung ist
      - – 10000 DM bei Erstattungsstreitigkeit zw jur Personen d ÖffR od Behörden, 131II
    - (3) grds Bedeutung d RStreits, Abweichung v e obergerichtl Rspr od Geltendmachung e entscheidungserhebl Verfahrensmangels, 131III

b Beschwer d Berufungsführers
(ungünst Abweichung d Urteils v erstinstanzl Antrag d Berufungsführers)

c Zuständkt, 46Nr1

d ProzeßhandlgsVorauss (insbes: Beteiligten- u Prozeßfähigkeit)

e Antragsberechtigung: Beteiligte d erstinstanzl Verfahrens, 124I

f ordnungsgemäße Einlegung, 124II,III

g Frist: 1 Monat nach Zustellung d vollständ Urteils, 124II

h kein Ausschluß durch Verzicht od Verwirkung

i RSchBed

j ggf Zulässkt d Anschlußberufung, 127

2 Begründetheit

a Zulässkt d Kl

b Begründetheit d Kl

3 Entscheidung: 125II,129,130–130b

4 RBehelf: Revision

II Revision

1 Zulässkt

a Statthaftigkeit, 132–135
  aa gerichtet gg e Urteil d OVG (132I1), ausnahmsw auch gg e Urteil d VG (134,135); ausgeschlossen aber Urteile gemäß 47
  bb Zulassung d Revision (wg grds Bedeutung d RStreits, Abweichung von e Entscheidung d BVerwG od Geltendmachung e entscheidungserhebl Verfahrensmangels; durchsetzb iWd Nichtzulassungsbeschwerde, 133,139II), 132I–III,134II
b Beschwer d Revisionsführers (Ausn: Vertreter d öff Interesses)
c Geltendmachung e entscheidungserhebl Verletzung v RVorschriften, 137,138
d Zuständkt, 49Nr1,2,46Nr3
e ProzeßhandlgsVorauss (insbes Beteiligten-, Prozeß- u Postulationsfähigkeit, 67I)
f Antragsberechtigung: 132I
g ordnungsgemäße Einlegung, 139I1,II1,134I2
h Frist: 1 Monat, 139I,134III2
i ggf gesonderte fristgerechte Revisionsbegründung, 139III
j kein Ausschluß durch Verzicht od Verwirkung
k RSchBed
l ggf Zulässkt d Anschlußrevision, 141,127

2 Begründetheit gemäß 137,138

3 Entscheidung: 144

III Beschwerde

1 Zulässkt

a Statthaftigkeit, 146
  aa grds gg Beschlüsse, Vfgen u Anordnungen,
  bb soweit d VwGO nichts anderes bestimmt (zB 60V,65III3,83S2,119II2,146II,III)
c Beschwer d Beschwerdeführers
c Zuständkt, 46Nr2,49Nr3
d ProzeßhandlgsVorauss (insbes Beteiligten- u Prozeßfähigkeit)
e Antragsberechtigung: Beteiligte u sonst v d Entscheidung Betroff, 146I
f ordnungsgemäße Einlegung
  – Schriftform, 147I1
  – Bezeichnung d angefocht Entscheidung (zwingend)
  – best Antrag (str)
  – zur Begründung dienende Tats u BewMittel (instruktionell)
g Frist: idR 2 Wochen, 147I1
h RSchBed
i ggf Zulässkt d Anschlußbeschwerde, 127 analog

2 Begründetheit

3 Entscheidung durch Abhilfeentscheidung (148I) od Beschluß (150)

[[2]] Widerspruchsverfahren

0 Regelungsstruktur, in der Rangfolge lt 79 VwVfG:

1 spezges Regelungen
2 68ff VwGO u Ausführungsvorschriften
3 Regeln d VwVfG (zB: 11,12,13,14,16ff,20f,37I,III,39I,55,80)

I Gutachten

1 Zulässkt d Widerspr (Sachbescheidungsvorauss)

a Vorprüfung: Vorliegen e Widerspr u Feststellung d RBehelfsbegehrens

aa Vorliegen e Widerspr (Abgrenzung v d formlosen RBehelfen)
- Auslegung (133 BGB entspr) auf d Grdl d abgegebenen Erklärung d RBehelfsführers einschl der dem Empf erkennb Begleitumstände u unter Berücksichtigung d unterschiedl Wirkungen d einz außergerichtl RBehelfe sowie d Willens u d Zielsetzungen d RBehelfsführers
- auch e Umdeutung ist mögl, wenn bei verständ Würdigung anzunehmen ist, daß d RBehelfsführer bei Kenntnis d wirkl Sach- u RLage d richtigen RBehelf ergriffen hätte
- im Zweifel ist d eingelegte RBehelf auszulegen als
  - Dienstaufsichtsbeschwerde, wenn u soweit d RBehelfsführer sich gg d persönl Verhalten e Bediensteten richtet, ohne d Sachentscheidung anzugreifen
  - Sachaufsichtsbeschwerde od Gegenvorstellung, wenn u soweit d RBehelfsführer sich gg Maßnahmen wendet, d keinen VA darstellen od bei denen er keine WidersprBefugnis hat
  - Widerspr, wenn u soweit d RBehelfsführer form- u fristgerecht sowie mit WidersprBefugnis Änderung od Beseitigung e VA erstrebt

bb Feststellung d Umfangs, in dem d VA angegriffen wird
- lt Antrag, ggf durch Auslegung zu ermitteln
- iZw: volle Nachprüfung gewollt

b Zulässkt d VerwRWegs, 68,40

(s.o. [[1]] A I 2 c)

c Statthaftigkeit d Widerspr, 68

aa Vorliegen e VA, 68,42I
(1) d VA muß obj vorliegen
(zulässig ist wg d RScheinswirkung e erlass VA aber auch d Widerspr gg e nichtigen VA sowie d Widerspr gg e wg formwidriger Bekanntgabe unwirks VA)
(2) d angegriff VA kann sein
- belast VA (Anfechtungswiderspr), 68I1
- e beantragte Begünstigung versagender VA (Verpflichtungswiderspr), 68II
- e vor KlErhebung erledigter VA (Fortsetzungsfeststellungswiderspr), 113I4 analog (str; aM s.o. [[1]] A I 2 d cc (2))

bb kein Ausschluß bzw Entbehrlichkeit d WidersprVerfahrens
(1) durch spezges Regelung, 68I2Alt1 (zB 74 AsylVfG/17 KDVNG/70,74I2

VwVfG)

(2) VA e obersten B- od LBehörde
 (a) grds bei e VA e obersten B- od LBehörde, 68I2Nr1,
 sowie bei e VA, d v e and Behörde namens u im Auftrag e obersten Behörde erlassen wird (Mandat; dagegen ist e Vorverfahren erforderl bei bloßer Delegation v Zuständkten oberster auf and Behörden)
 (b) Ausn zB: 126IIINr1 BRRG, 55 PBefG, 40I2 SchwerbehG

(3) bei erstmaliger Beschwer durch e WidersprBescheid (nach hM auf d Abhilfebescheid nicht anwendb)
 (a) erstmalige Beschwer e Dr (bei VA mit Drittwirkung), 68I2Nr2
 (b) erstmalige Beschwer e Beteiligten, 68I2Nr2 analog
 (c) zusätzl Beschwer d WidersprFührers durch d WidersprBescheid, 68I2 analog (iVm 79II; zB: Verböserung, Kostenentscheidung, Verletzung e wesentl, d Schutz d WidersprFührers dienenden Verfahrensvorschrift)

d WidersprBefugnis

Geltendmachung e Beeinträchtigung (str, aA: Verletzung) in eig Rechten infolge R- od Zweckwidrigkeit d VA, 70I1,68,42II
- Rechte: s. KlBefugnis bei Anfechtungskl, [[1]] A I 2 d aa (1) (b)
- substantiierte Behauptung v Tats, d d Möglkt d Beeinträchtigung begründen, ist ausreichend

e Zuständkt d RBehelfsbehörde, 72,73

aa ausschließl d Ausgangsbehörde bis zur Abhilfeverweigerung, 72 (iVm 73I1)

bb d WidersprBehörde nach Abhilfeverweigerung durch d Ausgangsbehörde, 73
 (1) WidersprBehörde ist
  (a) grds: d nächsthöhere Behörde, 73I2Nr1
   (aa) bei unterer staatl VerwBehörde als Ausgangsbehörde: staatl Mittelbehörde
   (bb) bei SelbstverwBehörde als Ausgangsbehörde: nächsthöhere Aufsichtsbehörde
   (cc) bei Beliehenem als Ausgangsbehörde: nächsthöhere Aufsichtsbehörde
  (b) Ausn:
   (aa) WidersprBehörde ist d Ausgangsbehörde selbst in folg Fällen:
    - wenn d Ausgangsbehörde e oberste B- od LBehörde ist
    - wenn d nächsthöhere Behörde e oberste B- od LBehörde ist (dh bei VA d staatl Mittelbehörden), 73I2Nr2
     Rückausnahmen:
     - oberste LBehörde, wo es keinen dreistufigen VerwAufbau gibt, 185II iVm 27I AZG, 67 ASOG Berl/9I AGVwGO Bre/6INr4 AGVwGO, 136S2,193I,218I KSVG Saarl
     - oberste Dienstbehörde bei Widerspr im Beamtenverhältnis, 126III Nr2 BRRG (diese kann ihre Zuständkt aber gemäß 126IIINr2S2 BRRG durch Anordnung auf e and Behörde übertragen)
    - wenn e SelbstverwBehörde Ausgangsbehörde ist, in e SelbstverwAngelegenheit entschieden hat u ges nichts and bestimmt ist, 73I2Nr3
     - e VA e SelbstverwBehörde im übertrag Aufgabenbereich (Auftragsangelegenheit, PflAufgabe z Erfüllung nach Weisung) ist e Fall d 73I2Nr1 bzw Nr2

- ges ist e and Behörde bestimmt zB durch: 7,8 AGVwGO BaWü/ 119Nr1 GO, 105Nr1 LKO, 59Nr1 KommZG Bay/9II AGVwGO Bre/ 10 AGVwGO Hess/6I AGVwGO RhPf/6I AGVwGO Saarl/6 AGVwGO Thü (bei Gden u GdeVerbänden ist d Kontrollbefugnis in diesen Fällen wg d Garantie d 28II GG aber auf d RmKontrolle beschränkt)

(bb) WidersprBehörde ist e andere als d nächsthöhere Behörde, wenn dies ges besonders bestimmt ist, 73I2Nr1 iVm 185II sowie AGVwGO

(cc) bes Ausschuß bzw Beirat, 73II
- auf BEbene zB: Musterungskammern nach 33III WehrpflG/Kammern für KDV nach 18I KDVNG/WidersprAusschüsse nach 40ff SchwerbehG/Beschwerdeausschüsse nach 310,336 LAG
- auf LEbene zB: WidersprAusschüsse in Hamburg (7II,III AGVwGO, VO üb WidersprAusschüsse)/Stadt- u Kreisrechtsausschüsse in RhPf u Saarl, 6 AGVwGO RhPf bzw Saarl

(2) d Zuständkt d WidersprBehörde ist konkurrierend (dh daneben bleibt d Abhilfebefugnis d Ausgangsbehörde bestehen)

f Beteiligtenfähigkeit, 79 iVm 11 VwVfG

g Handlungsfähigkeit, 79 iVm 12 VwVfG

h Legitimation d gewillkürten Vertreters, 79 iVm 14 VwVfG

- bei RA: Prozeßvollmacht umfaßt iZw auch d Vorverfahren als notwend Vorauss d KlVerfahrens
- bei and Bevollmächt:
  - unzulässig ist unbefugte RBesorgung, 14V VwVfG iVm Art 1 §§ 1,5 RBerG
  - Umfang: 14I2 VwVfG (schließt d anschließ Prozeß nicht ein)
- Nachweis d Vertretungsmacht nur auf Verlangen, 14I3 VwVfG
  Erlöschen durch Widerruf, d nach außen wirks wird mit Zugang bei d Behörde, 14I4 VwVfG
- Entscheidung bei e Widerspr, d durch e Vertreter ohne Vertretungsmacht eingelegt wurde: Verwerfung d Widerspr als unzulässig; str ist d Adressat: angebl Vertretener für d Verwerfung, für d Kostenentscheidung idR d Vertreter (hM) bzw vollmachtloser Vertreter für Verwerfung u Kostenentscheidung (aM)

i form- u fristgerechte Einlegung, 70

aa Form
- schriftl od zur Niederschrift bei d Ausgangsbehörde od d WidersprBehörde, 70I1,2 (grds eigenhänd Unterschrift erforderl; deren Fehlen ist unschädlich nur, wenn sich aus d WidersprSchrift selbst, d beigefügten Unterlagen od d bes Umständen d Einzelfalls ohne Rückfragen od BewErhebung zweifelsfrei ergibt, daß sie vom WidersprFührer herrührt u mit dessen Willen in d Verkehr gelangt ist)
- inhaltl ist ausreich, wenn aus d Schriftsatz erkennb ist, daß d WidersprFührer sich durch e best VA beschwert fühlt u e Nachprüfung begehrt

bb Frist

(1) spezges (zB 33I WPflG, 72II ZDG, 18I KDVNG)

(2) sonst: 1 Monat nach Bekanntgabe d VA an d WidersprFührer, wenn dieser e ordnungsgemäße RMittelbelehrung enthält, 70I1,II iVm 58I

(Fristberechnung: 57 iVm 222 ZPO, 187ff BGB

(a) Bekanntgabe
  - amtl veranlaßte Kenntnisnahme d VA gemäß 41 VwVfG (e anders vermittelte Kenntnis setzt d WidersprFrist nicht in Gang, grds auch nicht d Jahresfrist d 58II)
  - soweit Zustellung erforderl ist: wirks Zustellung nach VwZG (einschl Heilung e beachtl Fehlers nach 9I VwZG)

(b) ordnungsgemäße RBehelfsbelehrung:
  - muß beinhalten
    - Art d in Betracht kommenden RBehelfs
    - VerwBehörde od G, bei der er einzulegen ist
    - deren Sitz (Anschriftangabe ist empfehlenswert, aber nicht zwingend)
    - einzuhaltende Formvorschriften (70I1)
    - Einlegungsfrist u Fristwahrung (70I1,2)
  - Bsp:
    - bei Erforderlichkeit e Vorverfahrens:
      "Gg diese(n) Bescheid/Vfg/Entscheidung kann innerh 1 Monats nach Bekanntgabe Widerspr erhoben werden. D Widerspr ist schriftl od zur Niederschrift bei ...(Behörde, d d VA erlassen hat, mit Anschrift)... einzulegen. Die Einlegung d Widerspr bei d ...(zuständ WidersprBehörde)... wahrt d Frist"
    - Exkurs: bei Entbehrlichkeit d Vorverfahrens:
      "Gg diese(n) Bescheid/Vfg/Entscheidung kann innerh 1 Monats nach Bekanntgabe Kl bei d VG in ...(Ort u Anschrift d zuständ VG)... schriftlich od zur Niederschrift d UrkBeamten d Geschäftsstelle erhoben werden.
      D Kl muß d Kläger, d Bekl u d Streitgegenstand bezeichnen. Sie soll e best Antrag enthalten. D zur Begründung dienenden Tats u BewMittel sollen angegeben, d angefochtene Bescheid soll in Urschrift od Abschrift beigefügt werden.
      Der Kl nebst Anlagen sollen so viele Abschriften beigefügt werden, daß alle Beteiligten e Ausfertigung erhalten können"

(c) d Einlegung bei e unzuständ Behörde wahrt d Frist nur, wenn d Widerspr vor Fristablauf an d zuständ Behörde abgegeben wird

(3) grds 1 Jahr nach Bekanntgabe bei Fehlen od Mangel d RBehelfsbelehrung, 70II iVm 58II

(4) ist d Bekanntgabe an d WidersprFührer nicht od nicht ordnungsgemäß erfolgt, besteht keine WidersprFrist; aber: Verbot unzuläss RAusübung (242 BGB analog); dh
  - Verwirkung ist mögl
  - bei baurechtl Nachbarwiderspruch gilt ab zuverlässig erlangter Kenntnis d Frist d 58II analog

(5) Wiedereinsetzung in d vorigen Stand mögl, 70II iVm 60I–IV

RF form- od fristwidrig eingelegten Widerspr:

- mögl sind Rücknahme od Widerruf d VA außerhalb d WidersprVerfahrens gemäß 48,49 VwVfG durch d zuständ Behörde (idR d Ausgangsbehörde)
- str ist, ob d WidersprBehörde dennoch e Sachentscheidung im WidersprVerfahren erlassen darf
  - nach hM ist d WidersprBehörde berechtigt, aber grds nicht verpflichtet, d Widerspr als unzulässig zurückzuweisen (Begründung: Sachherrschaft d WidersprBehörde; beschränkt ist diese Kompetenz nur dann, wenn durch d Sachbescheidung e verspä-

teten Widerspr schutzwürd Positionen v Dr, d auf d Unanfechtbarkeit d VA vertraut haben, beeinträchtigt werden; Folge: 48,49 VwVfG)
- nach aM darf d WidersprBehörde e verspäteten Widerspr nicht durch WidersprBescheid entscheiden, sondern nur durch Zweitbescheid nach d Grds d 48,49 VwVfG u auch dies nur, wenn sie e Selbsteintrittsrecht hat od mit d Ausgangsbehörde identisch ist
- mögl sind jedenfalls Weisungen d WidersprBehörde im Rahmen ihrer Aufsichtsbefugnisse

j kein RBehelfsverzicht

aa abzugrenzen vom Verzicht auf d d RBehelf tragende mat subj Recht
bb ausdrückl Erklärung in d Form d 70 analog
cc Wirksamkeit
- nur bei Erklärung nach Bekanntgabe bzw Zustellung d VA
- fehlt, soweit d Verzicht unter mißbräuchl Ausnutzung d behördl Übermacht erwirkt wurde od e sonst Verstoß gg Treu u Glauben geg ist

k Widerspr(Sachbescheidungs-)interesse

fehlt nur ausnahmsw (s.o. [[1]] A I 2 n), zB
- wenn d beantragte Sachentscheidung für d WidersprFührer nicht erforderl od offensichtl nutzlos ist, weil d auszusprechende RF nicht zu verwirklichen ist
- wenn e Sachbescheidungsinteresse zumindest gegenwärtig nicht vorhanden ist

2 Begründetheit

a Prüfung

aa maßgebl Zeitpunkt für d Überprüfung d Sach- u RLage
(1) grds d Zeitpunkt d Erlasses d WidersprBescheides
(2) Ausn: bei baurechtl Nachbarwiderspr ist d Zeitpunkt d Erlasses d VA maßgebl, soweit ansonsten e d Begünstigten bei Erlaß zustehende RPosition im Widerspr zu 14 GG ohne ausdrückl RGrdl entzogen würde

bb Prüfungsumfang
(1) innerh des durch den Widerspr bzgl des Gegenstands gesteckten Rahmens besteht grds uneingeschränkte Prüfungs- u Entscheidungskompetenz d WidersprBehörde
(2) Einschränkungen:
- nicht wiederholb Prüfungsleistungen
- keine Ersetzung d Ermessens d Gde bei Erforderlichkeit e Einvernehmens d Gde bei bauaufsichtl Genehmigungsverfahren (zB 36 BauGB); statt dessen ist erforderl: Aussetzung d WidersprVerfahrens sowie Überprüfung u ggf Ersetzung d Einvernehmens im Wege d Kommunalaufsicht)
- d Zulässkt e Abänderung d angefocht VA z Nachteil d WidersprFührers (Verböserung, reformatio in peus; Fälle: Verschärfung e angefocht Belastung, Entzug e als zu niedrig angegriff bereits gewährten Begünstigung, Erlaß weiterer Bedingungen od Auflagen) ist str; Auffassungen:
  - grds unzulässig
  - zulässig, soweit nicht ges anderes vorgeschrieben ist; danach gilt: formelle Rm (Zuständkt), wenn d WidersprBehörde mit d Ausgangsbehörde identisch od dieser als nächsthöhere Behörde weisungsbefugt ist; mat Rm mögl aufgrd

spezges Ermächtigung, ansonsten nach d sich in 48,49 VwVfG ausdrückenden allg Grds üb d Aufhebung v VAen (Prinzipien d Gesetzmäßigkeit, d RSicherheit u d Vertrauensschutzes)

b Vorauss

aa Rw od (bei Ermessensentscheidungen) Zweckwidrigkeit d VA

(1) Rw: unrichtige Anwendung d im maßgebl Zeitpunkt geltenden Rechts od Zugrundelegung e unrichtigen SV bei d Entscheidung

(a) formelle Rm

(aa) Einhaltung d Zuständkts-, Form- u Verfahrensvorschriften

(bb) keine Heilung v Form- od Verfahrensfehlern, 45 VwVfG

- zuständig: bis zur Abhilfeentscheidung nur d Ausgangsbehörde, danach Ausgangs- u WidersprBehörde (Ausn: keine Heilung durch d WidersprBehörde, wenn diese auf Ermessenskontrolle iSd 114 (RKontrolle) beschränkt u nicht befugt ist, ihr Ermessen an d Stelle d Ermessens d Ausgangsbehörde zu setzen)
- mögl ist gemäß 45 VwVfG insbes d Heilung
  - formeller Begründungsmängel, INr2
  - v Verletzungen d rechtl Gehörs, INr3 iVm 28 VwVfG
  - unterblieb Mitwirkungshandlgen v Ausschüssen od and Behörden, INr4,5 (soweit e Nachholung d Schutzzweck e zwingend vor Erlaß d VA vorgeschrieb Mitwirkung nicht unterläuft)
- zeitl Grenze: Abschluß d Vorverfahrens (bzw, wo dieses ausgeschlossen ist, KlErhebung), gemäß II

(cc) keine Unbeachtlichkeit v Form- od Verfahrensfehlern, 46 VwVfG

- unbeachtl ist es, wenn
  - nur d Verletzung v Vorschriften üb Form, Verfahren od örtl Zuständkt gerügt wird
  - u in d Sache keine and Entscheidung hätte getroffen werden können (gebundene Entscheidung od Ermessensreduzierung auf Null)
- beachtl sind folgl nur Verfahrensfehler, auf denen d angegriff Entscheidung beruhen kann (wesentl Verfahrensfehler, insbes Fehler bei d Ermessensausübung od bei Bestehen e Beurteilungsspielraums)

(b) mat Rm (Anforderungen s. Bd II)

(2) Zweckwidrigkeit

- kann nur bei e auf Ermessen beruhenden, nicht bei e gebundenen VA vorliegen
- liegt vor, wenn e VA zwar rm, zur Erreichung d v d Verw angestrebten Zwecks aber nicht unerläßl od weniger geeignet ist als e rm VA and, d WidersprFührer weniger belast Inhalts od als e Verzicht auf d Maßnahme

bb Verletzung od Beeinträchtigung d WidersprFührers in seinen Rechten

- Verletzung v Rechten
- Beeinträchtigung durch d Zweckwidrigkeit d auf Ermessen beruhenden VA (liegt vor, wenn d Ermessensnorm (zumind auch) d Interessen d WidersprFührers zu dienen bestimmt ist)

3 Nebenentscheidungen

a ggf Anordnung sofort Vollziehbarkeit, 80IINr4 (Vorauss: s.o. [[1]] B I 1 c dd)

b Kostenentscheidung, 72,73III2

aa Entscheidung üb d Erstattung d VerwKosten d WidersprBehörde (soweit dies in d einschläg VerwKostenG vorgesehen ist)

bb Entscheidung üb d Erstattung d Aufwendungen Beteiligter zur zweckentsprechenden RVerfolgung od -verteidigung, 80 VwVfG

(1) Kostenlast

(a) RTräger d Ausgangsbehörde bei erfolgreichem Widerspr u bei Unbeachtlichkeit d Verletzung v Form- od Verfahrensvorschriften nach 45 VwVfG, 80I1,2 VwVfG (entgegen d Wortlaut auch bei Verpflichtungswiderspr)

(b) WidersprFührer bei erfolglosem Widerspr, 80I3 VwVfG (Ausn: Fälle d 45 u d 80I3Nr1,2 VwVfG)

(c) verhältnismäßige Teilung bei nur teilw Erfolg d Widerspr, 80I1,3 VwVfG

(d) Erstattungsberecht, soweit ihn e Verschulden trifft, 80I4 VwVfG

(e) bei Drittwiderspr: erstattungspflichtig können nur WidersprFührer od -Gegner sein; Grund:

- nach 80 VwVfG besteht keine Erstattungspfl d durch d VA Begünstigten, wenn d Widerspr d Dr erfolgreich ist
- auch keine Erstattungsberechtigung d nach 13II VwVfG beigezog Begünstigten bei erfolglosem Widerspr
- analoge Anwendung v 162III VwGO ist wg d abschließenden Charakters d Regelung v 80 VwVfG nicht mögl

(f) bei Rücknahme d Widerspr od anderweit Erledigung (u wenn kein Fortsetzungsfeststellungswiderspr erhoben ist): keine Kostenerstattung, da in d abschließenden Regelung d 80 VwVfG nicht vorgesehen (Ausn: VwVfG Bay,Thü)

(2) ggf Entscheidung üb d Notwendigkeit d Zuziehung e Bevollmächt, 80III2 VwVfG

II Entscheidung

1 durch d Ausgangsbehörde

(nur wenn diese v d WidersprBehörde verschieden ist)

a Abhilfebescheid zugunsten d WidersprFührers, 72 (Form u Gestaltung s.u. WidersprBescheid)

b Vorlageschreiben

- Adressat: WidersprBehörde (keine persönl Anrede, keine Grußformel)
- Inhalt: Darlegung d SV u Stellungnahme zu Zulässkt u Begründetheit d Widerspr (Bezugnahme auf Ausgangsbescheid ist zulässig)

2 durch d WidersprBehörde

(WidersprBescheid u Begleitvfgen, beim Entwurf in zahlenmäßiger Reihenfolge zu ordnen)

a WidersprBescheid, 73

(Formalternativen: Bescheid- od Beschlußform; Formvorschriften: DO BaWü/ADO Bay/GGO I Berl/GGO Bre/RdErl d MdI v 10.4.79 Nds/RdErl d MdI v 29.5.79 NrW/ RdErl d MdI v 15.6.71 RhPf)

aa Bescheideingang

(1) bei Bescheidform

- Behördenbezeichnung u Geschäftszeichen (Dezernat, Az d Vorgangs), üblicherweise oben links

- Ort u Datum oben rechts
- Behördenanschrift u Telefonanschlußnr d Sachbearbeiters darunter
- Anschrift d Empfängers
- Zustellungsvermerk rechts neben od über d EmpfAnschrift
  - *"Durch (gegen) Postzustellungsurkunde"*
  - *"Gg Empfangsbekenntnis"* (bei Zustellung an RA)
- Angabe von
  - Betreff: behandelter Sachgegenstand
  - Bezug: veranlassendes Ereignis (genaue Bezeichnung d Widerspr u d VA, auf d er sich bezieht)
  - Anlagen: Zahl, ggf Art
- Überschrift: *"WidersprBescheid"*
- bei d Form e persönl Anschreibens (teilw unübl):
  - Anrede
  - Erlaßformel

    "Auf Ihren Widerspr v ... ...(Entscheidungsformel)..."

    od

    "Auf Ihren Widerspr v ... ergeht folg WidersprBescheid: ...(Entscheidungsformel)..."

(2) bei Beschlußform

- Behördenbezeichnung u Geschäftszeichen (Dezernat, Az d Vorgangs) oben links
- Ort u Datum oben rechts
- Behördenanschrift u Telefonanschlußnr d Sachbearbeiters darunter
- Anschrift d Empfängers
- Zustellungsvermerk rechts neben od über EmpfAnschrift
  - *"Durch (gegen) Postzustellungsurkunde"*
  - *"Gg Empfangsbekenntnis"* (bei Zustellung an RA)
- Einleitungsformel:

  "In d WidersprSache/WidersprVerfahren ..."
- Kennzeichnung d Beteiligten, ihrer ges Vertreter u Bevollmächt jeweils einschl ihrer Verfahrensstellung

  "... d ... gg ..."
- Kennzeichnung d Streitgegenstands:

  "... wg ..."
- Kennzeichnung d WidersprBehörde (ggf auch d mitwirk Personen u d Datums e mdl Vhdlg)

  "...erläßt d ...(WidersprBehörde)... folgenden ..."
- Überschrift:

  "WidersprBescheid"

bb Entscheidungsformel

(1) Sachentscheidung

(a) Inhalt

(aa) bei unzuläss od unbegründ Widerspr: Zurückweisung

"D Widerspr wird zurückgewiesen"

(bb) bei begründ Widerspr:

- Anfechtungswiderspr: vollständ od teilw Aufhebung d angefocht VA (auf Antrag auch Ausspruch üb d Beseitigung d Folgen e schon vollzog VA)

"D Bescheid/Vfg d ... v ... wird aufgehoben (ggf: soweit ... . Im übr wird d Widerspr zurückgewiesen)"

"In Abänderung d Bescheides d ... v ... wird d ... auf ... DM festgesetzt"

- Verpflichtungswiderspr: Verpflichtung d Ausgangsbehörde
  - zum Erlaß d beantragten VA
    "D Bescheid/Vfg d ... v ... wird aufgehoben. D ... wird angewiesen, d WidersprFührer d beantragte Genehmigung zu ... zu erteilen"
  - bzw zu erneuter Bescheidung unter Beachtung d RAuffassung d WidersprBehörde (bei nicht spruchreifer Sache od bei beschränkter Kontrollbefugnis d WidersprBehörde; zweckmäßigerweise verbunden mit e Aufhebung d Versagungsbescheides)
    "D Bescheid/Vfg d ... v ... wird aufgehoben. D ... wird angewiesen, üb d ...antrag d WidersprFührers unter Beachtung d Rechtsauffassung d ...(WidersprBehörde)... erneut zu entscheiden"
- Fortsetzungsfeststellungswiderspr:
  "Es wird festgestellt, daß d Bescheid/Vfg d ... v ... rw gewesen ist"

(cc) bei Erledigung d Widerspr (zB wg Rücknahme) erfolgt zweckmäßigerweise Einstellung d WidersprVerfahrens
"D WidersprVerfahren wird eingestellt"

(2) ggf Entscheidung üb sofort Vollziehbarkeit, 80IINr4

(3) Kostenentscheidung, 73III2

- bei Kostenpflichtigkeit d WidersprVerfahrens:
  "D WidersprFührer/-Gegner hat d Kosten d Verfahrens einschließl der dem WidersprGegner/-Führer zur zweckentsprechenden RVerteidigung/-verfolgung erwachsenen notwend Aufwendungen zu tragen"
- bei Kostenfreiheit (Gebührenfreiheit) bzgl d WidersprVerfahrens:
  "Dieser Bescheid ergeht kostenfrei/gebührenfrei.
  D zur zweckentsprechenden RVerfolgung/-Verteidigung notwendigen Aufwendungen d WidersprFührers/-Gegners hat d WidersprGegner/-Führer zu erstatten"
- bei Kostenfreiheit u fehlender Erstattungspflicht:
  "Verfahrenskosten werden nicht erhoben. Aufwendungen Verfahrensbeteiligter werden nicht erstattet"
- ggf Kostenquotelung im Verhältnis v Obsiegen u Unterliegen
- ggf auch Entscheidungen gemäß 80I4 u 80III2 VwVfG
  "D Zuziehung e Bevollmächt durch d WidersprFührer wird für notwendig erklärt"

cc Gründe, 73III1

(1) Inhalt: die wesentlichen die Entscheidung tragenden tats u rechtl Gründe (Kriterium zur Bestimmung d erforderl Inhalts u Umfangs: d WidersprFührer muß in d Lage versetzt werden, d Erfolgsaussichten e Kl abschätzen u sie sachgemäß begründen zu können)

(2) Aufbau

(a) Sachverhaltsdarstellung

- Aufbau grds entspr dem d Tb im Urteil
- bei unveränderter Sachlage kann auf d SV d Ausgangsbescheids Bezug genommen werden u reicht deswegen e knappe ZusFassung v Geschichtserzählung u Verfahrensgeschichte; anders bei Bescheid ggüber e im Ausgangsverfahren nicht beteiligten Dr

(b) rechtl Begründung
    (aa) Zuständkt
    (bb) sonst Sachentscheidungsvorauss
    (cc) Sachentscheidung (RGrdl u wesentl Subsumtionswege)
    (dd) Nebenentscheidungen

dd Rechtsbehelfsbelehrung, 73III1,58I

Formulierungsbeispiele:

– Fälle d 79INr1:

"Gg den Bescheid/Vfg d ... v ... kann innerh 1 Monats nach Zustellung dieses WidersprBescheids Klage bei d VG in ...(Ort u Anschrift d zuständ VG)... schriftlich od zur Niederschrift des UrkBeamten d Geschäftsstelle erhoben werden.

D Kl muß d Kläger, d Bekl u d Streitgegenstand bezeichnen. Sie soll e best Antrag enthalten. D zur Begründung dienenden Tats u BewMittel sollen angegeben, d angefochtene Bescheid u d WidersprBescheid sollen in Urschrift od Abschrift beigefügt werden.

Der Kl nebst Anlagen sollen so viele Abschriften beigefügt werden, daß alle Beteiligten e Ausfertigung erhalten können"

– Fälle d 79INr2,II:

"Gg diesen WidersprBescheid kann innerh 1 Monats nach Zustellung Kl bei d VG in ...(Ort u Anschrift d zuständ VG)... schriftlich od zur Niederschrift d UrkBeamten d Geschäftsstelle erhoben werden.

D Kl muß d Kläger, d Bekl u d Streitgegenstand bezeichnen. Sie soll e best Antrag enthalten. D zur Begründung dienenden Tats u BewMittel sollen angegeben, d angefochtene Bescheid soll in Urschrift od Abschrift beigefügt werden.

Der Kl nebst Anlagen sollen so viele Abschriften beigefügt werden, daß alle Beteiligten e Ausfertigung erhalten können"

(in d Klausur ausreich: *"RBehelfsbelehrung: Kl beim VG (73III, 58I,74 VwGO)"*)

ee (bei Bescheidform u persönl Anschreiben:) Grußformel

ff (ggf: *"i.A."* od *"i.V."*) Unterschrift(en)

b Begleitverfügungen

aa Schreiben an d Ausgangsbehörde, mit dem e Abschrift d WidersprBescheids u ggf d überlass VerwVorgang übersandt wird

bb Wiedervorlage/zum Vorgang/zu d Akten/Weglage

Stichwortverzeichnis

A

B

D

E

F

G

H

I

K

R

S

T

U

V

W

Z

Absender

Verlag Juristische Studienhilfen
Postfach 10 05 12
35335 Gießen
Telefax: 0641/31577

__________________, den ___________

Die Schemata, Band ______

1. Druckfehlerberichtigung zu Seite _________:

Statt: ____

muß die Stelle lauten: ____

____

2. Änderungs-/Verbesserungsvorschläge, Kritik: